KB064137

이념의 제국: 소비에트연방의 부상과 몰락

이념의 제국: 소비에트연방의 부상과 몰락

초판 1쇄 발행 2014년 3월 5일

지은이 | 이완종
발행인 | 윤관백
발행처 | 도서출판 선인

편 집 | 심상보
표 지 | 박애리
영 업 | 이주하

등록 | 제5-77호(1998.11.4)
주소 | 서울시 마포구 마포동 324-1 곶마루 B/D 1층
전화 | 02)718-6252 / 6257 팩스 | 02)718-6253
E-mail | sunin72@chol.com
Homepage | www.suninbook.com

정가 30,000원
ISBN 978-89-5933-703-3 93900

잘못된 책은 바꿔 드립니다.

이념의 제국: 소비에트연방의 부상과 몰락

이 완 종

소비에트연방의 창설자 블라디미르 레닌(1870.04~1924.01)

1895년 결성한 맑스주의 운동조직 '노동계급해방투쟁동맹' 멤버들과 함께한 레닌(1897년, 페테르부르크). 앞줄 왼쪽부터 스타르코프, 크르쥐좌놉스키, 레닌, 마르토프

1917년 여름 페트로그라드 소비에트의 회의 모습(뒤에 '레닌도당 타도!'라고 쓴 플래카드가 보인다)

크렘린 집무실에서 프라우다를 읽고 있는 레닌(1918년)

코민테른 창립대회장에서의 레닌(1919년 3월)

레닌과 서기장 스탈린(1922년, 고르키)

레닌영묘

영구혁명의 설교자 레프 트로츠키
(1879.10~1940.08)

'수정주의자' 에두아르드 베른슈타인
(1850.01~1932.12)

알렉산드르 보그다노프(1873.08~1928.04)

인민의 영도자 요시프 스탈린(1879.12~1953.03)

투르한스크의 유형지에서 '동무들'과 함께한 직업혁명가 스탈린(뒷줄 왼쪽에서 세번째, 1915년)

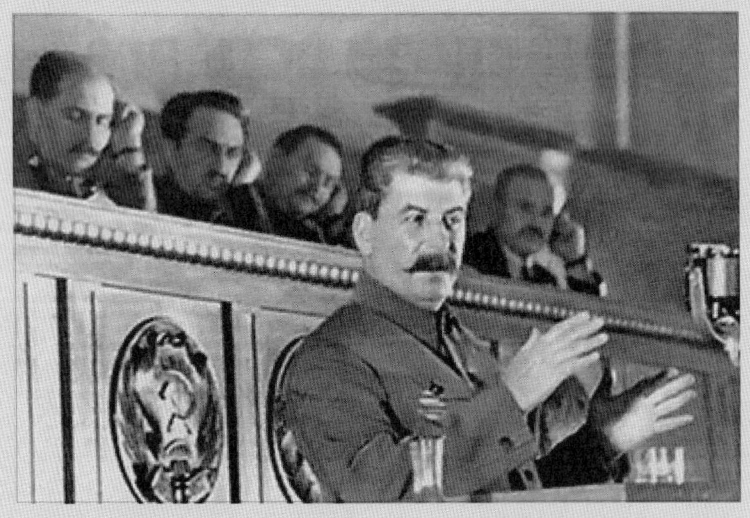

급속한 공업화와 농업 집단화를 총노선으로 확정한 제15차 당대회에서 연설하는 스탈린(1927년 12월)

농업 집단화 및 부농해체 캠페인에 동원된 농민들(1930년경)

소련 최초의 MTC가 관할했던 트랙터들(1928년, 우크라이나)

소련 최대 첼랴빈스크트랙터공장의 전경(1930년대)

1935년 11월 크렘린에서 열린 제1차 전국스타하노프운동원협의회 모습

Ш И Ф Р О М

СЕКРЕТАРЯМ ОБКОМОВ, КРАЙКОМОВ И ЦК НАЦКОМПАРТИЙ

Замечено, что большая часть бывших кулаков и уголовников, высланных одно время из разных областей в северные и сибирские районы, а потом по истечении срока высылки, вернувшихся в свои области, - являются главными зачинщиками всякого рода антисоветских и диверсионных преступлений, как в колхозах и совхозах, так и на транспорте и в некоторых отраслях промышленности.

ЦК ВКП(б) предлагает всем секретарям областных и краевых организаций и всем областным, краевым и республиканским представителям НКВД взять на учет всех возвратившихся на родину кулаков и уголовников, с тем, чтобы наиболее враждебные из них были немедленно арестованы и были расстреляны в порядке административного проведения их дел через тройки, а остальные менее активные, но все же враждебные элементы - были бы переписаны и высланы в районы по указанию НКВД.

ЦК ВКП(б) предлагает в пятидневный срок представить в ЦК состав троек, а также количество подлежащих расстрелу, равно как и количество подлежащих высылке. П 51/с 863/ш

СЕКРЕТАРЬ ЦК СТАЛИН

1ас

당서기들에게 대숙청의 시작을 지시하는 1937년 7월 2일자 스탈린의 서한 사본

우파의 리더 부하린(중앙)과 리코프(좌)의 마지막 모습 (1938년 3월)

독소불가침조약 체결 현장. 리벤트로프, 몰로토프, 스탈린(1939년 8월 23일)

일소중립조약에 서명하는 일본 외무대신 마쓰오카 요스케(1941년 4월 13일)

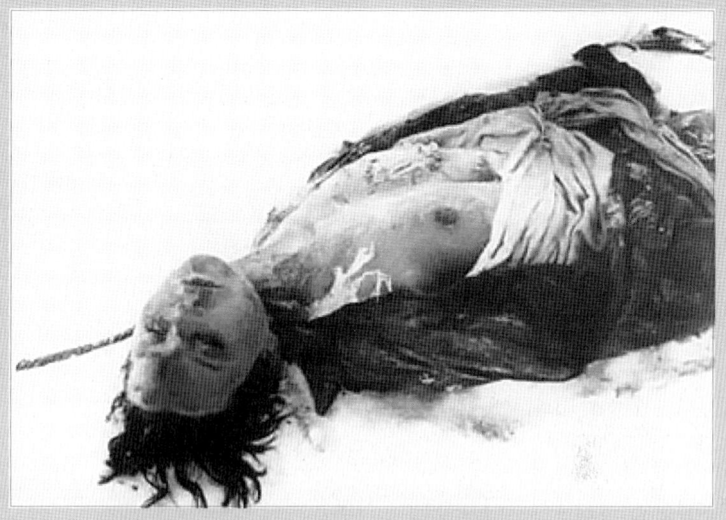

1942년 1월 27일자 《프라우다》에 실린 조야 코스모데미야스카야의 모습

스탈린그라드에서 항복한 독일 제6군 사령관 프리드리히 파울루스(1943년 2월)

스탈린그라드전투의 격전지 '마마예프 쿠르간' 위에 세워진 '어머니 - 조국'상의 모습(현 볼고그라드)

테헤란회담 때 처칠에게서 '스탈린그라드의 칼'을 선물 받는 스탈린 (1943년 11월 29일)

베를린 제국의회 건물 위에 적기를 내거는 붉은군대 병사(1945년 5월)

포츠담에서 처칠, 트루먼, 스탈린(1945년 7월)

스탈린 조문 행렬(1953년 3월, 모스크바)

레닌영묘 뒤편에 있는 스탈린의 묘

'인간의 얼굴을 한 사회주의'의 선구자
니키타 흐루쇼프(1894.04~1971.09)

탈스탈린화 정책의 계기가 된 소련공산당 제20차 대회에서 보고를 하는 당중앙위원회 제1서기 흐루쇼프(1956년 2월)

인류 최초의 우주비행사 유리 가가린 (1934.03~1968.03)

1961년 4월 가가린을 태우고 우주로 날아간 보스톡-1호의 발사 모습

1961년 6월 비엔나에서 만나 평화공존에 관해 대화하는 J. F. 케네디와 흐루쇼프

노멘클라투라의 대부 레오니드 브레즈네프(1906.12~1982.11)

'발전된 사회주의'를 즐기는 브레즈네프(1971년)

소련 인권운동의 대부 안드레이 사하로프(1921.05~1989.12)

러시아민족주의의 설교자 알렉산드르 솔제니친(1918.12~2008.08)

'레닌주의자' 로이 메드베제프(1925.11~)

SALT-1에 서명하는 R. 닉슨과 브레즈네프(1972년 5월, 크렘린)

SALT-2에 서명하는 J. 카터와 브레즈네프(1979년 6월, 비엔나)

마지막 서기장 미하일 고르바초프
(1931.03~)

페레스트로이카의 이면: 체르노빌원전의 폭발사고(1986년 4월) 후 모습

1991년 7월 10일 러시아공화국 대통령에 취임하는 옐친(1931.02~2007.04)

1991년 8월의 쿠데타 당시 러시아공화국 정부청사 '벨릐돔' 앞에 진주한 탱크 위에 올라 쿠데타 주도세력을 비난하는 옐친

소연방 해체의 직접적 계기가 된 벨로베스크협정에 서명하는 옐친, 크랍축, 슈스케비치(1991년 12월 8일)

러시아 자본주의 혁명의 기수 예고르 가이다르(1956.03~2009.12)

1993년 10월사태 때 탱크의 포격을 받는 '벨리돔'(최고회의가 있던 이곳에 반대파가 집결해 있었다)

대통령직 사임을 발표하며 푸틴에게 대통령권한대행 직무개시 명령장을 주는 옐친(1999년 12월 31일)

일러두기

1917년 11월 10월혁명으로 등장한 볼쉐비키 정권은 1918년 7월에 가서야 헌법을 공포하며 러시아소비에트연방사회주의공화국(PCΦCP)의 수립을 공식 선포했다. 이것이 이른바 러시아공화국이다. 그 후 벨로루시, 우크라이나, 자카프카지에서 차례로 소비에트사회주의공화국이 수립되었고, 1922년 12월 러시아, 벨로루시, 우크라이나, 자카프카지예 4개국 간 조약에 의거하는 소비에트사회주의공화국연방(CCCP)의 수립이 선포되었다. 약칭 소비에트연방(Советский союз)의 헌법은 1924년 1월에 공포되었으며, 연방 내부에 포괄된 민족공화국의 수는 향후 15개로 늘어났다.

이 책에서는 소비에트연방, 소연방, 소련을 문맥에 따라 적절히 혼용했으며, '소비에트 러시아'라는 표현은 소비에트연방 수립 이전의 시기에 국한하여 사용하였다.

서 문

인간은 이성적 존재인가?

R. 데카르트 이후 근대 합리주의적 전통에서 이성(reason)이란 계산능력을 의미한다. 반면 독일 관념론은 이성의 의미를 인식론적 범주 너머로 확장시켰다. I. 칸트에게 이성은 자율적인 도덕적 실천의지(실천이성)를 포괄하는 것이었으며, G. W. F. 헤겔은 이성(정신)을 절대자와 등치시켰다. 역사를 절대자의 자기전개과정으로 이해한 헤겔은 '이성적인 것은 현실적인 것이고 현실적인 것은 이성적인 것'이라는 명제를 내밀었다. 절대자는 자기 본질을 역사과정에 실현함에 있어 유한자로서의 인간의 이성과 의지를 매개로 한다는 것이다.

현실적인 것은 이성적인 것이라는 표제와 함께 헤겔철학은 곧 보수주의 철학으로 자리매김했으며, 이는 당시 상대적으로 낙후된 독일의 정치사회적 현실을 유념하며 헤겔을 헤겔의 언어로 비판하는 청년헤겔학파의 등장으로 이어졌다. 특히 L. 포이어바흐는 1841년에 출간된 『기독교의 본질』을 통해 '신이 인간을 만든 것이 아니라 인간이 신을 만들었다'고 주장하면서 헤겔의 "신학"을 거부했다. 포이어바흐에게 신이란 유적(類的) 존재로서의 인간의 자기소외형태였다. 그게 보기에 인간은 선험적 '선의지'를 자율적으로 실천하는 윤리적 존재도, '주님의 뜻'을 실천하며 성심(聖心)으로 살아가는 종교적 존재도 아니었다. 그에게 인간이란 외부로부터의 자극을 받아들이는 수동적 수용능력, 즉 감성(sensibility)을 통해 객관적 외부 세계를 파악하며 그것에 지배되고 그것에 경배하는 가련한 세속의 존재였다. 헤겔이 규정한 이성적 인간과 이에 대해 포이어바흐가 “관조적 유물론”으로 묘사한 감성적 인간에 관한 논의를 보고 K. 맑스는 「포이어바흐에 관한 테제들」에서 이렇게 말했다:

> “철학자들은 세계를 단지 다양하게 해석해왔을 뿐이다. 그러나 중요한 것은 세계를 변화시키는 것이다.”

물론 맑스는 존재가 사유를 결정한다는 유물론의 기본 명제를 부인하지 않았다. 포이어바흐의 “신”을 물신(物神)으로 대치한 맑스는 인간노동의 자기소외형태인 물신(자본)의 타파를 통한 유물론적 역사의 종식을 요구했으며, 이는 물신을 독점한 부르주아지의 지배, 즉 자본주의적 지배 질서의 청산을 의미했다. 그를 위해 인간은 감성적 존재성을 극복하고 역사의 주인이 되는 실천적 존재가 되어야 했다. 그러한 소외 극복의 계기는 사회적 존재로서의 자아 인식이었으며, 사회변혁을 위한 맑스의 이론과 실천은 자본주의적 사회경제구조와 계급적 현실 및 정치운동세력들에 대한 면밀한 분석과 이를 통해 노동자들의 계급의식 내지 혁명의식을 고취하는 데 집중되었다.

맑스 이전의 사회주의자들은 대개 다소 공상적이고 관념적인 성향을 노출했는데, 그들에겐 현실에 대한 깊이 있는 분석이 결여되어 있었다. 반면 맑스는 인간 사회를 고유한 발전법칙을 갖는 유기체로 취급하며 물질적 생산관계 속에서 사회변혁의 수단과 목표를 “머리의 힘을 빌려 발견”하려 했다. 그의 이론들은 사회에 대한 분석에 있어서나 사회주의를 위한 진단에 있어서도 이른바 공상적 사회주의자들, 나아가 P. J. 프루동이나 M. 바쿠닌의 교의에 비해 훨씬 논리적이고 체계적이며 포괄적이었다. 특히 자본의 자기존재 지양성을 논증한 『자본』과 더불어 맑스철학은 사회주의를 대표하게 되었는데, F. 엥겔스는 맑스가 이루어낸 두 가지 발견, 즉 유물론적 역사관과 (자본주의적 생산의 비밀을 폭로한) 잉여가치설에 의해 사회주의는 과학이 되었다고 했다.

하지만, 당시 사회민주주의자들 모두가 엥겔스에 동의하지는 않았다. 예를 들면, E. 베른슈타인은 사회주의(맑스주의)란 다가올 사회에 관한 학설이며 따라서 그것에 내재된 특성은 엄격한 과학성에 부합하지 않는다고 했다. 과학의 초석은 경험이라는 것이다. 사회주의는 과학이 아니라 합리적으로 선택된 윤리적 가치 내지 이념으로 수용되어야 한다고 주장하며 개량주의적 입장을 견지했던 그는 맑스의 자본주의 이론과 그 실제 발전이 꼭 부합하지 않음을 지적했으며, 나아가 노동계급이 맑스 덕분에 지적, 정치적, 경제적으로 큰 진보를 이루긴 했으나 정치권력을 넘겨받을 수 있을 만큼 충분히 발선했다고도 믿지 않았다. 그는 이렇게 주장했다:

> "사람들이 보통 사회주의의 최종 목표라고 부르는 것이 내게는 아무 것도 아니다. 내게는 운동이 모든 것이다."

이후 맑스주의가 과학으로 인정됨에 있어서 레닌의 공헌은 절대적이다. 그는 맑스주의를 과학적 이데올로기라고 부르면서 이를 부인하는 이른바 수정주의자들에게 배신자의 낙인을 찍었다. 1909년 봄 그가 『유물론과 경험비판론』을 출간했던 것은 얼마 전까지 러시아사회민주노동당 내 볼쉐비키 분파에서 자신의 주요 협력자였던 A. 보그다노프의 "반동철학"을 비판함으로써 과학적 사회주의를 온전히 지키기 위함이었다. 1905년을 전후하여 『경험일원론』 1권, 2권, 3권을 차례로 출간한 보그다노프의 철학적 입장은 당시 러시아 노동운동권 내에 이미 널리 알려져 있었다. 보그다노프는 객관적 세계의 존립을 사회적으로 조직된 경험, 즉 집단적 경험으로 설명하려 했다. 실재는 인간의 조직된 경험이라는 것이다. 레닌이 보기에, 주체(인간)와 객체(물질세계)의 대립을 인간의 경험으로 일원화하려는 그런 입장은 맑스주의의 근간인 유물론과 변증법을 부인하는 반동적 관념론에 다름 아니었다. 레닌에 따르면, 물질이란 객관적 실재를 표시하기 위한 철학적 범주이며 인간 의식은 물질세계의 반영이다.

보그다노프는 프롤레타리아 계급의식의 결핍이 사회민주주의 세력의 분열과 혁명운동의 실패를 야기했으며, 그 원인은 바로 맑스주의 철학에, 특히 토대와 상부구조 관계의 모호성에서 드러나는 과학성 부족 및 사적 유물론에 내재된 역사주의에 있다고 보았다. 맑스주의 철학에서 헤겔의 유산을 걷어내려는 그의 작업은 맑스주의의 과학성을 강화하기 위한 것이었으며, 그런 까닭에 그는 마흐주의자라는 레닌의 낙인에도 불구하고 자신이 충실한 맑스주의자라는 주장을 굽히지 않았다. 사회주의 혁명의 징후는 이른바 자본주의의 객관적 모순에서 발견되는 것이 아니라 인간의 의식에서 드러나는 것이라 생각한 그는 순수한 프롤레타리아 문화의 육성과 발전이 사회주의를 전망하는 운동세력의 주요 과제임을 강조했다. 이런 맥락에서 그는 1917년 2월혁명 이후 '제국주의는 사회주의 혁명의 전야'라고 외치면서 10월혁명을 준비하는 레닌을 비판했다. 노동자 계급은 프롤레타리아 문화를 체계적으로 충분히 구축하기 전까지 정치권력을 장악해선 안 된다는 것이었다.

레닌은 보그다노프의 비판에 대한 답변을 이미 오래 전에 준비해두고 있었다. 1902년에 출간한 『무엇을 할 것인가?』에서 레닌은 프롤레타리아트에게는 계급의식이 없다고 단언했다. 노동계급은 단지 '빵과 버터'라는 목표를 추구하는 트레이드-유니온이즘적 의식 정도를 자주적으로 발전시킬 수 있을 뿐이며, 사회주의적 목표를 추구하는 정치적 계급의식은 과학적 지식을 가진 인텔리겐치야 - 혁명가당에 의해 오직 외부에서 노동자들에게 주입될 수 있다는 것이었다. 10월혁명 후 소비에트 러시아에서 만사는 레닌의 구상대로 추진되었다. 맑스주의 기본 이론들을 노동자들에게 주입하기 위한 문화혁명이 추진되었으며, 인민들을 감성적 존재에서 공산주의적 인간형으로 개조하기 위한 선전 - 선동이 전개되었다. 맑스주의가 과학이라면 그로부터 도출된 레닌주의 이론들도, 맑스-레닌주의에서 도출된 스탈린의 이론들도 과학이 되어야 했다. 맑스-레닌-스탈린주의라는 "과학"으로 무장하여 역사발전의 필연성을 확신한 소비에트 인민들의 '땀과 피'는 스탈린 시대에 소비에트연방이 과시했던 정치 · 경제 · 사회 · 문화적 역동성의 원천이었다. 제국주의 세력이 국가사회주의의 존립 자체를 위협하고 있다고 여겨지는 상황에서 "과학"을 부정하거나 조금이라도 회의하는 분자들은 역사의 도상에서 도태되었다.

필자는 모스크바 유학 시절 그곳 학자들에게 틈이 보이면 역사에 관련된 몇 가지 포괄적 질문을 던지곤 했다. 그런 맥락에서 한번은 필자의 지도교수이신 안드레이 N. 사하로프 선생께 이렇게 물었다: "소련이 붕괴된 이유가 무엇이라 생각하십니까?" 선생의 대답은 짧았다: "나로드 우스탈!(Народ устал!)" 인민들이 힘들어 지쳤다는 말씀이었다.

소비에트 인민들은 "과학"을 독점한 당에 의해 지배되는 감성적 존재였다. 과거에 비해 당의 지배력이 현저히 유화되었던 브레즈네프 시절에 그들이 사회복지의 관점에서 '최대다수의 최대행복'을 온전히 누릴 수 있었던 것은 기왕에 구축된 사회경제적 성과에 더하여 "과학"에 담겼던 진보적 가치들이 제도로 구현되었던 이유 때문이었다. 1992년부터 러시아연방에서 추진된 자본주의 혁명은 많은 러시아 시민들에게 극심한 경제적 궁핍과 인내를 강요했으며, 이후 V. 푸틴의 등장과 함께 러시아는 맑스-레닌주의의 지배와 이에 대한 자유주의적 반동이라는 이데올로기적 구속을 탈피하고 권위주의적 색채의 보통국가가 되었다.

이 책은 필자가 그간 썼던 글들 가운데 하나의 주제로 모아지는 일곱 편을 골라 엮은 것이다. 제1장부터 제5장까지는 이러저러하게 발표된 글이며, 제6장은 러시아연방과학원 러시아역사연구소가 1996년에 발간한 논문집 『20세기의 러시아: 역사학의 운명』에 실린 필자의 러시아어 논문을 우리말로 옮긴 것이다. 제7장은 소련의 해체 후 등장한 러시아연방에서 전개된 자본주의 혁명과 정치변혁의 과정 및 그 의미를 나름 분석·정리하기 위해 1999년에 써둔 글이다. 부연하자면 제7장의 내용 중 특히 사실관계와 관련된 부분들에는 그 출처가 각주로 충실히 밝혀져 있지 않다. 그 이유는 필자가 시대의 추이를 보며 당시의 러시아 신문이나 잡지 등에서 수집한 사실관계 자료들을 기입한 필자의 개인연구노트에 의거해서 글이 대개 서술되었기 때문이다. 현재 국내외 연구서들이 많이 나와 있으나 이들을 활용하여 각주 작업을 새로 하는 것이 크게 유의미한 일로 생각되지 않았다.

소비에트연방은 세계 사회주의 혁명을 체제 목적으로 하여 이른바 소비에트 이데올로기의 팽창을 추구했던 '이념의 제국'이었다. '제국'이 유지되지 못했던 것은 소비에트 인민들이 유물론적 인간, 즉 감성적 존재로서의 인간의 한계를 극복하지 못했기 때문이었다. 소비에트연방의 붕괴는 인간 본질의 문제에 기인하는 것이지 냉전에서의 패배가 그 직접적 원인이라 할 수 없다. 현재 세계의 주요 나라들에서 심화되고 있는 사회경제적 양극화에서 잘 드러나는 신자유주의의 문제는 그 대안을 위한 논의와 운동을 결국 확대시킬 수밖에 없다. 민주주의란 계급 간의 조화이다. 민주주의에 의거하는 사회적 진보와 평화를 지향하는 운동에 있어 소비에트연방의 역사적 존재는 무시될 수 없을 것이다. 그것은 자본주의적 물신 지배의 대안으로 20세기에 존속했던 체제였다. 물론 미래를 위해 소비에트연방의 경험만이 유용할 수는 없다. 1942년 9월부터 스탈린그라드에서 붉은군대 제26군 사령관으로 전투를 지휘하면서 인간이 만든 극한 지옥을 생생히 들여다본 V. 추이코프는 자신의 회고록에 이렇게 썼다:

"과거를 궁리하는 것은 미래를 보기 때문이다. 미래를 생각하는 이들에겐 과거를 잊을 권리가 없다."

차 례

contents

레닌이즘의 이론과 정치

1. 머리말

인간 의식의 사회적 존재구속성에 관한 K. 맑스의 관점을 수용한 K. 만하임은 1929년에 출간한 『이데올로기와 유토피아』에서 보수주의, 자유주의, 무정부주의, 사회주의를 현대사회에서 경쟁하는 네 가지 이데올로기로 규정했다. 그는 기존 사회체제의 유지 또는 변화를 도모하는 각 계급이 자신에 고유한 사회의식과 세계관을 이상화하여 구성한 이론체계를 이데올로기로 간주했다.

인권, 자유, 평등 등의 개념을 토대로 구성되는 자유주의는 이론적으로 그 나름의 논리성과 체계성을 갖는다. 인간소외, 자본, 노동, 계급 등의 개념에서 출발하는 맑스주의 이론체계도 그 자체로 일정한 완결성을 갖는다. 이런 사정은 무정부주의나 파시즘에서도 마찬가지이다. 자유주의에서 인간은 합리적인 보편적 존재로 묘사되지만, 맑스주의에서 인간은 소외된 존재이며 동시에 소외를 지양하는 존재, 즉 노동자로 표상된다. 인권 개념에 의지하는 자유주의는 사회경제적 불평등과 자본주의적 참상에 직면하면 진보적 자유주의로 발전하기도 하고, 갈등과 대립의 소용돌이 속에서는 평화주의의 기치를 들기도 한다. 반면, 소외의 지양을 위해 계급투쟁을 설교하는 맑스주의는 자유주의적 이론들과의 소통이 쉽지 않다. 다만 탈혁명화된 맑스주의는 현상학적 수준에서 진보적 자유주의와 접근하며, 이런 점에서 만하임의 상관주의(relationalism)는 학적(學的) 적실성을 갖는다.

레닌주의란 맑스주의 이론체계에 의존하여 레닌이 진술한 이론과 선술들의 체계이다. 1917년 이전에는 노동자-농민의 혁명을, 그 후에는 프롤레타리아 독재를 설교했던 레닌주의는 그 본질이 급진적 노동운동에서 발전한 프롤레타리아 계급이론이었다. 레닌은 반(半)봉건적 러시아에서 자본주의적 관계들이 성장하고 있음을 논증했으며, 그럼으로써 노동자 혁명의 당위성을 역설했다. 10월혁명 후에는 소비에트 사회주의의 발전을 위한 이론을 제시하고 그것을 정치(전술)로 실현했다. 본 연구는 레닌의 구체적 진술을 통해 레닌주의의 이론적 내용과 그 발전 및 그것에 근거하여 레닌이 구현했던 계급정치의 실제를 통시적으로 고찰함을 목적으로 한다.

레닌의 언어는 난삽하다. 때와 장소에 따라 모순되기도 했던 그것은, 그럼에도 불구하고 혁명과 독재를 위해 전체적으로 체계를 이룬다. 레닌의 말은 권력이었다. 그가 양산한 많은 신조어 중에는 전혀 근거 없는 것들도, 무단 도용된 것들도 있었다. 항상 소수자였던 레닌파를 볼쉐비키, 즉 다수파로 규정했으며, 자신의 정치를 니콜라이 부하린의 국가자본주의 개념으로, 그리고 알렉산드르 보그다노프의 전시공산주의 개념을 무단 차용하여 합리화했다. 그럼에도 그의 이론은 역사가 되고 과학이 되기도 했다.

레닌은 자신이 혁명적 맑스주의의 전통을 계승했다고 자부했다. 자본주의에서 사회주의로의 전환을 위한 객관적 조건이 역사적 진화에 의해 아직 실증적으로 발생하지 않았음을 주장하면서 사회주의를 합리적으로 선택된 하나의 윤리적 이념으로 수용해야 한다고 주장한 E. 베른슈타인이나,[1] 신칸

1) Eduard Bernstein, 『사회주의의 전제와 사민당의 과제』, 강신준 역 (서울: 한길사, 1999), pp.319~351.

트주의에 공감하면서 외적 세계에 대한 절대적 인식가능성을 부정한 보그다노프는 레닌이 보기에 맑스주의를 포기한 "반동분자들"이었다.[2] 그럼에도 불구하고 후에, 특히 부하린주의자들은 레닌주의를 사회민주주의적으로 분칠을 했다. 그러나 레닌주의는 노동운동 진영 내에서도 그 지지자들이 소수에 불과했던 극좌적 이론체계였다. 소비에트 러시아에서 그것의 사회적 기반은 극히 협소했으며, 따라서 볼쉐비키 정권의 유지 및 사회주의 발전을 위한 레닌의 정치는 폭압적이며 잔혹할 수밖에 없었다. 레닌주의가 그 기본 원칙에서 거의 변화가 없었다는 R. 서비스의 주장은 옳지 않다.[3] 레닌주의는 1917년 "새로운 볼쉐비즘"으로 질적 도약을 하며 더욱 좌경화했다. 레닌의 이론과 정치를 공시적 비평이 아니라 역사 속에서의 육성을 통해 분석하는 것은 레닌주의의 객관적 평가를 위한 유용한 계기가 된다.

2. 레닌주의의 키워드: 노동자-농민의 혁명과 프롤레타리아 독재

(1) 노동계급과 전위 정당

1894년 레닌은 자유주의적 인민주의를 비판하는 책을 출간했으며,[4] 이를 계기로 러시아 운동권에서 맑스주의자로서 두각을 나타냈다.

레닌에 의하면, 일하는 개인의 복지가 진보의 유일한 척도로 간주되어야

2) См.: Богданов А.А. Вопросы социализма. М., 1990.

3) Robert Service, 『레닌』, 정승현·홍민표 역 (서울: 시학사, 2001), p.44.

4) 책의 원제는 Что такое 『друзья народа』 и как они воюют против социал-демократов?('인민의 벗'이란 누구이며 그들은 어떻게 사회민주주의자들에 대항하는가?)이다.

한다고 주장하는 자유주의적 인민주의자들이 범한 근본적 과오는 심화되는 사회경제적 관계의 모순들을 도외시한 것이었다. 러시아에서 자본주의의 발전은 이미 돌이킬 수 없는 추세가 되었고, 계급으로서의 노동자들이야말로 역사적 진보를 실현할 수 있는 유일한 세력이었다. 그가 보기에 맑스주의자들의 기본 과제는 인민들로부터 노동자들을 추출하여 혁명을 위해 조직화하는 것이었다:

> "사회민주주의자들의 정치활동은 러시아 노동운동의 발전과 조직화에 조력하고, 개별적이고 지도이념 없이 항의, '폭동', 파업이 전개되는 현 상태의 노동운동을 부르주아 체제에 대항하는 전체 노동계급의 조직적 투쟁으로, 착취자에 대한 착취 및 근로자들에 대한 억압에 기초한 사회질서들의 청산을 지향하는 전체 노동계급의 조직적 투쟁으로 변환시키는 데 있다. 이 활동의 기초가 되는 것은 러시아 노동자가 러시아의 모든 근로자와 피착취 주민들의 유일하고 당연한 대표라는 맑스주의자들의 일반 신념이다."[5]

위 책에서 레닌은 맑스-엥겔스의 저작들을 평하고 그 본질과 역사적 의미를 설명했으며, 특히 『자본』을 "과학적 사회주의를 진술하는 가장 중요하고 기본적인 작품"[6]이라 평가했다. 그렇다고 해서 그가 맑스주의의 "과학"을 러시아 현실에 그대로 대입하려 했던 것은 아니었다. 혁명운동에서 이론 투쟁의 가치는 "과학"의 재창조로 담보됐다. 레닌은 말했다:

> "우리는 맑스의 이론을 완전하고 불가침적인 것으로 간주하지 않는다. 반대로 그 이론은 사회주의자들이 삶에서 낙오되기 원치 않는다면 반드시 전방위적으로 발전시켜야할 과학에 초석을 놓았을 뿐이라고 우리는 확신한다. 우리는 맑스의 이론을

---

5) Ленин В.И. Полн. собр. соч., т.1, с.309~310.
6) Там же, с.187.

독자적으로 발전시키는 것이 러시아 사회주의자들에게 특히 필요하다고 생각한다. 왜냐하면 그 이론은 프랑스에 비해 특히 영국에 다르게 적용되는, 독일에 비해 특히 프랑스에 다르게 적용되는, 러시아에 비해 특히 독일에 다르게 적용되는, 그런 공통된 지도적 명제들을 제공할 뿐이기 때문이다."7)

1899년 출간된 『러시아에서의 자본주의 발전(Развитие капитализма в России)』은 맑스의 『자본』을 계승하는 레닌의 역작으로 평가됐다. 방대한 분량의 자료가 동원된 실증적 연구는 농민의 분해와 농촌 경제의 자본주의적 진화에 대한 묘사부터 시작되었다. 그는 1861년 농노제 폐지 이후 농촌의 사회경제적 관계가 상품생산 및 자본주의 사회에 전형적인 모순들의 생성과 발전으로 규정되고 있음을 지적했으며, 자본주의적 농업 발전의 두 가지 가능성을 예상했다. 하나는 농노제에 기초한 지주제도가 점진적으로 자본주의적 경제로 전환하는 경우이며 다른 하나는 농노제의 잔재들, 특히 대지주제가 혁명적으로 붕괴되는 경우로서, 레닌은 후자가 자본주의적 관계에 기초한 생산력의 급속한 발전을 가능케 하면서 자본주의 타도와 사회주의적 경제 변혁이라는 노동계급의 향후 과제를 실현하는 데 유리한 조건을 조성할 것이라 보았다. 경제 연구를 통해 그가 도달한 결론은 아주 급진적이었다. 러시아에서 수백만 명의 농민을 강력한 동맹자로 가진 프롤레타리아트가 선봉에 선 위대한 인민혁명이 성숙하고 있는데, 그 혁명은 짜리즘 타도에 국한될 수 없으며 프롤레타리아트는 더 멀리 자본주의 타도를 위해, 사회주의의 승리를 위해 나아간다는 것이다.8)

레닌의 화두는 혁명이었고 많은 이론들로 그것을 모색했지만, 그의 초기 이론은 인민주의를 비판하고 러시아 자본주의의 발전 및 노동계급의 성장

---

7) Ленин В.И. Полн. собр. соч., т.2, с.462.
8) См: Ленин В.И. Полн. собр. соч., т.3, с.1~609.

을 논증하는 데 집중됐다. 사회주의 혁명에 관한 그의 이론도 역사발전에 관해 맑스주의자들이 공유하는 수준에 머물렀다. 레닌주의적 이론의 등장은 1902년 출간된 『무엇을 할 것인가?(Что делать?)』에서 확인되었으며, 그 요체는 노동계급의 전위로서의 혁명가 정당에 관한 것이었다.

『무엇을 할 것인가?』에서 레닌은 사회민주주의가 두 방향으로 발전하고 있음을 지적했다. 하나는 맑스주의의 혁명적 전통을 일관되게 계승하는 것이고, 다른 하나는 맑스주의 이론의 기본 명제들을 왜곡하는 기회주의적 경향이었다. 프랑스의 밀레랑주의, 영국의 트레이드-유니온이즘, 독일의 베른슈타인주의, 그리고 러시아의 경제주의 등 다양하게 표현되는 사조들의 주장은 노동자들이 운동 속에서 사회주의 이념을 자연적으로 발전시킨다는 것이었으나, 레닌이 보기에 그것들은 계급혁명을 반대하는 다양한 논의에 불과했다. 노동계급은 단지 트레이드-유니온이즘적 의식 정도를 자주적으로 발전시킬 수 있을 뿐이며, 깊은 과학적 지식에 기초해 얻어지는 사회주의 의식은 프롤레타리아트의 당에 의해 노동운동에 주입될 수 있었다. 노동계급을 이끄는 "전위적 전사들의 역할은 오직 전위적 이론에 지도되는 당에 의해 수행될 수 있다"는 것이 레닌의 주장이었다.[9] 그는 말했다:

> "사회민주주의의 이상은 트레이드-유니온의 비서가 되는 것이 아니라 어디에서 발생하건 어떤 계층이나 계급에 관련되건 상관없이 여하한 종류의 모든 횡포와 억압에 응답할 줄 아는, 그 현상들을 경찰 폭력과 자본주의적 착취의 한 장면으로 일반화시킬 줄 아는, 자신의 사회주의적 확신과 민주적 요구들을 만인 앞에서 진술하는 데 여러 사소한 일들을 활용할 줄 아는, 만인과 각인에게 프롤레타리아 해방투쟁의 세계사적 의미를 설명할 줄 아는, 그런 인민의 호민관이 되는 것이다."[10]

9) Ленин В.И. Полн. собр. соч., т.6, с.25.
10) Там же, с.80~81.

"과학적 사회주의는 완전한 혁명이론"이라고 주장하는 가운데 수정주의와 경제주의의 출현으로 러시아 사회민주주의에서 시작된 "분열, 해체, 동요의 시기"를 청산해야 한다는 레닌의 외침은 게오르기 플레하노프의 입장에도 부합했다. 하지만 레닌은 한 걸음 더 나아갔다. 플레하노프가 사회주의 운동에서 인텔리겐치야의 지도적 역할을 강조한 데 비해 레닌은 혁명가 정당을 요구했다.

『무엇을 할 것인가?』에서 레닌은 아르키메데스의 아포리즘을 바꿔 자신의 속내를 드러내 외쳤다:

"우리에게 혁명가 조직을 달라. 그러면 우리는 러시아를 뒤엎을 것이다."[11]

그것은 직업혁명가들로 구성된 폐쇄적이며 강력한 중앙집권적 조직으로, 활동의 비밀성과 규율성이 필수적이었다. 사실, 레닌이 직업혁명가들로 구성된 전위정당이라는 개념을 처음 고안한 것은 아니다. 표트르 트카쵸프는 혁명정당이 러시아 국가의 절대 권력을 인수하여 그것을 강력한 혁명독재기구로 전환시켜서 모든 사회 분야를 철저히 변혁하는 데 이용해야 하며, 혁명국가를 운영하는 혁명정당의 권위가 러시아 황제(짜리)의 그것에 버금가는 수준에서 확립되어야 한다고 주장한 바 있었다. 트카쵸프의 생각을 수용하면서 레닌은 자신의 블랑키즘으로 러시아사회민주노동당 내의 급진주의를 대표했으며, 독자 이론을 갖춘 당지도자로서의 지위를 구축했다.

레닌의 급진주의는 이념적 사조에 머물지 않았다. 1903년 여름 제2차 러시아사회민주노동당 대회에서 레닌은 직업혁명가 조직이라는 뜻의 당 개념을 관철시키는 데 실패했지만 자파 세력을 규합하며 자신들을 볼쉐비키(다

11) Там же, с.114.

수파)라 명명할 수 있었다. 그런데 대회 직후 그는 당 지도기관으로 규정된 ≪이스크라≫ 편집국에서 배제됨으로써 당권을 잃고 소수파로 전락했다. 1904년에 출간한 『일보 전진, 이보 후퇴(Шаг вперёд, два шага назад)』에서 레닌은 율리 마르토프를 비롯한 온건파의 입장을 경제주의로 비판하며 자신의 신념을 변호했다:

> "권력투쟁에 있어 프롤레타리아트에게 조직 이외에 다른 무기는 없다. 부르주아 세상에서 행해지는 무정부적 경쟁의 지배하에 분열되어진, 자본에 예속된 노동으로 짓눌려진, 절대 빈곤과 야수(野狩)화 및 퇴행의 나락으로 계속 팽개쳐지는 프롤레타리아트는 오직 한 경우에만, 즉 맑스주의 원칙들에 의거한 이념적 단합이 수백만 근로자들을 노동계급의 군대로 결집시키는 조직의 물적 단결에 의해 강화되는 경우에만 불패의 세력이 될 수 있으며 반드시 될 것이다. 이 군대 앞에선 러시아의 노쇠한 전제권력도, 노쇠해가는 국제적 자본권력도 버텨내지 못한다."12)

(2) 연속혁명과 노동자-농민의 혁명적 민주독재

러시아혁명의 성격과 그 주체에 대한 규정 문제는 다양한 혁명운동세력과 이념적 사조들이 서로 연대하거나 편을 가르는 기준이었다. 러시아 사회민주주의가 멘쉐비즘과 볼쉐비즘이라는 두 분파로 분열하게 된 데에는 당 조직론보다 혁명론 상의 대립이 더 중요하게 작용했다. 멘쉐비즘은 혁명이 부르주아적인 것이 될 것이며 부르주아 계급에로의 권력 이전과 부르주아적 의회주의 실현을 위한 조건 창출이 혁명의 목적이 된다는 입장에 의거했다. 반면 볼쉐비즘은 혁명의 부르주아적 성격을 인정하면서도 임시혁명정부 수립을 그 과제로 제기했다. 1905년 여름 레닌은 『민주혁명에서의 사회민주주의의 두 가지 전술(Две такитки социал-демократии в демокра-

---

12) Ленин В.И. Полн. собр. соч., т.8, с.403~404.

тической революции)』을 썼다. 여기에서 그는 멘쉐비키의 "경제주의적" 혁명전술에 자신의 혁명론을 대조하면서 프롤레타리아 계급이 러시아 부르주아 민주주의 혁명의 지도자가 될 수 있으며 또 되어야 한다는 점을 강조했다. 나아가 프롤레타리아 계급이 부르주아 혁명의 성공에 만족해서는 안 되며 사회주의를 향한 성공적 투쟁을 위해 "민주적 전복"을 최대한 활용해야 한다고 역설하면서, 그 방법으로 노동자-농민의 혁명적 민주독재라는 개념을 제시했다. 레닌은 말했다:

> "우리는 부단한, 연속된 혁명을 지지한다. 우리는 중도에 멈추지 않을 것이다."[13)]

레닌의 연속혁명론에 따르면, 프롤레타리아 계급은 임시혁명정부에 대해 노동자-농민의 혁명적 민주독재의 확립을 통해 민주공화국 수립, 지주소유 토지의 몰수, 8시간 노동일 확립 등 정치경제적 분야에서 당면한 민주적 요구들, 즉 최소강령의 실현을 주장할 것이지만, 그것만으로 충분할 수 없었다. 사회주의 혁명의 조속한 실현을 위해 임시혁명정부에 대한 압박이 계속 가해져야 했는데, 그것은 우선 사회민주주의에 의해 지도되는 무장한 프롤레타리아트가 밑에서 부르주아 계급을 물리적으로 견제함으로써, 그리고 위에서는 "모든 반(反)혁명 시도에 대한 가차 없는 투쟁과 노동계급의 자주적 이익 옹호를 위해 임시혁명정부에 사회민주주의 정당이 참여함으로써"[14)] 실현될 수 있었다. 그럼에도, 사회주의를 염원하는 프롤레타리아트의 계급적 지향과 부르주아적인 객관적 현실 사이에 존재하는 모순은 혁명 이후에 불가피한 것이었고, 레닌은 그런 모순의 해결 방법을 프롤레타리아 계급의 정치적 인내 내지 자기규제 속에서 발견했다.

---

13) Ленин В.И. Полн. собр. соч., т.11, с.222.
14) Там же, с.11.

1905년 러시아사회민주노동당 제3차 대회에 제출된 임시혁명정부에 관한 결의안에서 레닌은 당의 최소강령과 최대강령을 분명히 구분했다. 그는 자기 혁명이론의 논리를 이렇게 설명했다.

"본 결의안은 최소강령의 즉각적 실현에 관한, 그리고 사회주의 혁명을 위한 권력의 획득에 관한 반(半)무정부주의적인 어리석은 생각을 배제했다. 러시아 경제발전의 수준(객관적 조건)과 노동자 대중의 의식성 및 조직성의 수준(객관적 조건과 불가분의 관계에 있는 주관적 조건)은 즉각적인 노동자 계급의 해방을 불가능하게 한다. 오직 가장 무지한 자들만이 발발하는 민주주의 혁명의 부르주아적 성격을 무시할 수 있으며, 가장 순진한 낙천주의자들만이 아직 노동자 대중은 사회주의의 목적과 그 실현 방법에 관해 거의 아는 바 없다는 사실을 망각할 수 있다."[15]

중요한 사실은 러시아 사회민주주의 내에 트로츠키즘이라는 가장 급진적인 사조가 조직으로서도 존재하고 있었다는 것이다. 실제 러시아 노동운동은 세 가지로 분열해 있었다. 레프 트로츠키는 영구혁명론에 의거하여 역사 진행을 추측했다. 그의 설교에 따르면, 혁명으로 권력을 장악한 프롤레타리아트는 혁명을 부르주아 민주주의적 강령으로 제한하길 원하지 않을 뿐 아니라 또 제한할 수도 없으며, 그렇기 때문에 러시아혁명은 부르주아 혁명이 아니라 사회주의 혁명이 될 것이며 당연히 그렇게 되어야 했다. 트로츠키는 1906년에 저술한 『총괄과 전망』에서 말했다:

"러시아의 경제적 상황에서 노동자 계급의 사회주의정책은 얼마만큼 진행될 수 있는가? 하나는 확실히 장담할 수 있다. 사회주의정책은 나라의 기술적 후진성에 부딪히기 훨씬 이전에 정치적 장애에 봉착하게 될 것이다. 유럽의 프롤레타리아트가 제공하는 국가적 차원의 직접 지원이 없이는 러시아 노동자 계급은 권력을 유지할

15) Там же, с.16.

수 없으며 자신의 일시적 지배를 장기간의 사회주의적 독재로 전환시킬 수 없다."[16]

러시아에 프롤레타리아 독재정권을 수립하는 것은 시대의 당위이며 결과이지만, 자본주의적 후진성으로 계급적 지지기반이 취약한 노동자 정권은 오직 세계 사회주의 혁명을 통해 그 안정을 보장받을 수 있다는 것이 트로츠키즘의 이론적 요체였다.

레닌은 1905년 러시아혁명 때 트로츠키의 노동자 정부 수립 요구를 비판하였다. 당시 페테르부르크 소비에트를 지도했던 트로츠키의 목표는 짜리즘을 타도하고 즉시 프롤레타리아 독재권력을 수립하는 것이었다. 그것이야말로 최대강령을 표현하고 있었다. 자본주의 혁명이 실현되지 않은 러시아에서 프롤레타리아 독재권력을 수립한다는 주장은 레닌이 보기에 시대착오적이며 비과학적이었다. 트로츠키는 멘쉐비즘과 볼쉐비즘의 대립을 단지 혁명세력의 힘을 분열시키고 앞으로의 사회주의 혁명에 지장을 초래하는 그런 공허하고 불필요한 것으로 취급했다. 최소강령과 최대강령 사이의 구별은 현실에서 프롤레타리아 계급이 권력을 장악하자마자 소멸할 것이기 때문이었다.

F. 엥겔스는 1847년에 쓴 「공산주의의 원리(Принципы коммунизма)」에서 일국에서의 사회주의 혁명의 실현 가능성을 부정적으로 평가했다. 레닌도 각국에서의 사회주의 혁명을 세계혁명의 한 구성부분으로 취급했다. 그러면서 그는 사회주의 혁명이 동시다발적일 수 없으며, 제국주의 시대에 문제가 보다 적극적으로 설정되어야 한다고 말했다:

"경제적, 정치적 발전의 불균등성은 자본주의의 절대법칙이다. 이로부터 우선 일부

16) Троцкий Л.Д. Итоги и перспекитвы. // К истории русской роволюции, М., 1990, с.108.

자본주의 국가들에서, 심지어 개별적으로 취해진 일국에서 사회주의의 승리가 가능하다는 결론이 나온다. 이 나라의 승리한 프롤레타리아트는 자본가들을 수탈하고, 사회주의적 생산을 조직하고, 다른 나라들의 피억압 계급들을 자기편으로 끌어들이면서, 다른 나라들에서 자본가들에 반대하는 폭동을 선동하면서, 불가피할 경우 심지어 군사력을 동원하여 수탈 계급들 및 그들의 국가를 향해 진격하면서, 나머지 자본주의 세계에 반대하여 궐기해야 할 것이다."[17]

물론 이는 자본주의가 발전한 서구에 적용되는 문제였다.

레닌은 러시아혁명의 독특한 성격을 무시하는 자들을 비판했다. 먼저, 농민계급의 혁명성을 부정하는 트로츠키가 비판 대상이 됐다. 그 이유는 트로츠키가 "1905년 제기한 자신의 독창적 이론[=영구혁명론]에 의거해 사회주의 노동자 정부에 관한 좌익적 수사(修辭)를 반복하고 있지만" 실제로는 그 이론으로 "러시아의 자유주의적 노동자 정치인들", 즉 멘쉐비키를 돕고 있다는 것이었다. 멘쉐비키는 트로츠키의 주장에서 농민을 혁명과 무관한 존재로 취급하는 자신들의 입장에 대한 지지를 발견한다는 것이었다.[18] 트로츠키의 프롤레타리아 독재론을 비판하면서 레닌은 임박한 러시아혁명의 부르주아적 성격을 의심하지 않았다:

"권력 획득을 위해, 공화국을 위해, 토지 몰수를 위해, [중략] 군사-봉건적 제국주의(=짜리즘)로부터 부르주아 러시아를 해방케 하는 투쟁에 비(非)프롤레타리아 인민대중이 동참토록 하기 위해 프롤레타리아트는 투쟁했으며 또 헌신적으로 투쟁할 것이다. 프롤레타리아트는 농촌 노동자들과 투쟁하는 부유한 농민들을 지원하기 위해서가 아니라, 유럽 노동자들과 연대하는 사회주의 혁명의 성취를 위해서 짜리즘으로부터, 토지 및 지주권력으로부터 부르주아 러시아의 해방을 활용할 것이다."[19]

17) Ленин В.И. Полн. собр. соч., т.26, с.354.
18) См.: Ленин В.И. Полн. собр. соч., т.27, с.80~81.
19) Там же, с.81.

레닌의 연속혁명론은 사회주의 실현에 요구되는 역사과정을 단축하려는 강한 의지와 그 급진성으로 멘쉐비키의 단계적 혁명론과 구별되었다. 하지만 레닌이 연속혁명 개념을 통해 볼쉐비즘을 차별화하고 그럼으로써 러시아에서 혁명적 맑스주의의 전통을 이어갈 수 있었다 하더라도, 그의 입장은 영구혁명론과 크게 달랐다.

연속혁명론이나 영구혁명론은 모두 좌파적 극단주의의 산물이었으며, 엄밀히 말해 그런 개념의 원저자는 바로 맑시즘의 창시자였다. K. 맑스는 1850년 봄 '공산주의자동맹'을 상대로 이렇게 말했다:

> "민주적 소부르주아가 혁명을 가능한 빨리 끝내려고 하는 그 때, [중략] 우리의 이익과 과제는 대소를 망라한 모든 유산 계급이 권좌에서 완전히 밀려날 때까지, 프롤레타리아 계급이 국가권력을 완전히 장악할 때까지 혁명을 부단히 계속하는 데에 있습니다. [중략] 우리의 최종적 승리를 위해 [중략] 전투 슬로건이 공표되어야 하는데, 그것은 바로 연속혁명입니다!"[20]

혁명의 한 단계에서 다음 단계로의 계속된 교체를 의미하는 개념을 나름대로 압축된 형태로 제시한 연속혁명론과 영구혁명론은 모두 맑스의 명제에 의거했다. 각자의 혁명이론에 공통된 사상적 기원이 있었음에도 불구하고 또한 그 이론적 친화성에도 불구하고 레닌주의와 트로츠키주의는 2월혁명 전까지 사회주의 운동권 내부에서 대립하였다.

1914년 여름, 독일과의 전쟁이 발발하자 대다수 맑스주의자들이 "조국전쟁"의 승리를 지지하는 상황에서, 레닌은 "제국주의 전쟁을 내전으로 전환시키라!"고 외치기 시작했다. 제국주의의 본질을 해명하지 않고는 전쟁에 대한 올바른 평가가 어렵다고 생각하면서 그는 평화주의의 구호란 자본주의하에

---

20) Маркс К., Энгельс Ф. Соч., т.7, с.261~267.

서 실현 불가능한 허황된 요구일 뿐이라고 일축했다.[21] 경제적, 정치적 발전의 불균등성은 자본주의 발전의 절대법칙이며, 그 때문에 "자본주의의 최고 단계로서의 제국주의" 시대에 세계의 분할과 재분할을 위한 전쟁이 발발하는 것은 역사적 필연이라는 것이다. 제국주의가 존재하는 한 침략전쟁의 경제적 토대와 전쟁 발발의 위험성이 상존한다. 세계평화는 인도주의적 구호들로 얻어질 수 없고, 오직 사회주의 하에서만 전쟁이 소멸하며 평화가 실현될 수 있다는 것이었다. 세계 자본주의 경제의 새로운 현상들을 숙고하면서 레닌은 제국주의가 독점자본주의에서 국가독점자본주의로 전화되는 모습을 주목했으며, 자본주의의 모순들이 한층 심화되고 있다는 결론에 도달했다. "기생적이고 부패한" 자본주의는 사멸하고 있었다. 동시에 그는 "최고 단계의 자본주의"에서 사회주의로의 혁명적 이행을 위한 물적 조건들이 준비되고 있음을 확신했으며, 경제의 사회화나 생산 및 생산물의 분배에 대한 회계와 관리 등을 담당하는 기관들, 즉 사회주의 혁명의 승리 후에 프롤레타리아 계급이 사회주의 건설을 위해 활용할 수 있는 기관들의 등장을 발견했다. 그의 결론은 제국주의가 바로 사회주의 혁명의 전야(前夜)라는 것이었다.[22]

1917년 1월 레닌은 첫 번째 러시아혁명의 발발 12주년을 기념하여 스위스 노동자들이 마련한 집회에서 강연할 기회를 가졌다. 러시아혁명의 독특함은 그것이 사회적 내용으로는 부르주아 민주주의적인 것이었지만 투쟁수단의 측면에선 프롤레타리아적이라는 데 있다고 말한 다음 그 실패의 원인들을 열거한 레닌은 "1905년 러시아혁명이 미래의 유럽혁명의 서곡으로 남아있으며" 또 유럽의 "깊은 고요함"에도 불구하고 제국주의 침략전쟁은 "가까운 시기에 인민들의 봉기로 이어질 것"이며, 금융자본과 자본가들에 반대하

21) См.: Ленин В.И. Полн. собр. соч., т.26, с.356.
22) См.: Ленин В.И. Полн. собр. соч., т.27, с.301.

는 유럽혁명은 곧 "프롤레타리아 혁명이며, 그 내용상 사회주의 혁명이 될 것"이라 예언했다.[23] 레닌은 유럽의 사회주의 혁명 가능성에 대해 말했지만, 장래의 러시아혁명에 관해서는 언급하지 않았다. 노동계급의 미래를 낙관하며 볼쉐비키 지도자는 강연을 이렇게 마무리했다:

> "아마 우리 노인들은 미래에 있을 혁명의 결전의 순간까지 살지 못할 겁니다. 그럼에도 내가 확신을 갖고 말할 수 있는 희망은 스위스와 전 세계의 사회주의 운동에 있어 이렇게 훌륭한 역할을 해내는 젊은이들이야말로 투쟁하는 행복뿐만 아니라 미래의 프롤레타리아 혁명에서 승리하는 행복까지도 누릴 것이라는 사실입니다."[24]

(3) 영구혁명과 프롤레타리아 독재

2월혁명 후 러시아로 돌아온 레닌은 「4월테제」를 발표했고, 멘쉐비키는 "러시아에 내전의 깃발을 세웠다"며 레닌을 비난했다.[25] 이에 레닌은 "계급투쟁을 인정하는 자는 모든 계급사회에서 당연하며 또 필연적 계급투쟁의 결과로 나타나는 내전을 인정할 수밖에 없다"고 반박했다. 그리고 "내전을 부정하거나 또는 내전을 망각하는 것은 극단적 기회주의에 빠지거나 사회주의 혁명을 거부하는 것을 의미한다"고 일갈했다.[26]

레닌이 발표한 「4월테제」의 내용은 이랬다:

> (a) 혁명적 방위론은 단지 노동자와 빈농이 권력을 장악한 경우나, 어떤 방식의 영토병합도 배제된 경우, 그리고 자본의 이익과 전혀 무관한 경우 등에 한해 수용될 수 있으며, 자본주의적 성격의 임시정부가 주장하는 혁명적 방위론은 거부되어

---

23) См.: Ленин В.И. Полн. сбор. соч., т.30. с.311~327.
24) Там же, с.328.
25) См.: Известия, 9 марта 1917 г.
26) Ленин В.И. Полн. собр. соч., т.30, с.133.

야 한다. 자본주의 타도 없이 전쟁의 민주적 종결은 불가능하며, 이런 시각을 군대에서 적극적으로 선전한다;

(b) 러시아에서 현 정세의 독특함은 프롤레타리아트의 의식성과 조직성 부족으로 부르주아지에게 권력을 넘겨준 혁명의 첫 번째 단계에서 프롤레타리아트와 빈농이 당연히 권력을 장악해야 하는 두 번째 단계로의 이행에 있다;

(c) 임시정부에 대한 어떠한 지지도 안 되며, 그가 약속한 정책들의 허구성을 폭로한다;

(d) 소비에트에서 볼쉐비키당이 절대소수라는 사실을 인정하면서, 소비에트가 유일하게 가능한 혁명정부의 형태라는 점을 대중에 설명한다. 우리가 소수인 동안에는 모든 국가권력이 소비에트로 이전되어야 할 필연성을 선전하면서, 대중의 실수들을 해명하고 비판한다;

(e) 의회공화국이 아니라 철저한 소비에트공화국. 경찰, 군대, 관료제의 폐지. 선거제도 및 소환제도에 기초해 선발되는 관리에게 지급되는 급료는 숙련노동자의 평균임금수준을 상회할 수 없다;

(f) 모든 지주소유 토지의 몰수 및 모든 토지의 국유화. 각 지방 소비에트에 토지처분권을 위임한다;

(g) 모든 은행을 하나의 국립은행으로 통합한다;

(h) 사회주의의 "도입"이 아니라, 사회적 생산과 분배에 대한 소비에트의 통제로 전환한다;

(i) 즉시 당대회를 소집하여 특히 전쟁이나 국가, "국가 - 코뮌" 등에 대한 당강령을 개정하고 당명을 공산당으로 바꾼다;

(j) 혁명적인 새로운 사회주의인터내셔널의 창설을 주도한다.27)

이는 결국 사회주의 혁명을 하자는 말이었다. 레닌이 귀국 첫 날 연설에서 "사회주의 혁명 만세!"라고 외친 것은 우연이 아니었다.

1917년 4월, 이제 레닌의 정치적 입장은 트로츠키의 그것과 구별되지 않았다. 제국주의 연구를 통해 이론적 각성을 얻은 레닌은 실질적으로 영구혁

27) 구체적으로 이에 관해 см.: Ленин В.И. Полн. собр. соч., т.31, с.113~118.

명론을 수용하면서 볼쉐비키에게 혁명사업에서 프롤레타리아 영웅주의의 기적을 발휘하라고 촉구했다. "러시아에서 부르주아 민주혁명은 완결"되었으며, 이제 혁명의 두 번째 단계에서의 승리를 준비해야 한다는 것이었다.[28]

사회주의의 "도입"을 거부한다면서 실제로는 사회주의 혁명을 요구하는 레닌의 궤변은 볼쉐비키당 내에서 거센 반발을 초래했다. 이제 막 시작된 부르주아 민주혁명을 사회주의 혁명으로 즉각 변환해야 한다는 레닌의 테제는 맑스주의자라면 당연히 거부해야 할 비과학적, 비역사적 구상이라는 것이었다.[29] 이에 레닌은 "예전과 같은 방식으로 부르주아 혁명의 종결 문제를 제기하는 자는 살아 있는 맑스주의를 희생시켜 사문화하고 있으며 소부르주아적 혁명성에 완전히 굴복하고 있다"고 답했다.[30] 또한 그는 "전체적으로 볼쉐비키의 구호와 이념은 역사에 의해 완전히 정당화되었으나, [지금의] 구체적 상황은 흔히 (그 누구였든지 간에) 기대할 수 있었던 것과는 전혀 다르게, 더욱 독창적으로, 더욱 독특하게, 더욱 복잡하게 성립했으며", 따라서 "그런 사실을 무시하고 망각하는 것은 새롭고 살아 있는 활동의 독특함을 공부하는 것 대신, 암기된 공식을 의미 없이 반복하는 늙은 볼쉐비키와 흡사함을 뜻할 수 있다"고 강변했다.[31]

기왕에 레닌이 주창했던 연속혁명론의 과학성은 2월혁명 이후 형성된 이중권력 상황에서 검증될 수 없었고, 따라서 "낡은 볼쉐비즘"은 폐기되어야 했다. 레닌은 괴테를 인용하며 자신을 합리화했다:

> "나의 친구 이론이여, 그대는 잿빛이나, 생명의 영원한 나무는 푸르도다!"

---

28) Ленин В.И. Полн. собр. соч., т.31, с.132~133.
29) См.: Правда, 8 апреля 1917 г.
30) Ленин В.И. Полн. собр. соч., т.31, с.139.
31) Там же, с.133.

볼셰비키는 프롤레타리아 독재론과 영구혁명론으로 자신을 무장해야 했으며, "새로운 볼셰비즘"으로 사회주의 혁명을 구상해야 했다.

러시아 맑시즘의 대부 플레하노프는 「4월테제」를 헛소리라고 했다. 멘셰비키는 "일찍 권력을 장악한 계급은 파멸한다"[32]는 맑스의 묵시록적 예언을 지적하며, 무정부주의, 블랑키즘 등의 용어로 레닌을 비난했다. 그들이 보기에 사회주의의 가능성은 일부 혁명세력의 의지가 아니라, 생산력 발전수준과 그에 조응하는 생산관계와의 모순, 그를 토대로 발전하는 계급모순의 심화수준 및 노동자들의 계급적 의지에 따라 결정되는 것이었다.

고립상태에서 레닌은 트로츠키에게 손을 내밀었다. 두 사람 사이에 이제 혁명노선상의 이견은 없었다. 레닌은 메쥐라이온츼(=트로츠키파) 협의회에 참석하여 "진정한 국제주의자들" 모두의 통합을 호소했다. 트로츠키는 레닌의 혁명노선에 원칙적 동의를 표하면서도 영구혁명론의 저작권이 자신에 있음을 분명히 했다. 그는 이렇게 말했다:

> "나는 결의안에 모두 동의합니다. 그런데 나는 러시아 볼셰비즘이 국제주의화된 만큼만 동의하는 겁니다. 볼셰비키가 탈볼셰비즘화한 것인데, — 나를 볼셰비크라 부를 수 없으며, [중략] 우리에게 볼셰비즘을 인정하라고 요구할 수 없습니다."[33]

1917년 여름 레닌은 『국가와 혁명(Государство и революция)』을 썼다. 맑스의 모범을 따라 그는 국가란 화해 불가능한 계급적대감의 산물로서 피억압계급을 착취하기 위한 도구라고 규정했다. 그의 설명에 따르면, 자본주의와 공산주의 사이에는 프롤레타리아 계급독재가 이루어지는 혁명적 이행기가 놓여 있으며, 프롤레타리아 계급은 부르주아 국가를 폐지하고 대신 자

---

32) См.: Маркс К., Энгельс Ф. Соч., т.7, с.422~423.
33) Ленинский сборник IV, М., 1925, с.303.

신의 국가를 수립하여 계급독재를 실현해야 한다는 것이다. 공산주의 사회는 두 단계로 구별되는데, 최초의 낮은 수준의 단계가 곧 사회주의로서, 사회주의 하에서는 계급 착취가 폐지되지만 자본주의적 권리가 완전히 청산되지 않으며, 사람들은 자신의 사회적 노동에 따라 공평한 분배를 받게 되면서 일정 수준의 불평등이 함축된다. 사회주의 발전에 따라 구현되는 최고단계의 사회가 바로 공산주의로서 이때는 정신노동과 육체노동의 대립이 사라짐과 동시에 능력에 따라 일하고 필요에 따라 분배받는 방식으로 인민의 사회적 삶이 영위되는데, 이 단계에 이르러서야 계급독재 기구로서 프롤레타리아 국가가 소멸한다는 것이다.[34)]

『국가와 혁명』에서 레닌은 프롤레타리아 국가가 소멸하기 위한 경제적 조건에 대해 기술했다. 그것은 훗날 레닌이 최고단계의 공산주의에 도달하기에 장구한 시간이 필요하다 생각했다고 평가되는 근거가 됐다. 하지만 상반되는 사실도 있다. 1918년 러시아볼쉐비키공산당 제7차 대회에서 부하린은 당강령을 수정하자고 제안했다. 강령의 이론 부분에 사회주의와 공산주의의 상세한 성격 규정과 더불어, 가까운 장래에 이루어질 국가 소멸에 관한 명확한 언급을 포함시키자는 것이었다. 레닌은 그를 거부하며 말했다:

> "지금 우리는 무조건 국가를 지지합니다. 국가가 존재하지 않는 미래의 사회주의에 관해 상세히 그 성격을 규정하자 말하는데, — 그때는 '각자는 능력에 따라, 각자에게 필요에 따라'라는 원칙이 실현된다는 것 말고 여기서 궁리할 게 아무 것도 없습니다. 하지만 그건 아직 요원합니다. [중략] 지금 우리는 사회주의의 성격 규정을 할 수 없습니다. [중략] 언제 비로소 국가가 소멸하기 시작할 것인가? '자, 보시오. 어떻게 우리의 국가가 소멸하는지'라고 말할 수 있기 위해서는 시간적으로 우리는 두 번 이상 당대회를 소집할 수 있을 겁니다. [중략] 미리 국가 소멸을 선언하는 것

---

34) См.: Ленин В.И. Полн. собр. соч., т.33, с.1~120.

은 역사적 전망에 대한 교란이 될 겁니다."[35]

당장 국가의 소멸을 계획하자는 제안에 레닌은 2~3년 후에나 그것을 할 수 있을 것이라 반박했다(당시는 당대회의 매년 개최가 원칙이었다). 그들의 비현실적 이상주의가 가능했던 것은 바로 세계 사회주의 혁명이 임박했음에 대한 확신 때문이었다.

볼쉐비키가 10월혁명으로 임시정부를 타도하고 권력을 장악한 날, 레닌은 트로츠키 주재 하 열린 페트로그라드 소비에트 비상총회에 나타나 말했다:

"그 필요성에 대해 볼쉐비키가 늘 말해온 노동자-농민의 혁명이 완수되었습니다. [중략] 오늘부터 러시아 역사의 새로운 시대가 시작되는 것이며, 이 세 번째 러시아 혁명은 궁극적으로 사회주의의 승리로 귀결될 것입니다."

소비에트 권력의 당면 과제를 열거한 후 레닌은 이렇게 연설을 끝냈다:

"러시아에서 우리는 지금 프롤레타리아 사회주의 국가 건설에 매진해야 합니다. 세계 사회주의 혁명 만세!"[36]

3. 레닌의 계급정치

1917년 여름부터 볼쉐비키가 소비에트에서 다수 인민들의 지지를 받았다는 사실에는 의심의 여지가 없다.[37] 혁명 직후 레닌은 병사에게 평화, 농

35) Ленин В.И. Полн. собр. соч., т.36, с.65~66.
36) Ленин В.И. Полн. собр. соч., т.35, с.2~3.
37) John Reed, 『세계를 뒤흔든 열흘』, 서찬석 역 (서울: 책갈피, 2005).

민에게 토지, 노동자에게 공장을 주겠다는 약속을 법령으로 이행하면서 이른바 소비에트 권력이라는 이름으로 볼쉐비키 정권의 민주성을 과시했다. 하지만, 레닌의 목적은 인민혁명의 완수가 아니라 프롤레타리아 독재를 통한 사회주의 사회의 건설에 있었다. 10월혁명 후 러시아 인민들이 흘려야 했던 피와 땀은 레닌의 정치적 목표와 인민들의 사회경제적 요구(즉, 평화, 토지, 공장 등) 수준 간의 격차에서 비롯됐다. 혁명은 지주와 자본가 등 지배계급을 타도 청산하며 사회를 전복시킨 것만으로도 엄청난 역사적 의미를 지녔다. 그런데 그것은 한 단계 더 나아가, 그것도 사회경제적으로 후진적인 러시아에서 사회주의 사회의 건설을 지향하고 있었다. 당시 그런 일이 가능하며 또 그렇게 해야 한다고 생각한 사람은 지구상에 단 두 사람, 즉 레닌과 트로츠키밖에 없었다.[38]

레닌의 영구혁명론은 서유럽에서 사회주의 혁명이 임박했으며 곧 세계 자본주의가 붕괴할 것이라는 확신에 의거해 있었다. "제국주의의 약한 고리"인 러시아에서의 사회주의 혁명이 세계 사회주의 혁명의 출발이며, 서유럽에서의 사회주의 혁명이 자기 토대가 빈약한 러시아 사회주의를 구원할 것이라는 게 그의 변증법이었다. 결국 레닌의 정치는 우선 볼쉐비키 정권을 유지 강화하는 데 집중됐다. 그는 그것을 위해 그 어떤 것도 마다하지 않았다. 사회경제적, 정치적 기반이 빈약한 정권이 위기에 처할수록 그의 프롤레타리아 독재정치는 더 많은 폭력과 강제를 수반했다. 이론은 미래를 지향했으나 정치는 야만 그 자체였다.

레닌은 자신의 정치를 국가자본주의 및 전시공산주의라는 말로 규정했다. 원래 국가자본주의는 부하린이 현대 자본주의를 묘사하려 고안한 개념이었다. 전시공산주의는 보그다노프가 10월혁명을 준비하는 레닌을 비판하

---

38) См.: Троцкий Л.Д. Дневники и письма, М., 1994, с103.

며 사용한 말이었다. 그러나 레닌에게 그것의 원뜻은 중요하지 않았다. 그는 국가자본주의와 전시공산주의라는 말로써 비노동계급에 가해진 탄압과 폭력을 합리화했으며 소비에트 러시아에서 벌어진 비인도적 참상을 호도했다.

(1) 국가자본주의

10월혁명 직후 레닌은 소비에트 권력의 당면 과제에 관해 숙고했다. 그는 자신의 구상을 국가자본주의로 규정했는데, 『국가와 혁명』에서 일부 표현되었던 그것은 무자비한 노동자 계급정치를 내포했다.

1918년 봄 레닌은 이제 소비에트 권력이 모든 역량을 "사회주의 혁명의 가장 중요하고 또 가장 어려운 측면", 즉 경제 재편이라는 과제에 집중시킬 수 있는 가능성을 얻었다고 말했다. 그는 경제 재편을 위한 과제가 "생산 및 생산물 분배에 대해 매우 광범하고 세밀하며 보편적 형태로 행해지는 회계와 관리, 그리고 노동생산성 향상"이라는 두 개의 항목으로 나누어진다고 강조했다.[39] 그는 부르주아 계급에 대한 프롤레타리아트의 승리라는 기본 과제가 해결되었으며 불가피한 내전의 시기가 끝났다고 생각했다. 물론, 그것은 속단이었다.

레닌은 기업에서의 노동규율 확립 및 경영의 단독책임제 도입, 독립채산제 실시, 부르주아 전문가의 활용, 개수임금제 도입, 경쟁의 조직화, 테일러 시스템의 적용, 협동조합 조직의 활용 등 경제 분야에서의 조치들을 제안했다. 스스로 그런 조치들을 "파리코뮌 원칙으로부터의 일보 후퇴" 내지 "계급 청산이라는 과제에 부응하는 사회주의적 원칙으로부터의 후퇴"를 의미한다고 말했다. 그러면서 그는 경제 재편이라는 과제의 해결에 있어서 자본주의

39) Ленин В.И. Полн. собр. соч., т.36, с.130.

적 요소의 효율성을 역설하는 동시에 중앙권력의 조직성이 강화되어야 한다고 말했다:

> "강제와 독재 없이 자본주의에서 사회주의에로의 이행이 가능하다고 믿는 것은 엄청난 우둔함이며 황당한 이상주의일 것이다. [중략] 시간이 필요하며, 철권(鐵拳)이 필요하다."40)

프롤레타리아트의 철권이 확립되고 모든 경제 분야에 국가독점이 정상화될 때, 도입된 자본주의적 요소들은 자신의 경제적 기반을 상실하고 순순히 노동자 정부에 봉사할 것이라고 레닌은 주장했다. 자본주의에서 사회주의로의 이행을 위해 '국가라는 강제'의 불가피성을 인정해야 한다는 것이 그의 지론이었다.

국가자본주의 구상은 먼저 '좌익 공산주의자들'의 완강한 저항에 부딪혔다. 그들은 자본주의적 요소의 도입뿐 아니라, 국가권력의 조직화라는 측면에 있어 파리코뮌의 원칙에서 후퇴하는 것에 반대했다. 그러자 레닌은 반대파가 자본주의에서 사회주의로의 이행의 경제적 본질과 이행기에 있는 러시아 경제의 독특성을 이해하지 못했다고 비판하면서, 국가자본주의에 대한 성격 규정을 시도했다. 레닌은 소비에트 러시아에 다섯 개의 사회경제적 생활방식, 즉 우클라드(уклад)가 존재한다고 설명했다:

> "(a) 원시적인, 즉 매우 자연경제적인 농민경제; (b) 소상품 생산(여기에 곡물을 생산하는 농민들의 대다수가 관계된다); (c) 사경제적 자본주의; (d) 국가자본주의; (e) 사회주의. 이처럼 다양한 사회경제적 우클라드가 뒤엉켜 있을 정도로 러시아는 광대하고 복잡하다. 바로 여기에 상황의 독특함이 있다."41)

---

40) Там же, с.194~195.
41) Ленин В.И. Полн. собр. соч., т.36, с.296.

레닌에 따르면, 러시아와 같은 소농의 나라에서는 소위 "소부르주아적 광풍"이 지배적이었다. 때문에 사회주의 실현의 문제는 자본주의와의 투쟁뿐 아니라 소부르주아적 광풍과의 투쟁까지 포함한다는 것이다. 광풍이 갖는 위력은 "국가자본주의의 덮개(곡물독점, 국가통제 하에 있는 기업가와 상인, 부르주아 협동조합 운영자들)를 도처에서 파열시키는 투기꾼들"이 충분히 증명하고 있으며, 투기의 주된 대상인 곡물은 사회주의를 위해 치명적인 것이었다. 그럼에도, 레닌의 말에 따르면, 국가자본주의가 타 영역에 비해 "경제적으로 비할 바 없이 우위에 있고" 또 "내부에서 노동자와 빈민의 힘"을 확보한 소비에트 권력이 그를 지원하는 한 사회주의의 승리는 보장된 것이나 다름없었다.[42)]

레닌은 '좌익 공산주의자'들이 드러낸 "문제 핵심에 대한 완전한 몰이해"를 비난했다. 생산수단에 대한 최대한의 사회화를 요구하는 그들의 주장에 레닌은 대답했다:

> "어제 국면의 핵심은 최대한 단호하게 국유화하고, 몰수하고, 부르주아를 쳐부수고, 완전히 타도하고, 태업을 분쇄하는 것이었다. 지금 장님들만이 우리가 아직 집계가 불가능할 정도로 엄청 많이 국유화했고, 몰수했고, 충분히 격파했고, 완전히 분쇄했다는 사실을 보지 못한다. 사회화는 확실히 단순한 몰수와 구별되는 것으로, 몰수는 정확히 회계하고 분배하는 능력 없이 확고한 결의로도 가능하지만, 그런 능력이 없는 상태에서 사회화는 불가능하다."[43)]

레닌은 사회주의 건설을 위한 전제로서 국가자본주의에 큰 의미를 부여했다:

> "지금 국가자본주의를 실현한다는 것은 자본가 계급이 실행시킨 바로 그 회계와 관

42) См.: Там же, с.296~299.
43) Там же, с.294.

리를 실시하는 것을 뜻한다. [중략] 국가자본주의는 우리에게 구원이 될 것이라고 나는 말했다. 우리가 러시아에서 국가자본주의를 갖는다면, 완전한 사회주의에로의 이행은 용이해지고 우리 수중에 장악될 것이다. 왜냐하면 국가자본주의는 중앙집권화된, 집계된, 관리된, 사회화된 그 어떤 것이기 때문이다."44)

국가자본주의의 정책 방향은 두 가지였다. 하나는 공업 기업에 대한 국유화였고, 다른 하나는 소부르주아적 광풍의 원천인 농민과의 투쟁이었다. 전자는 공업 생산력 강화를, 후자는 부족한 곡물 확보를 목적으로 했다.

레닌의 말처럼, 볼쉐비키에겐 자본가 계급의 박멸보다 농민과의 투쟁이 훨씬 더 어려운 과제였다. 도시와 농촌간의 곡물 유통이 마비된 상황에서, 도시 노동자 및 병사들의 급양을 위해 볼쉐비키는 1918년 봄 곡물에 대한 국가독점을 규정하는 일련의 법령을 공포하며 '잉여곡물의 몰수 및 사적 곡물거래의 금지'라는 식량정책의 원칙을 확립했다. 잉여곡물을 갖고도 매도하지 않은 농민들은 '인민의 적'으로 낙인찍혔다. 레닌은 노동계급에 "곡물 투기꾼, 부농, 국가자본주의적 질서의 파괴자들에 대한 대규모 십자군 원정"을 조직하라고 선동했다. 레닌은 러시아에 곡물이 없어서가 아니라, 부르주아, 농촌의 졸부 및 부농들이 곡물의 국가분배체계를 파괴하고 투기행위를 했기 때문에 기근이 발생했다고 말했다. 그는 곡물투쟁이 농촌에서의 사회주의 혁명과 직접 관련되고 있다고 보았다:

"의식화된 전위 노동자들이 자기 주위에 빈농대중을 결집하고, 강철 같은 규율과 가차 없이 엄격한 권력 및 진정한 프롤레타리아 독재를 확립하고 승리하던가, [중략] 아니면 부농의 지원 하에 부르주아가 소비에트 권력을 타도하던가, [중략] 둘 중의 하나이다. 다른 방도는 없다."45)

---

44) Там же, с.255.
45) См.: Там же, с.360~362.

빈농위원회(콤베드)가 창설됐고, 여기에 농민들이 가진 잉여곡물을 몰수하는 것 등의 임무가 부여됐다. 특히 이때부터 볼쉐비키 정권은 농촌에서 본격적으로 노동자 계급정치를 실현했다. '인민의 적'들을 가차 없이 탄압했으며 사회경제적 적대계급의 말살을 시도했다.

국가자본주의가 지향했던 것은 소비에트 권력의 경제에 대한 지배권 확립이었다. 레닌이 국가자본주의라는 용어를 쓴 이유는 노동자 국가가 자본가를 대신하여 소비에트 러시아에서의 생산력 발전을 강제, 촉진한다는 뜻이었다. 그러나 국가자본주의는 원래 선진 자본주의를 위한 개념이었다. 부하린은 1915년 출간한 『세계경제와 제국주의』에서 국가가 단순히 지배계급의 정치적 도구이거나 또는 부르주아 집단들 간에 이루어지는 자유로운 시장경쟁의 객관적 중재자가 아니라, "금융자본을 매개로 직접적 경제 조직자 및 소유자가 되어 있는" 현대 서구 자본주의를 국가자본주의라 규정하며 분석한 바 있었다.[46] 레닌은 그 용어를 다른 방식으로 활용했는데, 부하린은 자기 개념을 무단 표절하여 후진적 러시아에 적용하는 것이야말로 이론적 무지의 소치라고 레닌을 비난했다.

(2) 전시공산주의

1918년 여름, 내전이 본격 시작되면서 레닌은 적색(赤色) 테러를 정당화하는 법령을 공포했다:

> "소브나르콤은 이 상황에서 테러를 통한 후방의 안전 확보가 절대 필요하다는 것과 [중략] 계급의 적들을 강제수용소에 격리시킴으로써 그들의 위협에서 소비에트 공화국의 안전을 보장함이 불가피하다고 여기면서, [중략] 백군 조직 및 모반, 반란에

46) См.: Бухарин Н.И. Мирное хозяйство и империализм (Экономический очерк), М., 1923.

참여한 모든 자들을 총살할 것을 결정한다."[47]

그는 사회주의 정권의 수호를 위해서라면 어떠한 비상수단이라도 마다하지 않았다. 공산당 독재가 최대한 강화됐고, 사회적 수탈과 폭력과 야만은 공산주의의 이름으로 정당화됐다.

레닌은 후에 스스로 전시공산주의라고 부른 정책을 추진하기 시작했다. 내전기의 치열함과 생존에의 의지가 반영된 그 정책의 독특함은 (a) 식량자원에 대한 징발정책, (b) 모든 중소기업의 전면적 국유화,[48] (c) 중앙집권적 계획경제를 위한 총관리위원회 제도, (d) 임금의 현물화 및 분배의 평등주의, (e) 모든 인민에 부과된 강제노역 의무 등에서 표현되었다.

전시공산주의의 가장 특징적 모습은 모든 식량자원에 대한 징발정책에서 찾아진다. 내전 확대에 따라 붉은군대, 도시 노동자 등 소비에트 국가의 근간을 부양하는 것이 절대 과제가 됐다. 볼쉐비키는 실질적 보상 없이 농민에게서 "잉여곡물"을 강제 몰수하기 시작했다. 식량징발정책이 갖는 특징은 곡물 조달에 수반되었던 무(無)보상적 강제성뿐만 아니라 국가에 의한 생산물의 강제적 지정 및 생산량의 사전 결정에 있었다. 그 목표는 농촌을 사회주의 권력에 예속된 곡물 생산 공장으로 변화시킴과 동시에 농업을 완전히 장악, 계획화함으로써 소비에트 권력의 안정을 실현하는 것이었다.

곡물징발정책은 도농(都農)간의 정상적인 경제적 연결관계를 붕괴시키고, 전시공산주의 체제에 전형적이었던 일련의 현상들을 확대, 심화시켰다. 즉 인민경제의 현물화가 급속히 전개되는 가운데 화폐가 소멸했으며, 상업이 거의 완전하게 폐지됐다. 화폐의 폐지 또한 가속화됐다. 레닌은 현실적으로 진행되고 있는 화폐 소멸을 매우 긍정적으로 평가했다. "부르주아 분자들이

47) См: Декреты Советской власти, т.3, с.291.
48) 당시 대기업은 이미 모두 국유화되어 있었다.

개인 소유로 아직 남아 있는 화폐를 투기와 돈벌이, 근로자들에 대한 약탈 등의 수단으로 계속 이용"하고 있기 때문에, 그리고 인민경제에 대한 관리를 강화하기 위해서도 화폐의 역할은 감소되어야 했다.[49] 자본주의적 가치법칙의 영역 및 매매형태로 표현되는 가치관계들은 볼쉐비키에 적대적인 것이었으며, 그것은 당연히 폐지되어야 했다.

노동문제와 관련해서, 소비에트 헌법은 "일하지 않는 자, 먹지도 말라!"고 선언하며 "사회적 기생계층들의 박멸과 경제 조직화를 위해 전면적 노역의무가 도입된다"고 규정했다.[50] 레닌은 이렇게 말했다:

> "부자들에 적용되는 노역의무로부터 소비에트 권력은, 아니 그와 함께 소비에트 권력은 당연히 도시의 근로인민, 노동자, 농민 대다수에게도 노역의무에 상응하는 원칙을 적용할 것을 당면 과제로 설정해야 한다. [중략] 노역의무의 확립이라는 과제는 노동자와 농민의 작업 영역에서는 노동규율 및 노동자율의 확립이라는 과제를 의미한다."[51]

이런 원칙은 점차 법률적으로 강화됐다. 소브나르콤은 비(非)근로자들을 위한 〈노동수첩에 관한 법령〉을 의결했고, 그에 따라 16세부터 50세까지 노동능력이 있는 모든 인민은 노역 이행 관련사항이 기재되는 노동수첩을 손에 쥔 후에, 할당된 강제노동을 수행한 후에 비로소 배급식량을 수령할 수 있었다.

농업, 공업, 유통, 노동력 등 경제의 전 분야에 걸친 국가통제의 확립과 극단적 중앙집권화 및 군사화는 전시공산주의의 특징적 모습이었고, 그것은

---

49) КПСС в резолюциях и решениях съездов, конференций и пленумов ЦК, т.2, с.56.
50) Декреты Советской вдасти, т.1, с.322.
51) Ленин В.И. Полн. собр. соч., т.36, с.144~145.

분명 내전과 연관이 있었다. 그러나 그것은 순전히 내전으로 강요된 임시적 조치만이 아니었다. 레닌은 전시공산주의 정책을 합리화하는 가운데, 그 정책으로 야기된 소비에트 러시아의 사회경제적 상황 속에서 공산주의의 맹아가 성장하고 있음을 확신했다. 내전이 종료된 1920년에도 전시공산주의는 그대로 유지되었을 뿐만 아니라, 오히려 추진력을 갖고 심화, 확대됐다. 레닌은 국유화가 기본이 된 사회주의적 생산과 분배를 지향하는 당의 정치적 입장을 강령에 분명히 규정했고, 내전은 그의 공산주의적 이상을 더욱 가속화하여 실현할 수 있게 하는 계기가 됐다. 바로 그런 이유에서 레닌은 전시공산주의 정책들에서 자기 본래의 이념적 지향과 모순되는 바를 발견할 수 없었다. 전시공산주의는 레닌의 국가자본주의 이론에 의해 계획된 정책이 가속화되어 발전된 형태에 다름 아니었다. 레닌의 확신에 의하면, 소비에트 러시아에서의 사회주의적 생산관계라는 공허한 형식은 서유럽의 사회주의 혁명으로 곧 확보될 사회주의적 생산력이라는 실질적 내용으로 채워질 예정이었다. 후에 레닌은 이렇게 말했다:

> "농민들이 징발정책에 따라 우리에게 필요한 양의 곡물을 내주고, 우리가 곡물을 공장과 작업장으로 배분할 때, 우리에게서 공산주의적 생산과 분배가 실현될 것이라고 생각했습니다."52)

부하린은 1920년 출간한 『이행기의 경제』를 통해 전시공산주의 정책을 정당화했다. 여기에서 그는 재생산과정의 축소와 생산력의 저하로 귀결되는 "혁명비용"이라는 용어를 구사하였다. 부하린에 따르면, 사회주의 건설에서 "혁명비용"의 지불은 당연한 것이기 때문에 사회주의적 본원 축적은 불가피하게 "산 노동력의 동원"으로부터 시작되어야만 했다. 그의 결론은 이러했다:

---

52) Ленин В.И. Полн. собр. соч., т.44, с.157.

"하나의 생산구조가 다른 것으로 바뀌는 이행기에서 그 산파는 혁명적 강제이다. [중략] 이 경제 외적인 힘이 크면 클수록, [중략] 이행기의 비용은 더욱 적어지며, 이행기는 더욱 단축된다. [중략] 국가 권력은 집중화되고 조직화된 사회적 강제력이다. 혁명적 국가권력은 경제적 대변혁을 위한 막강한 지렛대이다."[53)]

레닌은 부하린의 의견에 완전히 동의했다: 경제 외적인 강제 없이 사회주의는 실현 불가능하다.[54)]

레닌은 1921년 4월 저술한 『식량세론(О продовольственном налоге)』에서 처음으로 전시공산주의라는 말은 따옴표로 묶어 사용했다. 그 말은 물론 레닌이 고안한 용어가 아니었다. 역설적이게도 그것은 한때 볼쉐비키당의 핵심 멤버였지만 "철학적" 입장 차이로 레닌과 결별한 알렉산드르 보그다노프의 개념이었다.

보그다노프는 제1차 대전을 치르는 서유럽 국가들에서 등장한 새로운 현상들을 지적하며 전시공산주의라는 말을 사용했다. 그에 의하면, 대개 군대란 국가에 의해 유지되는 "소비코뮌"이며, 전쟁의 영향으로 발전되고 있는 특히 중요한 현상은 생산과 분배에 대한 국가 통제의 확립에 따라 군대에서 사회 전체로 이어지는 "전시 - 소비공산주의"의 점진적 확산이었다. 그는 레닌을 포함한 "최대강령주의자들"에게 단지 전시에 나타나는 독특한 사회적 소비형태인 전시공산주의를 사회주의와 혼돈하지 말 것을 경고했다:

"최대강령주의자들이 갖고 있는 현재의 믿음과 희망에 담긴 사회주의적 내용은 현실 자체에 일정한 뿌리를 두고 있다. 그것은 바로 엄청나게 발전하고 있는 전시공산

53) Бухарин Н.И. Экономика переходного периода, М., 1920, с.138~139.

54) 레닌은 『이행기의 경제』가 출판되기 전에 부하린의 요청에 따라 책의 내용을 검토하였고, 원고의 여백에 써넣은 많은 지적을 통해서 자신과 부하린 간의 완전한 의견일치를 표현했다. См.: Ленинский сбороник XI, М., 1929, с.348~403.

주의의 이데올로기적 반영이다. 그래도 전시공산주의도 역시 공산주의이며, 또 개인적 취득의 통상적 형식에 대한 전시공산주의의 뚜렷한 대립은 사회주의의 어렴풋한 미래상을 사회주의의 실현으로 여기게 하는 환상을 조장한다."[55)]

그는 "전시공산주의는 프롤레타리아 계급투쟁의 발전 결과가 아니며 따라서 서유럽에서 사회주의 혁명은 실현되지 않을 것"이라 단정하는 가운데, 임박한 세계혁명에 대한 확신으로 러시아에서 프롤레타리아 독재권력의 확립을 시도하는, 즉 10월혁명을 준비하는 레닌의 환상을 비판했다.[56)]

레닌은 보그다노프의 주장에 동의하지 않았다. 그렇지만, 내전으로 폐허가 된 나라에서 실현된 공산주의를 반추하며 그것이 전쟁으로 강요된 것이었다는 것을 부각시키기에 전시공산주의라는 말이 적당해 보였을 것이다. 어차피 말이란 사용하기 나름 아닌가. 레닌은 자신의 정책을 이렇게 변명했다:

"우리가 만약 대공업이 지배적인, 아니 지배적이 아닐지라도 적어도 대공업이 고도로 발달한, 그리고 대규모적 농업생산이 매우 발달한, 그런 국가를 보유하고 있다면 공산주의로의 직접적 이행이 가능합니다. [중략] 우리가 수행했던 전쟁이라는 조건하에서, 기본적으로 그 정책[=식량징발정책]은 옳은 것이었습니다. 우리는 어떤 보상도 없이 모든 잉여곡물을 징발하는 것까지도 포함하는 즉각적인 [곡물에 대한] 독점을 최대한으로 활용하는 것 이외에 그 어떤 다른 가능성도 갖지 못했습니다. 그렇지 않았다면, 우리는 식량징발을 시도하지 않았을 겁니다. 그것은 잘 만들어진 경제제도를 의미하는 게 아닙니다. 그것은 [중략] 전쟁이라는 상황에 의해 야기된 조치였습니다."[57)]

55) Богданов А.А. Вопросы социализма, М., 1918, с.90.
56) См: Там же, с.87.
57) Ленин В.И. Полн. собр. соч., т.43, с.79.

(3) 네프(신경제정책)

1920/21년 겨울, 농민 봉기 및 노동자의 시위와 파업, 그리고 크론쉬타트 해군기지 수병들의 반란은 볼쉐비키 정권을 위협했다. 특히 수병들은 "모든 권력을 당이 아니라 소비에트로!"라는 구호를 내걸고 "빨갱이 없는 소비에트"를 만들어 그곳에서 정부를 새로 구성하라고 요구했다.

당내 사정도 복잡했다. 반대파들은 레닌을 공격했고, 이들에 대한 레닌의 비난과 탄압은 잔혹했다. 제10차 당대회 때 노동자반대파의 리더 알렉산드르 쉴랴프니코프는 연단에서 격앙된 어조로 말했다:

> "만약 동무[=레닌]가 많은 대중들과 유리되길 원한다면, 만약 동무가 혁명의 급류와 단절되길 원한다면, 자, 지금까지 동무가 해온 그대로 계속하십시오. 여기에 또 노동자반대파에 대한 사냥과, 우리들에 대한 중상을 추가하십시오."[58]

레닌은 이렇게 답했다:

> "왜 저런 연설을 하는 쉴랴프니코프를 재판에 회부하지 않는 겁니까? 조직된 당 내에서 과연 우리가 규율과 단결에 관해 진지하게 말하고 있는 겁니까? 아니면 지금 크론쉬타트와 비슷한 집회에 앉아있는 겁니까? 이것[=노동자반대파의 테제]은 장총으로 대처해야 할, 무정부주의적 정신의 크론쉬타트적 수사(修辭)요."[59]

동시에, 레닌은 전시공산주의 정책을 지속해야 할 필요성을 부인했다. 그동안 당이 군사적 방식에 집착하여 "이론적으로, 정치적으로 필요했던 것보다 훨씬 지나치게 행동했음"을 지적하며 레닌은 말했다:

---

58) Десятый съезд РКП(б). Стенографический отчёт, М., 1963, с.75~76.
59) Там же, с.123.

"우리는 너무 멀리 나아갔으며, 많은 과오를 저질렀습니다. 상업과 공업에 대한 국유화를 추진함에 있어, 지방 유통망 폐지를 추진함에 있어 우리는 너무 멀리 나아갔습니다."60)

곡물징발정책을 현물세로 대체하면서 네프, 즉 신경제정책의 조치들이 이어졌다. 레닌은 "자본주의 발전을 금지하거나 막으려 시도하지 말고 그것을 국가자본주의적인 방향으로 나아갈 수 있게 하도록 노력"하자고 호소하기 시작했다. 그는 곡물징발정책의 식량세로의 교체, 외국자본의 투자유치 및 이권 허용, 자본가에게의 기업 임대, 잉여농산물의 자유거래 승인 등의 조치들을 열거하며 그 필요성을 강조했다. 레닌은 그런 조치들이 사회주의로부터의 후퇴와 자본주의에 대한 양보를 의미한다고 말하면서 그러한 후퇴가 가능한 이유를 설명했다:

"우리는 엄청나게 많은 진지(陣地)들을 싸워 획득했으며, 만약 1917년부터 1920년까지 그 진지들을 공략하지 못했다면, 우리에게 지역적 의미에서나, 경제적, 정치적 의미에서나 후퇴할 공간은 없었을 겁니다."61)

1921년 여름 제3차 코민테른 대회에서 볼쉐비키공산당의 전술에 관해 연설하며 레닌은 말했다:

"이미 [10월]혁명 전에, 그리고 그 후에 우리는 자본주의적으로 더욱 발전한 다른 나라들에서 바로 지금, 아니면 적어도 매우 빠른 시기에 혁명이 시작될 것이며, 그렇지 않을 경우 우리는 당연히 파멸할 것이라 생각했습니다. 이런 인식에도 불구하고 우리는, 우리 자신을 위해서만이 아니라 세계혁명을 위해서도 일하고 있다는 것

60) См.: Ленин В.И. Полн. собр. соч., т.43, с.63~64.
61) Ленин В.И. Полн. собр. соч., т.45, с.10.

을 알기 때문에 어떠한 상황에서도 그리고 무슨 일이 있어도 소비에트 체제를 유지하기 위해 모든 것을 다 했습니다."[62]

그의 말에 따르면, 묘하게 얽힌 상황이 부르주아 계급을 방해하여 그들이 수행하는 소비에트 러시아에 대한 전쟁을 지체시키고 있으며 또 "그런 시도들이 앞으로도 계속될 것이라는 사실이 자명한" 지금, 볼쉐비키는 실용적으로 행동하면서 러시아에서 프롤레타리아 권력의 보존을 위해 짧은 휴식을 활용해야 했다.[63] 볼쉐비키가 기대한 만큼 세계혁명의 발전이 적극 진행되지는 않았지만, 그럼에도 역시 혁명은 전진할 것이라고 레닌은 확신했다. 신경제정책이란 "자본주의에의 공물(貢物)"을 의미한다고 하면서 단상에서 레닌은 말했다:

"그러나 우리는 시간을 벌고 있습니다. 그런데 시간을 번다는 것은 특히 우리 외국 동무들이 철저하게 그들의 혁명을 준비하고 있는 균형의 시기에는 모든 것을 얻는다는 것을 의미합니다. 혁명이 철저하게 준비될수록 승리는 더욱 확실할 겁니다. 자, 그런데 그때까지 우리는 공물을 지불할 수밖에 없습니다."[64]

레닌은 기본적 경제권력이 볼쉐비키의 수중에 있는 한 자본주의를 두려워 할 필요가 없다고 수차례 반복 강조했다:

"가장 중요한 대기업들과 철도 등 이들 모두는 우리 수중에 있다. 임대가 지방에서 아무리 광범하게 발전한다고 해도 전체적으로 사소한 역할만 수행할 뿐이며 전체적으로 그것은 완전히 사소한 부분일 뿐이다."[65]

62) Ленин В.И. Полн. собр. соч., т.44, с.36.
63) См.: Там же, с.37.
64) Там же, с.49~50.
65) Ленин В.И. Полн. собр. соч., т.45, с.95.

물론 레닌의 생각은 서유럽의 "동무들"이 러시아를 지원하러 올 때까지 네프를 활용한다는 소극적인 것이 아니었다. 볼쉐비키는 자본주의에 양보하면서 동시에 차후의 혁명적 진격을 준비해야 했다. 레닌에게 네프는 "많은 어려움과 장애에도 불구하고 부단히 계급 폐지와 공산주의를 위해 나아가는 프롤레타리아 권력을 유지하고 강화할 수 있는 한도 내에서" 의미가 있었다.[66] 1920년 말 인민경제의 물질적, 기술적 토대 발전을 위한 장기계획으로 고엘로(러시아전기화국가위원회)를 창설하여 전력발전소 건설사업을 추진하겠다는 구상을 밝히면서 레닌은 다음과 같은 테제를 제시했다:

> "공산주의는 소비에트 권력 더하기 전국의 전기화이다."[67]

네프의 첫 해, 소비에트 러시아의 경제는 위기상황에서 벗어나지 못했다. 기근이 계속됐으며, 파괴된 공업 중심지들에서 산업예비군이 넘쳐났다. 소비에트 정부의 재정수입과 재정지출 간 불균형 및 그 결과로 나타난 통화증발은 물가상승과 경제적 불안을 가중시켰다. 인민생활에 필요한 공산품 소비재의 만성적 부족현상(=상품기근)도 위기가 지속됨에 있어 중요한 역할을 했다. 그럼에도 자본주의적 "부패"는 사회 속으로 급속히 확산됐다.

1922년 3월 개최된 제11차 당대회의 과제는 네프를 총괄하고, 사회주의 건설을 위한 향후 계획을 결정하는 것이었다. 대회에의 정치보고를 위해 등단한 레닌은 "후퇴하는 자들"을 가차 없이 비판했다. 그동안 볼쉐비키는 자신들의 경영능력 부재를 완벽하게 입증했다는 것이 그 이유였다. 레닌은 외쳤다:

> "우리는 일 년 동안 후퇴했습니다. 지금 우리는 당의 이름으로 마땅히 말해야 합니

---

66) Ленин В.И. Полн. собр. соч., т.43, с.320.
67) Ленин В.И. Полн. собр. соч., т.42, с.159.

다. 이제 충분합니다! 후퇴함으로써 추구했던 목표는 달성되었습니다. 이 [후퇴] 시기는 끝나고 있거나 이미 끝났습니다. 지금은 다른 목표가 설정되어야 합니다. 그건 바로 힘의 재편입니다."[68)]

후퇴의 중단을 요구하면서 레닌은 자본가들이 농민과 제휴하는 데 성공했다고 지적했다. 프롤레타리아 국가권력의 공고화를 위해 볼쉐비키는 자신이 농민에게 유용한 존재라는 것을 입증해야 했다. 레닌에 따르면, "자본주의와 사회주의 간의 생사를 건 투쟁에서" 볼쉐비키가 자본가에 승리했을 때 노동계급과 농민들의 제휴가 이루어질 수 있으며, 그 때 볼쉐비키당은 러시아에서의 사회주의 건설을 위한 "투쟁무대"에서 불패의 세력이 될 수 있었다.[69)] 국가권력과 거대 경제자원을 갖고 국가를 운영하는 볼쉐비키에게 부족한 것은 경제운영에 필수적인 "문화역량"이었다. 후퇴 중단 및 공산당의 경제 헤게모니 확립, - 이것이 1922년 봄 레닌이 연설한 내용의 핵심이었다.

레닌의 적극적 정치활동은 여기까지였다.

4. 결론

레닌주의의 이론체계는 1917년을 기점으로 그 이전의 "낡은 볼쉐비즘"과 그 이후의 "새로운 볼쉐비즘"으로 구분된다. 1917년 이전의 그것은 러시아 자본주의의 발전 이론에 의거하여 당조직론과 혁명이론을 기본 축으로 구성됐다. 당조직론의 기본 내용은 운동의 성공을 위해 노동계급의 전위로서

68) Ленин В.И. Полн. собр. соч., т.45, с.87.
69) Там же, с.77.

의 혁명정당이 만들어져야 하며, 그것은 활동의 비밀원칙과 엄한 규율을 준수하는 직업혁명가들로 구성된 폐쇄적 조직이어야 한다는 것이다. 혁명이론은 노동자-농민의 혁명적 민주독재의 수립을 지향하는 연속혁명론으로 그 내용이 구성되는데, 그것의 기본 관념은 부르주아 혁명의 단계와 프롤레타리아 혁명의 단계를 평면적으로 연결한 데 있었다. 그 외에도 자본주의 불균등 발전론, 제국주의론 등 많은 이론들이 그 내용에 포함된다.

"새로운 볼쉐비즘"으로의 변화는 레닌의 혁명이론이 연속혁명론에서 영구혁명론으로 발전하면서 이루어졌다. 그런 변화의 계기는 레닌 자신의 제국주의론과, 그리고 세계 사회주의 혁명이 임박했다는 확신이었다. 프롤레타리아 독재론, 국가자본주의론, 전시공산주의론, 후퇴론 등이 "새로운 볼쉐비즘"을 구성하며, 그것들은 레닌이 실현한 계급정치의 이론적 기반을 이룬다.

대개 레닌의 이론들은 과학적 엄밀성이 아니라 그의 정치적 신념과 판단에 의거해 있으며, 강령적 성격을 가졌다. 강령도 과학적 현실 분석에서 도출됐기에 이론으로, 과학으로 규정됐지만, 특히 1917년 이후 레닌의 이론과 정치가 의거했던 것은 "지금 당장 아니면 아주 빠른 시기에 서유럽 선진자본주의 국가들에서 혁명이 시작될 것"이라는 신념이었다.

10월혁명 후 레닌의 정치에 반전이 있었다는 주장도 있다. 그의 말들은 종종 서로 모순되기도 한다. 그러나 그의 정치는 전체적으로 지극히 합목적적이었다. 그에겐 세계혁명을 위한 러시아 소비에트 권력의 유지와 사회주의 건설이라는 정치적 목표가 윤리적 선악과 법률적 정사의 기준이었다. 그는 그것을 위해 무엇도 마다하지 않았다. 1918년 여름 곡물의 확보를 위해 그는 지방의 볼쉐비키에게 "부농촌의 반란에 대한 가차 없는 진압"을 명령하면서 다음과 같이 지시했다:

"(1) 이름난 부농, 부자, 고리채업자들을 100명 이상 교수형에 처할 것(반드시 만인

> 앞에서 행해져야 함), (2) 그들의 이름을 공개할 것, (3) 그들에게서 모든 곡물을 압수할 것..."70)

목적은 수단을 정당화한다는 것이 레닌의 지론이었다.

레닌의 이론은 철저히 노동계급적이었다. 계급기반이 취약한 사회에서 노동자-농민 혁명을 도모했다는 점에서 "낡은 볼쉐비즘"은 좌파적 급진주의 범주에 속했다. 1917년 소비에트에 집결한 노동자, 농민, 병사들의 지지를 기반으로 임시정부를 타도하고, 국내 계급기반 대신 서유럽 노동계급의 국가적 지원을 전제로 프롤레타리아 독재국가를 수립하고 노동자 계급정치를 실현했다는 점에서 레닌주의는 극좌적 급진주의로 발전했다. 레닌의 계급정치는 무단 차용된 그럴듯한 개념들, 즉 국가자본주의와 전시공산주의로 규정됐지만, 그것에 담긴 폭력성, 극단성과 비(非)휴머니즘이 간과될 수는 없다.

소비에트 러시아에서 이론은 정치를 구속했다. 혁명과 독재를 화두로 구성된 레닌의 이론체계에서 제 계급간의 조화를 도모하는 민주주의가 도출될 가능성은 없었다. 더욱이 그 이론이 사회에 관한, 사회를 위한 과학으로 선언되면서 소비에트 인민은 목적적 존재가 아니라 미래를 위한 사회변혁의 수단으로 취급되기도 했다.

레닌의 말들을 통해 확인한 바와 같이, 1917년 후 레닌주의는 세계혁명에 의지하는 극좌적 계급정치의 이론이자 전술이었다. 그것은 노동운동에서 가장 급진적인 일부 세력을 대표했다. 맑스주의의 분열은 자본주의 붕괴론에 대한 믿음의 정도를 기준으로 했다. 현실에서 자본주의 붕괴 조짐을 발견한 세력은 혁명적 맑스주의자가 되어 사회주의 혁명을 준비하고 나섰으며, 자본주의의 발전 가능성을 확인한 세력은 사회주의를 과학이 아닌 인류

70) Комсомольская правда, 12 февраля 1992 г.

적 가치로 이해하려 했다. 제국주의를 사회주의 혁명의 전야로 규정하며 "제국주의의 약한 고리"인 러시아에서 프롤레타리아 세계혁명을 미리 준비한 레닌주의는 가장 혁명적이고 극단적인 노동 이데올로기였다. 무심코 레닌숭배에 젖은 개혁주의적 운동세력이 제시하는 레닌주의에 대한 평가는 역사적 사실에 대한 완전한 왜곡이기 쉽다.

스탈린이즘의 이론과 실천

1. 머리말

1917년 10월혁명 이후 소비에트 사회는 전시공산주의, 네프, 위로부터의 혁명과 스탈린이즘의 시대를 거치며 발전되었다. 소비에트학에서 볼쉐비키당의 이론과 실천에 따라 결과된 사회적 현실에 대한 객관적 분석은 특히 냉전시대에 자주 배제되었다. 정치적 입장에 따른 일방적 평가가 우선되었다. 일부는 소비에트 체제의 진보성을 강조했으며, 다른 일부는 그것을 "악의 제국"으로 규정했다. 물론 전체주의론적, 반공주의적 입장만이 소비에트학 내에서 스탈린주의적인 "계급적 접근"에 대립했던 것은 아니다. 특히 트로츠키즘과 부하린주의는 스탈린과 스탈린주의를 비판하는 연구들의 개념적 기반이 되었다. 트로츠키즘 진영에서는 소비에트 사회주의의 관료주의적 퇴행 또는 비(非)사회주의성(국가자본주의)을 비판했고, 부하린주의적 입장에서는 스탈린에 의한 "민주주의적 사회주의"의 훼손을 비난했다.

소비에트 체제의 비민주성은 선험적으로 규정되었다. 레닌과 트로츠키가 설교하는 프롤레타리아 독재론과 영구혁명론으로 무장한 볼쉐비키가 10월혁명을 통해 수립한 것은 계급독재 체제였다. '인민의 적'에 대한 가차 없는 탄압으로 결국 "사회주의의 승리"를 실현한 스탈린주의는 혁명의 시대에 러시아에서 사회주의 국가권력을 확립, 강화하려 했던 자코뱅적 의식의 표현이었다. 그 과정에는 억압과 강제만이 아니라 사회주의 건설을 위한 인민들의 열정과 감격 또한 존재했다. 1920-30년대의 이러한 양면성에 대한 고려 없이는 소비에트 국가사회주의의 발전 형식과 내용, 그리고 그 방향을 결정했던 스탈린의 이론과 정치에 대한 균형 잡힌 이해가 어렵다. 20세기 전반 소비에트 사회의 정치상황과 그 시대의 독특성은 물론, 현재까지의 사회적 발전을 논리적 비약 없이 체계적으로 분석하고, 그것을 객관적으로 이해할 수 있기 위해서는 스탈린 내지 스탈린이즘에 대한 정치적 편견 없는 접근이 필요하다.

현재 스탈린 개인이나 그의 정책과 이념, 숙청, 전쟁 등과 관련해 무수히 많은 연구가 미국과 러시아 포함 세계 각국에서 쏟아지고 있다. 최근 영미권에서 나온 스탈린 관련 저작들, 예들 들면 E. 랏진스키가 쓴 Stalin: *The First In-depth Biography Based on Explosive New Documents from Russia's Secret Archives* (N.Y.: Anchor, 1997); S. 몬테피오레의 *Stalin: The Court of the Red Tsar* (N.Y.: Knopf, 2004); D. 머피가 펴낸 *What Stalin Knew: The Enigma of Barbarossa* (New Haven: Yale Univ. Press, 2005); R. 서비스의 책 *Stalin. A Biography* (London: Macmillan, 2005)[1] 등의 내용을 보면 스탈린에 대한 편견과 비난이 아직 소비에트학에서 작용하는 듯하다. 특히, 서비스는 스탈린에 대한 정신병리학적 설명이나 상투적 비난을 배제하며 보다 공정한 접근을 시도하지만, 그도 역시 스탈린의 "심한 인격 장애"를 지적함으로써 기존의 인식틀을 깨지는 못하고 있다. 국내에서 정성진이 출간한 『마르크스와 트로츠키』(한울, 2006)에는 소비에트 사회주의에 대한 일방적 비판과 함께 스탈린의 구체적 정책이나 현실에 대한 사실 분석이 결여되어 있다.

---

1) 이 책은 『스탈린 강철권력』이라는 제목으로 윤길순이 국역(서울: 교양인, 2007), 출간하였다.

이 글의 목적은 스탈린의 이론들로 그의 정치를 역사과정 속에서 설명하는 가운데 스탈린이즘에 대한 객관적 이해를 제공하는 것이다. 유념할 것은 스탈린에게 이론이란 그 대상에서의 인과성과 본질적 관계들에 대해 완전한 이해를 주는 과학적 지식의 최고로 발전된 조직형태로서도 아니고, 더 넓은 뜻에서 어떤 현상에 대한 해석과 설명을 시도하는 시각과 관념의 총체로서도 아니라, 바로 역사운동에 있어서의 혁명성 및 실천성과 관계되어 그 의미가 강조됐다는 사실이다. 스탈린은 말한다:

> "이론은, 만약 그것이 진정한 이론이라면, (혁명)운동가들에게 목표를 인식하는 힘과 미래에 대한 확신, 일에 대한 신념, 그리고 우리 과업의 승리에 대한 믿음을 준다."[2)]

스탈린에겐 혁명 및 당의 정책 실현을 위한 유용성이 과학적 이론의 근본적 규준이었다.

특히 볼쉐비키는 혁명운동의 일반화, 강령, 명제, 테제들을 자주 이론이라 지칭했다. 최근까지도 스탈린이즘의 평가에 있어 소비에트학 내에서 나타나는 혼란은 그 이론적 난해함 때문이 아니라 스탈린 시대가 갖는 역사적 난해함 때문이다.

스탈린주의의 이론들은 대개 레닌주의에 기초하고 있기에 양자를 명확히 분리하기가 애매한 때가 있지만, 그럼에도 스탈린주의는 일국사회주의론에서 시작된다고 할 수 있다.

---

2) Сталин И.В. Соч., т.12, с.142.

2. 일국사회주의론의 정치

(1) 영구혁명론과 일국사회주의론

1924년 봄 ≪프라우다≫에 스탈린이 쓴『레닌주의의 기초(Об основах ленинизма)』가 연재되었다. 여기에서 그는 레닌주의를 사회주의 실현을 위한 보편과학으로 규정하면서 영구혁명론을 폄하하고는, 소연방에서 사회주의 건설을 위한 전략계획으로서 일국사회주의론을 원초적 형태로 제시했다. 이로써 그는 당 최고지도자로서의 위상을 과시했으며, 인민들에게 사회주의 건설의 길에 동참할 것을 레닌의 이름으로 요구하며 네프(신경제정책)를 합리화했다. 스탈린이 영구혁명론을 레닌주의와 차별화하며 폄하했던 것은 트로츠키와의 노선투쟁 때문이기도 했지만, 그것이야말로 소연방의 사회주의적 자력갱생을 위해 극복되어야 할 이론이자 의식이었기 때문이었다.

『레닌주의의 기초』에서 레닌이즘을 "제국주의와 프롤레타리아 혁명 시대의 맑시즘"으로 정의한 스탈린은 그것이, 보다 정확히 말하면, "넓게는 프롤레타리아 혁명의 이론과 전술이며, 좁게는 프롤레타리아 독재의 이론과 전술"이라고 규정했다.[3] 스탈린에 의하면, 10월혁명이 승리하고 소비에트 권력이 노동자-농민의 정부로 나타난 것은 "스믜츠카", 즉 노동자와 농민의 제휴를 기반으로 하는 레닌주의가 혁명운동의 이론이었기 때문이었다. 반면 영구혁명론은 맑스의 혁명론을 왜곡하고 있을뿐더러 "러시아혁명에서 농민계급이 지닌 중대한 역할과 혁명적 에너지를 과소평가하며, 결국 혁명전망을 부정한 반(半)멘쉐비키 이론"이었다. 10월혁명과 영구혁명론은 아무런 관련이 없었다. 오직 레닌주의에 의거해 "모든 나라의 혁명을 진전시키고 지원하고 고취하기 위해 일국에서 할 수 있는 최대한의 일"을 하는 것이 볼

3) Сталин И.В. Соч., т.6, с.71.

쉐비키당의 과제라고 스탈린은 역설했다.

스탈린은 1917년 이전의 "낡은 볼쉐비즘"으로, 즉 레닌의 연속혁명론과 노동자 - 농민의 혁명적 민주독재 이론으로 사실을 왜곡했다. 10월혁명과 영구혁명론의 관계는 레닌의 언명을 통해서도 확인된다. 1905년 러시아혁명 때 트로츠키는 페테르부르크 소비에트를 지도하면서 "짜리 없는 노동자 정부를 수립하자!"라는 구호를 내세웠다. 목표는 짜리즘을 타도하고 프롤레타리아 독재권력을 세우는 것이었다. 러시아 자본주의의 불균등결합발전으로 인해 상대적으로 허약한 부르주아지와 상대적으로 강대한 프롤레타리아트의 대립구도가 형성되었고 따라서 도시노동자 계급이 러시아혁명의 주체가 될 수밖에 없다고 주장하면서 트로츠키는 사회주의 혁명의 시대에 그것을 부르주아적인 것으로 제한할 수 없으며 또한 그것은 그렇게 제한될 수도 없을 것이라고 전망했다. 문제는 후진 러시아에서 노동자 독재권력이 유지되기에 그 사회경제적 기반이 근본적으로 취약하다는 데 있었다. 이를 보완하는 논리가 바로 영구혁명론이었다. 프롤레타리아 독재론과 영구혁명론은 프롤레타리아 국제주의에 엮인 하나의 조합이었고, 이것은 서유럽에서 사회주의 혁명이 임박했으며 자본주의가 곧 종말을 고할 것이라는 급진적 확신을 전제로 했다.

트로츠키를 비판하던 레닌이 1917년 봄 「4월테제」를 통해 임시정부 타도 및 소비에트 공화국 수립에 관한 명제를 제시한 것은 그가 영구혁명론을 수용했음을 뜻했다. 레닌과 트로츠키는 소비에트에 집결한 노동자, 농민, 병사들에게 공장의 자주관리(-노동자통제)와 토지 분배, 그리고 종전(終戰)과 평화를 약속했으며, 그들의 지지를 토대로 10월혁명을 단행하여 "소비에트 권력", 즉 볼쉐비키 정권을 출범시켰다. 하지만 10월혁명의 목표는 러시아에서의 사회주의 건설이었다. 이 점에서 레닌의 정치적 지향은 병사, 노동자, 농민계급 요구와 모순되었다. 「4월테제」는 "낡은 볼쉐비즘"을 대체하는 "새로운 볼쉐비즘"의 길을 열었지만, 볼쉐비키 정권의 사회경제적 기반은 극히 취약했다. 그럼에도 볼쉐비키가 10월혁명을 감행할 수 있었던 것은 영구혁명론 덕분이었다.

영구혁명론의 전도사 트로츠키는 1906년에 쓴 『총괄과 전망』에서 "유럽의 프롤레타리아트의 직접적인 국가적 차원의 지원이 없이는 러시아 노동자 계급은 권력을 유지할 수 없으며, 자신의 일시적 지배를 장기간의 사회주의적 독재로 전환시킬 수 없다"고 영구혁명론의 의미를 밝혔다.[4] 레닌도 1921년 여름 제3차 코민테른 대회에서 이렇게 고백했다:

> "이미 [10월]혁명 전에, 그리고 그 후에 우리는 자본주의적으로 더욱 발전한 다른 나라들에서 바로 지금, 아니면 적어도 매우 빠른 시기에 혁명이 시작될 것이며, 아니면 반대의 경우에, 우리는 당연히 파멸할 것이라고 생각했습니다."[5]

이런 인식은 볼쉐비키당 지도부에 강박관념으로 작용했다. 세계 사회주의 혁명이 임박했다는 확신은 10월혁명의 동기가 되었지만, 서유럽의 혁명이 지연되면서 영구혁명론은 소비에트 사회주의 정권의 종말을 예고하는 묵시록이 되었다. 사회주의를 위해 10월혁명과 영구혁명론의 연관이 거부되어야 했으며, 그를 위한 시도가 사회주의적 자력갱생의 가능성과 필요성을 역설하는 스탈린의 일국사회주의론이었다.

1924년 12월 「10월혁명과 러시아 공산주의자들의 전술」에서 스탈린은 자력갱생 논리를 이렇게 확장했다:

> "10월혁명의 국제적 성격을 망각하면서 일국에서의 혁명 승리를 순전히 민족적인

---

4) Троцкий Л.Д. Итоги и перспекитвы. // К истории русской роволюции, М., 1990, с.108.

5) Ленин В.И. Полн. собр. соч., т.44, с.36.

> 것으로, 민족적 현상으로만 선언하는 자들은 옳지 않다. 또한 10월혁명의 국제적 성격을 기억하면서 이 혁명을 외부로부터의 지원을 받아야만 하는 소극적인 것으로 간주하는 경향이 있는 자들도 옳지 않다."[6]

전에 스탈린이 일국에서의 사회주의 승리를 위해서는 선진국들에서의 프롤레타리아 혁명이 필수적이라고 했다면, 이제 그는 10월혁명을 "세계혁명의 시작이자 전제"로 자리매김하는 가운데 양자 관계를 상호의존적인 것으로 규정했다. 그 결과 스탈린의 이론은 영구혁명론과의 분명한 차이를 획득했다. 10월혁명은 서유럽 혁명으로부터 지원을 필요로 하지만, 그것이 결국 승리하기 위해서는 역시 10월혁명으로부터의 지원을 필요로 한다는 것이었다.

그럼에도 스탈린은 당원들의 의식 변화를 위해 일국사회주의론의 완결성을 더욱 높여야 했다. 1925년 말 그는『레닌주의의 문제(К вопросам ленинизма)』를 통해 자력갱생의 논리를 최종적으로 수정하여 완성했다. 얼마 전까지 그것에 남아있던 영구혁명론의 흔적을 지워버리고 그는 "일국에서의 사회주의사회 건설 가능성에 관한 문제"가 세계혁명의 문제와 관련이 없음을 분명히 말했다.[7] 다른 나라들에서 프롤레타리아 혁명의 승리는 소비에트 사회주의의 안전보장을 위해 필요할 뿐이었다. 타국에서의 사회주의 승리 여부와 무관하게 소연방에서 사회주의 승리 가능성은 프롤레타리아트가 권력을 장악함으로써, 그리고 그 권력을 "완전한 사회주의 사회"의 건설을 위해, 프롤레타리아트와 농민계급 간 모순의 해결을 위해 사용함으로써 보장되었다.[8]

---

6) Сталин И.В. Соч., т.6, с.400~401.
7) См.: Сталин И.В. Соч., т.8, с.62.
8) См.: Там же, с.65.

트로츠키즘은 사회주의 혁명을 위한, 그것도 세계혁명의 완성에서 자기 실현을 발견하는 "영구혁명"을 위한 극좌적 이념이다. 반면 스탈린이즘은 프롤레타리아 독재권력이 수립된 사회에서 등장한 사회주의 건설의 이론과 전술이며, 나아가 전략이었다. 여기에 양자의 차이가 있다. 우리는 소연방 역사에서 일국사회주의론이 가졌던 의미를 폄하하지만, 그것은 스탈린이 자력으로 사회주의를 건설할 수 있다고 소비에트 인민들을 설득할 수 있었던 '콜럼부스의 달걀'이었으며, 소연방의 역사과정을 규정한 청사진이었다. 문제는 트로츠키즘이 소비에트 권력의 취약한 계급적 기반을 인정하는 가운데 공업독재론 나아가 사회주의적 본원 축적론[9]으로 "노동자 정권"의 유지를 모색했음에 반해, 스탈린주의는 러시아에서 사회주의 건설을 요구하고 있었고, 그런 뜻에서 스탈린주의는 트로츠키주의에 비해 훨씬 더 극좌적인 이데올로기였다. 스탈린이 트로츠키즘을 좌익이라 칭하면서 그에 따옴표("좌익")를 친 이유는 트로츠키즘은 진짜 좌익이 아니라는 의미였다.

스탈린은 인민에 대한 지도방식과 관련해 레닌을 인용하면서 말했다:

> "무엇보다 먼저 우리는 설득해야 하며, 다음에 강제해야 합니다. 우리는 무슨 일이 있어도 먼저 설득하고, 다음에 강제해야 합니다."[10]

바로 이런 '설득과 강제'라는 공식이야말로 스탈린이즘의 실천에서 기본이 되었던 지도방식이었다. 그러나 계급적 지지기반이 매우 취약한 스탈린 정권이 사회주의 건설을 위해 어떤 방식으로 인민들을 설득하고 강제했는지는 그의 시대가 그것을 증언한다.

---

9) См.: Преображенский Е.А. 『Новая экономика』 — опыт теоретического анализа советского хозяйства, М., 1926.
10) Ленин В.И. Полн. собр. соч., т.43, с.54.

(2) 사회주의적 축적론과 공업화

1925년 봄 니콜라이 부하린이 농민을 향해 외친 "부자가 되시오!(Обогащайтесь!)"라는 구호는 당내에 큰 파문을 일으켰다. 나데즈다 크룹스카야는 즉각 부하린에 반대하는 글을 발표했다. 스탈린 역시 부하린에 동의하지 않는다고 천명했다:

> "이 슬로건은 우리 것이 아닙니다. [중략] 우리의 슬로건은 바로 사회주의적 축적입니다. 우리는 농촌의 복지 향상을 가로막는 행정적 장애들을 제거합니다. 이런 조치는 당연히 모든 종류의 축적을, 사적-자본주의적 축적도, 사회주의적 축적도 용이하게 합니다. 그러나 당은 사적 축적을 자신의 슬로건으로 삼는다고 전혀 말한 적이 없습니다. 우리는 사회주의적 축적에 관한 우리 구호의 실현을 용이하게 할 목적으로 네프를 확대하면서 사적 축적을 허용하고 있습니다."[11]

문제는 레닌의 반대에도 불구하고 스탈린이 네프를 계속 확대시켰다는 데 있었으며,[12] 이는 그리고리 지노비예프, 카메네프, 크룹스카야 등의 '신(新)반대파'가 형성되는 계기가 되었다. 그들은 트로츠키의 '좌익 반대파'와 연합하여 스탈린과 부하린을 비판하면서 스탈린의 노선을 테르미도리안스트보(термидорианство), 즉 우익반동정치로 규정했다. 이런 평가는 스탈린의 사회주의적 축적 노선이 네프에 의거하고 있었기에 가능했다. 스탈린주의의 극좌적 성격은 네프 초기에 드러나지 않았을 뿐이었다.

네프와 더불어 사회주의 건설이 추진되었다. 국가재정의 확충과 함께 정권의 경제운영력이 강화되었다. 1927년 12월, 제15차 당대회는 총노선을 확정했다. 최대로 급속한 공업화의 당위성과 가속화된 중공업 발전의 필요성

11) Сталин И.В. Соч., т.7, с.153.
12) 레닌은 1922년 봄 개막된 제11차 당대회에서 네프의 확대 중단을 요구했다.

이 강조되었고, 농업 집단화 방침이 수립되었다. 이를 위해 계획경제의 원리가 강화되어야 했다.

'피칠레트카', 즉 인민경제발전 5개년계획이 1929년 5월 제5차 소비에드대회에서 승인되었다. 시기적으로 그것은 1928년 10월부터 1933년 9월까지의 기간을 포괄했다. 경제계획에 따라 5년간 공업총생산은 136%, 농업총생산은 55%, 국민소득은 103% 증대되어야 했다. 스탈린은 세계사에 유례없는 속도의 경제성장을 기획하고 있었다. 놀라웠던 것은 중공업 생산의 3.3배 성장을 목표로 하면서 총투자 자본의 78%를 생산수단의 생산 분야로 집중시키고 있었다는 사실이다.[13] 공장과 건설현장에서 이른바 사회주의적 경쟁을 위한 캠페인이 대대적으로 전개되기 시작했다. ≪프라우다≫를 필두로 각종 언론매체 및 당과 콤소몰, 노동조합 기관들은 노동자의 발의에 의한 모범적 생산사례들을 선전했으며, 노동창발성을 발휘할 것을 고취했다. 그러면서, "경제고지"의 선점을 위한 돌격대 운동, 할당된 계획보다 더 높은 목표치를 담은 계획을 경쟁적으로 내놓는 "대응계획"의 채택운동, "연중무휴제", 생산량과 생산성 등에서 "자본주의 국가들을 따라잡고 추월하자!"는 운동 등과 같은 사회주의적 경쟁의 형태들이 급속히 확산되었다. 1929년 가을 "5개년계획을 4년 내에 완수하자!"는 구호가 등장했다. 사회주의적 경쟁 운동은 작업현장에서 노동자 대중의 혁명적 - 낭만적 기분을 확산시켰고, "돌격", "강습", "돌파"를 통해 모든 것을 완수할 수 있다는 믿음을 강화시켰다. "무슨 일이 있어도", "볼쉐비키식으로" 등의 말이 유행어가 되었다.

1929년 10월 이후, 미국이 대공황으로 경제가 마비되어가고 독일에서는 약 600만 명이 실업상태에 빠지면서 히틀러의 민족사회주의(나치)당이 두각을 나타내기 시작하던 때, 소연방에서는 국토지리를 바꾸는 공업화의 대역

13) См.: КПСС в резолюциях и решениях съездов, конференци и пленумов ЦК, т.4, с.201~202.

사가 시작되고 있었다. 자본주의가 위기에 처했던 그때 스탈린은 주로 노동자들을 "설득"하며 사회주의 건설현장으로 동원하는 데 성공하고 있었으며, 소비에트 사회주의는 도약을 시작하고 있었다. 소연방에게 1929년은 "위대한 전환의 해"였다.

국영공업은 계획보다 더 비약적으로 발전하고 있었지만 사영농업은 '피칠레트카'의 질곡이 되었다. "스믜츠카"를 통해 사회주의적 축적을 실현한다는 스탈린의 노선은 자주 농민의 도전에 시달렸다. 농촌에서의 곡물조달은 도시민과 병사들의 식량배급에 필수적이었다. 또한 그것은 공업화를 위해서도 긴요했다. 스탈린 정권은 1920년대 중반부터 곡물 수출을 통해 얻은 외화로 공업화에 필요한 기계, 기술 등을 수입했다. 최대한의 공업화계획은 최대한의 곡물 조달을 요구했으며, 후자에서의 차질은 계획 자체를 붕괴시켰다. 곡물조달을 위한 정상적 수단을 제대로 확보하지 못한 스탈린 정권은 협상가격차, 상품기근 등의 용어로 농촌과 도시의 경제악순환을 설명했다. 가격정책과 더불어, "투기적 거래에 종사함으로써 시장에서 공산품의 가격 상승을 조장하는" 네프만들의 행위가 집중 단속되고 부농(쿨락)에 대한 비난이 강화되었지만 악순환은 해결되지 않았다.

1927년 말 도래한 곡물조달사업의 위기는 전시공산주의적 방식으로 해결되었다. 약 3만 명의 공산당원이 전국의 농촌으로 급파되었고, 이들은 무단으로 농가를 수색하여 "잉여곡물"을 징발했다. 그에 협력하는 빈농들에게는 몰수된 곡물의 25%를 차지하는 특전이 부여되었다. 스탈린이 직접 시범을 보인 '우랄-시베리아 방식'을 통해 볼쉐비키 정권은 석 달 만에 곡물조달전선에의 위기를 해소했다.

(3) 계급투쟁의 격화이론과 농업 집단화

1928년 7월 당중앙위원회 전원회의에서 스탈린은 총노선의 이론적 합리화를 시도했다. 네프란 "프롤레타리아 독재의 독특한 표현이며 수단"이라고 규정한 그는 바로 계급투쟁의 문제를 제기했다. "프롤레타리아 독재란 새로운 조건들 하에서 계속되는 프롤레타리아트의 계급투쟁"이라는 레닌의 테제에 의거하며 스탈린은 네프 하에서 계급투쟁의 구호가 가장 중요한 의미를 갖는 것이며, "빈농에 의지하고 중농과 연대하며 부농과 투쟁하라!"는 레닌의 슬로건은 농촌에서 아직까지 유효하다고 말했다. 그러면서 그는 당의 정책과 무관하게 계급투쟁의 격화가 필연적 성격을 갖는다고 주장했다:

> "소멸하는 계급이 저항을 포기하며 자발적으로 자기 진지를 내주는 일은 과거에 없었고 앞으로도 있을 수 없습니다. 계급사회에서 노동자 계급의 사회주의로의 전진이 투쟁과 사회적 동요 없이 이루어지기란 과거에 없었고 앞으로도 있을 수 없습니다. 반대로, 사회주의로의 진행은 이 진행에 대한 착취분자들의 저항으로 귀결되지 않을 수 없으며, 착취자들의 저항은 계급투쟁의 불가피한 격화로 귀결되지 않을 수 없는 것입니다."[14)]

그는 부하린이 1925년 개진한 이론, 즉 사회주의 발전에 따라 노동자 계급의 적들은 점차 뒤로 멀리 물러설 것이며, 다음에 "전혀 예기치 않게" 부농이나 빈농, 노동자나 자본가들 같은 모든 사회적 그룹이 투쟁과 저항 없이 "갑자기" 사회주의 사회의 품안에 놓일 것이라 전망하는 이론을 비웃었다.[15)]

1928년 여름 스탈린의 총노선에 대한 우파의 비판이 거세졌다. 부하린은 ≪프라우다≫에 「경제학자의 수기(Заметки экономиста)」를 게재하며 "초(超)공업화" 정책과 "부농계급에 대한 공세 강화"를 비난했다. 그는 "기초적 경제균형을 심하게 훼손하는 것"이 이행기 경제의 발전에 있어 절대법칙

---

14) Там же, с.172.
15) См.: Н.И. Бухарин. Избранные произведения, М., 1988, с.146~230.

이 아니라는 점을 논증하려 했다. 생산과 소비의 제 분야 및 생산의 각 분야들 상호간 다이내믹한 경제적 평형을 실현할 수 있는 방법을 모색하는 일이야말로 볼쉐비키당 지도부가 수행해야 할 가장 중요한 과제라고 주장했다. 그러면서 그는 오직 트로츠키주의자들만이 산업발전이 근본적으로 농업발전에 의존하고 있다는 간단한 사실을 이해하지 못한다고 지적했다.[16)]

부하린의 균형이론은 "어느 정도 위기를 배제하는 사회주의의 발전"을 지향하고 있었다. 계급투쟁의 격화이론에 대한 유력한 대안으로서 그것은 당내 우파의 이론적 기반이었고, 부하린주의의 이론적 근간이었다. 스탈린에 따르면, 그 이론은 각 경제 부문의 배후에 계급들이 존재하고 있으며, 이들의 운동은 '누가 - 누구를(Кто - Кого)'의 원칙에 의한 격렬한 계급투쟁의 방식으로 이루어진다는 사실을 간과했다. 스탈린은 확대재생산의 가능성이 없는 소농민경제와 같은 농업적 토대를 갖고서는 사회주의적 공업화를 빠른 템포로써 계속 추진할 수 없다고 당원들을 설득했다. 이런 논리에 근거하여 그는 균형이론이 "유토피아적이고 반(反)맑스주의적인" 것이라 주장했다.[17)] 1928년 가을에 우익편향을 비판하는 캠페인이 시작되었고, 이는 1년 이상 계속되었다.

1929년 전반 곡물위기를 겪으며 스탈린은 사회주의적 농업생산기반의 수립 필요성 문제를 본격 제기했다. 집단농장(콜호즈) 건설을 속히 확대하려는 그의 생각은 1929년 4월에 열린 제16차 당대표자 협의회 결의문에서도 확인되었다.

1929년 12월 전국 맑스주의농학자협의회에 참석한 스탈린은 농업의 "위대한 전환"에 관한 이론적 합리화를 시도했다. 그는 F. 엥겔스가 「프랑스와 독일의 농민문제」에서 농업 집산화에 신중함이 요구된다고 서술한 것은 토지

---

16) См.: Правда, 30 сентября 1928 г.
17) Сталин И.В. Соч., т.12. с.144~146.

의 사적 소유를 전제로 했기 때문이라고 주장했다. 소연방에는 사적 소유가 대신 사회화가 실현되어있었다:

> "바로 여기[=사회화]에 최근 우리나라에서 협동조합운동이 상대적으로 용이하고 빠른 속도로 전개될 수 있는 원인이 있는 겁니다."[18]

그는 레닌의 「협동조합론(О кооперации)」을 인용하면서, 프롤레타리아 국가에 속하는 토지와 생산수단을 토대로 결성된 모든 종류의 협동조합은 계급적대가 배제된 사회주의 경제의 한 형태인 것이며, 그렇기 때문에 "협동조합의 최고형태로서의 집단농장"의 건설은 바로 사회주의의 성장을 의미하는 것이라고 설명했다. 그러면서 그는 "협동농장이 주어지면 사회주의 건설을 위해 필요한 모든 것이 확보되는 것"이 그릇된 생각임을 지적했다. 콜호즈는 형식이었다. 사회주의 승리를 위해서는 콜호즈 농민들을 개조하고, 그들이 가진 개인주의적 심리를 교정하여 사회주의 사회의 참된 일꾼으로 만들어야 한다고 역설했다.[19]

그것은 스탈린의 정책이 결정적으로 변화했다는 고백이었다. 1929년 가을 곡물조달은 노골적인 부농해체정책과 병행되었다. 말이 부농해체이지 실제론 부농계급의 박멸이 추진되었다. 스탈린은 농민의 정치적 각성과 운동의 대중성을 "농학자들" 앞에서 자랑했다:

> "지금 전면적 집단화를 실현하고 있는 빈농과 중농에 의해 부농계급이 해체되고 있습니다."[20]

---

18) Там же, с.153.
19) См.: Там же, с.161~165.
20) Там же, с.170.

1930년 1월 5일 당중앙위원회는 〈집단화의 템포 및 협동조합 건설에 대한 국가지원책에 관한 결정〉을 채택하고, "필사적으로 부농계급에 선전포고하고 최종적으로 그들을 완전히 소탕하라"는 명령을 각급 당조직에 하달했다. 이어, 동년 1월 30일 정치국은 〈전면적 집단화 지역에서의 부농 박멸을 위한 조치들에 관하여〉 당중앙위원회가 채택한 결정을 승인했다. 그에 따라 집단화 지역들에서 토지 임대가 폐지되고 고용노동의 사용이 금지되었을 뿐만 아니라, 부농들로부터 모든 재산을 몰수할 수 있게 되었다. 이와 더불어 농촌의 "반(反)혁명 활동분자들", 즉 소비에트 권력에의 테러를 조직한 자들은 정치사범으로서 체포되고 진압되었으며, 이들의 가족은 제1범주로 분류되어 북극이나 오지로 추방되었다. 집단화에 적극 반대한 부농들과 과거의 "반(半)지주들"은 가족과 함께 제2범주에 해당되어 시베리아 등의 변방으로 쫓겨나는 신세가 되었다. 나머지 대다수 부농들은 "해체"된 다음 제3범주로서 집단농장의 경계 밖에 특별히 할당된 곳에서 거처를 마련해야만 했다.

법령을 "볼쉐비기적으로" 이행하는 것이야말로 부농에 반대하는 빈농과 머슴들의 정치적 적극성을 고양하는 기반을 마련하는 것이라고 설명되었다. 1929년 여름경 콜호즈에 편입된 농가는 전체(약 2,500만 호)의 2%를 웃돌았다. 1930년 1월 하순 전체 농가의 약 17%에 해당하는 430만 호가, 1931년 여름에는 전체 농가의 52.7%가 집단농장으로 포섭되었다.

집단화 캠페인 속에서 완전히 새로운 개념들, 즉 "거대국영농장", "기계·트랙터관리창(엠테에스)", "전면적 집단화 지구", "예약수매" 등의 용어가 일상화되었다. 물론 사회주의 건설과정에 등장한 신조어들 중 일부에 지나지 않았던 그것들 속에는 농촌생활에서 이루어진 엄청난 정치적, 경제적, 기술적 진보가 함축되어 있었다. 각 낱말은 실제적 삶의 변화를 반영하였고, 낡은 기술, 낡은 경제양식과 계급관계, 낡은 생활조건이나 전통 등 농촌의 오래된 기반이 급진적으로 타파되고 있음을 나타냈다. 특히 콜호즈 등에서 사용되는 트랙터 및 각종 농업기계의 배급과 관리를 집중 담당하는 엠테에스(MTC)라는 축약어 하나가 상징했던 것은 바로 경제, 정치, 사회, 문화 모든 면에서 시작된 농촌혁명이었다.

1932년 가을 전면적 집단화는 사실상 완료되었다. 전체 농가의 61.5%, 전체 농지의 약 70%가 콜호즈로 통합하였다. 농업 집단화에 관한 5개년계획의 목표를 겨우 3년 만에 세 배나 초과 달성했다. 그에 따라 볼셰비키 정권이 확보한 가장 중요한 것은 매년 '피칠레트카'의 완수를 위해 필요한 곡물을 안정적으로 조달할 수 있는 가능성이었다. 하지만, 소비에트 러시아는 농업구조 재편의 직접적 결과로써 야기된 엄청난 시련을 겪어야 했다.

1931년 가을 "가뭄과의 투쟁은 풍작을 위한 투쟁이다!"라는 슬로건이 등장했다. "곡물전선"에서의 상황은 극도로 악화되었다. 1932년 8월 제정된 〈사회주의적 소유의 보호에 관한 법률〉은 곡물 탈취자를 '인민의 적'으로 규정했으며, 이들에게 "준엄한 혁명적 책임"을 지울 것을 경고했다. 콜호즈의 "범죄분자들"에 대한 문책이 이어졌다. "잉여곡물"은 모두 징발되었고, 농민들은 굶주림에 방치되었다. '피칠레트카'의 볼셰비키적 완수를 위해 수백만 명의 농민들이 사지로 내몰렸다. 특히 1932년 곡물조달의 위기와 병행한 대기근은 농촌에서 수백만의 인명이 스러지는 결과로 이어졌으며, 이런 사실에 대해 침묵이 강요되었다.

비극의 발생은 1931~32년의 흉작 때문이었고, 이는 가뭄뿐만 아니라 전면적 집단화와 직접 연계된 원인들이 작용한 결과였다. "약탈된" 식량은 도시에 겨우 공급되었고, 참혹한 기근이 노동자들을 덮치는 상황은 방지되었다. 그러면서도 볼셰비키는 기계설비의 수입에 필요한 외화 재원을 마련하기 위해 계획대로 식량을 수출했다. 기근은 은폐되었다 이 무렵 듣기에 따라 감격스러운 새로운 슬로건이 등장했다: "볼셰비키가 공략할 수 없는 요새는 없다!" 이런 슬로건 속에, 5개년계획의 신성불가침성 속에 2년간의 흉작이 농민들을 사지로 내몰 수밖에 없었던 이유가 내재했다.

1933년 기후조건은 농업에 매우 유리했다. 농촌에서 정치적 조직성이 강화됨과 동시에 트랙터 등 농업기계의 급속한 보급과 더불어 콜호즈와 솝호즈에서의 생산성이 높아지면서 소연방은 완전한 풍작을 경험하게 되었다. 농업의 사회주의적 재편이 완료된 후의 첫 해인 1933년은 곡류 및 공예작물 생산에 있어서 도약이 이루어지는 전환점이었다. 곡물조달의 연차계획은 동년 12월초에 완수되었고, 결국 1933년 볼쉐비키는 1932년에 비해 2억 7천만 푸드가 더 많은 총 14억 푸드의 곡물을 확보했다. 호전된 경제상황은 1933년 중반부터 뚜렷이 감지되었고, 이는 사회에 드리워진 무거운 분위기를 신속히 제거함과 동시에, 스탈린의 총노선에 대해 당의 일각에 존재하던 의구심과 불안감, 정치적 긴장감을 순식간에 해소시켰다. 고통을 인내하던 소비에트 사회는 농업문제가 해결되면서 순식간에 환한 세상으로 변모했다. 경제의 사회주의적 재편이 완료되었으며, 그 감격적 결과가 눈앞에 있었다. 신문 등에 옛 반대파에 속했던 인사들이 바치는 스탈린 찬가가 자주 등장했다. 또한 한 번 더 사회주의를 위해 헌신할 수 있는 기회를 달라고 스탈린에 요청했던 지노비예프나 카메네프 같은 인사들이 속속 유형지에서 돌아와 당에 복귀했다. 공공연하게 "볼쉐비키의 승리"가 선언되었고, 이와 함께 스탈린에 대한 숭배분위기가 급속히 고조되었다.

1934년 초에 열린 제17차 당대회는 당시 ≪프라우다≫의 표현대로 "승리자"들의 잔치였다. 스탈린의 당내 위신이나 정치적 비중, 그리고 그의 개인적 권위가 한껏 고양되었다. 당대회는 요시프 비사리오노비치 스탈린에 의해 추진된 총노선의 승리를 기념하는 화려한 축제였으며, "현명한 스승이며 영도자(Вождь)"인 그에 대한 존경을 표하고 찬사를 바치는 장엄한 무대였다. 여기에는 얼마 전까지 영도자의 정치적 경쟁자였으며 이념상의 적수였던 지노비예프, 카메네프, 라데크, 프레오브라젠스키, 부하린, 리코프, 톰스키 등의 인물들도 참여했다. 그들 모두는 당원들 앞에서 재차 자신의 과오를 참회했으며, 영도자의 정치적 무오류성에 대한 확신에 관해 발언했다. 완전히 당 위에 올라선 스탈린에 대한 개인숭배가 확립되었다.

(4) 간부이론과 대숙청

제17차 당대회 이후 획기적 변화는 특히 경제 분야에서 목격되었다. 소비에트 경제에서 상품화폐관계가 갖는 사회주의성에 관해 다양한 설명이 등장했다. 그러면서, "부유한 삶을 맞이하자!"라는 슬로건이 1934년을 장식했다. 그해 말, 엠테에스와 솝호즈에 설치된 정치부(политотдел)가 폐지되었고, 1935년 1월부로 양곡배급제가 폐지되었다.[21] 농촌에서의 "비상독재기관"인 정치부를 없앤다는 것은 농업의 안정 없이는 불가능한 일이었다.

1935년 5월 스탈린은 붉은군대아카데미에서 이렇게 연설했다:

> "전에 우리는 '기술이 모든 것을 결정한다'고 말했습니다. [중략] 그러나 그것은 너무 너무 부족합니다. [중략] 기술을 지배하는 사람이 없으면 기술은 죽은 겁니다. 기술을 지배하는 사람이 선두에 있는, 그런 기술이 기적을 가져올 수 있으며 당연히 가져올 겁니다. [중략] 바로 그 때문에 믿고 의지해야 할 대상은 바로 사람이고, 간부이며, 기술을 구사하는 노동자들인 겁니다. 바로 그 때문에 우리가 기술 분야에서 궁핍했던 이미 지난 시절을 반영하는 '기술이 모든 것을 결정한다!'는 낡은 구호는 이제 마땅히 새로운 구호로, '간부가 모든 것을 결정한다!'는 구호로 교체되어야 합니다."[22]

그렇게 해서, 기술을 관리하는 간부진의 조속한 육성을 당의 당면과제로

21) См.: КПСС в резолюциях и решениях съездов, конференций и пленумов ЦК, т.5, с.194~204.

22) Правда, 6 мая 1935 г.

선언한 직후 스탈린은 각급 "당조직에 볼쉐비키적 질서를 확립할 것"을 요구했다.[23] 동년 5월에서 10월까지 숙청작업이 본격 진행되었고, 15,000명 이상의 '인민의 적'이 당에서 제명되며 체포되었다.

1936년 8월 1일 ≪프라우다≫는 "파시즘은 전쟁! 사회주의는 평화!"라는 제목의 사설을 통해 "극히 심각한 불안감이 점점 더 인류의 근로자들을 사로잡고" 있으며, "세상에 전쟁의 먹구름이 감돌고" 있음을 알렸다. 스탈린이 잡고 있던 화두는 전쟁이었다. 1933년 독일에서 히틀러 정권이 등장한 후 민족사회주의(나치즘)의 위협을 절실히 느낀 스탈린은 전쟁 대비에 전력을 경주했다. 그를 불안케 한 것은 1934년 12월 키로프 암살사건 이후 더욱 활발해진 "제국주의 첩자들의 암약"이었다. "제5열"의 색출 없이 후방 안정이 있을 수 없었다.

1937년 2월에 열린 당중앙위원회 전원회의에서 "당 생활의 결함과 트로츠키파 및 기타 양면주의자들의 박멸 방법에 관하여"라는 제목의 보고문을 들고 단상에 오른 스탈린은 당원들이 "경제 캠페인과 경제건설전선에서의 큰 성공에 몰두"한 나머지 매우 중요한 몇 가지 사실들을 망각했다고 질책했다. 그의 말에 따르면, 첫째, 자본주의적 포위가 존재하는 동안 "외국 요원들이 소연방 후방에 잠입시킨 유해분자, 스파이, 교란분자 및 암살자들"이 국내에 반드시 존재할 것이라는 사실, 둘째, "유해분자, 스파이, 교란분자, 암살자들의 흉폭하고 무원칙한 도당"으로 변신한 트로츠키즘이 현재 외국 첩보기관의 명령에 따라 활동하고 있다는 사실, 그리고 소비에트 권력의 적 트로츠키주의자들이 가진 힘은 그들이 당원증을 갖고서 신뢰를 악용하며, "사람들을 정치적으로 기만하며", 소연방의 적들에게 국가적 기밀을 제공하는 데에 있다는 사실을 망각할 권리가 볼쉐비키에게는 없었다.[24] "간

23) КПСС в резолюциях и решениях съездов, конференций и пленумов ЦК, т.5, с.244.

부가 모든 것을 결정한다!"라는 슬로건을 강조하며 '인민의 영도자'는 "지도적 당간부들의 이데올로기적 수준과 정치적 단련성을 높이고, 등용을 기다리는 젊은 인재들을 간부진으로 합류시킬 것"을 요구했다:

> "여기에 우리의 길이 있으며, 그를 통해 우리는 진정 레닌식으로 우리 간부들을 양성하고 또 양성해야 합니다. 당의 말단조직에 있는 102,000명의 제1서기, 3,500명의 지구(당)서기, 200여 명의 시(당)서기, 100여 명의 주(당)서기, 그리고 민족공산당 중앙위원회야말로 재교육되고 완전무결하게 되어야 할 지도적 간부들인 것입니다."[25)]

1937년 2월 당중앙위원회 전원회의는 각급 당서기 전원에게 유능한 부(副)서기 두 명을 선발하여 그들을 순차적으로 "학교와 재교육장, 강습소, 레닌강습원"으로 파견할 것을 명령했다. 또한 1937년 5월까지 "모든 당조직에서 당 기관원 선거를 실시할 것"도 의결했다.[26)] 이어 전원회의는 내무인민위원부(엔카베데)가 '인민의 적'을 색출함에 있어 최소 4년을 지체했다고 지적하며, 앞으로 "소연방 내무인민위원부는 트로츠키파 및 기타 파시즘 요원들을 적발하고 분쇄하는 과업을 끝까지 수행함으로써 그들의 반(反)소비에트 활동을 아주 사소한 것이라도 철저히 진압할 것"을 예고했다.[27)]

"볼쉐비즘을 숙지하자!"는 슬로건과 더불어 및 "간부의 단련"을 위한 캠페인이 시작되었다. 1937년 5월 실시된 당 기관원 선거 결과는 60~70%대의 재선률로 나타났다. 그것은 "당간부들의 근간이 어려운 시험을 통과"한 것이라 평가되었고, 결국 선거가 "볼쉐비즘의 위대한 힘"을 입증했다고 선전되었다.

당간부들의 점검을 성공적으로 마친 스탈린은 곧 사회 내 "불순분자들"의

---

24) См.: Правда, 29 марта 1937 г.

25) Вопросы истории, 1995, No.11~12, с.18.

26) КПСС в резолюциях и решениях съездов, конференций и пленумов ЦК, т.5, с.289.

27) Вопросы истории, 1995, No.2. с.25.

제거를 위한 작업에 착수했다. 1937년 7월 2일 당중앙위원회 정치국은 "반(反)소비에트 분자들에 관한" 결정을 채택하고 그것을 각 민족공화국 및 주(州)의 당서기들에게 전문으로 보냈다. 그것의 내용은 첫째, 각 유형지에서 형기 만료로 자기 고향으로 돌아온 예전 부농 출신자 및 형사범들이야말로 각지에서 자행되는 각종 반소비에트 범죄 행각의 주모자들이며, 둘째, 그들 중 소비에트 권력에 아주 적대적인 자들은 즉각 체포 총살하고 덜 적대적인 자들은 체포 추방할 수 있도록 각 서기들은 자기 관할구역 내에 있는 그들의 실태를 파악할 것이며, 셋째, 반소비에트 분자들을 심사할 기구로 삼인회(Тройка)를 구성하는데, 각 서기들은 이 삼인회에 들어갈 인물의 명단 및 총살되거나 추방되어야 할 반소비에트 분자들의 인원수를 파악 집계하여 5일 내에 중앙위원회로 보내야 한다는 것이었다.[28] 여기에서는 당 고위 간부들이나 일반 당원에 관해선 일언반구도 없었다. 아무튼, 정치국의 지시는 곧 이행되었고, 위 전문에 의거하여 1937년 7월 30일자 내무인민위원부 작전명령 제00447호 〈예전 부농 출신자와 형사범 및 그밖에 다른 반(反)소비에트 분자들에 대한 탄압 작전에 관하여〉가 발령되면서 '인민의 적'과의 투쟁은 본격적 국면으로 진입했다. 작전명령 제00447호는 탄압 대상을 두 범주로 구분하여 소비에트 권력에 아주 적대적인 첫 번째 범주는 삼인회의 심의를 거쳐 즉시 총살케 했으며, 두 번째 범주는 8~10년 동안 교정노동수용소 또는 감옥에 가두게 했다. 또한 거기에는 각 지역별로 탄압 대상 인원수가 두 범주로 나뉘어 구체적으로 명기되었으며, 각 민족공화국과 자치공화국 및 주(州)에 설치될 삼인회의 명단도 포함되었다. 작전은 8월부터 시작되었다.[29] 통상적으로 삼인회는 민족공화국, 자치공화국, 자치주, 주 등 내무인민위원부의 각 단위지역 책임자, 해당 지역의 당서기 및 해당 검사로 구성

---

28) См.: АПРФ, ф.3, оп,58, д.212, л.32.
29) См.: АПРФ, Ф.3, оп,58, д.212, лл.59~78.

되었다. 이들 3인은 아무런 제한 없이 "판결"을 내렸으며 형의 집행을 명령했다.

사회주의의 업적에 자부심을 가진 많은 소비에트 인민들은 권력의 선전에 부응하여 '인민의 적'을 색출하는 데 열중했다. 각 지역의 삼인회들은 탄압 대상 인원을 늘리겠다고 경쟁적으로 요청했다. "색출작전"에 이른바 사회주의적 경쟁이 확대되면서 체포자 수가 급속히 증가되었다.[30] 인민들의 열성적인 밀고, 그리고 고문을 합법화한 당중앙위원회의 결정 덕분에 대숙청은 고도의 생산성을 과시하며 전개될 수 있었다. 탄압은 정치국의 〈결정〉이 규정한 "반소비에트 분자들"에 그치지 않았다. 탄압은 최근 정비된 당으로까지 확대되었으며, 삼인회의 구성 인물들도, 당 중앙위원들도 체포되어 자신의 확고부동한 당성(黨性)을 입증해야 했다.

1938년 1월 ≪프라우다≫는 이렇게 보도했다:

> "최근 한 해 동안 10만 명 이상의 사람들이 지구(地區)와 주(州)에서 연방 및 공화국 인민위원부의 지도적 업무에 발탁되었다. 그야말로 10만 명 이상이! 이 수치 하나가 우리나라의 위대한 도약과 위대한 스탈린적 승리의 표현인 것이다. 인민들 가운데서 당원, 비당원 선구자들을 발탁하여 지도적 업무로 중단 없이 등용하는 것은 레닌-스탈린당의 정책적 기본원칙 가운데 하나이다."[31]

1937~38년 볼쉐비키당은 한꺼번에 세 개의 작전을 전개했다. 그것은 옛 반대파들을 섬멸하기 위한, 그리고 "반(反)소비에트 분자"나 "불순분자들"을 제거하기 위한, 끝으로 젊은 "소비에트 간부들"을 등용하기 위한 작전이었다.

---

30) 내무인민위원부 작전명령 제00447호에 규정된 체포 대상은 총 268,000명으로서, 첫 번째 범주(총살)에 75,950명, 두 번째 범주에 193,000명이 속해 있었다. См.: Там же.

31) Правда, 27 января 1938 г.

대숙청으로 희생된 사람들의 운명은 무엇보다도 개인의 신상기록 자료에 의해 결정되었다. 혁명 이전의 멘쉐비즘, 사회혁명당 경력, 제정시대의 이력, 내전기 활동사항, 트로츠키파 경력이나 지노비예프파, 노동자반대파 등에의 가담 정도, 우파에 대한 지지 여부, 당에서의 제명사실 유무, 계급적 출신성분, 전과 기록, 그리고 피의자와의 친인척 관계나 친분관계 혹은 단순한 사업상의 관계 등의 기준들이 총살형에 처해지거나 수용소로 보내지는 근거로서 엔카베데와 삼인회에 의해 활용되었다. 혐의가 인정된 경우 피의자는 무죄임을 입증해야 했으며, 입증하지 못할 경우 대개 유죄임이 확정되었다. 스탈린은 "사회주의 사회의 도덕적-정치적 단결"의 실현이라는 목표를 추구하고 있었다. '인민의 적'을 적발하고 절멸함에 있어 "전 인민의 적극적 도움"이 큰 역할을 담당했다. 정책적 변화는 1938년 4월부터 감지되었다. 1938년 8월 베리야가 엔카베데의 부(副)인민위원 자리에 임명된 것은 대숙청을 수습하기 위함이었다.

스탈린이 개진한 논리에 따르면, 대숙청의 긍정적 결과는 "간부의 단련장"으로서 당이 "유해하고 적대적인 분자들"로부터 정화됨으로써 더욱 강인해졌으며, 소비에트 사회의 "균질성과 내부적 단결"이 실현된 덕분에 전쟁이 발발할 경우 붉은군대의 후방과 전선(戰線)은 더욱 강고해 질 것이라는 데 있었다. 볼쉐비키당은 "새롭고 젊은 간부들"을 등용함으로써 완전한 인적 쇄신을 이루었다. 이와 관련해서 후에 흐루쇼프는 격한 분노를 토로했다:

> "제17차 당대회에서 선출된 중앙위원회 위원 및 후보위원 중 98명이 [대숙청 기간에] 제거되었습니다. 살아남은 사람은 고작 41명에 불과합니다. 당대회에 참석한 대의원들의 대다수도 제거되었습니다. 1,966명의 대의원 중에서 반(反)혁명범죄를 저질렀다는 혐의로 1,108명이 체포되었고, 그 가운데 848명이 총살되었습니다."32)

32) Исторический архив, 1994, No.2, c.40. 소련공산당 중앙위원회가 사건을 조

물론 스탈린의 입장은 달랐다. 제18차 당대회에서 그는 차분한 어조로 말했다:

> "지금 제18차 대회에는 약 160만 명의 당원이 대표되어 있고, 이는 제17차 대회 때보다 27만 명이 적은 숫자입니다. 여기에 나쁜 것이 전혀 없습니다. 반대로, 그것은 더 좋아진 겁니다. 왜냐하면 당이 추악한 것들로부터 자신을 정화함으로써 더욱 강해졌기 때문입니다."[33)]

3. 국가사회주의 이론

1936년 11월 스탈린은 새 헌법안을 소비에트대회에 보고하면서 "소연방에서 이미 공산주의의 초기 단계, 즉 사회주의가 실현되었다"고 선언했다. 하지만 그것은 세계혁명의 문제와 관련해 적지 않은 논쟁을 유발했다. 세계혁명을 언급하는 자는 비판 대상이 되었고, 트로츠키주의자라는 낙인이 찍혔다. 스탈린은 1938년 2월 ≪프라우다≫에 자신의 일국사회주의론을 해명하는 글을 게재했다. 그가 내린 규정에 의하면, 일국에서의 사회주의의 승리 문제는 두 개의 상이한 문제를 포괄하는 것이었다. 첫째는 국내적 관계의 문제, 즉 계급관계의 극복과 완전한 사회주의의 건설 문제이며, 둘째는 국외적 관계의 문제, 즉 군사적 개입 및 구체제로의 복고 위험성으로부터 나라의 안전을 완전히 보장하는 문제였다. 따라서 그가 보기에, 소연방에서 사회주의의 승리는 "최종적"이고 "완전한" 것이 아니었다. 왜냐하면 국제적 관계의 문제가 아직 해결되지 않았기 때문이었다. 스탈린은 사회주의의 최종

사하여 1963년에 발표한 자료에 따르면, 1937~38년간 137만 2,392명이 체포되었고, 그들 가운데 68만 1,692명이 총살되었다. См.: Источник, 1995, No.1, с.120.

33) Восемнадцатый съезд ВКП(б). Стенографический отчёт, М., 1939, с.28.

적 승리가 오직 국제적 차원에서만 가능하다는 사실을 재차 강조했다.[34] 국제적 관계의 문제 해결을 위해서는 서방 국가들의 노동자 계급과 소비에트 인민들 사이에 형세적 유대를 더욱 강화시켜야 했다. 그럼에도 소연방에서 "사회주의의 완전한 승리"를 실현하는 과업은 결국 소비에트 인민들 자신의 몫이었다. 스탈린은 요구했다:

> "우리 붉은군대와 붉은함대, 붉은비행대, 국방비행화학건설후원회를 전력을 다해 강하고 튼튼하게 만들어야 합니다. 우리 인민 모두는 군사적 침공 위협에 직면하여 어떠한 '우연성'도, 외부의 적들이 부리는 어떠한 간책도 우리를 불의에 습격할 수 없도록 전투준비태세를 항상 갖추고 있어야 합니다."[35]

1938년 스탈린이 설명한 일국사회주의론에 담긴 명제가 1926년 『레닌주의의 문제』에서 제기된 것과 기본적으로 동일하다는 것은 분명하다. 언제라도 그는 소연방의 존재의미를 세계혁명에 종속시키지 않았다. 그의 이론은 심지어 서유럽의 사회주의 운동이 "세계혁명의 기지인 소연방"에서 사회주의가 최종적으로 승리할 수 있도록 봉사해야 한다는 것을 가정하기도 했다. 물론 그것은 스탈린이 사회주의를 소연방에 국한시키려 했다는 것을 의미하지 않는다. 그는 레닌이 "소비에트사회주의공화국연방"이라는 국가체계를 구상한 이유를 잘 알고 있었다. 그것은 세계혁명을 위한 대책이었다. 과거와 비교할 때 일국사회주의론에는 하나의 변화만 있었다. 1938년 스탈린은 "승리한 사회주의"에 대한 국제적 위협을 인식하게 해주는 자본주의적 포위라는 개념을 도입하면서 자기 이론의 무오류성을 확인했다.

사회주의 국가 문제와 관련하여 당내에는 맑스주의 이론과 볼쉐비키의

---

34) Правда, 12 феврале 1938 г.
35) Там же.

실천 사이에 모순이 존재한다는 의문이 제기되었다. 볼쉐비키 정권은 국가권력과 인민 사이의 대립에 있어 "완충기" 역할을 할 수 있는 사회적 지배관계들을 청산해버림으로써 인민생활의 전 영역을 직접적 형태로 포섭했다. 스탈린의 관점에 의하면, 소비에트 사회의 사회주의성을 규정하는 최종적 심급이 바로 국가였으며, 따라서 국가의 완전한 발전은 자연적으로 사회주의의 완전한 발전으로 이해되었다.[36] 문제는 그것이 맑스-엥겔스의 교의와 근본적으로 모순된다는 사실에 있었다. 볼쉐비키는 F. 엥겔스가 『반(反)듀링론』에서 제시한 국가 소멸에 관한 테제를 잘 알고 있었다. 더욱이, 그들 중에는 제7차 당대회 때 레닌이 "가까운 시일 안에 국가 소멸의 필요성"에 관해 당강령에 적어 넣자는 부하린의 제안을 거부한 사실을 모르는 사람이 있었을지는 몰라도, 10월혁명 직전 레닌이 『국가와 혁명』을 통해 국가의 소멸을 설교한 사실을 모르는 사람은 없었다.[37]

스탈린은 1930년 제16차 당대회에서, 그리고 1933년 1월 당중앙위원회 전원회의 때 국가발전의 변증법적 공식, 즉 '국가 소멸을 위한 프롤레타리아 독재의 최대한 발전'이라는 공식을 제기한 바 있었다. 그리고 제17차 당대회 때 그는 국가 소멸에 관해 당의 일각에서 번져가고 있던 주장을 조롱한 적이 있었다.[38] 이제, 1939년 3월 제18차 당대회에서 스탈린은 사회주의

---

36) 스탈린은 소련 경제사회에 존재하고 있는 상품화폐관계 등 이른바 자본주의 요소들은 단지 수단에 불과하다고 하면서 그들의 사회주의성은 사회주의 국가권력에 의해 담보된다고 생각했다. 이를 쪼개서 말하면, 소비에트 사회의 사회주의성은 국가가, 국가는 맑스-레닌주의로 무장한 당이, 하급 당원들은 간부들이, 간부들은 '인민의 영도자'인 스탈린 자신이 사회주의성을 담보해야 한다는 것인데, 이런 생각이 스탈린의 사회주의 국가에 관한 이론의 기본을 이룬다. 이로부터 스탈린이 왜 "간부가 모든 것을 결정한다!"는 구호를 내세웠는지, 그가 왜 특히 당간부들을 가혹하게 다루었는지 이해할 수 있게 된다. 결국 소비에트 사회주의는 넓게는 국가사회주의였으며, 좁게는 공산당사회주의 내지 스탈린사회주의였다.

37) См.: Ленин В.И. Полн. собр. соч., т.33, с.94~95.

38) См.: Сталин И.В. Соч., т.13, с.350~351.

국가에 관한 맑스주의적 교의가 불완전하며 불충분하다고 선언했다. "엥겔스의 명제가 과연 옳습니까?"라고 청중에게 질문을 던진 다음 그는 대답했다:

> "예, 옳습니다. 단 두 가지 조건 중 하나가 충족될 경우에만 옳습니다: a) 만약 미리 국제적 요인들을 배제하고서, 연구의 편의를 위해 국제적 환경으로부터 나라와 국가를 고립시킨 상태에서 사회주의 국가를 단지 국내적 발전의 관점에서만 고찰한다면, 또는 b) 만약 사회주의가 모든 나라에서 혹은 대다수의 나라에서 이미 승리했고, 자본주의적 포위 대신 사회주의적 포위가 존재하고 있으며, 더 이상 외부로부터의 침공위협이 없고, 더 이상 군대와 국가를 강화해야 할 필요가 없다는 것을 가정한다면 말입니다."[39]

그렇게 해서 스탈린은 국가 소멸에 관한 소모적 논쟁에 종지부를 찍었다. 프롤레타리아 국가의 운명에 관한 엥겔스의 공식이 일반적으로는 옳지만, 그렇다고 그것을 자본주의의 포위상태에 있는 일국(一國)에서 겨우 승리한 사회주의라는 구체적 사례에까지 확장하여 적용할 수 없다는 결론이 도출되었다.

맑스주의의 교의에 따르면 국가는 사회가 적대계급들로 분열함에 기초해 등장했다. 스탈린은 자본주의 국가에 비해 그 역사적 의미를 전혀 달리하는 사회주의 국가가 갖는 완전히 새로운 기능에 대해 청중의 주의를 환기시켰다. 그의 연설에 의하면, "사회주의의 승리" 이후 소연방에서 국내 주민들에 대한 국가의 강제적 억압기능은 없어졌다. 왜냐하면 국가와 인민 사이의 적대적 관계가 존재하지 않을 뿐만 아니라, 모든 종류의 착취가 폐지되었기 때문이었다. 소비에트 국가의 국내적 기본 과제는 "평화적인 경제-조직 활동

39) Восемнадцатый съезд ВКП(б). Стенографический отчёт, с.33.

과 문화-교육 활동"에 있었다. 군대, 징벌기관 및 보안기관 등과 관련해서 스탈린은 "그들이 자신의 칼날을 이미 나라 안이 아니라 외부의 적을 겨냥하여 나라 밖으로 돌리고 있음"을 강조했다.[40] 그가 보기엔 소비에트 권력과 인민들 사이에 어떠한 적대나 대립도 없으며, 또 있을 수도 없었다. 왜냐하면 다른 모든 국가는 계급국가였지만, 소연방은 진정 인민의 국가이기 때문이었다.

공산주의 하에서도 국가는 존속할 것인가? 스탈린은 분명히 대답했다:

> "그렇습니다. 만약 자본주의적 포위가 근절되지 않을 경우, 외부로부터의 군사적 침공위협이 청산되지 않을 경우에 국가는 유지될 겁니다."[41]

스탈린의 아이디어는 제18차 당대회에서 많은 연사들에 의해 반복, 강조되었으며 맑스주의 이론의 "천재적 발전"이라고 칭송되었다. 소연방에서 사회주의는 국가가 되었으며, 사회주의에의 헌신은 곧 국가 발전에의 헌신을 의미했다.

4. 스탈린이즘의 국제주의적 지향

스탈린주의는 일국사회주의론으로 세계혁명 혹은 프롤레타리아 국제주의와 절연했다는 평가를 받기도 한다. 이미 1920년대 초부터 러시아인 망명자들 사이에 민족볼쉐비즘이라는 용어와 더불어 전향운동(сменовеховство)이 등장한 것은 볼쉐비키당의 정책에 그렇게 해석될 수 있는 요소가 있었기

---

40) Там же, с.35.
41) Там же, с.36.

때문이었을 것이다. 1943년 5월 코민테른을 해체한 것도 결국 그런 경향의 징표로 간주되기도 한다. 그러나 스탈린주의는 프롤레타리아 국제주의를 포기한 적이 없으며, 이는 스탈린의 민족이론뿐만 아니라 언어이론을 통해서도 입증된다.

10월혁명 후 러시아의 언어학은 소연방의 다민족성, 민족정책, 러시아어의 사회적 역할 증대 등의 요인으로 그 발전이 촉진되었다. 상이한 언어와 문화를 가진 소비에트 인민들의 유대와 단결을 강화하고 그들의 정치적 의사소통을 원활하게 하려는 현실적 이유에서도 언어학 연구가 강화되었으며, 1920년대 소비에트 언어학은 주로 맑스주의적 연구방법론의 정립을 모색하는 상황에 있었다. "과학자는 현대 유물론자가 되어야 하며 맑스에 의해 제시된 유물론의 확고한 지지자, 즉 변증법적 유물론자가 되어야 한다"[42]는 레닌의 교시는 언어학자에게도 해당되었다. 유물론적 입장에서 언어를 연구하면서 그것을 토대와 상부구조의 관계 속에서 파악하려는 시도가 있었고, 소위 "마리즘"은 그 결과였다.

니콜라이 마르(1865~1934)와 그 제자들은 언어학에 기계적 유물론을 대입시켰다. 마르는 정치학뿐 아니라 언어학에도 계급원리를 통합시켜야 한다고 주장했는데, 그에 따르면 언어는 계급적인 것으로서 어떤 계급이 권력을 잡든 그것은 그 권력이 만들어낸 산물로 간주되어야 했다. 그가 보기에 당대의 러시아어는 자본주의 하에서 생긴 부르주아적 현상이었으며, 프롤레타리아 독재 아래 그것은 사회주의적인 것으로 재창조되어야 했다. 결국 그는 언어를 계급과 결부시켰고, 토대에 대한 상부구조로 취급했다. 인간 상호간 의사전달의 기호체계로서의 언어의 특성보다도 사회주의 혁명 이전과 이후, 즉 제정 러시아어와 소비에트 러시아어의 차별성과 양자의 혁명적 단절을

---

42) Ленин В.И. Полн. собр. соч., т.45, с.29~30.

강조한 마르의 학설이 소비에트 언어학을 지배했다.

1950년 6월 스탈린은 「맑시즘과 언어학문제(Марксизм и вопросы языкознания)」를 ≪프라우다≫에 게재하며 마리즘을 부인했다. 그의 기본 생각은 "맑시스트라면 언어를 상부구조로 간주할 수 없으며" 언어가 본질상 계급적이라는 주장이 실제에 부합되지 않는다는 것이었다. 언어는 사회경제적 토대의 변동에 따라 단기적으로 생성 변화되는 것이 아니라, "전체 역사진행 과정, 수 세기에 걸친 토대들의 역사에 의해 발전"되었으며 "어떤 한 계급이 아니라 모든 사회, 모든 사회계급, 수백 세대의 노력에 의해 만들어졌다"는 것이다. 스탈린은 사회 일각에서 유통되는 계급언어로써 민족어를 부정하는 행위를 비판했다:

> "언어는 사회 내 인간교류의 수단으로서 사회의 모든 계급들에 동일하게 복무하는 바, 이런 점에서 계급들에 대한 무차별성을 나타낸다. 그러나 사람들, 일정한 사회 그룹들, 계급들은 언어에 결코 무관심하지 않다. 그들은 자기 이해관계에 맞게 언어를 이용하려 하며, 자기의 특수한 어휘, 특수한 용어, 특수한 표현들을 언어에 강요하려 노력한다. 인민에서 유리되고 인민을 증오하는 유산계급의 상층, 즉 궁정귀족과 부르주아 계급의 상층부는 그런 점에서 특히 두드러진다. '계급적' 방언, 속어, 사교계 '언어'가 창조된다. 문헌에서 그런 방언과 속어들이 소위 '프롤레타리아 언어', '농민 언어'에 대립되는 '귀족 언어', '부르주아 언어'로 그릇되게 평가되고 있다. 이에 근거하여 우리 동무들 중 일부는 괴이하게도 민족어가 허구이며 오직 계급언어만이 현실적으로 존재한다는 결론에 도달했다. 나는 이처럼 그릇된 결론이 없다고 생각한다."[43]

스탈린은 모든 사회에서 언어가 자본주의 사회 이전에 형성되었음을 지적했다. 10월혁명 이후 러시아어에 생긴 변화는 정치경제적 상황이 급변하

---

43) Сталин И.В. Соч., т.16, с.123~124.

면서 새로운 어휘가 등장하고 낡은 말과 표현들이 사라진 탓이었다. 그런 현상에도 불구하고 그는 19세기 초 푸쉬킨의 언어와 20세기 중반 러시아어 사이의 기본적 차이는 없다고 보았다. 어떤 계급에게는 그들만의 은어가 있고 어떤 지방에는 고유의 사투리가 있지만, 러시아인이 쓰는 언어는 본질적으로 동일하다는 것이었다.

스탈린에 의하면, 방언이나 속어는 언어가 아니었다. 그것들은 민족어를 구성하는 문법구조와 절대다수의 기본 어휘에 의존하고 있고, 협소한 사용범위로 말미암아 전체적 인간교제수단으로의 유용성을 갖지 못하기 때문이었다. 언어적 자주성도 없고 민족어의 곁가지로 고사(枯死)할 운명을 지닌 것들을 민족어 수준의 계급언어로 규정하는 것은 맑스주의적 입장에서의 이탈을 의미했다.

K. 맑스는 「성 막스(Святой Макс)」에서 부르주아들에게 자기 언어가 있으며, "부르주아 계급의 산물"인 그것은 상업주의와 매매정신으로 충만해 있다는 주장을 한 바 있었다. 마르주의자들은 그것을 맑스가 언어의 계급성을 지지하고 단일 민족어의 존재를 부정했다는 증거로 내세웠다. 이에 대해 스탈린은 객관성 확보를 위해 「성 막스」의 다른 구절도 살펴봐야 한다고 주장하면서, 맑스가 "경제적, 정치적 집중화에 따라 방언들이 단일 민족어로 집약되고 있는 현실에 관해" 서술한 부분도 있음을 지적했다.[44] 또한 스탈린은 마르주의자들이 레닌에 의지하는 것도 배격했다. 레닌은 자본주의에 두 개의 문화, 즉 부르주아 문화와 프롤레타리아 문화가 존재하며, 자본주의 하에서 민족문화적 구호란 곧 부르주아 민족주의적 구호를 뜻한다고 서술한 바 있었다. 스탈린이 보기에 마르주의자들의 과오는 언어와 문화를 혼동한 데 있었다. 문화는 부르주아적인 것과 프롤레타리아적인 것이 있지만, 사회

---

44) См.: Там же, с.125.

적 교제수단으로서의 언어는 항상 전 인민적이며 두 문화 모두를 위해 복무하는 것이었다. 두 문화의 존재 인정이 곧 단일 민족어의 부정을 의미할 수는 없었다. 그는 레닌이 부르주아 문화를 반대해 투쟁한 것이지 민족어 발전에 반대한 바 없었다는 사실을 지적했다.[45)]

스탈린이 보기에 10월혁명 이후 러시아어에 나타난 변화는 사회주의적 경제, 정치, 문화 등의 영역에서의 신조어들이 추가되고, 청산된 제 관계들과 결부되었던 낱말들이 퇴출되는 것일 뿐, 언어체계와 기본 어휘의 기반 자체가 근본적으로 달라지지 않았다. 또한 언어의 변화도 "폭발적 방법"이 아니라 점진적이며 누적적으로 진행되었다. 그의 결론은 분명했다:

> "(a) 교제수단으로서의 언어는 항상 사회에 유일적이고 그 성원들에게 공통적이었으며 또 그렇게 되고 있다; (b) 방언과 속어는 전 인민적 언어에 상존할 뿐 아니라 오히려 확대, 증가하고 있으며, 방언과 속어는 전 인민적 언어의 곁가지로서 그에 종속되어 있다; (c) 언어의 계급성에 관한 공식은 그릇된, 비(非)맑스주의적 공식이다."[46)]

스탈린에 의하면, 언어와 그 발전법칙은 인간사회사와의 관련 하에 그것이 연구될 때 이해 가능했다. 인간교류의 수단이자 투쟁 및 사회발전의 도구인 언어는 쉽게 변하는 낱말이 아니라 문법으로 완성되는 것이었다. 낱말들은 상부구조처럼 변화하는 것이 아니라 사회구조, 생산, 문화, 학문 발전 등과 관련해 기본 어휘펀드에 새로운 것들이 추가되는 방식으로 변화하며, 문법구조는 그보다 훨씬 느리게 변화한다. 이런 문법구조와 기본 어휘펀드가 언어의 기반, 본질, 특징을 구성하며, 따라서 언어의 발전과정은 상부구조의 변화과정과 상이한 것이었다.[47)] 스탈린은 마리즘이 주장하는 언어발

---

45) См.: Там же, с.131~132.
46) Там же, с.133~134.
47) См.: Там же, с.134~139.

전단계설을 부정했다. 언어의 질적 변화는 "언어혁명"에 의한 폭발이나 전면적 교체의 방법이 아니라 새로운 요소들의 점진적 축적과 낡은 요소의 점진적 소멸을 통해 이루어진다는 것이다. 또한 언어의 이종교배에 따라 폭발적인 질적 변혁이 발생하고 결과 새로운 언어가 형성된다는 주장도 배척했다. 상이한 언어들의 접촉은 그 중 하나가 살아남는 결과로 귀착되었고, 남은 언어가 문법구조를 유지하며 어휘펀드를 풍성하게 했던 러시아의 경험을 지적했다.[48)]

「맑시즘과 언어학문제」을 통해 스탈린은 소비에트 언어학과 언어학자에 대한 "마리즘의 폭압적 지배"를 종식시켰다. 스탈린이 언어학의 문제에까지 참견하고 나섰던 것은 마르의 학설이 불합리하다는 일부 학자들의 이의제기 때문만이 아니었다. 스탈린이 보기에 그것은 맑스의 도식을 빙자하여 맑스주의를 희화화했으며, 나아가 세계혁명의 전망을 호도하고 있었기 때문이었다. 몰로토프의 증언에 의하면 스탈린은 사회주의 발전을 가장 많이 반영한 러시아어가 세계혁명 후 세계공용어가 되어야 한다는 지부심을 가졌다.

스탈린은 1925년 동방노력자공산대학에서 이렇게 연설했다:

> "사회주의 시대에는 단일한 인류어가 창조되고 그 외의 것들은 소멸할 것이라 말합니다(예컨대 카우츠키). 나는 그런 전체 포괄적인 단일어 이론을 믿지 않습니다. 적어도, 경험은 그런 이론을 지지하지 않습니다. 사회주의 혁명은 지금까지 언어 수를 감소시킨 것이 아니라 증대시켰는데, 왜냐하면 혁명이 인간의 최하층을 뒤흔들며 정치무대로 그들을 밀어올림으로써 그 존재가 전혀 또는 별로 알려지지 않았던 일련의 민족성을 새 생활에로 각성시키고 있기 때문입니다. 과거 제정 러시아가 최소 50개의 민족 및 민족적 집단을 대표했다고 누가 상상이나 할 수 있었겠습니까? 하지만 10월혁명은 잊혀졌던 일련의 민족과 민족성의 낡은 사슬을 끊고 그들을 [정치]무대로 진출시키고는 그들에게 새로운 생활과 발전을 주었습니다."[49)]

---

48) См.: Там же, с.142~143.

스탈린의 민족정책은 소연방 내 많은 민족(성)들에 행정적 자치권과 더불어 자신의 언어와 문자로 문화생활을 영위할 권리를 부여했다. 그 결과 소연방에서 공식 사용되는 언어의 수는 러시아제국 시대에 유통되었던 것에 비해 대폭 증가했다.

맑스주의에 있어 민족이란 자본주의의 산물이었다. 결국 그것은 자본주의의 청산과 더불어 사라질 존재로 인식되었고, 트로츠키 같은 이른바 혁명적 사회주의 세력은 흔히 민족문제에 큰 관심을 쏟지 않았다. 레닌과 스탈린은 예외였다. 그들은 다민족국가인 러시아의 현실을 고려하며 민족이론을 정교화했고, 그것으로 '지역적 자치'를 근간으로 하는 민족정책을 구현했다. 그들의 가졌던 생각의 핵심은 특히 피압박민족의 발전을 보장함으로써 민족문제가 해결될 수 있다는 것과, 사회주의 혁명과 동시가 아니라 공산주의 단계에 가서야 민족 소멸이 실현된다는 것에 있었다. 민족의 발전을 통한 민족 소멸이라는 변증법이 곧 레닌-스탈린의 민족정책의 요체였다.

스탈린에게 민족이란 언어, 영토, 경제생활, 심리적 기질의 공동성을 기준으로 구별되는 역사적 범주였다. 그에게 민족은 자본주의와 결부된 것이었고, 부르주아지가 지도적 역량을 발휘한다는 뜻에서의 부르주아적 민족은 자본주의의 몰락과 함께 소멸할 운명에 놓여 있었다. 스탈린의 민족이론은 부르주아적 민족들의 청산이 곧 민족 일반의 청산을 의미하지 않는다는 것을 출발점으로 했다. 10월혁명과 더불어 소비에트 러시아에서 "사회주의적 민족들"이 출현했으며, 민족 일반의 소멸은 오직 세계적 차원에서 사회주의가 실현되는 조건 하에서 가능한 일이었다.

스탈린에게 언어의 운명은 민족의 운명과 동일했다. 그런 이유로 그는 소비에트연방에서 민족적 차이와 민족어들이 소멸하고 있으며, 민족 간 융합

49) Сталин И.В. Соч., т.7, с.138~139.

과 소비에트어의 형성이 즉시 가능하고 또 필요하다는 당 일각의 주장을 배격했다. "민족과 민족어는 고도의 안정성을 갖고 있으며, 동화정책에 저항하는 거대한 힘이 있다"는 것이 그의 지론이었다.[50] 스탈린은 1929년 3월 「민족문제와 레닌주의(Национальный вопрос и ленинизм)」를 통해 일부 "민족이론가"의 주장을 비판하며 언어의 미래에 대한 도식을 제시했다:

> "전 세계적 프롤레타리아 독재 시기의 첫 단계에 민족과 민족어가 소멸하고 단일 공용어가 형성되기 시작할 것이라 생각하는 것은 잘못일 것이다. 반대로, 민족 억압이 완전히 청산될 그 첫 단계는 과거 억압받던 민족과 민족어들의 발전과 번성이 이루어지는 단계가, 민족 간 상호불신이 청산되는 단계가, 민족 간 국제주의적 연계들이 수립되고 강화되는 단계가 된다. 전 세계적 프롤레타리아 독재 시기의 두 번째 단계에 가야만, 세계자본주의 경제 대신 단일한 세계사회주의 경제가 형성됨에 따라 공용어 비슷한 것이 형성되기 시작할 것이다. 왜냐하면 그 때서야 민족들은 교류의 편리 및 경제적, 문화적, 정치적 협력의 편리를 위해 고유한 민족어와 더불어 하나의 국제공용어를 가질 필요를 느끼게 되기 때문이다. 따라서 이 단계에서는 민족어와 국제공용어가 병존할 것이다. 처음부터 모든 민족을 아우르는 세계적 경제중심과 하나의 공용어가 만들어지기는 어렵다. 아마 몇몇 민족 집단을 포괄하는 몇 개의 지역 경제중심과 그에 대응하는 공용어 몇 개가 만들어질 것이며, 오직 그 다음에야 지역 경제중심들은 세계사회주의 경제중심 하나에 통합될 것이고 모든 민족이 공용하는 하나의 언어가 등장할 것이다. 전 세계적 프롤레타리아 독재 시기의 그 다음 단계에서, 즉 세계사회주의 경제체제가 충분히 강화되고 사회주의가 인민들의 일상생활이 되었을 때, 제 민족이 현실에서 민족어에 대한 공용어의 우월성을 확신하게 될 때, 민족적 차이와 민족어들은 모든 민족을 위한 세계어에 자리를 양보하며 소멸하기 시작할 것이다."[51]

결국 민족정책과 언어정책을 포함하여 스탈린의 정책 모두는 세계혁명과

50) Сталин И.В. Соч., т.11, с.347.
51) Там же, с.348~349.

공산주의의 발전을 지향하고 있었다. 맑스-레닌주의적 역사전망, 즉 자본주의와 공산주의 사이에 프롤레타리아 독재가 실현되는 혁명적 과도기가 존재하며, 공산주의 사회는 두 단계로 구별되는데 최초의 낮은 수준의 단계가 곧 사회주의로서 여기서는 계급착취가 폐지되지만 사람들이 자신의 노동에 따라 공평한 분배를 받게 되면서 일정 수준의 불평등이 함축되며, 나아가 사회주의 발전에 따라 구현되는 최고단계의 사회가 바로 공산주의로서 이때는 정신노동과 육체노동의 대립이 사라짐과 동시에 능력에 따라 일하고 필요에 따라 분배받는 방식으로 인민의 사회적 삶이 영위되는데 이 단계에 이르러야 계급독재기구로서 프롤레타리아 국가가 소멸한다는 역사전망은 스탈린에게 무오류의 과학이었으며, 이를 실현하기 위해 각 역사발전단계에 맞춰 설정된 이론과 전술이 그의 정치적 실천을 규정했다.

5. 결론

스탈린주의의 이론은 일국사회주의론에서 시작된다. 그것의 역사적 근원은 10월혁명이었으며, 그것의 발전에 토대가 되었던 것은 맑스-레닌주의적 역사전망이었다. 스탈린주의는 트로츠키주의를 모방하지도, 부하린주의에 의지하지도 않았다. 트로츠키주의에는 노동자-농민의 제휴이론과 농업 집단화 구상이 결여되어 있었으며, 부하린주의에는 사회주의적 축적 개념 및 급속한 공업화를 통한 사회주의 사회의 건설이라는 전략 목표가 배제되어 있다.

스탈린은 이론적인 새로운 것을 고안해내지 못했다고 주장하는 드미트리 볼코고노프에 동의하긴 어렵다. 스탈린은 "프롤레타리아 독재, 계급투쟁, 혁명적 테러, 공산당 유일독재, 총체적 수색, '전시 공산주의'에서 명확해진 단조로운 정신적 양식, 그리고 세계혁명 등에 관한 레닌의 가정과 생각들을 단지 '창조적으로', 악의적으로 교묘하게 적용하고 발전시켰다"[52]는 그의 어법이야말로 특히 일국사회주의론의 정치적 의미를 제대로 이해하지 못한 소치였다. 서유럽 혁명에 대한 기대가 무산됨으로써 궁지에 몰린 볼쉐비키는 일국사회주의론에서 이념적 - 실천적 출구를 발견했다.

트로츠키즘은 사회주의 혁명을 위한, 그것도 세계혁명의 완성에서 자기실현을 발견하는 영구혁명을 위한 이데올로기임에 반해, 스탈린주의는 일국에서의 사회주의 건설을 위한 이데올로기이다. 흔히 소연방에서 일국사회주의론이 가졌던 의미가 폄하되고 있지만, 그것은 스탈린이 자력으로 사회주의를 건설할 수 있다고 당원대중들을 설득할 수 있었던 '콜럼부스의 달걀'이었다. 트로츠키즘을 능가하는 스탈린주의의 좌익성 및 급진과격성은 사회주의를 위한 사회경제적 기반이 극히 빈약했던 소비에트 러시아의 상황에 의해 미리 규정되었다.

사회주의적 축적론과 계급투쟁의 격화이론은 급속한 공업화와 농업 집단화, 즉 사회주의 건설을 위한 총 노선의 추진에 있어 이론축이 되었다. 농촌에서 기근으로 인한 대규모 인명의 희생을 겪고서 결국 1934년 "사회주의의 승리"가 선언되었다. 그러기까지 그 과정에 탄압과 강제만이 동원되지 않았다. 설득을 위한 선전과 선동이 전국적으로 조직되었고, 곧 사회주의 건설의 성과가 목격되면서 건설현장에서 노동자 - 농민의 창발성이 고양되었다. 각종 구호와 함께 사회주의적 경쟁은 소비에트 인민들의 혁명적 열정을 소생시켰고, "돌격", "기습", "돌파"로써 모든 것을 완수할 수 있다는 믿음이 강화되었다. 사회주의에의 헌신이 인민의 미덕으로 강조되었고, 사회경제적 삶의 개선은 공산주의적 미래에 대한 희망을 강화시켰다.

스탈린은 사회주의적 자력갱생론을 제창한 후 10년 만에 사회주의 사회

52) Волкогонов Д.А. Семь вождей, М., 1996, кн.1, с.175.

건설의 완수를 선언했다. 트로츠키는 스탈린의 "이론적 무지"를 비웃었다. 소연방의 낮은 생산력은 사회주의와 전혀 무관하다는 것이었다. 그럼에도 소비에트 사회는 맑스-레닌주의에서 말하는 사회주의 단계에 부합하는 면모를 갖추었다. 이른바 프롤레타리아 계급독재가 공산당 독재 형태로 확립되었고, 계급착취가 근절되었으며, 사회적 노동에 따라 공정 분배가 이루어지는 경제관계가 정착되었다. 말년에 트로츠키는 세계대전이 벌어지면 소연방에서 정치혁명이 일어나 스탈린 정권이 붕괴될 것이라고 말했다. 그의 예견과 달리, 소연방이 결국 독일을 제압할 수 있었던 것은 생산력 발전 없이는 불가능한 일이었다.

사회주의의 "승리" 이후 스탈린의 정책은 "소비에트 인민의 도덕적 - 정치적 단결"을 실현하고, 당과 국가의 지도간부들을 단련하기 위한 쪽으로 집중되었다. 자본주의적 포위 개념과 "간부가 모든 것을 결정한다!"는 구호는 1930년대 중반 스탈린 이론의 핵심이었다. 파시즘(나치즘)의 위협에 대비하여 후방을 강화하려는 영도자의 생각은 옛 반대파 인사들에 대한 탄압에 그치지 않고 대숙청을 통해 소위 "불순분자들"을 제거하는 방향으로 확산되었다.

스탈린은 소비에트연방에서 건설된 국가사회주의 체제의 화신이었으며, 소비에트 인민의 사고방식과 행동양식을 지배한 정치적 원리이었다. 대숙청이 진행되고 있을 때 소비에트 사회의 분위기는 암울하지 않았으며, 인민들이 오히려 희망의 노래를 구가하고 있었다는 사실은 시대의 패러독스로 이해될 수밖에 없다. 10월혁명으로 해방된 소비에트 사회는 극도의 결핍과 엄청난 고난을 강요받았지만, 많은 소비에트 인민들은 맑스-레닌주의 및 스탈린주의의 이론과 실천에 의해 고취되는 바를 믿었다. 그들은 사회주의에 헌신했으며 영도자에 대한 지지와 신뢰를 표현했다. 1941년 6월 독일군의 침공이 개시된 후에는 '국가가 된 사회주의'를 수호하기 위해 미증유의 고통을 감내했다.

> 게 보내는 갈채와 동의의 다양한 양상들을 해체하여 '복수화'할 때 오히려 지지와 동의 속에 잠재된 저항이 드러나는 것이다. [중략] 대중독재 연구에서 '아래로부터의 역사'의 시각과 방법론이 요구되는 것은 바로 이러한 이유에서다."[7)]

사회 속에 정치적 다양성이 존재한다면, 그것을 대중이라는 하나의 범주로 묶는 것은 과도한 단순화다. 그가 진정 "지지와 동의 속에 잠재된 저항"을 유의한다면 대중독재 개념을 버리고 일상사 연구의 필요성을 역설하는 것이 옳다.

소비에트 사회주의 체제는 그 계급적 본질과 고유한 정치문화로써 파시즘 및 개발독재 체제와 구별된다. 10월혁명 후 러시아에서는 미증유의 완전히 새로운 사회가 창조됐으며, 계급적으로 각성한 다수의 인민들은 정치적 적극성과 헌신성으로 독특한 정치문화를 만들어냈다. 물론 그것은 인민들의 이성적이고 주체적인 역사활동의 결과라기보다는 이른바 노동자 국가의 존재 명분에 동의하고 그 정치권력의 지도에 적극 대응한 결과였다.

정치는 지배를 예상하며, 권력은 복종을 요구한다. 문제는 정치과정이 완전히 합리적이지 않다는 데 있다. 사람들은 이성적 존재가 아닌 감성적 존재로서 그 과정에 연루되며, 자신의 이해관계와 모순되기도 하는 외부적 통념과 논리, 가치 등을 수용하여 그것을 자신의 정치의사로 표현하기도 한다. 바로 여기에 M. 에델만이 상징의 형식으로 정치를 분석한 이유가 있다. 민주적 외피로 치장한 제도의 비민주성, 합리적으로 입안된 정책의 비합리성을 문제시한 에델만은 정치를 상징화 행위로 규정한다. 정치란 "대중을 위해 행해지는 추상적 상징들의 퍼레이드"라는 것이다. 그는 "어떤 상징적 사건, 신호, 또는 애국적 자긍심, 걱정, 과거의 영광이나 치욕에 관한 기억, 위대한 미래의 약속" 등을 내포하여 "상황과 연관된 감정을 유발하는 응축적

7) 위의 책, p.486.

상징(condensation symbols)"의 정치적 중요성을 주시한다.[8] 그러나 에델만의 연구는 정치를 실체 없는 상징들의 조작으로 규정하는 과도함으로 나아간다.

우리는 10월혁명으로 집권한 볼셰비키가 소비에트 인민의 광범한 지지를 확보하는 과정에 주목한다. 인간을 유물론적 관점에서 이해한 그들은 선전과 선동을 당 활동의 주요 영역으로 취급했으며, 사회 주체로 부상한 노동자들의 문화적 · 지적 수준을 고려하면서 정치적 지도의 내용을 단순화하고 도식화하고 상징화했다. 이 글의 목적은 볼셰비키 정권이 어떻게 인민들을 정치화시켜 나아갔는지, 그리고 1960년대 이후 그들은 왜 급속히 탈정치화되어갔는지 설명하는 데 있다. 이를 위해 우리는 소비에트 정치문화를 상징과 연계하여 궁리하고자 한다. 소련에서 "대중독재"로 착각할 수도 있는 현상이 있었던 것은 인민 복지수준의 실질적 향상과 더불어 효과적인 선전 - 선동이 행해졌기 때문이며, 그 중심축으로 '소비에트'와 '레닌'이 있었다. '소비에트'가 제도적 상징이라면 '레닌'은 이념적 상징이었다.

볼셰비키의 정치는 공허한 상징화 행위가 아니었다. 에델만의 현상학적 연구가 내포한 결론과는 달리, 사회주의 정치는 분명한 실체가 있었다. 볼셰비키는 자신의 정치 전략과 전술을 실현하는 한 방법으로 상징을 동원하고 선전 - 선동을 행했던 것이지, 맹목적 지지 획득이 목적은 아니었다. 이런 사정은 파시즘에서도, 개발독재 하에서도 동일했다. 자유주의, 사회주의, 파시즘 체제는 역사과정 속에서 정치 목적과 전략을 달리한, 계급적 본질이 상이한 체제들이었다.

본 연구의 기본 가설은 정치권력에 의한 상징조작 및 선전 - 선동의 강도는 사회구성원들의 문화적 · 지적 수준에 반비례하고 지배세력의 사회변혁 의지에 정비례한다는 것이다. 소비에트 체제는 그 전형적 모습을 보여주었다.

---

8) Edelman Murray, *The Symbolic Uses of Politics* (Chicago: University of Illinois Press, 1974), pp.5~7.

2. 프롤레타리아 민주주의의 상징으로서의 '소비에트'

1917년 10월 러시아에서 수립된 사회주의 체제를 상징한 것은 바로 '소비에트'였다. 볼쉐비키는 새 정권을 소비에트 권력, 새 정부를 소비에트 정부라고 불렀다. 자신들의 사회주의를 소비에트 사회주의라 규정했고, 국명도 소비에트사회주의공화국으로 정했다. 자본주의적인 서구의 것과 구별되거나 차별화하고 싶은 모든 것에 "소비에트의(советский)"라는 수식어를 붙였다. '소비에트'는 서구 의회민주주의와 대립되는 이른바 프롤레타리아 민주주의의 존재를 과시하는 상징물이었다.

(1) 제도적 상징의 발전

러시아에서 소비에트가 처음 등장한 것은 1905년 1월 "피의 일요일"을 계기로 시작된 첫 번째 러시아혁명 때였다. 1905년 5월 이바노보-보즈네센스크에서 대규모 노동자 파업이 있었고, 그때 처음 노동자대의원 소비에트라는 회의체가 등장했다. 그것은 각 공장에서 선발된 약 150명의 대의원이 참여한 파업지도기관이었다. 소비에트의 특성으로 자연발생성이 강조되기는 하지만, 그 구상 자체는 짜리즘의 요구에 대응한 측면도 있다. 황제(짜리)의 지시로 "피의 일요일"의 원인을 조사하기 위해 한 위원회가 구성됐고, 위원회는 파업 노동자들에게 그들의 불만을 대변할 공장대표들을 선출하라고 명령했다. 최초의 소비에트는 그 결과이기도 했다. 동년 10월 전국적으로 노동자 총파업과 시위가 전개되며 혁명운동이 정점으로 치달을 때 수도 상트페테르부르크에서도 노동자대의원 소비에트가 조직됐다. 처음에 40명의 대의원들로 구성된 소비에트는 곧 20만 페테르부르크 노동자를 대표하는 약 560명의 대의원들이 참여하는 초당파적인 대규모 조직으로 발전했다. 52일 동안 존속했던 페테르부르크 소비에트는 비상한 권위를 획득했다. 그것은 참

정권이 없던 노동계급을 대표한 최초의 대의기구였으며, 기관지 ≪이즈베스치야≫를 발행하면서 짜리즘에 대한 혁명투쟁의 선봉에 섰다.

페테르부르크 노동자대의원 소비에트의 첫 의장은 노동운동에 가담한 변호사였던 게오르기 흐루스탈료프-노사리였다. 하지만 그는 명목에 불과했고 처음부터 소비에트의 실질적 지도자는 레프 트로츠키였다. 트로츠키는 소비에트의 성명서와 결의문들을 대부분 직접 쓰고 ≪이즈베스치야≫를 편집했으며 각종 연설로 노동자들을 선동했다. 영구혁명론으로 짜리즘 타도 및 노동자 정부의 수립을 주창한 그는 1905년 11월 흐루스탈료프-노사리가 체포되자 소비에트 의장에 공식 선출됐다. 페테르부르크 소비에트의 마지막 선동은 동년 12월 2일자 ≪이즈베스치야≫에 공표된 이른바 「재정선언」이었다:

> "전제정은 인민의 신임을 받은 적도, 인민으로부터 전권을 위임받은 적도 전혀 없다. 그래서 우리는 짜리 정부가 노골적으로 전(全) 인민과의 전쟁을 개시한 지금, 짜리 정부가 체결 도입한 모든 차관의 변제를 허용하지 않기로 결정한다."[9]

12월 3일 트로츠키를 포함해 노동자대의원 전원이 체포되면서 페테르부르크 소비에트는 와해됐다. 트로츠키는 20대 중반 나이에 혁명지도자로서 전국적 명성을 얻었으며, 그의 이름은 곧 전설이 되었다.

1905년 가을, 레닌은 혁명지도기관으로 부상한 페테르부르크 소비에트의 활동을 주목하면서 당과 소비에트의 관계에 대해 숙고했다. 그의 결론은 혁명을 위해 당도 소비에트도 모두 필요하다는 것이었다. 문제는 노동계급의 전위인 당과 대의기구인 소비에트가 각각 어떤 혁명적 과제를 수행해야 하며 또 어떻게 양자를 결합시켜야 하는가에 있었다. 분명한 결론은 없었지만 레닌은 소비에트에 상당한 정치적 의미를 부여했다:

---

9) Троцкий Л.Д. Моя жизнь, М., 1990, т.1, с.214.

> "내가 실수하는지 모르겠지만, 정치적 측면에서 노동자대의원 소비에트는 임시혁명정부의 맹아로 간주되어야 한다. 내가 보기에 소비에트는 가능한대로 빨리 자신을 임시혁명정부로 선포하거나, 아니면 임시혁명정부를 수립해야 한다."[10]

1905년의 경험은 헛되지 않았다. 1917년 2월 23일(=3월 8일) 국제 여성의 날에 계획된 시위를 계기로 2월혁명이 시작되자마자 사회주의자들은 소비에트의 창설을 논의했으며, 2월 27일 각 공장에서 선출된 120~150명의 대의원이 참석한 가운데 페트로그라드 노동자대의원 소비에트의 첫 번째 회의가 시작됐다. 집행위원회라는 이름의 지도부가 구성됐고 ≪이즈베스치야≫를 발행하기로 결정됐다. 3월 들어 각 군부대의 병사 대표들이 소비에트에 참여하게 되면서 그것은 페트로그라드 노동자-병사대의원 소비에트로 개칭되었다.

페트로그라드 소비에트는 짜리즘의 붕괴 후 러시아 전역에서 구성된 노동자, 농민, 병사 소비에트의 모범이 됐다. 1917년 3월에만 전국적으로 약 600개의 소비에트가 등장했다. 1917년 6월 전국의 각 소비에트에서 선출 파견된 1,000명 이상의 대의원이 참여하여 제1차 전(全)러시아 소비에트대회가 개최됐다. 대회는 임시정부에의 지지를 천명했다. 대회에 참석한 대의원들의 절대다수는 멘쉐비키와 에세르(사회혁명당원)들이었고, 볼쉐비키는 105명에 불과했다.

볼쉐비키의 10월 무장봉기, 즉 10월혁명은 제2차 전러시아 소비에트대회의 개최일에 맞춰 준비됐다. 1917년 여름부터 "소비에트의 볼쉐비키화"가 진행된 결과 제2차 소비에트대회에 참석한 전체 대의원의 약 60%가 볼쉐비키로 구성됐다. 그것은 볼쉐비키가 노동자, 농민, 병사들의 요구를 수용하고, 그들에게 각각 공장과 토지와 평화를 주겠다고 약속한 결과였다. 제2차 소

10) Ленин В.И. Полн. собр. соч., т.12, с.63~64.

비에트대회는 임시정부를 타도한 '페트로그라드 소비에트 군사혁명위원회'의 행위를 추인했으며, 레닌이 보고를 통해 제출한 〈평화에 관한 법령〉과 〈토지에 관한 법령〉, 그리고 〈소브나르콤 구성에 관한 법령〉을 승인했다. 새 내각인 소브나르콤(인민위원회의) 의장은 레닌이었고, 트로츠키는 외무인민위원, 스탈린은 민족인민위원이 되었다. 대회 마지막 안건은 소비에트의 상설 최고기관인 전(全)러시아 중앙집행위원회, 즉 '브칙(ВЦИК)'을 구성하는 일이었다. 62명의 볼쉐비키와 좌파 에세르 29명을 포함해 총 101명이 중앙집행위원으로 선출되었다.

소비에트는 볼쉐비키 정권의 민주성과 정당성을 보증했으며, 레닌은 새 정권을 "소비에트 권력"이라고 불렀다. 그러나 소비에트와 볼쉐비키 정권은 일정한 부정합 관계에 있었다. 볼쉐비키당은 노동자-농민-병사들의 공장과 토지 및 평화에 대한 요구를 수용하고 또 그것을 선동함으로써 소비에트의 지지를 획득했지만, 볼쉐비키 지도자 레닌의 목표는 더 멀리 있었다. 그것은 프롤레타리아 독재를 통한 사회주의 건설이었다.

레닌은 국가권력을 소비에트라는 형식으로 구성하는 데 열중했으며, 그것으로 볼쉐비키 정권의 민주성을 과시했다. 그런 의지의 결정체가 1918년 7월 제5차 전러시아 소비에트대회에서 승인된 러시아소비에트연방사회주의공화국(РСФСР) 헌법이었다. 헌법은 국가의 권력구조와 그 운영방식을 규정했는데, 이른바 소비에트의 전제(專制)가 그 기본 원리였다. 즉, 소비에트는 입법권력인 동시에 집행권력으로 규정됐고, 권력융합은 차후 제정되는 사회주의 헌법의 기본원리가 됐다.[11)]

헌법은 전러시아 소비에트대회를 국가의 최고 권력기관으로 규정했다. 대회가 열리지 않고 있을 때는, 직전 대회에서 선출 구성된 전러시아 중앙

11) Декреты Советской власти, т.2, с.554~561.

집행위원회('브칙')가 국가 최고의 입법, 지도, 통제 기관이 된다고 규정했다. 그 기능은 정부와 각 권력기관의 활동 방향을 정하고, 법 제정과 집행을 서로 연결 조정하며, 전러시아 소비에트대회 및 국가 중앙권력기관의 결정 사항들이 실현되는 과정을 감독하는 것이었다. 국가 운영의 최고기관으로서 인민위원회의(소브나르콤)는 외무, 국방 등 18개 인민위원부의 수장들로 구성됐다. '브칙'에 의해 구성되는 인민위원회의는 전러시아 소비에트대회 및 '브칙'에 대해 책임을 지며, 소브나르콤의 주요한 정책 결정은 '브칙'의 승인을 받아야 했다. 그러나 긴급한 집행을 요하는 사안의 경우 소브나르콤은 임의로 조치를 취할 수 있다고 유보조항에 규정됨으로써 소브나르콤은 '브칙'의 동의나 승인 없이 법령을 제정할 수 있었고, 실제 그렇게 했다.

지방 차원에서 소비에트 권력의 체계화는 민주집중제와 소비에트의 전제 원리에 기초했다. 농촌 행정단위인 성(省), 주(州), 군(郡), 읍(邑)에서도 소비에트대회는 해당 지역의 최고 권력기관이었다.[12] 성 소비에트대회는 년 2회 이상, 주와 군의 소비에트대회는 3개월에 1회 이상, 읍 소비에트대회는 월 1회 이상 소집된다고 규정됐다. 그러나 각급 소비에트의 권한이 명확히 규정되지 않은 탓에 지방 소비에트 체계에 많은 혼란이 있었지만, 도시에서도 농촌에서도 소비에트는 해당 지역의 "최고권력"이었다. 소비에트 대의원들은 3개월마다 새로 선출됐다. 소비에트와 소비에트대회는 자신의 집행위원회를 구성하였고, 상설기관으로서 집행위원회가 권력을 집행했다.

헌법은 선거방식도 규정했다. 도시와 농촌의 각급 소비에트는 주민의 직접선거로 구성됐으나, 그 상위의 각 소비에트대회는 간접적 선출방식으로 조직됐다. 구체적으로 보면, 도시 소비에트는 인구비례, 즉 투표인 1,000명

12) 제정시대의 행정단위 명칭을 우리말로 옮기는 것이 부적절할 수 있지만, 편의상 구베르니야(губерния)는 성, 오블라스치(область)는 주, 우예즈드(уезд)는 군, 볼로스치(волость)는 읍으로 표기했다.

당 1명 비율로 선출된 대의원들 외에 노동조합 및 기타 노동자 조직을 대표하는 대의원들로 구성됐다. 성 소비에트대회는 여러 읍 소비에트대회에서 2,000명당 1명꼴로 선출된 대의원들로 구성됐으며, 물론 대부분 농민들이었다. 이런 비율 관계는 주 소비에트대회 및 전러시아 소비에트대회의 경우에도 발견됐다.[13] 결국 노동자들은 농민에 비해 훨씬 많은 대의원을 선출하여 소비에트로 보낼 수 있었고, 이런 선출방식은 노동자-농민의 국가를 표방한 국가체계 내에서 노동계급의 정치적 우위성을 제도적으로 보장했다.

(2) 화석이 된 소비에트

레닌은 러시아 국가체계를 소비에트로 구조화했다. 볼쉐비키 정권은 소비에트 권력이라 규정됐고, 이른바 프롤레타리아 독재는 소비에트 체제로 표현됐다. 그렇지만 레닌은 권력을 소비에트로 넘기려 하지 않았다. 권력은 볼쉐비키당 수중에 집중돼 있었다. 1917년 4월 페트로그라드에 돌아온 레닌은 "모든 권력을 소비에트로!"라는 슬로건을 내걸었다. 이후 그는 자신이 소비에트 중앙집행위원회와 대립하며 7월 이후 형사 수배되는 처지에 이르자 소비에트에 선을 그으며 "모든 권력을 노동자-빈농의 수중으로!"라는 구호를 외쳤다. 그렇지만 소비에트의 "볼쉐비키화"가 진행되자 무장봉기를 준비하면서 그는 다시 "모든 권력을 소비에트로!"라는 슬로건을 내세웠다. 결국 레닌에게 소비에트는 혁명의 지렛대이자 형식이었다. 볼쉐비키당이 혁명 주체였으며 실질적 내용이었다. 당과 소비에트의 관계는 혁명 초기 볼쉐비키당 내 논쟁을 유발하기도 했지만, 볼쉐비키 정권이 위기에 봉착하면서 소

13) 주 소비에트대회는 여러 군 소비에트대회에서 25,000명당 1명꼴로 선출된 대의원들과 여러 시 소비에트에서 5,000명당 1명씩 선출된 대의원들로써 구성됐다. 전러시아 소비에트대회는 여러 성 소비에트대회에서 125,000명당 1명꼴로 선출된 대의원들과 각 시 소비에트에서 25,000명당 1명씩 선출된 대의원들로 구성됐다. См: Декреты Советской власти, т.2, с.554~560.

비에트는 급속히 화석이 되었다.

1918년 봄 도시와 농촌 간 상품유통이 마비되고 도시의 식량사정이 악화되자 레닌은 농촌에 프롤레타리아 독재를 확립하라고 명령했다. 곡물의 국가독점을 확인하는 법령들이 공포됐으며, 잉여곡물의 몰수 및 곡물의 사적거래 금지라는 식량정책의 원칙이 확립됐다. 그 법령들을 통해 볼쉐비키는 농민들에게 잉여곡물을 고정가격으로 국가에 인도할 것을 요구했다. 잉여곡물을 보유하고도 그것을 국가에 인도하지 않은 모든 농민들은 '인민의 적'으로 선고됐다.[14] 동년 5월 말, 레닌은 ≪프라우다≫를 통해 "프롤레타리아트가 곡물투기꾼에 대한, 부농에 대한, 그리고 국가자본주의적 질서의 파괴자들에 대한 대대적인 십자군원정을 조직하라"고 선동했다. 레닌은 러시아에 곡물이 없어서가 아니라, 부르주아, 농촌 졸부 및 부농들이 곡물에 대한 국가독점과 고정가격을 훼손하고, 곡물의 국가분배체계를 파괴하고, 투기행위를 했기 때문에 기근이 발생했다고 주장했다. 레닌에 따르면, 곡물 조달을 위한 투쟁을 통해 식량문제만 해결되는 것이 아니라 그것은 농촌에서의 사회주의 혁명과 직접 관련되고 있었다. 레닌은 그 점을 간결하게 정리했다:

> "의식화된 전위 - 노동자들이 자신의 주위에 빈농대중을 결집하고, 강철 같은 규율과 가차 없이 엄격한 권력, 그리고 진정한 프롤레타리아 독재를 확립하고 승리하던가, [중략] 아니면 부농들의 지원 하에 부르주아가 소비에트 권력을 타도하던가, [중략] 둘 중의 하나. 다른 길은 없다."[15]

레닌은 조직적이고 중앙집권화된 회계와 관리를 식량에 대해 확립하라고 명령했다. 그의 지시에 따라 빈농위원회(콤베드)가 창설됐다. 곡물의 공평

---

14) См.: Там же, с.264~266, 307~312.
15) См.: Там же, с.360~362.

분배 및 잉여곡물의 몰수가 빈농위원회의 활동 영역에 포함됐다.[16] 빈농계급의 조직화 및 부농계급에 대한 성공적 투쟁을 위해 열성적 도시노동자들로 식량징발대가 구성됐으며, 농촌을 향한 "십자군원정"이 시작되었다.

농촌에서 우후죽순처럼 등장한 빈농위원회의 활동은 식량조달과 관련해 그들에게 부여된 권한 행사에 국한되지 않았다. 빈농위원회는 농촌의 각급 소비에트를 유린하면서 농촌에서 최고 권력기관이 되어 무소불위의 권력을 휘둘렀다. 빈농위원회 위원들은 빈번히 권력을 악용하면서, 열성적으로 농촌을 지배하고 지휘했다. 농촌에서 빈농위원회는 프롤레타리아 독재의 거점이었다. 농민들은 "부농에 대한 사회주의 투쟁을 전개하자!"는 구호를 내건 빈농위원회에 대해 저항했고, 심지어 빈농들조차 부농이나 정교회 사제들로부터 유래하는 "정의를 위한 호소"에 빈번히 화답했다. 도처에서 "노동자와 빈농의 독재"에 대한 저항이 전개됐다. 그럼에도 농촌은 더 이상 배타적이고 균질적인 사회로 존속할 수 없었다. 레닌이 기대한 바대로 "사회주의의 실현을 위해 노동자들과 함께 진군하는 극빈 근로농민의 진영"이 이미 생겨났던 것이었다.[17] 마을 유지들이 지배하던 농촌 소비에트는 종말을 고했고, 대신 빈농들로 채워진 소비에트가 새로 등장했다.

첫 번째 러시아혁명의 경험을 분석하면서 레닌은 당시 등장했던 소비에트에게 파리코뮌과 같은 정치적 의미를 부여하는 가운데 그것을 프롤레타리아 독재의 전형적 기구로 간주하기도 했다. 그렇지만 소비에트는 "생산과 분배에 대한 회계 및 관리"를 보편적 형태로 확립하고자 하는 "프롤레타리아트의 계급의지"를 실현하기에 적합한 조직형태가 아니었다. 혁명이 성공한 후 볼셰비키에겐 새로운 조직사업이 요구됐다. 비록 소비에트가 볼셰비키 정권의 정치적 정당성을 보증하긴 했어도, 레닌의 국가자본주의가 요구

16) См.: Декреты Советской власти, т.2, с.416~419.
17) Ленин В.И. Полн. собр. соч., т.37, с.354.

하는 회계와 관리를 실현하기엔 조직적 효율성이 적었다. 소비에트 자체는 무정부주의적으로 분출된, 그래서 국가자본주의를 위해 정연하게 조직된 권력기구가 될 수 없었다. 레닌은 소비에트가 아니라 바로 볼쉐비키당을 외연적으로 내포적으로 강화시키는 데에서 프롤레타리아 독재권력의 발전을 위한 담보를 발견했다.

2월혁명 이전에 그 존재감이 미미했던 "직업혁명가들의 조직"과 비교하면 10월혁명 후 볼쉐비키당의 규모는 크게 확대됐다.[18] 1917년 4월에 약 8만, 여름에 20만여 명이던 당원 수는 1919년 3월에는 30만여, 1920년 초에는 60만 명을 넘어섰다. 동시에 당 지방조직도 1918년 말 8천여 개였던 것이 1920년 말에는 약 2만 개로 증가했다.[19] 더불어 전국에서 소비에트의 "볼쉐비키화"도 진행됐다. 1920년 12월 개최된 제8차 전러시아 소비에트대회에서 볼쉐비키는 전체 대의원의 95%정도를 차지했다. 당시 성 소비에트대회들에서는 약 78.6%, 군 소비에트대회들에서는 약 43%를 점유했다. 또한 당시에 그들은 성 집행위원회들에서 위원들 전체의 91.3%, 군 집행위원회들에서는 78.4%, 도시 소비에트의 집행위원회들에서는 전체 위원들 가운데 79.2%를 구성하고 있었다.[20] 더욱이 모든 성, 군 등의 소비에트 집행위원회 의장뿐만 아니라, 지방의 비상위원회(체카) 및 혁명재판소의 수장은 전적으로 공산당원이 맡고 있었다. 또한 주목해야 할 것은, 혁명 후 볼쉐비키당이 모든 국가 행정기구를 아주 신속하게 지배하기 시작했다는 사실이다. 그리고리

---

18) 레닌은 1912년 1월 러시아사회민주노동당 내 자파 세력을 따로 분리하여 "직업혁명가 정당"을 만들었다. 그는 자신을 포함하여 지노비예프, 스탈린, 스베르들로프 등으로 당중앙위원회를 구성했으나 당의 명칭까지 구별하진 않았다. "레닌당"은 1917년 봄부터 러시아볼쉐비키사회민주노동당(РСДРП(б))으로 표기되었고, 이는 1918년 봄 러시아볼쉐비키공산당(РКП(б))으로 개명되었다.

19) См.: История КПСС, М., 1968, т.3, кн.2, с.115.

20) См.: Гимпельсон Е.Г. Формирование советской политической системы, М., 1995, с.106~107.

지노비예프의 자료에 따르면, 1917년 10월부터 1919년 3월까지 20만 명 이상의 공산당원이 노동자 정부의 운영을 위해 각 기관들로 배치됐다.[21] 소련을 비롯하여 모든 사회주의 국가에서 체제적 특징으로 나타났던 당과 국가의 융합은 10월혁명 직후부터 그 과정이 시작됐다.

공산당 내에서 레닌의 노선에 대한 저항이 치열해졌다. 1919년 봄 제8차 당대회에서 오신스키는 민주주의 원칙이 유린되는 상황을 비판하고 나섰다:

> "당의 활동은 전부 중앙위원회로 이관됐습니다. 중앙위원회에서 정치노선이 결정됩니다. 어떻게 당의 정책이 결정되고 있습니까? 근본적으로 레닌 동무와 스베르들로프 동무가 자기들끼리 상의해서 당면 문제들을 결정하고 있습니다."[22]

또한 "관료적 형식주의의 극단적 발달"을 지적하면서 그는 대중과 유리된 "소수의 관리자들"을 비난했다. 예핌 이그나토프가 오신스키를 지지했다:

> "우리는 애초 예정됐던 노선에서 이탈했고, 우리의 소비에트를 전혀 다른 방법으로 건설하게 됐습니다."[23]

오신스키, 이그나토프 등 반대파 리더들은 "프롤레타리아 계급의 민주주의"에 대한 왜곡을 신랄하게 비판했다. "모든 권력은 소비에트로!"라는 슬로건으로 무장한 그들은 소비에트에서의 당의 지도적 역할을 부정하면서, 소비에트를 당의 지배로부터 분리시킬 것과 소브나르콤을 '브칙'의 간부회의와 통합할 것, 그리고 각급 지방 소비에트의 자율성이 보장되도록 할 것 등을 요구했다. 하지만 그들이 프롤레타리아 독재를 지지하는 한, 그들은 레

21) См.: Известия ЦК КПСС, 1989, No.6, с.194.
22) Восьмой съезд РКП(б): протоколы, с.164.
23) Там же, с.197.

닌이즘에의 대안을 제시할 수 없었다. 당대회에서 이그나토프는 이렇게 주장했다:

> "이미 도처에서 선언되는 바처럼 현재 우리는 권력의 중앙집중화와 민주집중제가 필요하다는 입장을 견지하고 있습니다. 그러나 동무들! 우리의 중앙집권주의는 소비에트에 그 기반을 두어야 하는 겁니다!"[24)]

그러나 대회장의 대의원들은 오히려 라자리 카가노비치의 외침에 더 환호했다:

> "중앙집권화 속에 모든 구원이 있으며, 우리나라에서 중앙집권화는 아직 미약합니다!"[25)]

백군이 모스크바를 지근거리에서 위협하는 상황에서 전개됐던 논쟁의 핵심은 무엇이었을까? 부하린을 위시한 '좌익 공산주의자들'은 레닌의 국가자본주의를 비판하는 과정에서 코뮌국가 개념을 도입했다. 그들은 "프롤레타리아 민주주의가 실현되어 있는 소비에트"에 기초해서 프롤레타리아 국가가 건설되어야 한다고 주장하면서 "모든 권력은 소비에트로!"라는 레닌의 슬로건을 전면에 세웠다. 반면 레닌은 그들의 "유토피아적 시각"을 거부하면서 "서유럽의 발전한 국가자본주의 체제"에서 등장한 자본주의 국가와 기능상 유사한 그런 노동자 국가만이 프롤레타리아 독재를 구현할 수 있다고 주장했다. 소비에트에 기초해서 그런 국가를 건설하는 것은 불가능했다. 맑스주의는 무정부주의를 거부한다. 프롤레타리아트와 빈농의 전위로서 중앙집권화된 당만이 사회주의로의 이행기에 필수적인 프롤레타리아 국가를 건설할

---

24) Там же, с.198.
25) Там же, с.214.

수 있었다. 현실은 레닌의 정당성을 확인해주었으며, 볼셰비키공산당은 부르주아 국가와 비교하여 전혀 새로운 형태의 국가를 건설하기 시작했다.

제8차 당대회의 결정은 중앙집권주의를 통해 볼셰비키당의 결속을 더욱 강화하고, 소비에트 국가체계 내에서 공산당의 지도적 역할을 강화하는 방향으로 이루어졌다. 당중앙위원회는 더 이상 당의 유일한 지도기관이 아니었다. 중앙위원회 내에 각 5인으로 구성되는 정치국과 조직국이 설치됐으며 당의 일반사무를 보좌하는 서기국이 만들어졌다. 비대해진 중앙위원회가 긴급한 문제들에 신속히 대처하지 못하는 상황을 개선한다는 목적으로 중앙위원회 실세들만으로 구성된 정치국은 정책결정권을 독점하여 당이라는 지배 피라미드의 최정상에서 최고지도권을 행사하게 됐다. 동시에 당 내부에는 조직사무와 일반사무를 담당하는 기능적 기구들이 조직국과 서기국을 정점으로 체계화되면서 그들의 역할은 점차 확대됐다. 결국 레닌의 정치적 지도력은 조직적으로 더욱 강화됐으며, 서기국은 사실상 레닌의 비서실이었다. 처음에는 뱌체슬랍 몰로토프에게 비서실장의 책무가 맡겨졌지만, 서기국의 업무와 책임이 확대되면서 스탈린이 책임자가 됐다. 자신을 레닌의 제자로 자처했던 스탈린은 서기장(총서기)의 지위에서, 즉 레닌의 비서실장이라는 지위에서 '인민의 영도자'가 됐으며, 이는 사회주의 국가들에서 기묘한 정치제도가 발견되는 원인이 됐다.

1919년 3월 채택된 공산당 강령은 당과 소비에트의 관계를 이렇게 규정했다:

> "공산당의 과제는 모든 노동자 조직에서 결정적 영향력과 완전한 지도권을 획득하는 것이다. [중략] 공산당은 특히 자신의 강령을 실현하기 위해, 그리고 지금의 국가 조직들, 즉 소비에트들에서의 자신의 완전한 지배를 달성하기 위해 노력한다."26)

---

26) КПСС в резолюциях и решениях съездов, конференций и пленумов ЦК, т.2, с.76.

볼쉐비키는 모든 소비에트 조직 내에서 공산당원 분파를 따로 조직했다. 물론 당은 당연히 소비에트의 활동을 지도하려 노력해야 하는 것이지 당이 소비에트를 대신할 수는 없었다. "당은 철저한 중앙집권주의와 최대로 엄격한 규율이 절대적 필요로서 요구되는, 그런 상황에 놓여 있다"는 레닌의 주장을 그대로 수용한 제8차 당대회는 "현 시점에서 당내에 군사적인 규율이 필수적"임을 강조했다.[27] 실제로 엄격한 규율과 철저한 중앙집권주의는 전시상황에서 그 효율성을 발휘했다.

제8차 당대회 이후, 소비에트 국가체계 내에서 공산당이 갖는 특별한 지위에 대해 누구도 이의를 제기하지 않았으며 또한 내전에 매몰된 현실은 그것을 허락하지도 않았다. 뿐만 아니라, 강철 같은 규율로 무장한 당은 권력을 독점하며 철저하게 군사화되었다. 1920년 봄 레닌은 이렇게 말했다:

> "우리 공화국의 그 어떤 기관에서도 중요한 정치문제나 조직문제가 당중앙위원회의 지도적인 지시 없이 결정되는 경우라곤 단 하나도 없습니다."[28]

사회주의 러시아에서 소비에트는 공산당 독재권력의 민주성을 보증하는 외피이자 형식이었으며, 이른바 프롤레타리아 민주주의를 선전하는 상징이었다. 처음부터 소비에트 헌법의 내용과 그 현실은 부합되지 않았다. 헌법에서 공산당이 처음 언급된 것은 1977년 채택된 이른바 브레즈네프 헌법에서였다. 그 헌법 7조 1항에는 이렇게 규정됐다:

> "소련공산당은 소비에트 사회의 지도세력이며, 소비에트 정치체계와 그 모든 국가조직 및 공공조직의 핵이다. 소련공산당은 인민을 위해 존재하며 인민에 봉사한다."

27) Там же, с.74.
28) Ленин В.И. Полн. собр. соч., т.41, с.30~31.

3. 사회주의 정치문화: 소비에트 인민과 당지도자의 이원성

레닌은 1902년에 출간한『무엇을 할 것인가?』에서 운동 발전의 객관성과 자생성을 강조하는 "러시아 경제주의자들"을 비판하며 이렇게 말했다:

> "모든 나라의 역사가 입증하는 것은 노동계급이 자신의 힘만으로는 단지 노동조합적 의식을, 즉 노동조합을 결성하고 사용자에 투쟁하고 정부로 하여금 필요한 노동법령 등을 제정토록 압박을 가하는 것이 필요하다는 신념만을 발전시킬 수 있다는 사실이다. 사회주의의 가르침은 유산계급의 교육받은 대표자, 즉 지식인들이 만든 철학, 역사학, 경제학의 제 이론으로부터 성장했다. 현대 과학적 사회주의의 창시자, 즉 맑스와 엥겔스는 그 사회적 지위로 보면 부르주아 지식인에 속한다. 마찬가지로 러시아에서도 사회민주주의의 이론적 교의는 노동운동의 자생적 성장과는 완전히 별개로, 혁명적 - 사회주의적 지식인들에게서의 사상 발전의 자연스럽고 필연적 결과로서 생성됐다."[29)]

레닌이 보기에 노동자들은 사회민주주의적 의식을 가질 수 없으며 그 의식은 외부로부터 노동계급에 주입될 수밖에 없었다. 그는 "자생적 요소란 본질적으로 맹아적 형태의 의식성"에 불과하다고 주장하면서 자생성에 대해 투쟁하는 것을 사회민주주의자의 임무로 규정했다.

레닌은 노동자들의 문화적, 정치적 역량을 신뢰하지 않았다. 노동계급의 의식은 그 자체로 정치적 의식이 될 수 없으며, 그것이 혁명적으로 되기 위해서는 사회민주당이 노동조합의 서기가 아니라 프롤레타리아 계급의 전위이며 호민관이 되어야 한다는 것이다. 러시아의 상황에서 노동운동을 위해 시급히 필요한 것은 엄선된 소수의 직업혁명가들로 구성된 혁명정당이었다.

---

29) Ленин В.И. Полн. Собр. соч. т.6, с.45.

레닌은 아르키메데스의 아포리즘을 바꿔 이렇게 외쳤다:

"우리에게 혁명가 조직을 달라. 그러면 우리는 러시아를 뒤집어엎을 것이다."[30)]

레닌의 사상에 나타나는 '노동자 대중 vs 선위 혁명정당'이라는 이원성 및 블랑키즘적 측면은 제정 러시아의 현실에 기초했던 바가 크다. 1897년의 센서스에 따르면, 9세 이상자들의 약 73%가 문맹이었다. 물론 20세기의 처음 10년 동안 8~11세 아동들을 위한 초등교육이 법으로 정해졌고 전쟁이 발발할 즈음 아동의 절반 이상이 최소한 초등교육을 받게 됐지만, 성인 노동자와 농민의 절대다수가 문맹 및 반(半)문맹 상태에 있었다. 10월혁명으로 구지배계급이 핍박과 청산의 대상이 되고 노동자, 농민 등 하층민들이 새 체제의 근간으로 부상하면서 레닌은 "문화혁명"의 기치를 높이 들었다.

레닌이 1923년 「협동조합론(О кооперации)」에서 처음 사용한 용어인 문화혁명이란 "사회주의 혁명의 한 부분으로서의 의식개혁의 혁명적 과정"이자 사회주의적 문화 창조 및 공산주의적 인간형 창조를 위한 운동을 뜻했다. 문맹퇴치사업이 전개되고 의무교육제가 도입됐으며 노동자 간부 양성을 위한 강습소 및 대학들이 설치되었다. 볼쉐비키는 혁명 직후부터 국영출판사를 설립해 엄청난 양과 종류의 출판물을 89개 언어로 찍어내기 시작했다. 레닌, 트로츠키 등 주요 당지도자들의 저작집이 출간됐으며, 노동자들의 정치교육을 위한 기초 교재로 부하린과 프레오브라젠스키가 함께 쓴 『공산주의 입문(Азбука коммунизма)』 같은 책이 발행되기도 했다.

10월혁명으로 하층계급에서 졸지에 지배적 계급으로 부상한 노동자들은 자신에게 높은 지위와 권력을 준 혁명세력에 고마워했으며, 이는 당지도자들에 대한 찬양과 추종으로 이어졌다. 노동자들의 낮은 문화적, 지적 수준

---

30) Там же, с.114

은 당과 인민의 관계가 수직적이고 일방적일 수밖에 없게 하는 주요 요인이었다. 인민은 정치적 지도의 대상이었다. 당의 선전-선동은 도식적이고 간결했으며, 무수한 언어적 상징들(슬로건이나 표어 등)이 도처에 난무했다. 노동자들의 토론은 요식행위에 불과했고 결론은 대개 상부에서 하달됐다. 또한 노동자-빈농은 공산당과 운명공동체라는 사실이 내전을 통해 확인되면서 그들은 보다 적극적으로 체제 수호에 나섰다. 특히 내전을 거치면서 당내에 군사주의적 문화가 깊게 뿌리내렸으며, 소비에트 인민이 아니면 '인민의 적'이라는 결단주의적 사고가 사회 전반에 확산됐다. 사회경제적 발전에 대한 조급함은 당의 명령에 대한 무조건적 복종과 실행을 강요했다. 급속한 공업화와 더불어 인민들의 실질적 복지수준이 향상되면서 당 노선의 무오류성에 대한 인민들의 믿음은 강화되었고, 그들의 지도자에 대한 개인숭배가 고조됐다.

레닌에 대한 개인숭배는 그의 생전에 이미 준비됐다. 전국에 그의 동상이 끝없이 세워졌으며, 그의 저작들은 어록으로 발췌되어 학습되었다. 레닌은 사회주의 이념의 상징이 됐으며, 사후(死後)에 사회주의적 물신으로서 그에 대한 개인숭배가 더욱 강화되었다. 스탈린과 트로츠키, 스탈린과 지노비예프-카메네프, 스탈린과 부하린 사이에 이른바 권력투쟁이 벌어졌을 때 주요 논점은 누가 레닌의 정통적 계승자인가의 문제였다.

스탈린에 대한 개인숭배도 "사회주의의 승리"가 확인되면서 궤도에 올랐다. 1934년 제17차 당대회 폐막 후 국내 정치적 상황은 대회 때 축제 분위기가 단순한 과시가 아니었음을 입증했다. "위대한 영도자이시며 근로청년의 스승이자 가장 좋은 친구이신 요시프 비사리오노비치 스탈린 동무"에 대한 송가가 소리 높게 울려 퍼졌다. "소연방은 평화의 보루!"라는 슬로건이 등장했으며, 모든 당원들에게 "공산주의적 도덕성으로 자신을 무장할 것"과 "국가 앞에 수정처럼 정직할 것"이 의무로서 부과됐다. 막심 고리키는 "진실로 전(全)인류적이고 프롤레타리아적인 마르크스-레닌-스탈린의 휴머니즘"이라는 개념을 적극 선전했다. 고리키의 설교에 따르면, 볼쉐비키는 부르주아들이 휴머니즘이라는 미명하에 저지르고 있는 모든 악(惡)으로부터 단호히 절연했으며, 볼쉐비키 휴머니즘은 부르주아 계급의 그것과는 전혀 다른 것으로서 "강철 같은 자본의 압제로부터 모든 인종, 모든 민족의 근로 인민들의 완전한 해방"을 위해 싸우는 진정 프롤레타리아적인 휴머니즘이었다.[31)]

군대식 대오를 갖춘 소비에트 인민들은 낫과 망치와 별이 그려진 적기(赤旗)를 치켜들고[32)] 인터내셔널가를 부르면서 당지도자가 인도하는 대로 "약속의 땅"을 향해 나아갔다.

> 일어나라, 저주 받은 자여, 전 세계의 굶주린 노예들이여!
> 우리의 이성은 분노로 불타오르고, 결전 태세는 갖춰졌다.
> 우리는 강제의 온 세계를 깡그리 부숴버리리라. 그리고 난 후
> 우리는 우리의, 우리의 새 세계를 건설하리라.
> 아무 것도 아니었던 자, 세상의 주인이 되리라.
> (후렴) 이것은 우리의 최후 결전, 인터내셔널과 함께 인류는 궐기하리라![33)]

---

31) См.: Правда, 23 мая 1933 г.

32) 원래 러시아사회주의연방소비에트공화국의 국기는 파리코뮌의 적기(赤旗)에 공화국의 이니셜인 'РСФСР'을 좌측 상단에 꽃 모양으로 새긴 형태였다. 1924년 소연방이 출범하면서 낫과 망치와 별이 그려진 국기가 채택됐는데, 낫은 농민, 망치는 노동자, 별은 병사들의 사회주의적 단결을 상징했다.

33) 러시아어 원문을 보면:
Вставай, проклятьем заклейеммный, Весь мир голодных и рабов!
Кипит наш разум возмушенный, И в смертный бой вести готов.
Весь мир насилья мы разрушим, До основния, а затем
Мы наш, мы новый мир построим. Кто был ничем, тот станет всем.
(Припев) Это есть наш последный и решительный бой,
С интернационалом Воспрянет род людской!
인터내셔널가는 1944년 5월 코민테른이 해체될 때까지 소련 국가로 사용됐으며, 이후에는 새로 만들어진 '소련찬가'가 그것을 대신했다.

당지도자에 대한 무한 신뢰와 개인숭배는 소련 인민의 정치의식에서 큰 비중을 차지했던 것이었으며, 그것은 '소비에트'라는 제도적 상징과 함께 소련 정치문화를 결정한 기본 축이었다. 스탈린이 사망했을 때 소비에트 인민들은 깊은 슬픔과 상실감을 표현했다. 1956년 스탈린 개인숭배를 비판한 니키타 흐루쇼프가 탈스탈린화 정책을 추진하면서 그때까지 '레닌-스탈린의 당'으로 형상화됐던 당지도자라는 이념적 상징이 크게 손상되었다. 모스크바의 붉은광장에 있는 영묘(mausoleum)에 레닌 곁에 안치됐던 스탈린 시신은 그곳에서 반출되어 근처 크렘린궁 담장 가에 매장되는 수모를 겪었다. 물론 레닌은 신성불가촉의 존재로 남았지만 일단 훼손된 당지도자 이미지는 소비에트 상징시스템에 큰 충격을 주었으며, 소련 인민의 정치의식에 혼돈을 초래했다.

소련의 정치문화는 소비에트 사회의 발전과 병행하여 변화했지만, 정치적 상징체계의 혼란은 인민의 정치의식에 충격을 주고 결국 정치문화적 급변을 촉진했다.

4. 선전 – 선동의 표상으로서의 '레닌'

(1) 레닌의 선전과 선동

1917년 4월 페트로그라드로 돌아온 레닌은 「4월테제」를 발표하며 볼셰비키에게 사회주의 혁명을 준비하라고 요구했다. 그런데 당시 자본주의적으로 발전한 서유럽에서조차 그곳에서의 사회주의 혁명 가능성을 비관적으로 보는 맑스주의자들이 많았다. E. 베른슈타인 등 독일 사회민주당 내 수정주의자들은 사회주의를 과학이 아니라 가치로서 수용해야 한다고 주장했다. 당분간 자본주의 붕괴 가능성은 없다는 이유였다. 그런데 후진 러시아에서 사회주의 혁명을 준비한다는 것은 정상적인 맑스주의자라면 결코 상상할 수 없는 일이었다. 러시아 맑스주의의 대부인 게오르기 플레하노프는 레닌의 「4월테제」를 헛소리라며 일축했다. 멘쉐비키는 "일찍 권력을 장악한 계급은 파멸한다"는 맑스의 묵시록적 예언을 성스럽게 여기면서 "러시아 위에 내전의 깃발을 세웠다"며 레닌을 비난했다.[34)]

한때 레닌의 동지였던 알렉산드르 보그다노프 역시 레닌의 "망상"을 비판했다. 보그다노프는 대개 군대란 국가에 의해 유지되는 소비코뮌인데, 당시, 전쟁 때문에 생산과 분배에 대한 국가 통제가 확립됨에 따라 군대에서 사회 전체로 이어지는 전시-소비공산주의가 점차 확산되고 있다고 분석했다. 이런 관점에서 그는 레닌에게 단지 전시에 등장하는 독특한 사회적 소비형태인 전시공산주의를 사회주의와 혼돈하지 말라고 경고했다:

> "최대강령주의자들이 갖고 있는 현재에 대한 믿음과 희망에 담긴 사회주의적 내용은 현실 자체에 일정한 뿌리를 두고 있다. 그것은 바로 크게 발전하고 있는 전시공산주의의 이데올로기적 반영이다. 그래도 전시공산주의도 역시 공산주의이며 또한 일반적인 사적 취득방식에 대한 전시공산주의의 분명한 대립은 사회주의의 어렴풋한 미래상을 사회주의의 실현으로 간주하게 하는 환상을 조장한다."[35)]

보그다노프는 "전시공산주의는 프롤레타리아 계급투쟁의 발전 결과가 아니며 따라서 서유럽에서 사회주의 혁명은 이루어지지 않을 것"이라 예고하는 가운데, 임박한 세계혁명에 대한 확신으로 인해 러시아에서 프롤레타리아 독재권력의 확립을 시도하는 볼쉐비키의 환상을 비판했다.[36)]

그런데 당시 러시아에서 사회주의 혁명이 가능하다고 생각한 사람이 또

---

34) См.: Известия, 9 марта 1917 г.
35) Богданов А.А. Вопросы социализма, М., 1918, с.90.
36) См: Там же, с.87.

있었다. 바로 트로츠키였다. 트로츠키는 이미 1905년부터 영구혁명론을 통해 러시아에서 짜리즘을 타도하고 노동자 정부, 즉 프롤레타리아 독재권력을 수립해야 한다고 주장하고 있었다. 물론 그 권력은 러시아 안에서 지지기반을 확보할 수 없으며, 따라서 임박한 혁명에서 곧 승리할 서유럽 프롤레타리아트의 지원에 의지할 수밖에 없었다. 과거에 레닌은 트로츠키를 비판하고 그의 극좌적 이론을 조롱했다. 그런데 이제 레닌이 트로츠키의 교의를 설파하고 있었다. 물론 레닌이 트로츠키즘을 수용했다고 보긴 어렵다. 레닌은 특히 자신의 제국주의론을 통해 트로츠키와 같은 결론에 도달했을 뿐이었다. "자본주의의 최고단계로서의 제국주의"의 약한 고리를 끊어주는 것이 세계혁명을 준비하는 맑스주의자들의 책무였다: "제국주의는 사회주의 혁명의 전야이다!"

레닌은 자신의 이론적 입장 변화를 "새로운 볼쉐비즘"이란 말로 설명했다. 괴테의『파우스트』의 한 구절을 인용하기도 했다: "나의 친구, 이론이여! 그대는 잿빛이나 생명의 영원한 나무는 푸르도다!" 1917년 5월 트로츠키가 페트로그라드에 돌아왔고, 두 사람은 함께 노동계급을 위한 "사상 최대의 작전"을 준비했다: "모든 권력을 소비에트로!"

무력으로 사회주의 혁명은 완수됐다. 백청적(白靑赤)의 러시아 국기, 짜리즘의 쌍두독수리 문장 등 구체제의 상징들은 모두 폐기됐다. 전국의 교회들도 순식간에 폐허로 변했다. 지주들은 토지를, 자본가들은 소유 기업을 빼앗겼다. 구 지배계급은 모든 것을 잃고 순식간에 사회의 밑바닥으로 떨어졌다. 이런 행위는 "착취자에 대한 착취"라는 말로 정당화됐다. 볼쉐비키 정권의 사회경제적 기반이 매우 취약하다는 사실을 잘 아는 레닌은 서유럽에서 승리한 노동계급이 사회주의 러시아를 구원하러 올 때까지 어떻게든 정권을 유지하고 안정시키려 노력했다. 볼쉐비키 정권이 다소 안정되었다고 생각한 레닌은 국가자본주의라고 명명한 정책을 통해 러시아의 경제발전을 시도했다. 핵심 아이디어는 국가가 자본가를 대신하여 생산력 발전을 도모하는 동시에 취약한 사회주의 부문을 보호해야 한다는 것이었다: "노동자 국가는 사회주의의 보루이다!"

도전은 농촌으로부터 왔다. 정세가 불안해지자 경제 유통이 마비되었고, 볼쉐비키 정권의 지지기반인 노동자 및 병사들을 급양하는 일이 레닌의 당면과제로 부상했다. 그는 빈농위원회(콤베드)를 조직하여 곡물 확보에 주력했다. 수단과 방법보다 오직 결과만이 중요했다. 레닌은 선언했다: "목적은 수단을 정당화한다!" 1918년 여름 그는 지방 볼쉐비키에게 "부농촌의 반란에 대한 가차 없는 진압"을 명령하면서 다음과 같이 지시했다:

> "(1) 이름난 부농, 부자, 고리채업자들을 100명 이상 교수형에 처할 것(반드시 만인 앞에서 행해져야 함), (2) 그들의 이름을 공개할 것, (3) 그들에게서 모든 곡물을 압수할 것..."37)

내전이 시작되면서 정책의 잔혹성이 더욱 고조됐다. 볼쉐비키에 저항하는 자들에 대한 테러가 "적색테러"의 이름으로 합법화됐다. 최고의 가치는 인간의 생명과 재산이 아니라 공산당 정권의 생존이었다. 내전의 승리를 위해 모든 인적, 물적 자원이 동원되고 징발됐다. 노동자들도 고통을 분담했지만 특히 농민들에 대한 착취와 핍박이 결정적이었다. 볼쉐비키는 농민들을 동정하지 않았다. 그들은 소비에트 러시아가 실상 노동자-농민의 국가가 아니라 노동자 국가임을 잘 인지하고 있었다. 내전이 진행되면서 소비에트 사회는 황폐화됐지만 생산과 소비에 대한 중앙집권적 국가 통제가 확립됐다. 국가가 분배를 직접 담당하면서 상품화폐가 소멸했으며 시장도 철폐됐다. 레닌은 자본주의적 요소가 소멸 내지 폐지되는 현상을 긍정적으로 평

37) Комсомольская правда, 12 февраля 1992 г.

가했다: “화폐와 시장을 철폐하라!” 그는 러시아 사회주의가 서유럽에서 승리한 노동계급에 의해 구원될 것이라고 믿었다.

농민 반란이 이어졌고, 노동자들이 저항했으며, 심지어 병사들까지 반란을 일으켰다. 독일 11월혁명도 무산됐다. 레닌은 서유럽 노동계급의 국가적 지원이 있을 것이라는 희망을 당분간 포기했다. 농민에게 양보하면서 위기를 극복해야만 했다. 1921년 봄 레닌은 볼쉐비키에게 전술적 후퇴를 명령했다: “퇴각하라!” 그러면서 레닌은 말을 바꿨다. 지금까지의 정책은 내전으로 강요된 불가피했던 것이라고 변명했다. 그것을 전시공산주의 정책이라 부르면서 농민들을 안심시키려고 한 레닌은 신경제정책(네프)의 기본 방향을 설정했다: “농민과 제휴하라!”

레닌은 그 정책이 사회주의 발전을 위한 전술적 후퇴임을 누차 강조했다. 네프와 함께 성장하는 자본주의적 요소들과 사회주의 국가권력 간의 투쟁에서 누가 승리할 것인가의 문제는 바로 볼쉐비키의 문화적 역량에 달려 있다고 레닌은 지적했다. 그는 문제의 핵심을 이렇게 도식화했다: “누가-누구를?”

1922년 봄에 개최된 제11차 당대회에서 레닌은 후퇴하는 볼쉐비키를 비판했다. 그들은 스스로의 경영능력의 부재를 완벽히 입증했다는 것이었다:

> “우리는 일 년 동안 후퇴했습니다. 지금 우리는 당의 이름으로 말해야만 합니다. 이제 충분합니다! 후퇴로써 추구했던 목표는 달성되었습니다. 후퇴 시기는 끝나고 있거나 이미 끝났습니다. 지금은 다른 목표가 설정되어야 합니다. 그건 바로 힘의 재편입니다.”[38)]

물론 레닌이 요구한 것은 네프의 폐지가 아니라 후퇴 중단 및 당의 대오

---

38) Ленин В.И. Полн. собр. соч., т.45, с.87.

정비였다. 그는 볼쉐비키가 너무 많이 후퇴했다고 생각했다. 그는 볼쉐비키가 아니라 자본가들이 농민과 제휴하는 데 성공했다고 말했다. 프롤레타리아 국가권력의 공고화를 위해 볼쉐비키는 자신이 자본가들보다 농민에게 더 유용한 존재라는 것을 현실에서 입증해야 했다. 레닌은 경고했다:

> "우리가 그것을 입증하지 못한다면, 농민은 우리를 파멸시킬 겁니다."[39]

그가 보기에, 국가를 운영하는 공산당원들에게 부족한 것은 경제 운영에 필수적인 문화역량이었다. 레닌은 당에 명령했다: "문화혁명을 조직하라!" 이것이 레닌의 마지막 선전-선동이었다.

(2) 미라가 된 레닌

1924년 1월 레닌이 사망하자 당중앙위원회 정치국은 그의 시신을 영구보존하기로 결정했다. 미라가 된 레닌은 크렘린궁 담장 바로 옆 붉은 광장 한 켠에 마련된 영묘(靈廟)에 누워 영원히 사회주의 혁명을 독려하게 됐다.

레닌은 후퇴 중단을 요구했으나 그럼에도 네프는 계속 확대되었다. 그것을 둘러싼 논쟁이 시작되었다. 트로츠키는 공업독재론으로 당중앙위원회의 다수파를 공격했고, 스탈린은 일국사회주의론으로 네프를 옹호했다. 트로츠키는 농민을 사회경제적으로 압박해서 노동자 정부의 입지를 강화해야 한다고 주장한 반면, 스탈린은 1917년 이전의 "낡은 볼쉐비즘"에서 꺼낸 노동자-농민의 혁명적 민주독재 이론으로 농민과의 제휴(스믜츠카)를 옹호하면서 네프의 확대를 레닌의 이름으로 정당화했다.

사실 1924년 경 트로츠키의 주장이 레닌의 입장에 가장 가까웠다. 두 사

---

39) Там же, с.77.

람은 모두 후퇴의 중단을 요구했다. 그러나 트로츠키의 노선은 치명적 약점을 갖고 있었다. 1922년에 트로츠키는 자신의 저작 『1905년』의 서문에 이렇게 썼다:

> "프롤레타리아트의 전위는 얻은 승리를 확고히 하기 위해 자신의 지배 초창기에 봉건적 소유제뿐만 아니라 부르주아적 소유에 대한 깊숙한 침입을 감행하게 된다. 이때 프롤레타리아트의 전위는 혁명투쟁 초기에 자신을 지지했던 모든 부르주아 당파들뿐만 아니라 자신이 권력을 장악할 수 있도록 자신에게 협력했던 농민대중들과 적대적으로 충돌하게 된다. 낙후된 나라의 노동자 정부가 처한 상황에서의 모순들은 오직 국제적 규모에서, 오직 프롤레타리아 세계혁명의 무대에서 해결의 실마리를 찾을 수 있다."[40)]

그는 자신의 이론이 역사적으로 올바르다고 확신했다. 10월혁명뿐만 아니라 특히 전시공산주의는 영구혁명론의 정당성을 입증했다. 네프 이전까지 레닌을 포함해 모든 볼쉐비키는 지금 당장 또는 아주 조속한 시기에 서유럽 자본주의 국가들에서 혁명이 시작될 것이며 그렇지 않을 경우 볼쉐비키는 파멸할 것이라 생각했다. 즉 서유럽에서의 세계혁명이 없는 경우 소비에트 러시아는 전망이 없었다. 스탈린의 일국사회주의론은 영구혁명론의 비관론 내지 패배주의를 거부하고, 노동자-농민의 제휴를 통해 러시아에서 사회주의 건설이 가능하다는 전망을 제공했다. 스탈린의 그런 코페르니쿠스적 전환은, 트로츠키가 보기에, "이론적 무지"가 초래한 위험하고 무모한 것이었다. 러시아에서 자력으로 사회주의를 건설할 수 있다니? 어이가 없었다. 하지만 현실에서 일국사회주의론에 내포된 스탈린식 위캔두이즘(wecandoism)은 당시 노동자들의 혁명적 열기를 보존하고 발전시킬 수 있었던 기제로 작용하였다.

---

40) Троцкий Л.Д. К истории русской революции, М., 1990, с.148.

트로츠키는 10월혁명 후 늘 레닌과 함께 했던 자신이야말로 진짜 "레닌파"라고 주장하며 스탈린에 대항했지만, 곧 정치적으로 거세되었다. 트로츠키파가 1917년 7월 볼쉐비키당에 합류한 후 그들은 항상 당내 소수파였다. 레닌과 함께 트로츠키는 10월혁명의 최고지도자였다. 그렇지만 레닌 사망 후 트로츠키는 공산당 지도자들의 견제와 질시의 대상이었다.

스탈린의 "우경화 정책", 즉 네프의 확대를 견디다 못한 지노비예프와 카메네프는 트로츠키가 옳았다고 선언하며 반대파 진영에 합류했을 때 두 사람의 몰락은 예정돼 있었다.

스탈린의 입장에서 부하린을 위시한 우파와의 투쟁은 쉽지 않았다. 권력정치적 측면에서가 아니라 명분이 문제였다. 노동자-농민의 제휴는 그동안 레닌의 이상으로 선전되었다. 1925년 부하린이 농민을 향해 "부자가 되시오!"라고 외쳤을 때 스탈린은 그것에 거리를 두었지만, 그래도 반대파들에게 스탈린과 부하린은 같은 우파로 간주되었다.

네프를 통해 국가재정이 빠르게 안정됐으며, 이를 토대로 스탈린은 "초(超)공업화" 정책을 추진할 수 있었다. 문제는 급속한 공업화를 위해 자원이 주로 생산재 쪽으로 배분된 결과 소비재 공산품 생산이 부족했고, 이는 도시와 농촌 간 상품유통에의 장애 요인이 되었다. 농민이 소비할 공산품은 값이 비쌌고 희소했다. 농민들은 도시로의 농산물 판매를 단념했으며, 이는 도시 노동자와 병사들에 대한 식량 배급량 급감을 결과했다. 스탈린은 농촌에서 식량 징발을 감행했고, 부하린을 비롯한 우파는 스탈린의 야만성을 비난했다. 부하린은 네프의 확대, 즉 농민에 대한 추가적 양보를 통해 볼쉐비키 정권의 안정을 도모하자고 요구했다. 반면 스탈린은 농업관계의 근본적 재편을 통해 농촌에서 "거대한 국영곡물공장"을 건설하고자 했다. 재발된 식량위기를 농산물 징발 조치로 타개한 그는 본격적인 농업 집단화에 나섰다. 그러면서 과거에 레닌이 언급한 것은 노동자-농민의 제휴가 아니라 노동자

-빈농의 제휴였다고 역설했다. 농업 집단화도 본디 레닌이 구상한 사업이었다고 설명이 됐다. 이에 대해 부하린과 우파는 「협동조합론(О кооперации)」 등 레닌이 말년에 남긴 문건들을 지적하면서 레닌의 유훈을 잊지 말자고 반박했다.

스탈린도, 트로츠키도, 부하린도 레닌의 이름으로 자신의 정치노선을 정당화했다. '인간의 얼굴을 한 사회주의' 개념을 처음 제시한 흐루쇼프가 스탈린 개인숭배를 비판할 때도 레닌의 이름이 동원되었다. 개인숭배는 반(反)레닌주의로 규정되었다. 페레스트로이카를 추진했던 미하일 고르바초프도 레닌에 의지하긴 마찬가지였다. 1987년 1월 그는 그간의 개혁조치의 성과가 없음을 시인하면서 그 원인으로 "스탈린주의에 의한 사회주의의 왜곡"을 지적했다. "레닌에게로 돌아가자!"는 새로운 슬로건이 등장했고, 사회주의적 경쟁을 위한 선전이 강화됐다. 레닌은 사회주의를 민주주의로 이해했다고 선포되었으며, 그에 따라 사회주의의 강화를 위한 '더 많은 사회주의'는 곧 '더 많은 민주주의'를 의미하는 것이라고 강조되었다. 이런 과도한 해석이 가능했던 것은 스탈린에 의한 레닌의 왜곡이 있었기 때문이기도 했다.

레닌은 소련 해체 시까지 소비에트 사회에서 비판될 수 없는 신성불가촉의 존재였지만, 레닌이즘은 각 정치세력의 입장에 따라 다르게 해석되었다.

5. 결론

독재도 사회적 지지를 확보한다는 임지현의 지적은 일견 그럴 듯하다. 문제는 대중 개념에서 비롯된다. 대중사회론이나 프랑크푸르트학파의 문화산업 연구 등에서 대중은 원자화되고 객체화된 존재로서, 지배 이데올로기의 수동적 소비자로 인식된다. 반면 임지현에게 대중은 지배 이데올로기와 문

화를 소비하면서 동시에 자신만의 독특한 문화를 생산하는 양면적 존재로서 나타난다. 그는 이렇게 정의한다:

> "'우연한 군중' 혹은 '덩어리 속에서 뿔뿔이 있는 주민 집단'이 특정한 역사적·정치적 계기를 통해 단일한 집단적 정체성, 의지와 목표를 지닌 집합적 군중으로 바뀌었을 때 대중이 탄생한다. 대중독재의 역동성이나 지배와 저항의 양면성이 드러나는 것도 이 지점에서다."41)

대중독재라는 개념으로 임지현이 염두에 두는 것은 정치적으로 각성된 대중의 독재에 대한 지지(및 저항)이다.

과거에 전체주의론은 공산주의 체제와 반(反)문명적 파시즘 체제에서 공통적으로 목격되는 '국가에 의한 전체적 통제'를 근거로 두 체제를 비(非)민주주의라는 하나의 범주로 묶어 동일시했다. '반(反)자본 - 친(親)노동'의 체제로서의 공산주의와 '반(反)자본 - 반(反)노동'의 체제로서의 파시즘에 있는 계급적 본질의 차이뿐만 아니라 이들의 정치적 지향 및 체제적 가치도 완전히 무시되었다. 결국 전체주의론은 자유주의 체제의 민주성을 특정하는 범주론이었다. 대중독재론은 전체주의론에서 일반 개발독재까지 외연을 더 확장한다. 임지현이 보기엔 나치즘(민족사회주의), 스탈린주의, 유신체제 모두 대중의 지지를 기반으로 한 체제였다. 여기에서 의문이 발생한다. 전체주의론은 히틀러 체제와 스탈린 체제의 비민주성을 지적하기도 했지만, 임지현의 범주론은 독재체제에 면죄부를 주려는 의도가 아니라면 무엇을 말하고자 하는지 짐작하기 어렵다. 당연히 그의 개념은 각 체제의 역사적 차별성에 침묵한다. 임지현은 대중 개념을 남용하여 사회구성권들 간의 계급적, 계층적 대립 등을 사상했으며, 모순어법으로 파시즘과 사회주의 및 개발독

---

41) 임지현·김용우(편), 『대중독재 I. 강제와 동의 사이에서』, p.23.

재 체제를 동류로 취급하고 있다. 조희연이 '민중의 주체화'라는 개념으로 저항의 존재를 당연시하며 그 규모를 과장했다면,[42] 임지현은 대중이라는 개념으로 독재의 지지를 전면화하는 우를 범하고 있다.

임지현의 문제는 공허한 개념으로 복잡한 현실을 포섭하여 설명하려고 한다는 데 있다. 구체적 현실에서 도출되지 않은 추상으로 복잡한 인간사회를 재단하려 하는 것은 맹목적 관념론이다. 독재에의 지지와 저항을 문제시 한다면 누가 지지하고 누가 저항하는지, 어떤 사회경제적 조건에서 지지와 저항이 변화하는지를 구체적으로 직시해야 한다. 소위 "사악한 그들"을 제외한 사회구성원 모두를 대중이라 칭하며 그들에게 정치적 책임을 묻는 것은 이성적 인간에 대한 신뢰 좌절에서 오는 역사적 허무주의의 발현이다. L. 포이어바흐에서 K. 맑스에 이르기까지 유물론은 인간을 이성적 존재가 아니라 사회경제적 환경에 구속되는 감성적 존재로 인식한다. 유물론은 대중에게 역사적 책임을 추궁하지 않으며 추상화된 인간 개념으로부터 이론을 구성하지 않는다.

사회주의 러시아의 정치문화는 소비에트 인민들의 정치의식에 기반을 두었다. 그들의 정치의식은 볼쉐비키가 동원한 상징들에 영향을 받았으며, '소비에트'와 '레닌'은 각종 상징들이 체계화되는 기본 축이었다. '레닌'이 사회주의 이념을 상징했다면, '소비에트'는 사회주의 제도를 상징하는 가운데 밑에서 '레닌'의 민주성을 보증했다. 그리고 '레닌'을 축으로 그 하위에서 많은 상징들이 공산당의 전략, 전술에 근거해 생산되었다. 각종 슬로건이나 표어 같은 언어적 상징들은 직접적으로 사회주의적 실천을 요구했다. 그리고 문학, 영화, 음악, 미술, 조각, 건축 등 각 예술 분야에서 생산된 상징들은 사회주의에 대한 칭송과 헌신을 암시했다.

---

42) 임지현 · 김용우(편), 『대중독재 2. 정치종교와 헤게모니』 (서울: 책세상, 2005), pp.426~429 참조.

상징의 허구화는 소비에트 사회의 탈이데올로기화를 촉진하였다. 또한 탈이데올로기화에 따라 상징의 허구화도 가속화되었다. 체제적 민주성을 상징했던 '소비에트'는 10월혁명 후 곧 허구화되었으며, 당의 정책을 정당화했던 '레닌'이라는 상징도 실상 그 정치적 실체에 부합하지 않았다. 특히 흐루쇼프의 스탈린 개인숭배 비판 내지 탈스탈린화 정책으로 당지도자에 대한 소비에트 인민들의 사회주의적 신뢰가 깨지면서 소련의 정치적 상징체계는 심한 손상을 입었고, 결국 소비에트 정치문화의 격변을 촉진했다. 1960년대 중반 이후 인권운동, 나아가 반체제운동이 등장했던 것이다.

스탈린 체제와 상징: 선전 – 선동의 아이콘

1. 머리말

정치의 세속화가 실현된 근대 국가에서 정치권력은 자신의 지배를 정당화하는 논리체계를 만들어냈는데, 그것은 특히 체제목적 및 정책의 실현과 관련하여 다양한 감성적 수단들로 보완이 됐다. '정치의 심미화(aetheticization of politics)'가 구현된 전체주의 사회에서 정치권력에 대한 국민적 동의와 지지를 도출하고 그것을 극대화하기 위한 이른바 상징조작은 일상적 삶이었다. 상징이란 의미의 함축이다. 정치적으로 생산된 상징은 감성적으로 국민들에 전달되어 그들의 권력에의 복종과 헌신과 열정을 고취했다.

볼쉐비키는 10월혁명 이전부터 정치적 선전과 선동을 당 활동의 주요 영역으로 취급했다. 그들이 이성적 인간 내지는 계급의식의 자생성을 믿지 않은 것은 레닌의 교의에 의거했던 탓이기도 하지만,[1] 당시 러시아 인민의 낮

1) L. 포이어바흐는 『기독교의 본질(Das Wesen des Christentums)』에서 신을 '인간 내적 본성의 외적 투사'로 정의하면서 '인간의 자기소외의 형태에 대한 경배'를 종교의 본질로 설명했다. 반면 K. 맑스는 소외된 인간노동(=자본)에 대한 물신적 숭배를 근대 사회의 기본 모습으로 이해했다. 비록 맑스가 포이어바흐를 비판하며 사회변혁을 위한 인간의 실천적 행위의 당위성을 강조했더라도 유물론에서 파악되는 것은 감성적 존재로서의 인간이다. 레닌이 1902년 『무엇을 할 것인가?』에서 계급의식의 외부주입론을 피력했던 것도 맑스주의적 관점에서 보면

은 문화적 - 지적 수준 때문이기도 했다. 10월혁명 후 볼쉐비키가 추진한 문화혁명의 기본 내용은 문맹퇴치 및 각종 계몽사업이었다. 사회 주체로 부상한 노동자들은 대개 주체적이고 자율적인 이성적 인간이 아니라 감성적인 '경배하는 인간'이었고, 그들은 적극적으로 정치적 지도(指導)를 구했다. 그들에겐 복잡한 언어보단 간결한 도식이, 도식보다는 오감으로 느낄 수 있는 간단한 상징체가 정치적으로 더 유용했다. 이에 볼쉐비키는 각종 정치적 상징들을 만들어냈는데, 그에 적용된 기본원리가 사회주의적 사실주의(socialist realism)였다.

10월혁명 후 문화혁명의 열기 아래 문화예술 분야에서는 프롤렛쿨트(proletkult)의 활동이 확산됐다.[2] 알렉산드르 보그다노프가 고취하는 "순수한 프롤레타리아 계급문화의 창달"이라는 이상에 심취한 문화예술인들은 각 공장에 합창단, 극장, 예술무대 등을 설치하고 노동계급의 삶에서 추출한 주제로 연극을 하고 그림을 그리고 찬가를 부르도록 장려했다. 심지어 공장에서 쓰는 경적과 호각 등을 이용한 오케스트라가 연출되기도 했다.[3] 이들에게 유일했던 미학적 기준은 프롤레타리아성이었으며, 과거의 문화유산은 반(半)봉건적 또는 부르주아적인 것으로 간주되어 모두 배척되었다.[4]

1920년 10월 레닌은 프롤렛쿨트를 비난하고 나섰다. 그는 프롤렛쿨트 운동가들이 과거 진보적 문화에 대해 갖는 "허무주의적 태도"를 비판하는 동시에 그 운동의 자율성 보장 요구를 거절했다. 프롤렛쿨트는 국가와 당의

한편 자연스런 일이었다.

2) 프롤레타리아 문화라는 뜻의 프롤렛쿨트(Пролеткульт)란 원래 1917년 2월혁명 직후 등장, 자주적으로 대중적 문화계몽 - 문예미술활동을 벌였던 '프롤레타리아문화계몽단체들'의 약칭이다. 1919~20년경 프롤렛쿨트 운동은 전국적으로 약 8만 명의 운동가들이 약 100개의 단체에 속해 활동할 정도로 발전해 있었다.

3) См.: Хоскииг Джеффри, История Советского Союза 1917~1991, М., 1994, с.184.

4) 프롤렛쿨트의 대표적 구호는 "과거의 예술은 모두 쓰레기장으로!(Искусство прошлого — на свалку!)"라는 것이었다.

통제 하에 있어야 하며, 인류 문화유산의 가치를 모두 부정하는 것은 근거 없는 계급적 편협성의 발로라는 것이었다.[5] 문화예술에 대한 당의 직접적 통제를 대신해 러시아프롤레타리아작가협회(РАПП)가 완장을 차고 나섰다. 작가협회는 작가들에게 고도의 공산주의직 세계관과 정치 이데올로기를 확고할 것과 그에 부합하는 "유물변증법적 창작방법"을 준수할 것을 지시하고 검열했다.

검열관으로서 작가협회의 전성시대는 사회주의적 사실주의라는 미학적 원칙의 등장과 함께 종료되었다. 1932년에 처음 제창되었던 그것은 1934년 제1차 전(全)연방소비에트작가대회에서 소비에트 예술문학 및 문학비평의 기본 방법으로 규정됐다. 막심 고리키는 그것을 혁명적 휴머니즘의 구현을 지향하는 창작 강령이라고 불렀다.

사회주의적 사실주의는 대상을 객관적 모습 그대로 표현하려 한다는 점에서 19세기 사실주의의 전통을 따르고 있다. 그러나 노동계급의 세계관, 예술 창작의 철학적 토대로서의 사적 유물론, 예술 창작에 있어서의 노동계급적 당파성 등을 지표로 한다는 점에서 이전의 사실주의와 구별된다. 사회주의적 사실주의의 기본 주제는 계급 없는 사회의 건설이다. 작가는 사회를 묘사함에 있어 그 불완전성을 인정하더라도, 보다 광범한 역사와의 연관을 유념하며 긍정적, 낙관적 시각을 취해야 한다. 사회주의 리얼리즘의 필수 요건은 온갖 장애와 난관에 맞서 분투하는 적극적이고 긍정적인 주인공이다. 대중의 의식형성을 위해 인물 및 사건을 고상하고 이상적으로 만들기를 장려한다는 점에서 사회주의적 사실주의는 낭만주의와 상통한다. 그것은 시각예술에 있어서도 문학에서와 마찬가지로 선전적, 이념적인 기능을 수행했다. 사회주의적 사실주의에 입각한 회화 및 조각 작품들은 적극적이고 용

---

5) См.: Ленин В.И. Полн. собр. соч., т.41, с.336~337.

감한 노동자들과 농부들을 낭만주의적으로 이상화하여 그렸다. 그것은 소련에서 수많은 영웅들을 만들어냈다.[6] 이 영웅들은 소비에트연방의 정치적 상징이 됐고, 사회주의 건설과 발전을 위한 선전-선동의 아이콘이 됐다.

유물론 내지 변증법적 유물론으로 역사를 이해하며 이른바 영웅사관을 거부하는 러시아의 맑스-레닌주의자들은 스탈린의 주도하에 사회주의 건설의 영웅들을 만들어냈다. 유물론과 소비에트 영웅주의 사이에 모순은 없었다. 자본주의까지의 인간사 해석을 위한 이론인 사적 유물론은 사회주의 사회에서 지양되어야 했다. 과거의 감성적이고 수동적이며 물신숭배에 젖은 인간은 이제 사회주의 사회의 건설에 임하면서 이성적이고 주체적이며 맑스-레닌주의 사상으로 무장된 이른바 공산주의적 인간형으로 변신해야 했다. 사회주의의 영웅들은 소비에트 인민들이 공산주의를 위한 주체적 헌신과 노동창발성을 발휘함에 있어 모범이 되었다. 소비에트 영웅주의는 영도자에 대한 개인숭배에서 절정에 달했지만 그렇다고 해서, 후에 북한에서 그랬던 것과는 달리, 이른바 영도자이론이 구성되지는 않았다.

본 연구의 목적은 1920~40년대 스탈린 체제 하에서 만들어진 정치적 상징의 내용과 그 과정 및 기능에 관해 설명하는 것이다. 스탈린 체제는 미증유의 선전-선동과 대중동원이 실현된 거대한 무대였으며, 그것은 스탈린의 정치적 성공으로 이어졌다. 그의 리더십으로 소비에트연방은 농업국에서 공업국으로 급속히 발전했다. 소비에트 국가사회주의 체제는 특히 1930년대 중반 이후 인민들의 확고한 지지를 누렸으며 결국 독일과의 전쟁에서 승리할 수 있었다.

---

6) 사회주의적 사실주의에 관해서는 James C. Vaughan, Soviet Socialist Realism: Origins and Theory (N.Y.: St. Martin's Press, 1973)을 참조.

2. 일국사회주의의 상징들

1917년 봄, 후진 러시아에서 사회주의 혁명이 가능하며 또 그렇게 해야 한다고 생각한 사람은 지구상에 레닌과 트로츠키 단 두 사람밖에 없었다. 그들의 논거는 영구혁명론이었다. 임박한 세계 사회주의 혁명이 러시아에서 그것을 가능케 한다는 것이었다. 문제는 세계혁명이 지체되면서 발생했다. 영구혁명론의 논리에 따른다면 러시아의 사회주의 정권은 붕괴할 수밖에 없었다. 전망이 없었다. 이런 상황에서 스탈린이 제시한 일국사회주의론은 한편 불가피하며 당연한 선택이었다. 문제는 인식의 전환이 그리 쉽지 않다는 데 있었다. 맑스주의의 이론 틀 내에서는 영구혁명론도 파격이었다. 그런데 후진 러시아에서 사회주의 건설이 가능하다고 주장하는 것은 한편 맑스-레닌주의로부터의 일탈이기도 했다. 하지만, 스탈린은 일국사회주의론을 말하면서 세계혁명에 대한 기회주의적 기대를 버렸다. 그러면서 영구혁명론에 갇힌 노동자들의 혁명 에너지를 돌려 사회주의 건설 현장으로 집중시켰다. 그는 러시아에 사회주의 건설에 필요한 모든 것이 다 있다고 말했는데, 그중 가장 핵심적인 것은 바로 국가권력이었다.[7]

『레닌주의의 문제』에서 스탈린은 "인민이 의식하는 바를 올바르게 표현하는 것"이야말로 영도자가 그 정당성을 인정받을 수 있는 전제조건이라고 썼다.[8] 인민들에 대한 지도방법과 관련해 그가 의지했던 것은 레닌의 교시였다. 레닌은 제10차 당대회에서 말했다:

> "무엇보다 먼저 우리는 설득해야 하며, 다음에 강제해야 합니다. 우리는 무슨 일이 있어도 먼저 설득하고, 다음에 강제해야 합니다."[9]

---

7) См.: Сталин И.В. Соч., т.8, с.120~125.
8) См.: Там же, с.60.

스탈린은 ‘설득과 강제’라는 공식에 전적으로 동의했다. 소비에트 국가사회주의의 화신으로서 스탈린은 사회주의 건설과 관련해 인민들에게 ‘스타하노프’와 ‘인민의 적’이라는 두 개의 역할모델을 제시했다. 선택은 인민의 몫이었다.

(1) 영도자

사회주의 러시아에서 만연했던 당 최고지도자에 대한 개인숭배는 인위적 현상이 아니라 소비에트 역사과정의 결과였다. 특히 스탈린 체제 하에서 영도자는 그 자체로 소비에트 사회주의를 상징했다.

1917년 여름 이후 볼쉐비키가 소비에트에서 다수 인민의 지지를 받았다는 사실에는 의심의 여지가 없다.[10] 하지만 자신을 소비에트 권력이라 불렀던 볼쉐비키 정권의 목적은 노동자, 농민, 병사들이 요구했던 공장과 빵과 평화를 그들에게 주는 인민혁명의 완수가 아니라, 프롤레타리아 독재를 통한 사회주의 사회 건설에 있었다. 볼쉐비키의 목표와 인민들의 사회경제적 요구수준 간의 격차가 사회주의 러시아에서 공산당 독재의 현실적 이유가 됐다. 인민들의 낮은 지적, 문화적 수준은 그들의 지도자에 대한 정치적 의존을 강화시켰다. 볼쉐비키당 내의 사정도 비슷했다. 2월혁명 무렵에 그 존재가 미미했던 볼쉐비키당은 10월혁명 후 규모가 대폭 증가하여 1920년 초에는 당원이 60만 명을 상회했다.[11] 대개 노동자, 농민 출신이던 신입 당원들과 “직업혁명가”들로 구성된 당지도부 사이의 지적 수준 차는 문맹자와 철학자 간의 그것과 진배없었다.

---

9) Ленин В.И. Полн. собр. соч., т.43, с.54.
10) John Reed, 『세계를 뒤흔든 열흘』, 서찬석 역 (서울: 책갈피, 2005) 참조.
11) 1917년 4월 볼쉐비키 당원은 8만 명을 하회했다. 이에 관해 см.: Седьмая Всероссийская конференция РСДРП(б): протоколы, М., 1958, с.149.

후일 만들어진 신화는 레닌이 절대적 권위를 누리며 민주집중제적 리더십을 발휘했던 것으로 초창기 소비에트 러시아의 정치상황을 설명하지만, 사실 그는 '좌익 공산주의자들', 민주집중파, 노동자반대파 등 각종 반대파들의 비판에 자주 직면했었다. 레닌이 자신의 정치적 의지를 관철함에 있어 당내 기반으로 삼았던 것은 이른바 레닌파였다. 그리고 레닌의 신화 형성에 가장 적극적이었던 사람이 레닌파의 좌장 스탈린이었다. 레닌의 사망 직후 스탈린이 레닌에 헌정했던 찬양은 개인숭배의 발현이라 할 정도로 유별난 것이었다. 아무도 그런 발언을 하지 않았다. 트로츠키는 1924년 출판한 『레닌전(О Ленине)』에서 정치가로서의 레닌을 높게 평가했다.[12] 부하린은 1925년 1월 ≪프라우다≫에 게재된 「레닌의 회상」이라는 글을 통해 지도자의 사망에 대한 깊은 애도를 표했다. 그러나 누구의 글에도 레닌의 개인숭배를 위한 재료는 없었다. 레닌의 주변 인물들은 그의 정치적 동지들이었다. 트로츠키는 말할 필요가 없고, 그리고리 지노비예프, 레프 카메네프, 니콜라이 부하린, 게오르기 퍄타코프 등도 자주 레닌과 격렬히 논쟁했다. 이념의 화신이었던 그들은 정치적으로도 정신적으로도 상호 자립적이었다. 그러나 스탈린의 경우는 달랐다. 그는 레닌의 사람이었다. 1952년 소련공산당 제19차 대회가 끝난 직후 열린 중앙위원회 전원회의에서 한 사람이 자신은 늘 "스탈린 동무의 충실한 제자"라고 발언하자, 연단 뒤에서 그의 말을 경청하던 스탈린은 반박했다:

"우리는 모두 레닌의 제자들이오!"[13]

---

12) См.: Троцкий Л.Д. О Ленине, М., 1924.
13) См.: Симонов К.М. Глазами человека моего поколения. Размышление о И.В. Сталине, М., 1989, с.239.

레닌이 사망하자 스탈린은 레닌을 10월혁명의 영도자로 영원히 살리려 했다. 그의 주도로 정치국은 크렘린궁 담벽 옆 붉은광장 한 편에 영묘(靈廟, mausoleum)를 짓고, 방부 처리한 레닌의 시신을 그곳에 보존하기로 결정했다.[14] 스탈린의 "야만적 구상"은 나름 정치적 성공을 거두었다. 1924년부터 1972년 사이 천만 명 이상의 사람들이 "사회주의의 화신"을 참배했다.

1920년대 전반 스탈린은 레닌의 후계자가 되기에 충분한 권위를 당내에서 누리고 있었다. 1910년을 전후한 시기에 '카프카즈의 레닌'으로 불렸던 스탈린은 1912년 볼쉐비키당 중앙위원으로 선출됐으며, 1913년 초에는 페테르부르크에서 레닌을 대신해 당 기관지 ≪프라우다≫의 창간을 주도했다. 곧 체포되어 시베리아에서 유형생활을 하던 그는 1917년 2월혁명으로 석방되어 "혁명의 요람", 즉 페트로그라드로 귀환했으며, 동년 4월 레닌이 귀국할 때까지 그곳에서 볼쉐비키를 지도했다. 10월혁명 후 당과 정부에서 주요 직책을 섭렵한 그는 1922년 4월 레닌의 비서실장, 즉 서기장이 되어 당의 정치적 실무를 총괄했다. 물론 이런 실천적 경력이 스탈린에게 '인민의 영도자'로서의 지위를 보증해줄 수는 없었다.

1920년대 중후반에는 당의 노선을 둘러싼 권력투쟁이 치열하게 전개됐다. 먼저 트로츠키는 스탈린의 신경제정책을 "테르미도르 반동"이라고 비난하며 자신이야말로 진정한 레닌파라고 주장했다. 이후 스탈린이 공업화 정책의 걸림돌로 간주된 부농들을 탄압(-부농해체)하며 농업의 구조개혁(-집단화)을 추진하고 나서자, 부하린은 노동자-농민의 제휴 및 프롤레타리아 휴머니즘이 레닌주의의 기본 이념이라 주장하며 "무지한 폭군"을 비판했다. 스탈

---

14) 1924년 8월 완공된 목조 '레닌 영묘'는 1930년 10월 적토색 화강암의 석조물로 개축됐다. 레닌의 시신은 독일군 공격으로 모스크바가 위태롭던 1941년 10월 시베리아 튜멘으로 옮겨졌다가 전후 원래의 자리로 돌려졌다. 스탈린도 사후 '미라'가 되어 레닌 곁에 안치됐으나 흐루쇼프의 탈(脫)스탈린화 정책의 일환으로 1961년 10월 크렘린궁 담장 밑으로 옮겨 매장됐다.

린에 대한 트로츠키파 및 부하린파의 비난은 농업 집단화의 여파로 대규모 기근이 발생했던 1930년대 초 최고조에 달했다.

1933년은 농업 집단화의 성과를 보여준 해로 기록되었다. 농업 분야에서의 성공은 사회에 드리워져 있던 무기운 분위기를 신속히 제거함과 동시에, 스탈린의 노선에 대한 당내 의구심과 불안감, 정치적 긴장감을 순식간에 해소시켰다. 경제의 사회주의적 재편이 완료됐을 뿐 아니라, 그 감격적인 결과가 눈앞에 있었다. 신문지상에는 과거 반대파에 속했던 인물들의 스탈린 찬가가 등장했다. 사회주의에의 헌신 기회를 달라고 스탈린에게 요청했던 지노비예프, 카메네프 등도 유배지에서 돌아와 당에 복귀했다. 동년 말에는 볼쉐비키의 "승리"가 선언됐고,[15] 동시에 "보쉬지(Вождь)", 즉 영도자 스탈린에 대한 숭배 분위기가 급속히 고조됐다. 1934년 초, "당의 영도자이며 국제 프롤레타리아 혁명의 강철 같은 지휘관이며 세계에서 첫 번째 사회주의 사회의 위대한 건축가인 스탈린 동무에 대한" 인민들의 "열화와 같은 경배" 속에서 전연방볼쉐비키공산당 제17차 대회가 개최됐다.

제17차 당대회는 스탈린에 의해 추진된 총노선의 승리를 기념하는 축제였으며, "현명한 스승이자 영도자"인 그에 대한 존경을 표하고 찬사를 바치는 장엄한 무대였다. 여기에는 얼마 전까지 영도자의 적수였던 지노비예프, 카메네프, 카를 라데크, 예브게니 프레오브라젠스키, 니콜라이 부하린, 알렉세이 릐코프, 미하일 톰스키 등도 적극 참여했다. 그들은 당원들 앞에서 자신의 과오를 참회했으며, "보쉬지"의 정치적 무오류에 대한 확신을 발언했다. 우파 지도자였던 부하린은 스탈린이 "기막히게 정확한 총노선과 그 이론적 전제들을 만들어낸 것"과 "그 노선을 실용적으로 과감하게 실행한 것"이 "당이 승리를 거둘 수 있었던 대전제"였다는 점을 강조하고는 "당의 지혜와 의

---

15) 예를 들면 см.: Правда, 25 октября 1933 г.

지의 화신이시며 당의 영도자이시며 당의 이론적 - 실천적 영도자이신 스탈린 동무를 중심으로 결속하는 것"이야말로 모든 당원의 의무라고 외쳤다.[16)]

1934년 이후 "위대한 영도자이시며, 근로청년의 스승이자 가장 좋은 친구이신 요시프 비사리오노비치 스탈린 동무"에 대한 송가가 사회 노처에서 소리 높여 불려졌다. "소련은 평화의 보루!"라는 슬로건이 등장했고, 모든 당원에게 "공산주의적 도덕성으로 자신을 무장할 것"과 "국가 앞에 수정처럼 정직할 것"이 정치적 의무로서 요구됐다. 막심 고리키는 "진실로 전(全)인류적이고 프롤레타리아적인 맑스-레닌-스탈린의 휴머니즘"이라는 개념을 누구보다도 적극 선전했다. 그의 설교에 따르면, 볼쉐비키는 부르주아들이 휴머니즘이라는 미명하에 자행하는 모든 악행으로부터 단호히 절연했으며, 볼쉐비키의 휴머니즘은 부르주아 계급의 그것과는 전혀 달랐다. 그것은 "강철 같은 자본의 압제로부터 모든 인종과 민족의 근로인민들의 완전한 해방"을 위해 싸우는 진정한 프롤레타리아 휴머니즘이었다.[17)]

스탈린에겐 '인민의 영도자'로서 영광과 찬사를 누릴 자격이 있었다. 10월혁명 이후, 특히 임박한 세계혁명의 환상이 깨진 후 볼쉐비키 정권은 소비에트연방에 사회주의를 건설하는 것 말고는 자신의 존재를 정당화할 수 있는 방법이 없었다. 일국에서의 사회주의 건설 가능성에 관한 논쟁이 일었고, 사회주의 건설의 방법과 속도에 관해서도 대립이 발생했다. 전인미답의 새로운 길을 나아갔던 볼쉐비키는 한 걸음 내딛을 때마다 자신들에게 어떤 일이 닥칠 지 알 수 없었다. 스탈린은 레닌이즘에 통달했을 뿐만 아니라, 이론적 혁신을 통해서 볼쉐비즘의 내용을 풍성하게 했다. 그는 그 이론들의 실천을 통해 자신의 정치적 정통성을 강화했다. 1934년 모든 당원은 스탈린주의적 이론과 실천을 통해 당이 어떠한 성공을 거두었는지를 목격하고 체험

---

16) Семнадцатый съезд ВКП(б). Стенографический отчёт, М., 1934, с.124~125.
17) См.: Правда, 23 мая 1933 г.

하고 있었다.

스탈린은 단지 '인민의 영도자'에 그치지 않았다. 그는 자신이 만든 사회주의 체제 안에서 스스로 국가를 상징했으며 동시에 사회주의를 상징했다.

소비에트 사회주의가 과연 사회주의였던가? 이 문제에 관해 국가자본주의론자들은 부정적으로 답한다. 트로츠키도 소비에트 사회가 사회주의로 진입했다는 스탈린의 1930년판 테제를 비웃었다. 10월혁명의 대부 트로츠키는 '노동계급 및 그 혁명의 배신자'로 낙인찍힌 몸으로 스탈린의 테제에 관해 이렇게 썼다:

> "기괴하지 않은가? 나라는 상품기근과 공급부족에 허덕이고 아기들에 줄 우유도 부족한 상태에서 관료적 속물들은 나라가 사회주의 시대로 진입했다고 선포한다. 과연 이보다 더 악의적으로 사회주의를 모독할 수 있을까? [중략] 굶주린 상태에서 벽돌과 시멘트를 갖고 발판을 따라 오르다가 자주 아래로 추락하는 건설노동자들에게 벌써 건물에서 살 수 있다고, 즉 사회주의로 진입했다(!)고 말하는 것이야말로 건설노동자와 사회주의를 우롱하는 것이다."[18]

맑스주의적 의미에서 사회주의란 자본주의 국가들에서보다 더 높은 노동생산성, 더 높은 수준의 물질적 · 문화적 삶을 전제로 한다. 하지만 트로츠키의 비판은 어색하다. 1917년 봄 게오르기 플레하노프는 레닌의 「4월테제」를 잠꼬대라고 일축했다. 그런데 트로츠키는 이미 1905년 혁명 때부터 노동자정부의 수립을 주장했다. 트로츠키 생각에, 러시아에서 사회주의 혁명이 가능한 이유는 충분한 경제적 발전수준이 아니라 바로 노동계급, 그것도 전체 인구 중 소수에 불과한 노동자들의 존재였다. 나아가 그는, 앞서 언급한 것처럼, 세계자본주의 시대에 자본주의 발전이 미약한 러시아에서 수립된 노

18) Бюллетень оппозиции, 1931, No.17-18, c.5~6.

동자 정부는 국내정치적 기반이 견고하지 못하여 결국 선진 국가들에서 출현한 사회주의 권력의 지원이 절대 필요하다는 영구혁명론을 전개했다.

사회민주주의가 대개 자본주의 발전수준을 척도로 사회주의 혁명의 전망을 평가하는 경향을 갖는데 비해, 이른바 혁명적 맑스주의는 역사과정에서 주로 계급 및 계급투쟁의 측면을 주목했다. 사회민주주의자들이 K. 맑스의 저작 중 특히 『자본』을 과학적 사회주의의 진수로 간주하면서 부단히 발전하는 자본주의에 좌절하고 타협했다면, 혁명적 맑스주의자들은 『공산당 선언』 같은 저작에서 표현된 계급투쟁이론으로부터 노동계급의 해방을 위한 영감을 얻었다. 아무튼, 자신이야말로 혁명적 사회주의의 전통을 계승한 진정한 맑스주의자라고 자부했던 트로츠키가 사회주의로의 진입 이론을 비판한 것은 오히려 자신을 배신자라고 비난하는 스탈린의 논거를 강화시키는 결과를 초래했다. 스탈린의 테제는 소련의 노동계급이 적대계급들에 대한 사회경제적 헤게모니를 확립했다는 선언이었고, 사회주의적 경제가 소부르주아적 경제까지 압도하고 있다는 선언이었다. 이것이 가능했던 것은 전능한 위력을 발휘하는 사회주의 국가권력이 있었기 때문이었다.

10월혁명 이후 볼쉐비키는 사회주의의 과제가 계급 철폐에 있다고 이해했다.[19] 하지만 생산수단의 국유화를 우선으로 했던 착취적 계급관계의 청산을 위한 조치들은 그 자체로서 사회주의를 실현하는 것이 아니라, 단지 사회주의적 경제로의 이행을 위한 전제 조건을 의미했을 뿐이었다. 1918년 레닌은 "사회주의 소비에트 공화국이라는 표현은 사회주의로의 이행을 실현하려는 소비에트 권력의 각오를 의미하는 것이지 결코 새 경제질서를 사회주의적이라고 인정한다는 뜻이 아니다"라고 강조했다.[20] 국가권력이 가장 중요했다. 1929년 말 스탈린도 "농업의 사회화된 영역은 그 자체로서 사회주

19) Ленин В.И. Полн. собр. соч., т.44, с.39.
20) Ленин В.И. Полн. собр. соч., т.36, с.295.

의적 경제형태가 아니라 단지 소련의 프롤레타리아 국가의 존재와 관련하여 사회주의적이 된다"고 말했다.[21] 마찬가지로, 국영공업이 사회주의적일 수 있는 이유는 오직 사회주의의 실현을 위해 노력하고 있는 볼쉐비키당이 국가를 운영하고 있다는 것 단 하나였다. 국영공업과 집단농장은 10월혁명의 가장 위대한 성과물이었다. 그것들이 내부에 착취적 계급관계를 배제하고 있다는 뜻에서 그것들을 사회주의적이라고 부를 수 있다손 치더라도, 스탈린이 보기에 그것들은 단지 형식으로서의 조직형태에 불과했다. 스탈린의 입장에서 볼 때 사회주의 건설사업의 핵심 문제는 조직형태로서의 사회주의적 우클라드의 발전이 아니라, 그 형식에 어떤 내용이 채워지는가에, 즉 누가 국영공업과 집단농장을 장악하고 지도하는가에 있었다. "레닌주의적 관점에서 보았을 때, 조직의 한 형태로 취급된 소비에트처럼 집단농장은 도구였으며 또 도구일 뿐이었다."[22] 스탈린은, 사회주의로의 진입 테제를 제시하면서, 인민경제에 있어 사회주의 영역의 형식적 우위만을 고려한 것이 아니라, 무엇보다도 기본적 경제부문들에 대한 국가의 내용적 장악에 주목했다.[23]

상품화폐관계의 발전은 1930년대 이른바 소비에트 상업에 있어서 특별한 의미를 가졌다. 스탈린은 상품화폐관계의 청산을 시도했던 게 아니라 오히려 그것을 확대시켜 활용하려 했다. 제17차 당대회에서 스탈린은 화폐를 폐지하고 직접적 물품교환을 실현해야 한다는 "극좌적 잡담"을 강하게 비판했다. 그의 논리에 따르면, 소련에서 화폐, 상업 및 상품화폐관계의 사회주의성은 바로 그 모든 도구들이 프롤레타리아 국가에 의해 사회주의의 이익

21) См.: Сталин И.В. Соч., т.12, с.161~163.
22) Сталин И.В. Соч., т.13, с.228.
23) 이런 이유로 소비에트 사회주의는 국가사회주의(state socialism)로 규정된다. 히틀러 체제를 국가사회주의라고 지칭하는 경우가 있는데 그것의 원어는 Nationalsozialismus (=national socialism)로서 민족사회주의로 번역하는 게 옳다.

에 부합되도록 사용되고 또 사용될 수 있음으로써 보장됐다. 스탈린은 동일한 기준을 소비 분야의 평등 문제에 대해서도 적용했다. 그는 임금체계의 "극좌적 균등주의"에 반대하면서 균등주의를 원시적 금욕수행자 교파에나 어울리는 반동적 부르주아적 넌센스라고 규정했다. 그는 맑스주의적 평등이란 균등주의가 아니라 계급의 폐지라고 단언했다.[24]

10월혁명의 순간부터 볼쉐비키 정권의 결단성이야말로 사회주의 실현을 위한 유일한 현실적 보장이었고, 혁명적 국가권력은 사회주의 실현을 위한 위력적 수단으로 간주됐다. 그리고 인민들의 삶이 영위되는 모든 영역에서 국가가 행사하는 권한은 사회주의 발전의 척도가 됐다. 여기에 국가사회주의로 정의되는 소비에트 사회주의의 본질이 있었다. 문제는 사회주의에서의 국가 소멸에 관한 가설이 맑스주의의 기본 이론 중 하나였다는 데 있었다. 제16차 당대회에서 스탈린은 이론과 혁명적 실천 사이의 모순에 대해 이렇게 해명했다:

> "우리는 국가의 소멸을 지지합니다. 동시에 우리는 지금껏 존재했던 국가권력들 중 가장 강력하고 위력적인 프롤레타리아 독재의 강화를 지지합니다. 국가권력의 소멸을 위한 조건들을 준비함을 목적으로 하는 국가권력의 최고의 발전, — 이것이 맑스주의적 공식입니다. 이것이 모순적입니까? 그렇습니다. 모순적입니다. 그러나 이것은 살아 있는 모순이며, 이것은 통째로 맑스의 변증법을 반영하고 있습니다."[25]

국가사회주의적 관점에서 보았을 때, 서유럽 국가들에 비해 사회경제적으로 낙후되어 있던 소련에서 1930년 등장한 스탈린의 테제는 공상이 아니었다. 그때 이미 소비에트 국가는 사회를 완전히 지배하고 통제할 수 있는 "빅 브라더"가 되어 있었다.

---

24) См.: Сталин И.В. Соч., т.13, с.343~355.
25) Сталин И.В. Соч., т.12, с.369~370.

소비에트 사회주의 체제하에서 사회 각 부문의 사회주의성은 국가가 담보했고, 국가의 사회주의성은 "국가를 지도하는 간부의 단련장"인 당이 담보했다. 그리고 당의 사회주의성은 "보쉬지", 즉 스탈린이 담보했다. 영도자는 소비에트 국가사회주의의 화신이었다. 특히 소련이 자본주의 국가들로 포위되어있는 상황을 주목하면서 스탈린은 '인민의 영도자'로서 당과 국가와 사회에 더 많은 사회주의성을 요구했다.

(2) 사회주의적 경쟁과 스타하노프

1931년 2월 스탈린은 모스크바에서 열린 전국사회주의공업일꾼협의회에서 연설하면서 볼쉐비키가 쓴 경험을 했다고 자인했다. 계획에 따라 32% 증가했어야 할 1930년도 공산품 생산이 25% 증가에 그쳤다는 것이다. 그는 1931년도 목표인 45% 공업 성장을 완수할 것과 기간공업 분야에서 '피칠레트카', 즉 인민경제발전 5개년계획을 3년 만에 실현할 것을 요구하면서 노골적으로 경제건설사업에 있어서의 속도 문제를 제기했다:

> "우리는 선진 국가들에 비해 50~100년을 뒤져 있습니다. 우리는 이 간격을 10년 만에 뛰어 넘어야 합니다. 우리가 이것을 해내지 않으면, [그들은] 우리를 분쇄할 겁니다."26)

자본주의 국가들로 포위된 소련이 위험에 대비하는 방법은 급속한 공업화를 통한 군수산업 육성밖에 없었다. 스탈린은 조급했다. 결국 경제계획에 설정된 목표의 달성, 나아가 초과달성이 모든 경제 주체들에게 최고가치가 됐다. 5개년계획의 파산을 막기 위해 대기근이 나라를 짓눌렀던 1932년에도 곡물 11,000만 푸드(=16.38kg)가 외국으로 수출됐다. 계획대로 공업화에 필

---

26) Сталин И.В. Соч., т.13. с.39.

요한 기계류 등의 수입이 이루어져야 했다. 특히 농촌에서 아사자가 속출하는 상황에서도 스탈린은 할당된 곡물조달 목표량을 완수하라고 전국의 당 및 소비에트 기관에 요구했다. 이 무렵 "볼셰비키가 공략할 수 없는 요새는 없다!"는 슬로건이 등장했다.

목표 달성과 관련해 사회주의적 경쟁(социалистическое соревнование)이라는 개념이 등장했다. 1929년 1월 ≪프라우다≫에는 레닌이 1918년 초에 쓴 「어떻게 경쟁을 조직할 것인가?」라는 제목의 글이 게재됐다.[27] 사회주의에서도 경쟁은 미덕이며 경쟁을 통해 효율적 경제건설이 가능하며 또 해야 한다는 요지의 그 글은 경쟁에 관한 기존의 부정적 관념을 폐기해야 한다는 신호가 됐다. 물론 사회주의에서의 경쟁은 자본주의 사회에서의 그것과 구별되어야 했다. 후자는 승자독식의 게임인데 반해, 후자는 공동의 목표 달성을 위해 앞선 자가 뒤처진 자를 돕는 형태의 윈윈게임이라는 것이었다. 노동자들의 자발성, 적극성, 사회주의적 자기규제에 의거하는 선의의 노동경쟁형태인 그것은 자본주의적 경쟁과 구별하여 사회주의적 경쟁이라 명명됐다.

제1차 5개년계획 기간(1929~1932)에 사회주의적 경쟁은 돌격노동운동(우다르니체스트보)으로 나타났다. 작업 목표의 달성과 관련하여 고효율의 노동을 과시한 노동자를 돌격노동자, 그런 작업팀을 돌격여단이라 불렀는데, 이들에겐 '공산돌격노동자'라는 문구가 새겨진 배지, 상품, 상금 등이 주어졌다. 이들은 모범 사례로 선전에 동원됐는데, 1929년 말에는 모스크바에서 전(全)연방돌격여단대회가 개최되기도 했다. 돌격노동운동은 노동자들의 물질적 복지상태가 개선됨과 동시에 노동현장에서 기계화가 이루어지면서 본격적으로 힘을 받기 시작했으며, 돌격노동자 알렉세이 스타하노프는 그 운

27) См.: Ленин В.И. Полн. собр. соч., т.35, с.195~205.

동의 살아있는 상징이 됐다.

스타하노프는 우크라이나 돈바스(도네츠크탄전)의 중앙탄광 막장에서 일하던 광부였다. 그는 1935년 8월 30일 밤에 5시간 45분의 작업시간 동안 102톤의 석탄을 채굴했다. 그 시간에 보통 12~15톤이 생산됐던 것을 고려하면 정말 경이로운 일이었다. 그가 9월에는 1교대 시간에 227톤이라는 놀라운 기록을 세우자 스탈린은 그를 노동영웅으로 치켜세웠다. 스타하노프는 1935년 12월 미국 시사주간지 ≪타임≫의 커버인물이 되기도 했다.

1935년 9월 24일자 ≪프라우다≫는 "스타하노프 동무의 기록이 작성된 후 20일 동안 그의 작업 방법은 돈바스에서의 사회주의적 경쟁이 더 한층 고양됨에 있어서 기치가 됐다"고 보도했다. 모든 산업 부문에서 유사한 모범을 수립하기 위한 캠페인이 전국적으로 전개되었으며, 스타하노프 운동은 그렇게 시작됐다.

제2차 5개년계획은 노동의 질적 향상의 측면에서 획기적 성공을 거두었다. 노동생산성은 약 82%나 향상됐고, 이는 제1차 5개년계획 기간의 그것에 비하면 두 배 이상에 해당하는 수치였다. 이런 성공은, 우선, 중공업에 대한 집중적 투자의 결과로 생산의 기계화가 빠르게 실현됐고, 여기에 더해 신기술을 이용함에 있어 효율성과 경제성이 극대화됐기 때문이었다. 이를 가능케 했던 주된 요인이 스타하노프 운동이었다. 이윤 동기의 충족이 항상 경제적 효율성의 전제인 것은 아니다. 1930년대 소비에트 경제는 사회주의적 자본과 정치화된 노동이 결합됨으로써 성장의 활력으로 용솟음쳤다. 소비에트 경제가 빠르게 발전할 수 있었던 원인을 제정 러시아의 유산 속에서만 찾는다거나, 또는 인민들의 혁명적 볼룬터리즘에서만 찾을 수는 없다. 양자의 유기적 결합이 경제발전의 동력이 됐으며, 바로 거기에 스탈린의 정치적 실천이 가졌던 중대한 의미가 있다. 1935년 10월경부터 ≪프라우다≫의 지면은 "사회주의적 경쟁을 조직하라!"는 격문과 더불어, 각 기업에서 세워진 새 기록을 공시하는 기사들로 가득 찼다. 1935년 11월, 제1차 전국 스타하노프운동원협의회가 모스크바에서 열렸다. 단상에 오른 스탈린은 더 이상 현실에 부합되지 않는 낡은 전통과 기술수준을 타파하고 선진 자본주의 국가들의 노동생산성을 능가하고 그리하여 "소련이 더욱 부유한 나라가 되는 새 시대가 공산주의 사상으로 무장한 새 사람들에 의해 돌파되고 있다"고 말하면서, 스타하노프 운동이야말로 새 시대의 장을 여는 획기적 사건이라고 규정했다. 하지만 그것으로 충분하진 않았다. 스탈린의 강조에 따르면, 스타하노프 운동이 갖는 역사적 의미는 그것이 사회주의에서 공산주의로 나아가기 위한 조건들을 마련하고 있다는 데 있었다.[28] 그 조건들이란 고도의 생산력 발전 및 공산주의적 인간형의 실현으로 귀결됐다.

스탈린은 사회 각 분야에서 사회주의적 경쟁을 확산시켰다. 모든 기업에서 '스타하노프 정신'이 뿌리를 내려갔고, 각 노동영웅의 기록은 전체 종업원의 작업기준량이 됐다. 운동이 순 강제적으로 전개됐던 것은 아니다. 1935년 10월부터 1936년 5월까지 크렘린 대궁전은 사실상 사회주의적 경쟁 운동의 선전 본부가 됐고, 그곳에서 "소비에트 인민의 영도자는 탁월한 스타하노프 운동원들 수천 명과 함께 나라가 사회주의로 더 전진하기 위한 계획을 논의했다."[29] 미천한 노동자였던 운동원들은 레닌훈장이나 노동적기(勞動赤旗) 훈장 등 최고 등급의 보상을 받으며 전국적 유명인사가 됐다. 그리고 그들 중 많은 사람이 각 기업에서 지도적 지위에 임명됐다. 운동에 대한 노동자들의 적극적 참여는 공산주의적 헌신의 발로이기도 했지만 한편 개인의 현실적 동기도 작용했을 것이다.

스타하노프 운동은 사회적으로 광범하게 전개됐다. 그 운동은 이데올로기적 차원이나 물질적 차원에서 자기 과업에 대한 주체적 관심을 각성시킴

---

28) См.: Правда, 22 ноября 1935 г.
29) Правда, 26 марта 1936 г.

으로써 소비에트 인민들의 나라 발전에 대한 열의를 고양시켰다. 그러한 가운데, 운동에 저항하면서 노동자의 헌신적 노동을 방해하는 “훼방꾼”에 대한 경계 목소리가 다시 고조되기 시작했다.[30] 적(敵)은 인민 속에도, 기업운영진 및 엔지니어·기술진의 보수적 부분 속에도 은신할 수 있다고 강조됐다. 1935년 11월 스타하노프운동원협의회 석상에서 스탈린은 “운동이 어느 정도 기업운영자들의 의지에 반해, 심지어 그들과의 투쟁 속에서 발생했고 전개됐다”고 말했다.[31] 물론, 스타하노프 운동이 스탈린의 숙청정책과 결부됐다고 단정할 이유는 없다. 다만, 새 사회를 건설함에 있어 이룩한 뚜렷한 성과에 의해 고무된 인민들의 각오와 열의는 당을 정화하려는 스탈린의 의지 구현을 뒷받침했다.

(3) ‘인민의 적’

‘인민의 적’이라는 말이 현실에서 사용된 것은 프랑스대혁명 시절이었다. 주로 혁명의 적이라는 뜻으로 사용됐던 ‘인민의 적(ennemi du peuple)’은 자코뱅 독재 말에 법령으로 구체화됐으며, 그것으로 “대(大)테러”의 장(1794년 6~7월)이 열렸다. 1년 남짓 되는 자코뱅 독재 때 약 12,000명의 ‘인민의 적’이 체포되어 단두대로 보내졌다. 자코뱅 테러의 대상이 됐던 것은 귀족들만이 아니었다. 사제, 농민, 노동자, 그리고 문인, 재판관, 상인, 수공업자들도 그 대상이 됐다. 자코뱅 중에서도 ‘인민의 적’이 적발됐는데, 조르지 당통 역시 체포되어 1794년 4월 형장의 이슬로 사라졌다.

레닌, 트로츠키 등 10월혁명 지도자들은 프랑스 혁명사에 정통했다. 그들은 프랑스 혁명운동과 자신들의 그것을 자주 대조했다. 러시아 혁명운동에

30) См.: КПСС в резолюциях и решениях съездов, конференций и пленумов ЦК, т.5, с.233~234.
31) Правда, 22 ноября 1935 г.

서 '브라기 나로다(Враги народа)', 즉 '인민의 적'이란 용어가 처음 등장한 것은 1917년 8월이었다. '반(反)혁명과의 인민투쟁위원회' 명의로 살포된 비라에서 볼쉐비키는 쿠데타를 감행한 라브르 코르닐로프를 '인민의 적'으로 규정했다. 이어, 레닌은 1917년 11월 말 소브나르콤(인민위원회의) 회의 때 입헌민주당의 주요 지도자들을 체포하여 혁명재판소 법정으로 넘기라고 제안하면서 그들을 '인민의 적'으로 규정하기도 했다. 1918년 5월 소브나르콤은 일련의 법령을 통해 잉여곡물의 몰수 및 사적 곡물거래 금지라는 식량정책의 원칙을 확립하면서, 보유 잉여곡물을 국가에 인도하지 아니한 모든 농민을 '인민의 적'으로 낙인찍었다.[32)]

그렇지만 노동자 정부를 표방했던 볼쉐비키 정권 초기에 '인민의 적'이라는 말은 당간부들 사이에, 그리고 공식 문건에서 별로 사용되지 않았다. 그것은 인민, 즉 나로드(народ)라는 낱말이 갖는 애매성 때문일 수도 있다. 그것은 느슨하게는 한 나라의 주민 전체를 뜻할 수도 있고, 1870년대 '브나로드(인민 속으로)' 운동이 전개될 때 그것은 실질적으로 농민을 뜻했다. 레닌이 러시아제국을 '인민들의 감옥(тюрьма народов)'이라 정의했을 때 그것은 민족을 의미했다. 1927년 8월 스탈린은 당중앙위원회 전원회의에서 반대파 지도자에 대해 '당의 적(敵)'이라는 표현을 썼다.[33)]

'인민의 적'이라는 개념은 1930년대 들어와 자주 사용되기 시작했는데, 그것은 단순한 수사에 그치지 않았다. 1932년 8월 제정된 〈사회주의적 소유의 보호에 관한 법률〉은 곡물 탈취자들을 '인민의 적'으로 규정하면서, 이들에게 준엄한 혁명적 책임을 물어 법정에 세울 것을 약속했다.[34)] 그 맥락에서, 1936년 채택된 스탈린 헌법의 제131조는 "사회적, 사회주의적 소유를 횡령하

32) См.: Декреты Советской власти, т.2, с.264~266, с.307~312.
33) Сталин И.В. Соч., т.10, с.89.
34) Правда, 21 августа 1932 г.

는 자는 인민의 적이다"라고 규정했다.[35] 문제는 법적 규정보다도 그것의 정치적 사용에 있었다. 특히 1930년대 중반을 지나면서 '인민의 적' 개념은 소비에트 사회의 정치생활에 있어 주요 동기가 됐다. '인민의 적'이라는 말이 주요 정치언어로 부각되게 된 데에는 스탈린의 정책이 결정적이었지만, 그것이 개념적으로 가능했던 것은 바로 소비에트 인민이라는 신 개념 때문이었다.

스탈린은 자신의 민족정책을 '민족과 민족적 편견에 대한 양보정책'이라고 설명했다.[36] 하지만 그것은 스탈린이 소수민족들 사이에서 민족주의를 선동하려 했다는 것을 의미하지 않는다. 그의 구상에 따르면, 소비에트 러시아에 존재하는 다양한 민족과 인종들은 마땅히 형제적 유대에 기초하는 단일한 소비에트 인민으로 변화되어야 했다. 이를 위해, 현실에서 민족이나 민족성(nationality)들 간에 존재하는 불평등관계가 해소되어 그들 사이에 동등한 권리가 실현돼야 했다.[37] 그래서 스탈린에겐 소수민족들에 대한 양보정책이 필요했던 것이다. 민족주의의 억압이나 말살이 아니라 민족적 유대감과 문화 전통을 승인함으로써 민족주의를 지양한다는 것이 그의 변증법이었다. 소비에트 문화는 형식적으로 민족적인, 내용적으론 사회주의적인 것이 되어야 했다. 그는 러시아 민족을 비롯한 발전된 민족들에게서 소비에트 인민들의 삶에 대한 위협을 보았다. 이런 관점에서 그는 이른바 '대러시아 쇼비니즘'과 '부르주아 민주주의적 민족주의'를 절대 허용될 수 없는 '공산주의로부터의 이탈'이라고 규정했다.[38]

---

35) 이 조항은 1977년 브레즈네프 헌법에서 삭제됐다.

36) Сталин И.В. Соч., т.5, с.231.

37) 'nationality'란 현재 한 민족의 특성이나 출신 민족을 뜻하는 말로 사용되기도 하지만 19세기에 그것은 타자와 구별되는 인종적·문화적 특성을 갖는, 그러나 아직 자신의 국가를 수립하지 못한 민족적 집단을 의미하는 말로 사용되기 시작했다.

38) См.: Там же, с.27~28.

소비에트 인민의 형성은 소련 사회의 정치적 통합과 연관됐다. 공업화의 성과는 1920년대 후반부터 나타나기 시작했고, 스탈린 정권의 아킬레스건이었던 농업문제는 농업의 집단화를 통해 해결됐다. 그 과정에서 농민들의 저항과 대규모 기근이 있었지만, 1933년을 계기로 문제는 해결됐다. 농업생산이 비약적으로 증대됐고, 농민은 대부분 집단농장원(콜호즈닉)이나 국영농장원(솝호즈닉)으로 변신하며 완전히 국가의 통제 하에 놓이게 되었다. 일부 지역에서 산발적으로 제기되던 민족주의적 저항도 소멸했고, 사회경제적 안정 속에 정권에 대한 지지도 높아졌다. 소련 내 제 민족의 사회주의적 통합이 구현되면서 소비에트 인민이라는 개념이 등장했다.

스탈린은 민족과 인민을 구별했다. 그는 민족을 '언어, 영토, 경제생활 및 심리적 기질의 공동성을 기초로 역사적으로 형성된 견실한 인간공동체'라고 정의했다.[39] 그것은 대개 국가로 발전했다. 반면, 인민이란 민족의 하위개념으로, 억압받는 피지배 근로대중을 뜻했다. 밀로반 질라스의 회고에 따르면, 1948년 초 그는 크렘린에서 스탈린을 접견한 자리에서 민족과 인민의 차이에 관해 물었다. 함께 있던 몰로토프가 둘 다 같은 것이라고 답하자 스탈린은 그에 반박했다:

> "아니오, 그건 다른 거요! 민족은 자본주의의 산물로서, 일정한 특징들을 갖지만, 인민이란 특정 민족의 근로자들입니다. 즉, 공동의 언어, 문화, 습관을 갖는 근로자들이오."[40]

소비에트 사회는 정치적, 경제적, 사회적으로 통합된 소련 내 여러 인민들, 즉 소비에트 인민들로 구성된 사회였고, 스탈린이 보기에 이 소비에트 인민

---

39) Сталин И.В. Соч., т.2, с.296.
40) См.: Ждилас М. Лицо тоталитаризма, М., 1992. с.112.

들에 각종 위해를 가하는 자들이 바로 '인민의 적'이었다. 소비에트 인민과 '인민의 적'은 상호 대칭적 개념이었다.

1935년 말 니콜라이 예조프는 당중앙위원회 전원회의에서 동년 11월까지 15,000명 이상의 '인민의 적'이 당에서 제명, 체포됐으며 100개 이상의 반(反)혁명조직이 적발됐다고 보고했다.[41] 이때부터 '인민의 적'이라는 말이 본격 사용되기 시작했다. 1936년에는 "인민의 적 테러리스트 센터"의 존재가 적발됐다. 센터는 지노비예프와 카메네프, 그리고 옛 트로츠키파 등 모두 16명으로 구성되어 있었다.[42] 그들은 "반(反)소비에트 활동, 간첩, 훼방, 테러 활동을 실행했고 세르게이 키로프 암살에 관여했으며 당과 정부 지도자들에 대한 테러를 준비했다"는 죄목으로 기소됐고, 1936년 8월 총살형이 선고됐다. 당원들은 '인민의 적'들을 규탄했으며, 억제할 수 없는 분노를 드러내며 비열한 살인자 도당을 준엄하게 처벌하라고 요구했다. "트로츠키-지노비예프-카메네프-게슈타포" 규탄 캠페인이 전개되는 과정에서 강철 같은 규율과 혁명적 경계심이 "볼쉐비즘의 법"으로 선포됐다.

1937년 1월 "트로츠키파 반(反)소비에트 센터" 사건에 대한 공개 재판이 시작됐다. 게오르기 퍄타코프, 그리고리 소콜니코프, 카를 라데크 등 17명의 트로츠키파 반혁명분자들이 1933년부터 "인민의 적 트로츠키"의 지시에 따라 소비에트 권력을 타도하려 시도했다는 것이 그 죄목이었다. 피고인들 가운데 4명을 제외하곤 모두 총살형이 선고됐다.[43] 1937년 6월에는 "붉은군대 내 트로츠키파 반(反)소비에트 군사조직"에 대한 재판이 진행됐으며, 미하일 투하쳅스키, 요나 야키르 등 8명의 피고인 전원에게 사형이 선고됐다.[44]

---

41) РЦХИДНИ, ф.17, оп.120, д.177, л.22.
42) См.: Реабилитация. Политические процессы 30~50-х годов, М., 1991, с.171~190.
43) Там же, с.215~216.
44) См.: Там же, с.280~304.

1938년 3월에는 "우파-트로츠키파 블록"에 대한 재판이 열렸다. 부하린, 리코프 및 트로츠키 측근이었던 흐리스티안 라콥스키와 니콜라이 크레스틴스키 등 모두 21명이 법정에 섰다. 그들의 죄목은 간첩활동 및 사회주의의 적들과의 공모에서부터 자본주의 부활을 위한 시도까지, 키로프의 암살 및 발레리안 쿠이비쉐프, 막심 고리키, 뱌체슬랍 멘진스키에 대한 살해 의혹부터 훼방활동의 조직화에 이르기까지, 그리고 부농들의 폭동을 조직하려는 시도로부터 공업의 전 분야에 치명타를 가하려는 음모까지, 모든 것을 망라했다.[45] 부하린을 비롯해 18명의 피고인에겐 총살형이 선고되어 즉각 집행됐다. 이로써 트로츠키파에서 부하린에 이르기까지 옛 반대파 주요 지도자들이 모두 '인민의 적'으로 몰려 형장의 이슬로 사라졌다. 중요한 것은, 반대파 지도자들에 대한 재판과는 별개로 당간부의 교체를 위한 숙정작업이 진행되고 있었다는 사실이다.

1937년 2월 당중앙위원회 전원회의에서 스탈린은 첫째, 자본주의적 포위가 존재하는 동안 "외국의 요원들이 소련의 후방으로 잠입시킨 훼방꾼, 스파이, 교란 분자 및 암살자들"이 국내에 반드시 존재할 것이라는 사실, 둘째, "훼방꾼, 스파이, 교란 분자, 암살자들의 흉폭하며 무원칙한 도당"으로 변한 트로츠키즘이 현재 외국의 첩보 기관들의 명령에 따라 활동하고 있다는 사실, 셋째, 소비에트 권력의 적 트로츠키주의자들이 가진 힘은 그들이 당원증을 갖고서 신뢰를 악용하고, 사람들을 정치적으로 기만하며, 소련의 적들에게 국가적 기밀을 제공하는 데에 있다는 사실을 직시해야 한다고 역설했다.[46] 이어, "지도적인 당간부들의 이데올로기적 수준과 정치적 단련도를 높이고, 이 간부들에게로 등용을 기다리고 있는 젊은 인재들을 합류시킬 것"을 요구했다. 그렇게 해서, '인민의 적'을 색출하는 작업과 기존 간부들에

45) См.: Правда, 3~14 марта 1938 г.
46) См.: Правда, 29 марта 1937 г.

대한 사상 검증 작업이 함께 진행됐으며, 당지도부에 소비에트 사회주의의 토양 위에서 자라난 "새롭고 신선한, 소비에트적 간부들"을 유입시킴으로써 권력기구 전체의 근본적 쇄신을 지향하는 간부혁명을 위한 계획이 수립됐다.

1937년 중반 '인민의 적'과의 투쟁이 본격적 국면으로 진입했다. 내무인민위위원부의 작전명령 제00447호에 따라, '인민의 적'을 판별하는 삼인회(Тройка)가 각 공화국과 주(州) 등에 설치됐다. 대개 삼인회는 해당 지역의 내무인민위원부와 당과 검찰 관계자 각 3인으로 구성되어 비상권력을 행사했다. 형사소송법적 절차는 무시됐다. 그들은 자의로 판결하고 형 집행을 명령했으며, 그리하여 "대테러"는 높은 생산성을 과시할 수 있었다. 피의자의 운명은 주로 개인 신상기록 자료에 의해 결정됐다. 혁명 이전의 멘쉐비즘, 사회혁명당, 제정 때의 정치이력, 내전기의 활동사항, 트로츠키파 경력이나 지노비예프파, 노동자반대파 등의 좌파에의 가담 정도, 우파에 대한 지지 여부, 당에서의 제명 사실, 계급적 출신성분, 전과기록, 그리고 피의자와의 친인척 관계나 친분 관계 등의 기준들이 총살장이나 수용소로 보내지는 근거로 활용됐다. 혐의가 인정된 경우 피의자는 스스로 무죄임을 입증해야 했으며, 입증 못할 경우 대개 유죄로 확정됐다. '인민의 적'을 적발하고 절멸시킴에 있어 전 인민의 적극적 도움이 적지 않은 역할을 담당했다. 1938년 중반을 지나면서 "대테러"는 막바지에 다다랐다.[47]

1956년 2월 니키타 흐루쇼프는 제20차 당대회에서의 비밀연설에서 이렇게 말했다:

---

47) 소련공산당 제1서기 니키타 흐루쇼프(Н.С. Хрущёв)가 1957년 7월에 열린 당 중앙위원회 전원회의 석상에서 행한 증언에 의하면, 1937~1938년 동안 150만 명 이상이 체포되었고, 그들 중 681,692명이 총살됐다. 이에 관해 см.: Источник, 1995, No.1, с.120.

"스탈린은 인민의 적이라는 개념을 도입했습니다. 이 용어는 인간의 이념적 오류 또는 논쟁 상대자의 이념적 오류를 증명해야 할 모든 필요성을 즉각 없애버렸습니다. 이 용어는 스탈린에게 뭔가 동의하지 않거나, 단지 적대적 의도를 의심받거나, 그냥 비방을 당하거나 하는 사람들이 아주 잔혹한 탄압을 받게 만들었습니다. 혁명 법규의 모든 규준을 훼손하면서까지 말입니다. 인민의 적 개념은, 본질적으로, 어떠한 이념투쟁 가능성이라도 혹은 실천적 의미를 갖는 이러저러한 문제들에 자신의 의견을 표명할 가능성조차 애초부터 삭제했고 배제했습니다. 현대 법학의 모든 규준을 위배하면서, 비난받는 사람 자신의 자백이 근본적이고 유일한 유죄의 증거가 됐습니다. 더욱이 자백은, 나중에 조사가 보여준 것처럼, 혐의자의 신체에 일정한 조치를 가해 얻어졌습니다. (중략) 한때 당의 노선에 반대했던 사람들에 관련해서 말해야 할 것은, 그들을 육체적으로 절멸시키기에는 유력한 근거가 충분하지 않았습니다. 그 사람들의 육체적 절멸을 위한 근거로서 인민의 적이라는 개념이 도입되었던 겁니다."[48]

반면, 1939년 3월 스탈린은 대숙청이 불가피했으며 '인민의 적'을 발본색원한 일은 긍정적 결과를 가져왔다고 주장했다. '인민의 영도자'가 개진한 논리에 따르면, 숙청의 긍정적 결과는 당이 유해하고 적대적인 분자들로부터 정화됨으로써 더욱 강인해졌고, 소비에트 사회의 균질성과 내부 단결이 실현된 덕분에 전쟁이 발발할 경우 붉은군대의 후방과 전선은 더욱 강고해질 것이라는 데 있었다.[49] 실제 볼쉐비키당은 젊은 간부들을 등용함으로써 완전한 인적 쇄신을 이루었다. 이 문제와 관련해 흐루쇼프는 1957년 7월 당 중앙위원회 전원회의 석상에서 분노를 토로했다:

"제17차 당대회에서 선출된 중앙위원 및 후보위원 가운데 98명이 제거됐습니다. 살아남은 사람은 고작 41명에 불과합니다. 당대회에 참석한 대의원들 대다수도 제

48) Реабилитация. Политический процессы 30~50-х годов, с.24~25.
49) Восемнадцатый съезд ВКП(б). Стенографический отчёт, М., 1939, с.28.

거됐습니다. 1,966명 대의원 중 반혁명 범죄를 저질렀다는 혐의로 1,108명이 체포됐고, 그중 848명이 총살됐습니다."[50]

흥미로운 것은, '인민의 적'으로 몰려 고초를 겪었거나 '인민의 적'과 직간접으로 연결된 사람들은 대다수가 당시 스탈린을 비난하는 것이 아니라 그 고통을 자신들의 탓으로 돌리고 있었다는 사실이다.[51] 그들은 자신의 과오를 참회하는 뜻으로 더 열성적으로 당 생활에 참여했다. 그랬음에도 '인민의 적'이라는 말은 소비에트 인민들에게 트라우마(trauma)로 남았다. 당시에는 스탈린 노선에 대한 작은 의구심조차 정치적 원죄가 되어 누구라도 '인민의 적'으로 지목될 수 있었다. 그것을 잊는 방법은 스스로 '스타하노프'가 되는 수밖에 없었다.

3. 사회주의의 조국 수호의 상징들

1941년 6월 22일 독일이 소련을 향해 바르바로사(Barbarossa) 작전을 개시했을 때 독일군은 북부집단군, 중부집단군, 남부집단군으로 편제되어 있었다. 북부집단군은 발트해 연안으로 진격하여 레닌그라드 쪽으로 나아가게 되어 있었다. 중부집단군은 중간에 저항하는 붉은군대의 주력을 격파하면서 나폴레옹의 루트를 따라 모스크바로 진격할 예정이었다. 남부집단군은 우크라이나 및 카프카즈 쪽으로 방향을 잡고 있었는데, 히틀러는 남부의 곡물과 석유를 확보한다면 독일군이 천하무적이 될 것이라 생각했다. 1920년

---

50) Исторический архив, 1994, No.2, с.40.

51) 이에 관해 см.: Симонов К.М. Глазами человека моего поколения. Размышление о И.В. Сталине, М., 1989.

대 출간된『나의 투쟁』에서 히틀러가 독일 민족의 레벤스라움(Lebesraum)을 동방으로 확장해야 한다고 주장했던 것도 특히 식량과 석유 문제를 해결하기 위함이었다.

(1) 반(反)파시즘 투쟁의 아이콘: 조야 코스모데미얀스카야

전격전(blitzkrieg)이란 그런 것이었다. 파죽지세로 중앙러시아로 진격한 독일 중부집단군은, 1941년 10월, 붉은군대가 모스크바 서쪽 100~120km 근방에 둘러친 모자이스크 방어선에 도달했다. 독일군 첨병부대는 동년 11월 말 모스크바에서 서북방 25km 지점에 위치한 크류코보(Крюково)를 점령하기도 했다.

10월 중순 소련 당국은 붉은군대의 방어선이 와해됐지만 스탈린이 모스크바에 남아 사력을 다해 모스크바를 방어할 것임을 방송으로 알렸다. 소비에트 인민들의 전의를 고무하기 위해 스탈린은 11월 7일 혁명기념일에 모스크바 붉은광장에서 군사 퍼레이드를 전개하도록 명령했다. 퍼레이드에 참가한 붉은군대 부대는 크렘린을 지나 바로 전선으로 투입됐다.

히틀러에게 모스크바는 매우 중요한 군사적, 정치적 목표였다. 그는 모스크바가 함락되면 소련이 붕괴될 것이라 생각했다. 독일군이 1941년 가을 개시한 타이푼작전의 목표는 그 해 겨울까지 모스크바를 정복하는 것이었다. 동년 11월 말 히틀러는 독일이 전쟁에서 승리했음을 선언하면서 오직 자연조건, 즉 모진 기후와 열악한 도로사정 만이 덜 제압됐다고 말했다. 그러나 저항은 완강했다. 12월 초 스탈린은 독일군에 대한 체계적인 반격을 개시했다. 모스크바의 북쪽과 남쪽 두 방면에서 공세를 시작한 붉은군대는 다음 해 1월 모자이스크 방어선 밖에서 전선을 구축할 수 있었으며, 길어진 전선에서 4월까지 독일군에 대한 대규모 공세를 지속했다.[52)]

독일군은 점령지역에서 퇴각하면서 도처에 많은 잔학행위의 증거를 남겼다. 특히 모스크바 서남방 약 100km 부근의 농촌 마을 페트리셰보(Петрищево)에서 독일군에 의해 처형된 파르티잔 "타냐"에 관한 기사가 실린 1942년 1월 27일자 ≪프라우다≫를 접한 소련 인민들은 슬픔과 분노로 전율했다. 거기에는 "타냐"가 죽음 앞에서 발휘한 영웅주의에 대한 목격담과 함께, 왼쪽 유방이 칼에 잘려나간 상태에서 목에 밧줄을 건채 얼어붙어 눈밭에 눕혀진 그녀의 시신을 담은 끔찍한 사진이 게재되어 있었다. 곧 그녀의 본명은 조야 코스모데미얀스카야이며, 나이는 18세, 모스크바 거주 소학교 10학년 학생으로 15세에 공산청년동맹(콤소몰)에 들어갔고, 1941년 가을 파르티잔 부대에 자원했음이 밝혀졌다.

모스크바가 독일군의 공격으로 풍전등화의 위기에 놓였을 때 스탈린은 독일군의 후방 침투를 위한 유격부대 편성을 지시했다. 260만 명의 모스크바 시민이 후방으로 소개되고 10월에만 성인 남자 약 7만 명이 의용군으로 전장에 나간 상태에서 모스크바에 잔여 인적자원이라곤 여성과 청소년밖에 없었다. 약 3천의 지원자 중 2천 명이 선발되어 9903파르티잔부대가 창설됐다. 이 부대는 11월 17일 독일군 후방으로 2개의 정찰조를 투입했는데, 그중에 조야가 있었다. 임무는 5~7일 내에 10개 마을을 불태우고 독일 협력분자를 처단하는 것이었다. 이는 독일군에게 "따뜻한 숙영"을 허용해선 안 된다는 1941년 11월 17일자 최고사령부 명령 0428호에 의거한 작전이었다. 조야

---

52) 1941년 9월부터 1942년 4월까지 이어진 모스크바 공방전의 인명 손실 규모는 문헌에 따라 편차가 있다. 2001년에 모스크바에서 발간된 자료집 Россия и СССР в войнах XX века: Потери вооруженных сил (Под ред. Г. Ф. Кривошеева)에 따르면 1942년 1월부터 동년 3월까지 독일 측은 33만 명 이상, 소련 측은 77만 명 이상의 인명 손실을 겪었다. 독소전쟁은 전쟁사 분야에서 가장 큰 주제일 것이다. 최근 국내에 번역 소개된 외국 학자들의 업적을 보면: 데이비드 M. 글랜츠 외, 『독소전쟁사』(열린 책들, 2007); 리처드 오버리, 『스탈린과 히틀러의 전쟁』(지식의 풍경, 2003); 제프리 메가기, 『히틀러최고사령부』(플래닛미디어, 2009); 앤드루 나고르스키, 『세계사 최대의 전투. 모스크바 공방전』(까치: 2011); 등이 있다.

는 독일군 연대본부가 있던 페트리셰보 마을에서 11월 28일 임무수행 후에 체포됐고, 다음날 처형됐다.

처형 직전 "나는 죽겠지만 내 뒤에 수백만 명이 있으며 그들이 너희들에게 복수할 것"이라고 외쳤다는 조야의 시신은 한 달 이상 교수대에 매달린 채 있었다. 나중에 독일군은 시신을 총검으로 훼손하고 왼쪽 유방을 도려내기까지 했다. 그것은 독일군에 해를 가하면 어떻게 되는지 잘 기억하라는 경고였다. 독일군이 붉은군대의 공세로 퇴각하면서 조야의 시신은 숲에 버려졌다. 조야에 관한 이야기는 ≪프라우다≫ 기자 표트르 리도프에게 알려졌고, 그는 페트리쉐보로 가서 조야의 시신을 찾아 찍은 사진과 함께 기사를 썼다. 그녀의 시신은 모스크바 노보데비치 묘원으로 이장됐다. 그녀는 사후 1942년 2월 여성으론 최초로 소련영웅의 칭호를 받았다.

조야를 죽인 부대가 독일군 197보병사단 332연대라는 사실이 밝혀졌다. 스탈린은 기회가 오면 그들을 포로로 잡지 말고 한 명도 남김없이 사살하라고 명령했다. 332연대의 소재는 소련군 정보망에 포착됐고 1943년 10월 프스코프(Псков)주 오스트로프(Остров) 인근의 베르기노(Вергино)에서 붉은군대 병사들에 의해 몰살됐다. 당시 한 독일군 장교의 야전가방에서 조야의 처형 장면을 찍은 사진 5장이 발견됐는데, 그때 조야는 "방화범"이라는 글씨가 쓰인 널판을 목에 걸고 있었다.[53)]

독일군의 잔학한 "인종정책"은 끝이 없었다. 조야가 처형되던 날 페트리셰보 인근 골롭코보(Головково) 마을에서 같은 9903부대원이었던 베라 볼로쉬나를 교수대에 매달아 한 달 이상 전시했다. 1941년 10월 처형된 17세의

53) '조야의 이야기'를 다룬 문헌은 아주 많다. 이 글은 러시아TV방송 PTP가 2005년 방영한 '조야 코스모데미얀스카야. 공적에 관한 진실'이라는 제목의 다큐필름의 내용에 주로 의거했다. 동영상은 http://rutube.ru. 사이트에 앞과 동일한 제목으로 올려져있다.

유태인 처녀 마샤 브루스키나의 이야기도 있다. 민스크에서 반(反)나치 지하운동을 하다가 체포된 마샤는 "우리는 독일군에 총을 쏜 파르티잔들이다"라고 쓰인 널판을 목에 걸고 다른 2명의 동료와 함께 거리를 행진한 후 교수형에 처해졌다. 역사 기록을 남기길 좋아했던 독일군은 마샤의 처형 과정을 찍은 사진들 말고도 "러시아 습지동물들"에 대한 잔인한 학살 장면을 찍은 사진과 영상물을 많이 남겼다. 그러나 그들의 잔혹행위 및 각종 기록물들은 전선에서 그리고 후방에서 붉은군대 병사들 및 소련 인민의 독일군에 대한 증오와 복수심을 증폭시켰다.

그들과 함께 조야가 있었다. 18세 처녀의 청순성과 영웅적 투쟁정신과 비극적 운명이 합쳐져 조야는 반(反)파시즘 투쟁의 상징이 됐다. 그녀는 사회주의 조국을 위한 순교자로 여겨졌다. 병사들은 복수를 위한 살기(殺氣)로 달아올랐고, 젊은 여성들은 스스로 조야가 되기 위해 전장으로 나아갔다. 그녀 이름은 장갑차, 탱크, 전투기 등에도 새겨졌다. 조야의 최후 모습은 "파시스트-광신자를 죽여라!"라는 문구가 삽입된 포스터로 만들어져 전후방 도처에 게시됐다. 1944년 레오 아른슈탐 감독의 영화 "조야"가 상영됐고, 소련 인민들은 연민과 분노를 되새겼다.

종전 후 시인, 작가, 화가, 조각가 등 많은 소련 예술가들이 조야를 주제로 자신의 작품을 만들었다. 조야의 이름은 학교에, 거리에, 집단농장에도 붙여졌다. 레닌그라드를 비롯한 많은 도시에서도, 대조국전쟁 때 반(反)파시즘 투쟁에 헌신했던 수많은 파르티잔을 기리며 명명된 모스크바 지하철역 '파르티잔스카야'의 역사 안에도 조야의 동상이 세워졌다. 트랜스일리 알라타우의 봉우리(4108m)에도, 저명한 천문학자 타마라 스미르노바가 1968년 2월 28일 발견한 소행성 '1793'에도 조야의 이름이 붙여졌다. "번쩍임도 소리도 없는 고요함, 어두움에 나무들이 조용히 잠잔다..."라는 가사로 시작하는 '조야의 노래'는 소비에트 인민들의 애창가요이기도 했다. '조야'는 투쟁이라는 시대정신의 상징이었다.

소련이 해체되고 사람들의 기억이 퇴색한 후에도 '조야'는 러시아 애국주의의 상징으로 남아 있다. 반(反)파시즘, 반(反)제국주의라는 목표가 외적(外敵)이라는 모호한 대상으로 바뀌었지만 그녀의 투쟁기는 아직도 유효하다.

(2) 승리의 상징 – 스탈린그라드

1942년 봄 독일군은 전선을 안정화했다. 중부집단군의 손실이 컸기 때문에 모스크바에 대한 재공격은 포기됐다. 일본의 진주만 공격으로 미국이 참전한 상황에서 히틀러는 독일군의 기동역량을 강화하는 게 필수적이라고 봤다. 카프카즈가 전략 목표가 됐다. 히틀러는 카프카즈산맥 너머 아제르바이잔의 바쿠유전을 장악하여 독일의 연료문제를 해결하려 했다.

스탈린그라드는 카프카즈로 들어가는 관문이다. 스탈린그라드는 카스피해로 흘러가는 볼가강 좌안에 위치한 도시로, 우크라이나 북쪽에서 흘러온 돈 강이 스탈린그라드 서쪽 60~70km 지점에 접근했다가 아조프해로 향한다. 결국 육로로 카프카즈에 들어가려면 스탈린그라드를 거칠 수밖에 없는데, 이런 지리적 위치가 도시의 군사전략적 가치를 제고했다. 1918년 곡물조달을 위해 카프카즈에 파견된 스탈린은 백군의 공세로부터 짜리친을 방위하는 데 공훈을 세웠고, 그곳은 1925년에 '스탈린의 도시', 즉 스탈린그라드로 개칭됐다. 제철소, 트랙터 공장 등을 보유한 공업도시로 발전한 그곳의 주민은 1940년경 50만 명을 넘었다.

히틀러에게 스탈린그라드 점령은 몇 가지 중요한 이유가 있었다. 그곳은 카프카즈로 전진하는 독일군의 후방 안전을 확보하는데 필수적인 전략적 요충지였고, 카스피해와 중부 러시아를 잇는 수송로 역할을 하는 볼가강의 거점 도시인 그곳을 점령하면 러시아의 남부와 중부를 절단시켜 결국 붉은군대의 석유와 각종 물자의 보급체계를 와해시킬 수 있었다. 게다가 스탈린의 이름이 붙은 도시를 점령한다는 것은 선전적 관점에서도 가치 있는 일이었다.

1942년 6월 말 독일 남부집단군은 카프카즈 장악을 위한 청색작전을 개시했다. 히틀러는 집단군을 두 개로 나누었다. A집단군은 카프카즈로 계속 남진하게 했고, 프리드리히 파울루스의 제6군이 주축이 된 B집단군은 동진하여 스탈린그라드를 공략하라고 명령했다. 스탈린그라드 전투는 8월 말 독일 공군의 무차별 폭격으로 시작됐다. 도심은 폐허가 됐고, 공습 첫 주에 4만여 명의 스탈린그라드 주민이 죽었다. 독일군에 대응하여 편성된 스탈린그라드 전선군의 지휘권은 안드레이 예료멘코에 부여됐고, 도시의 전술적 방어는 바실리 추이코프 중장이 지휘하는 제62군이 맡았다.

볼가강 동쪽 연안에 의지하면서 붉은군대는 폐허가 된 도시에서 각종 지형지물을 이용하여 방어 거점을 구축했다. 시가전은 치열했고 잔혹했다. 대개 독일군은 전차, 보병, 공군의 지상 지원이 잘 조화된 협공작전을 구사했다. 이에 대응하여 붉은군대는 근접전을 시도했다. 이런 전법은 독일군의 입체 전술을 무력화시켰다. 모든 거리와 공장, 집, 지하실 등에서 전투가 벌어졌다. 특히 치열한 전투가 벌어진 곳이 스탈린그라드 도심에 있는 마마예프 쿠르간[54]이었다. 이곳은 주인이 수없이 바뀌었다. 어떤 때는, 반격하던 붉은군대가 하루에 1개 사단을 잃기도 했다.

공격 개시 후 두 달이 넘게 지나도록 "무적의 독일군"도 도시를 완전히 점령하지 못했다. 붉은군대는 끝까지 저항하고 있었다. 스탈린그라드는 전선의 블랙홀이 되어버렸다. 화력과 병력을 아무리 투입해도 오로지 삼켜 녹여버리기만 했다. 독일군은 겨우 11월에야 볼가강 둑에 도달했고, 폐허로 변한

---

54) '마마이칸(Khan)의 릉'이라는 뜻의 마마예프 쿠르간(Мамаев Курган)은 102m 고지의 모습을 하고 있었다.

스탈린그라드의 90%가 넘는 지역을 장악함으로써 도시에 잔류한 붉은군대 병사들을 고립지대에 가두었다. 그러나 시내, 특히 마마예프 쿠르간과 북쪽의 공장지대에서는 전과 다름없이 치열한 전투가 벌어졌다. '붉은10월 제철소'와 '펠릭스 제르진스키 트랙터공장', '바리카디 대포공장' 주변의 전투는 세계적으로 유명해졌다.

11월 하순 스탈린은 스탈린그라드의 독일군을 포위 섬멸하기 위해 입안된 천왕성작전을 개시하라는 명령을 내렸다. 니콜라이 바투틴이 지휘하는 남서전선군은 스탈린그라드 멀리 서북방면에서 돈 강을 건너 공격해 내려갔으며, 콘스탄틴 로코솝스키 휘하 돈 전선군은 스탈린그라드 아래 동남쪽에서 공세를 시작했다. 작전 개시 이틀 만에 두 전선군은 스탈린그라드 서쪽 약 70km 지점의 칼라치에서 합류하여 스탈린그라드를 에워싸는 거대한 포위망을 형성했으며, 이 작전으로 독일 제6군과 루마니아군 등 약 33만의 병력이 포위망에 갇혔다.

1943년 1월 로코솝스키의 지휘 아래 붉은군대는 스탈린그라드의 독일군 소탕을 위한 고리(кольцо)작전을 시작했다. 히틀러는 자신의 집권 10주년 기념일(1월 30일)에 파울루스를 원수로 승진시켰다. 지금까지 포로가 된 독일군 원수가 없었음을 상기시키며 결사항전을 요구했다. 그러나 붉은군대가 도심으로 진입하자 2월 초 파울루스는 항복했다. 독일군 장성 포함 91,000명의 추축군 병력이 포로가 됐고, 스탈린그라드에 갇혔던 다른 장병들은 모두 사망했다.[55]

---

55) 스탈린그라드 전투에 관해서는 Исаев А. В. Сталинград. За Волгой для нас земли нет (М., 2008); 안토니 비버, 『여기 들어오는 자, 모든 희망을 버려라』(서해문집, 2004); 등을 참조할 것. 독소전쟁의 주요 전환점이 됐던 스탈린그라드 공방전은 인간잔혹사에서 주요 페이지를 차지한다. 서방 측 통계에 위하면, 이 전투에서 추축국이 치른 병력 손실은 최소 85만 명에 이른다. 포로가 된 9만여 명도 1943년 봄 대부분 티푸스로 사망했고, 종전 후에도 오랫동안 소련에 억류되어 있다가 1955년 겨우 5천여 명만이 독일로 귀환했다. 붉은군대의 병력

스탈린그라드에서의 승리는 소련 인민들에게 체제에 대한 자부심과 자신감을 고취했다. 붉은군대의 불굴의 투쟁의지와 놀라운 희생정신에 관한 이야기는 세계로 퍼져나갔으며 소련의 저력을 확인시켰다. 스탈린그라드는 특히 독일 점령하의 유럽 각 지역의 저항운동에 큰 자극이 되었고, 서유럽 보수주의자들에게도 경단의 대상이 됐다. 1943년 11월의 테헤란회담 때 W. 처칠은 스탈린그라드의 승리를 기념하여 '스탈린그라드의 칼'을 스탈린에게 증정했다.[56] 스탈린그라드 전투 과정의 각 요소들은 전설이 됐고 사회주의 조국 수호의 상징이 됐다. 예료멘코, 추이코프, 로코솝스키 등 스탈린그라드에서 활약했던 군지휘관들은 사회적 영웅이 됐다. 스탈린그라드 전선군의 정치위원이었던 니키타 흐루쇼프도 그 대열에 동참했다. 일반 병사의 무용담도 전설의 소재가 됐다. 특히 제62군 내 '최고의 저격병 자리를 겨냥한 사회주의적 경쟁'에서 이긴 바실리 자이체프는 훈장과 함께 위대한 저격수 칭호를 받았으며, 군내에서 독일군에 대한 "저격운동"을 확산시킨 주역이 됐다.

스탈린그라드는 1945년 영웅시(市) 칭호를 받았다. 전후 스탈린그라드는 문학, 영화, 미술, 음악 등 각 예술 분야의 주제가 됐다. 사실, 독소전에서 공수전환의 계기가 됐던 것은 1943년 7~8월 우크라이나 인근의 러시아평원에서 전개됐던 쿠르스크(Курск) 전투였다.[57] 독일군은 쿠르스크 전투에서

손실은 110만 명을 넘었는데, 약 48만 명이 전사하거나 포로가 됐고 약 65만 명이 부상을 입었다.

56) '스탈린그라드의 칼'의 칼날 양면에는 각각 영문과 노문으로 "강철처럼 강인한 스탈린그라드 시민들에게·국왕 조지 6세로부터·영국인민의 경의의 표시로"라는 문구가 새겨져 있다.

57) 독일군 90만 명 이상, 붉은군대 병력 133만 명 이상이 참여한 쿠르스크 전투는 양측 합쳐 탱크 6,300여 대, 항공기 4,400여 등이 동원됐으며, 투입된 병력 및 화력 면에서 인류사상 '지상최대의 작전'이었다. 쿠르스크 전투에 관해서는, Замулин В. Н. Курский излом. Решающая битва отечественной войны (М., 2007); 마크 힐리의 『쿠르스크 1943』(플래닛미디어, 2007); 등을 참조.

패하면서 후퇴하기 시작했고, 소련이 승기를 잡으면서 그 해 가을 테헤란회담이 개최됐다. 아무튼, 그럼에도 스탈린그라드가 승리의 보루로 상징화됐던 것에는 몇 가지 이유가 있다. 우선, 스탈린그라드 전투는 세계가 지켜보는 가운데 독일군의 불패 신화를 깨버리며 독일 제6군을 통째로 포로로 잡는 미증유의 전과를 올렸다. 둘째, 스탈린그라드는 당시 붉은군대의 보급체계 상 치명적인 곳이었다. 독일이 스탈린그라드를 점령하여 볼가강을 차단하며 카프카즈의 석유와 각종 물자를 장악했다면 전쟁 판도가 달라졌을 것이다. 셋째, 쿠르스크 전투는 약 50일간의 기갑항공전이었으나 약 200일에 걸친 스탈린그라드 전투는 시가전이 주축이었고 따라서 전설이 많았다. 또한 그곳이 '스탈린의 도시'라는 것도 나름 역할을 했다.

스탈린그라드가 함축한 의미를 표현한 것이 1967년 도심의 마마예프 쿠르간에 철근 콘크리트로 축조된 거대한 여인상이다. 이른바 '어머니 - 조국(Родина-мать)'을 상징하는 이 여인상은 1941년에 만들어진 입대 권유 포스터에 그려진 어머니 모습을 형상화했는데, 그것의 높이는 52미터, 총무게는 7천 톤에 달하며, 여인이 높이 치켜든 칼의 무게만 해도 9.5톤이며 여인이 뻗은 팔의 길이만 20미터에 달한다. 칼의 길이 33미터, 원형 기단에서 칼끝까지의 높이는 무려 85미터에 달한다. 그것은 소련 인민들에게 자부심의 성상(聖像)이었다. 스탈린그라드는 사회주의 조국을 지킨 승리의 상징이었다.

4. 결론

1946년 2월 스탈린은 전쟁 전의 정책이 갖는 역사적 정당성을 역설하면서 전후에도 동일한 정책이 추진될 것임을 밝혔다.[58] '인민의 영도자'는 '스타하노프'와 '인민의 적', '조야'와 '스탈린그라드'를 활용하면서, 제국주의와 대결하는 당원과 인민들의 분발과 헌신을 촉구했다. 전쟁 피해는 신속히 복구됐지만 병영화된 소비에트 사회는 새롭게 설정된 전략목표가 부재한 상황에서 피로감을 노출할 수밖에 없었다.

소비에트 사회의 급속한 변화는 상징의 파괴에서 시작됐다. 1956년 소련공산당 제20차 대회를 계기로 시작된 흐루쇼프의 스탈린 개인숭배 비판은 곧 탈(脫)스탈린화 정책으로 이어졌다. 흐루쇼프는 '인민의 영도자'를 범죄자로 규정했으며, 인민들은 공황상태에 빠졌다. 스탈린 사망 직후 흐루쇼프가 라브렌티 베리야를 돌연 '인민의 적'으로 몰아 제거했을 때 당중앙위원회가 흐루쇼프를 지지했던 이유는 다수의 중앙위원들이 베리야에게서 스탈린과 같은 "폭군"의 모습을 봤기 때문이었다. 스탈린은 인민들에겐 자애로운 모습을 보였지만 당간부들에겐 엄격했다. 그는 당간부들에게 그들이 가진 지위와 권한 그 이상의 책임을 요구했다. 언제라도 '인민의 적'으로 몰릴 수 있었다. 그들은 흐루쇼프가 자신들에게 드리워져 있던 다모클레스의 칼을 제거해주리라 믿었다. 그가 적어도 생명의 자유는 보장할 것이라 생각했다.

스탈린의 후계자임을 거부한 흐루쇼프의 정치적 성공은 당간부 및 인민들 모두에 대해 스탈린과 같은 '인민의 영도자'가 될 때 가능했다. 소련이 '전(全)인민의 국가'로 전환되었다고 선언한 그는 1980년도까지 공산주의 사회를 건설한다는 새 전략목표를 설정했다. 인민들에게 목표 실현을 위해 분

58) См.: Сталин И.В. Соч., т.16, с.1~22.

발할 것을 촉구하는 흐루쇼프식 선전과 선동이 시작됐다. 당 최고지도자로서 그의 권위는 영도자의 그것에 미치지 못했으며, 사회주의 건설사업과 잔혹한 전쟁에 몰두했던 소비에트 인민들은 이미 피곤에 지친 상태였다. 때론 즉흥적이고, 때론 무모한 사업을 추진하던 흐루쇼프는 1964년 10월 당중앙위원회 제1서기 자리에서 밀려났다. 그에게 가해진 비판의 요지는 집단적 지도 원칙의 훼손, 개인숭배 분위기 부활, 그리고 경솔한 개혁과 빈번한 간부진 교체로 인한 사회적 불안정성 조장 등이었다.[59] 흐루쇼프의 추락은 당 간부들이 경제건설에 대한 '스타하노프'의 열정 및 제국주의에 대한 '조야'의 투쟁심을 상실했음을 반증했다. 흐루쇼프 실각에 대한 인민들의 항의도 없었다.

'인민의 영도자'의 몰락과 함께 국가사회주의 체제의 다른 상징들도 버려지기 시작했다. 흐루쇼프 후임으로 서기장이 된 레오니드 브레즈네프의 정책적 화두는 '안정(стабильность)'이었다. 소련 인민들 대다수는 '발전된 사회주의'를 향유하며 브레즈네프에 만족했다. 스타하노프는 지나간 시대의 영웅이었다. '인민의 적'에 대한 관념은 혼돈에 빠져들었다. 1954년에서 1961년까지 70만 명 이상의 '인민의 적'이 사면 복권됐다.[60] 페레스트로이카 이후 조야의 전설에도 의혹이 제기됐다. 조야는 방화충동을 가진 정신분열증 환자였으며, 독일군이 아니라 마을 주민들이 방화하는 그녀를 잡았으며, 당시 페트리셰보에는 아예 독일군이 주둔하지도 않았다는 등의 주장이 기사화됐다. 요컨대 조야는 공산주의적 선전을 위해 만들어진 가공인물이라는 것이었다.[61] 1990년대는 공산주의와 관련한 많은 것이 부정되던 시절이었다.

---

59) См.: Бовин А.Е. Курс на стабильность породил застой. // Л.И. Брежнев: материалы к биографии (Сбор.), М., 1991, с.92.
60) См.: Реабилитация. Политические процессы 30~50-х годов, с.6~8.
61) 주 51에서 인용된 PTP의 다큐필름은 조야에 관해 제기된 각종 의혹이 사실이 아님을 목격자들의 증언과 문서고 자료들에 의거해 반박하고 있다.

승리의 상징 스탈린그라드도 1961년 볼고그라드로 개칭되면서 도시가 주는 감동이 반감됐다. 그 후 거대한 '어머니 - 조국' 성상이 건립되었지만, 그것보다 스탈린그라드라는 이름이 갖는 의미가 더 컸다.

스탈린 체제 하에서 선전 - 선동의 아이콘으로 기능했던 상징들은 스탈린 사후 특히 흐루쇼프에 의해 적극적으로 파괴됐다. 이는 소비에트 인민들 사이에 정치적 허무주의를 조장하여 결국 소비에트 사회의 탈(脫)이데올로기화를 촉진했다.

1960년대 후반 카프카즈 다게스탄 출신의 시인 라술 감자토프는 전몰 병사들을 추모하는 시를 썼다. 19세 때 스탈린그라드 전투를 인근에서 목격했으며 대조국전쟁에서 두 형을 잃은 그는 학(鶴)을 주제로 애절한 마음으로 인생무상을 노래했다. 다게스탄어로 쓰인 그의 시는 러시아어로 옮겨졌고 곡조가 붙여졌다.[62]

가끔 내겐 병사들이,
피로 물든 들녘에서 돌아오지 않은 그들이,
우리 땅에 와 잠들지 않고,
하얀 학들이 된 것 같아.

그들은 그 먼 옛날부터 지금까지,
날아가며 우리에게 소리를 내지.
왜냐면 그렇게 자주 그리고 슬프게,
하늘 보며 우리가 침묵하기 때문이겠지.

날아가네, 날아가네 하늘을 지친 학의 무리가,

---

62) 이 노래는 마르크 베르네스(Марк Н. Бернес)가 개사하고 얀 프렌켈(Ян А. Френкель)이 작곡하여 발표된 소비에트 가요로서 제목이 '주라블리(Журавли)'이다. 서방에선 'The White Cranes'로 알려져 있다.

석양의 안개 속을 날아가네,
그 쐐기모양 대오 속 작은 틈새가,
아마 나를 위한 곳이겠지.

그 날이 오면 나는 학들과 함께,
바로 그 희푸른 어스름 속을 유영하리라.
하늘 아래로 새처럼 소리쳐 부르면서,
내가 땅에 남긴 그대들 모두를.[63]

1969년 발표된 이 노래에 소련 인민들 대다수가 공감하며 가슴을 저몄던 것은 그것이 바로 그들 자신의 이야기였기 때문이었다. 영도자와 스탈린그라드의 영광에 묻혔던 그들 개인의 아픈 역사가 이제 상대적으로 풍요롭고 안정된, 평화로운 삶 속에서 노래와 함께 도드라졌다. 스탈린을 위해, 조국을 위해, 사회주의를 위해 싸웠기 때문에 부모나 형제자매, 친구, "동무"들의 죽음에도 애써 외면할 수 있었던 그들의 치열했던 지나온 삶은 탈(脫)스탈린화 정책과 함께 영광을 잃었다. 맹목이 되어버린 자신의 삶에 대한 회한, 적들과의 투쟁 속에서 산화한 이들에 대한 통한과 그리움, 미안함이 감자토프의 노래에 투사됐다.

---

63) 러시아어 원 가사를 보면:
Мне кажется порою, что солдаты, С кровавых не пришедшие полей,
Не в землю нашу полегли когда-то, А превратились в белых журавлей.

Они до сей поры с времен тех дальних, Летят и подают нам голоса.
Не потомуль так часто и печально, Мы замолкаем, глядя в небеса?

Летит, летит по небу клин усталый, Летит в тумане на исходе дня, И в том строю есть промежуток малый, Быть может, это место для меня.

Настанет день, и с журавлиной стаей, Я поплыву в такой же сизой мгле,
Из-под небес по-птичьи окликая Всех вас, кого оставил на земле.

전장에서 살아남은 사람에겐 생사의 경계가 모호하다. 과거와의 단절을 강요받는 현실에서 많은 소련 인민은 이른바 거대담론을 통해서가 아니라 자신의 가슴에 묻은 이들과 교감함으로써 과거에 접속했다. 전몰자를 추모하는 감자토프의 노래가 불리면서 소련 인민들에게 학(鶴)은 스탈린 시대와 현재를 매개하는 상징이 됐다.

사회주의와 민족문제

1. 머리말

1991년 12월 소련 해체 이후 소비에트 사회주의의 몰락을 진단하는 문제는 러시아학의 주요 이슈가 되었다. '민족문제의 폭발에 따른 소비에트 연방제의 종언'이라는 테제를 주장해온 헬렌 카레르 당코스는 곧 그 분야에서 권위자로 부상했다. 그의 대표작 *The End of the Soviet Empire: The Triumph of the Nations*는 1993년 출간되자마자 러시아학의 고전 반열에 올랐다.[1] 소연방의 붕괴를 사회주의에 대한 민족의 승리로 규정하는 그 책은 1980년대 후반 분출된 소연방 내 민족 분규들을 목격하며 집필되었고, 거기에는 소비에트 연방제와 러시아민족주의 간의 대립에 대한 기록과 설명이 추가되어 있기도 하다.[2]

---

1) 책의 원제는 *La gloire des nations ou La fin de l'empire soviétique*이며, 1990년 파리에서 출간되고 다음 해 수정판이 나왔다. 당코스의 논지와 다르게 주제에 접근하는 최근 연구로는 Archie Brown의 편저 *The Demise of Marxism-Leninism in Russia* (N.Y.: Palgrave Macmillan, 2004)와, Jeremy Smith의 *The Fall of Soviet Communism* (N.Y.: Palgrave Macmillan, 2005) 등이 읽을 만하다.

2) D'Encausse H.K., *The End of the Soviet Empire: The Triumph of the Nations.* trans. by Franklin Philip (N.Y.: BasicBooks, 1993), pp.171~195.

당코스는 1979년 출간한 *L'Empire éclaté* (Paris: Flammarion)에서 자신의 학문적 역량을 이미 잘 보여주었다.[3] 소비에트 체제의 가장 심각한 문제로 민족문제를 지적한 그는 "민족적 형식과 사회주의적 내용 사이의 타협"이 깨지고 있는 현실을 설명하면서 "제국이 파열"히고 있다고 직설화법으로 말했다. 이것은 당시 매우 이례적이었다. 일부 탈이데올로기론자들은 소련에서 산업발전에 따라 맑스-레닌주의의 독점적 지배가 종식되고 민주적 변혁이 실현될 것이라 예언했지만,[4] 이들의 주장은 자유주의와 사회주의의 체제적 접근을 역설하는 체제수렴론에 의해 가려졌다. 소련을 "악의 제국"이라 비난한 신냉전주의자들조차 소연방이 머지않아 붕괴될 것이라고는 예상하지 못했다.

L'Empire éclaté 에서 당코스가 인구학적 연구를 통해 제시한 결론은 문명충돌론을 연상시킨다. 그에 의하면, 1970년대 소련에서 주로 기독교적인 서부 공업지역은 인구감소 추세가, 이슬람적인 동부 농업지역(중앙아시아와 카프카즈)은 인구증가 추세가 두드러지는데, 이에 병행하여 사회적으로 이질적 가치체계이던 이슬람교가 이슬람 민족주의로 발전하고 있었다. 소비에트 제 민족의 문화는 형식에 있어서 민족적이나 본질에 있어서는 사회주의적이어야 한다는 것이 레닌과 스탈린의 민족정책적 기본 구상이었다. 당코스는 "여러 민족문화와 총체로서의 정치문화 및 이데올로기의 심오한 변화"가 진행되는 가운데 "도처에서 문화가 점차 민족화되고 있으며, 깊은 민족적 가치를 흡수하여 본질을 형식으로 바꾸는 정도에 이르기까지 [민족문화는] 사회주의적인 것들을 주변으로 밀어내고 있다"고 진단했다. 1970년대

---

3) 이 책은 『소련제국의 붕괴: 소련의 여러 민족의 반란』이라는 제목으로 1985년 신승권이 국역 출간했다.

4) Bell D., *The End of Ideology: On the exhaustion of Political Ideas in the Fifties.* (N.Y.: The Free Press, 1962) 참조.

이후 우크라이나, 그루지야 등에서 발현되는 민족주의적 현상과 갈등은 단일한 소비에트 인민이라는 개념이 허구라는 사실을 반증한다는 것이었다. 특히 이슬람교는 "공식 간부와 이데올로기의 범위 밖에 존재하는 유일한 조직"으로서 "눌리석, 정신적 결집의 장"이 되어 있다고 평가하며 "마호멧이 맑스를 위협하고 있다"는 말로 자신의 진단을 압축 표현했다.[5] 그는 소련이 궁지를 벗어날 수 없으며 특히 "20년 이내에 해결 불가능한 일련의 문제들에 봉착할 수밖에 없을 것"이라 단언하기도 했다.[6]

맑스 이후 사회주의자들은 민족과 민족문제에 대한 고유 개념과 이론을 발전시켰고, 그것은 소비에트 러시아에서 정책으로 구현되었다. 소비에트 민족정책으로 소련 내 민족 및 민족문화의 발전과 차별화가 조장되었고, 결국 그것은 소련의 해체 방식이 결정됨에 있어 주된 계기가 되기도 했다. 우리의 의문은 과연 당코스의 테제대로 소연방이 해체되었는가에 국한되지 않는다. 민족은 역사변동의 불변적 기본 단위인가, 나아가 민족주의는 당연히 '절대 선'으로 승인되어야 하는가 하는 문제도 깊이 고찰해야할 대상이라고 생각한다.

본 연구에서 우리는 사회주의적 민족이론들을 비교 검토함에 이어, 소비에트 러시아의 민족정책을 분석하고 이에 의거해 수립된 소련 국가체계의 발전과 해체를 탈이데올로기화 개념과 연결해 설명하려 한다. 우리는 이 논의가 사회주의의 민족문제에의 접근을 체계적으로 인식하고 소비에트 민족정책의 내용과 한계를 분명히 이해하는 데 유용하리라 생각한다. 그럼으로써 당코스의 테제에 비판적으로 접근할 수 있게 하고, 아울러 우리 사회의 민족과 민족주의에 관한 통념을 반추하는 계기로 삼고자 한다.

---

5) D'Encausse H.K., 『소련제국의 붕괴』, 신승권 역 (서울: 육법사, 1985), pp.288~289.
6) Ibid., p.321.

2. 맑스주의의 민족문제 인식

(1) 맑스-엥겔스의 민족개념

맑스주의가 민족을 어떻게 이해하는지는 『공산당 선언』에 잘 나타난다. 맑스는 이렇게 말한다:

> "부르주아지는 생산수단, 소유 및 인구의 분산을 점점 더 폐기한다. 부르주아지는 인구를 밀집시키고, 생산수단을 집중시키고, 소유를 소수의 손에 집적시켰다. 이로부터 나오는 필연적 결과는 정치적 중앙집권이었다. 상이한 이해관계들, [상이한] 법률들, [상이한] 관세들을 갖고 있던, 그리고 거의 동맹관계에 의해서만 연결되어 있던 독립적 지방들이 하나의 정부, 하나의 법률, 하나의 전국적 계급 이해, 하나의 관세구역으로 통합되었다."7)

그는 사회 내 개인이나 계급들 간 물질적 교류 전체를 포괄하는 시민사회를 역사의 진정한 원천이자 무대로 여겼다. "생산력에 의해 결정됨과 동시에 역으로 그 생산력을 결정하는 교류형태"인 시민사회가 대외적으로 자신을 민족이라 주장하고 대내적으론 국가로 조직한다 하더라도 그것은 국가와 민족을 초월하는 존재였다. 자본주의 국가는 부르주아 계급의 공동사업을 관장하는 위원회이며, 국가이익이나 민족이익이란 실상 지배계급의 이해관계를 표현할 뿐이었다. 그는 『공산당 선언』에서 이렇게 말한다:

> "노동자들은 조국이 없다. 그들에게 없는 것을 그들로부터 빼앗을 수는 없다. [중략] 제 민족성의 민족적 분리와 대립들은 이미 부르주아지의 발전과 더불어, 상업의 자유, 세계 시장, 그리고 공업 생산의 획일성 및 그에 상응하는 생활 상태의 평준화

---

7) K. Marx & F. Engels, 『저작선집 1』, 김세균 감수 (서울: 박종철출판사, 2005), p.405.

와 더불어 점점 사라지고 있다. 프롤레타리아트의 지배는 그런 분리와 대립을 더욱 더 사라지게 할 것이다."[8]

즉 맑스에게 민족이란 부르주아 계급이 건설한 근대 국가의 국민으로서, 그것은 자본주의 발전의 산물이며 공산주의 사회의 도래와 함께 소멸한 운명을 가진 역사적 범주였다.

"만국의 프롤레타리아여, 단결하라!"라는 구호는 민족에 관한 맑스주의의 기본 입장을 집약적으로 표현한다. 그렇지만 맑스와 엥겔스는 부르주아적 지배가 확립되지 못한 후진지역의 정세를 분석하면서 민족문제에 관련한 다양한 평가를 제공하기도 했다. 먼저, 맑스가 영국의 인도 지배에 관해 피력한 의견은 식민지근대화론을 연상시킨다. 그가 보기에 영국은 인도에서 파괴와 진보라는 이중의 사명을 수행해야 했다. 즉, 그것은 아시아적 낡은 사회를 파괴하는 것과 더불어 서구적 사회의 물질적 기초를 구축하는 일이었다. 인도라는 식민지에서 "부르주아 문명의 지독한 위선과 그 고유의 야만성"이 아무리 노골적으로 폭력적 방법으로 발휘되었더라도 그것은 인도의 근대적 발전을 위해, 서구세계와의 연결을 위해 불가피한 것이었다. "부르주아적 역사 시대"는 세계적 차원에서 신세계의 물질적 토대를 창출해야 했다. 한편으론 인류의 상호의존 위에 입각한 세계적 교류와 그 교류수단들을 만들어 내야하고, 다른 한편으론 인간의 생산력을 발전시키고 과학이 물질적 생산과정을 지배토록 해야 했다.[9] 그런 뜻에서 인도의 민족운동은 반동적이었다.

반면, 맑스와 엥겔스는 폴란드 민족운동을 지지했다. 폴란드에서 외세에의 저항을 주도했던 세력은 하층귀족, 도시 부르주아지, 농민계급의 동맹이

---

8) Ibid., p.418.
9) K. Marx & F. Engels, 『저작선집 2』, pp.411~426.

었고, 이들은 반동적 전제정치에 대한 반대자이기도 했다. 민족문제 해결은 역사적 진보와 결부되어야 했고, 이것이 맑스와 엥겔스의 폴란드에 관한 일관된 생각이었다. 이런 맥락에서 1866년 엥겔스는 각 민족성(nationality)이 정치적 독립의 권리를 갖는다는 '민족성의 원칙'에 의거하여 폴란드 독립을 지지하는 운동세력들을 비판했다.[10] "분명한 역사를 가진 큰 민족"인 폴란드를 민족성으로 간주하는 것도 부적절하지만, 현실에서 그 원칙이 동유럽 슬라브인들의 러시아로의 병합을 추구하는 범슬라브주의에 의해 이용되고 있고, 결국 러시아의 폴란드 분할을 합리화하기 때문이었다.[11] 아무튼 폴란드의 재건운동은 지지되어야 했는데, 왜냐하면 러시아의 폴란드 점령 및 중유럽으로의 진출은 유럽의 사회개혁이 "아시아적 야만성"으로 위협받는 현실을 초래할 수 있기 때문이라는 것이다.[12]

또한, 맑스와 엥겔스는『자본』제1권 25장 제5절에서 영국자본가들이 자본축적과정에 아일랜드를 억압, 수탈한 사실을 실증적 자료로 입증하는 가운데 아일랜드를 영국 자본주의의 주변에 위치하여 그 모순이 중첩, 가중 발현되는 곳으로 규정했다.[13] 아일랜드의 비참한 현실은 영국의 식민지배로 강요된 것이며, 영국으로부터의 자치와 독립, 농업혁명, 영국에 대한 보호관세라는 세 가지 과제의 해결 없이는 아일랜드 문제가 청산될 수 없다고 역설했다. 맑스와 엥겔스의 아일랜드론(論)이 갖는 의미는 식민지와 종주국의 관계로써 그곳의 문제와 민족운동을 파악했다는 점에 있었다. 맑스는 아일랜드의 식민제도가 영국 지주귀족제를 유지하는 보루가 되고 아일랜드의

10) 맑스-엥겔스의 문헌에는 민족 및 민족성에 대한 정의가 없다. 하지만 맑스주의 용법에서 민족성이란 근대국가를 수립한 민족으로 발전하기 전 단계의 종족집단을 뜻하며 대개 중세 개념과 결부되어 있다.

11) 엥겔스는 러시아가 범슬라브주의를 내세워 동유럽 슬라브계 민족성들의 반란을 부추기는 모습을 보며 슬라브계 민족성들의 독립에 반대했다.

12) K. Marx & F. Engels,『저작선집 3』, pp.119~130.

13) K. Marx,『자본론 I』, 김수행 역 (서울: 비봉출판사, 2005), pp.956~976.

봉건적 잔재(지주제도)가 오직 영국군대의 힘으로 유지되는 현실을 지적하면서, 영국노동자들에게 아일랜드 해방은 추상적 정의나 감정의 문제가 아니라 그들 자신의 사회적 해방을 위한 첫 번째 조건이라 설명했다. 그가 보기에 아일랜드는 "전 세계 지주제도와 자본주의의 수도인 영국"의 "가장 약한 고리"였으며, 결국 아일랜드 독립은 영국 노동계급의 해방을 위한 전제였다.[14)]

맑스가 노동운동의 기본 원칙으로 설정한 프롤레타리아 국제주의와, 특히 폴란드론 및 아일랜드론에서 개진한 민족주의적 "선동"은 상충되어 보이지만, 역사적 진보라는 화두에서 비롯하는 맑스주의 이론체계 내에서 그것들은 근본적으로 모순되지 않는다. 그럼에도 다양한 현실은 이론가들을 분열시키기에 충분했다. 서유럽 맑스주의자들에게 민족해방은 과거지사였지만, 중동유럽에서 프롤레타리아 국제주의가 고양되기에는 사회적 발전수준이 미약했으며 민족문제의 정치적 의미가 너무 컸다. 점차 서유럽 사회민주주의 정당들 내에서도 민족주의 내지 쇼비니즘적 경향이 확산되었다. 맑스 이론을 과학으로 신봉하며 자본주의 타도를 외쳤던 급진세력은 프롤레타리아 국제주의를 신성한 교의로 받아들였지만, 사회주의를 가치로 수용하며 그것을 노동운동 목표로 삼았던 베른슈타인 등 수정주의자들은 국가 간 경쟁과 대립이 격화될수록 민족주의나 국가주의의 지지자가 되었다.

20세기 초 유럽 노동운동세력은 사회주의 혁명에 대한 전망을 둘러싸고 혁명적 맑스주의와 수정주의로 분화되었다. 양자를 구분하는 시금석이 프롤레타리아 국제주의였다. 자본주의의 조속한 붕괴를 확신하는 급진적 혁명세력은 민족운동의 발전이 사회주의 진영을 분열, 약화시키는 모습을 문제시했던 반면, 장기간에 걸친 자본주의 발전을 예상하는 온건 맑스주의자

---

14) K. Marx & F. Engels, 『저작선집 3』, pp.211~212.

들은 자신들의 민족주의적 편향을 당연히 여기며 그것을 합리화하기도 했다. 결국 사회주의의 민족문제에 대한 설명과 처방은 다양하게 나타났다. 레프 트로츠키, 로자 룩셈부르크 등 국제주의자들은 민족주의를 일시적 현상으로 간주하며 그것에 거리를 두었고, 오토 바우어 등 오스트리아사회민주당 지도자들은 국내 민족문제의 해결을 위한 강령 마련에 적극 나섰다. 러시아사회민주노동당 내의 멘쉐비키는 민족주의적 요구를 거부하지 않았고, 분트(бунд), 즉 유대인노동자총동맹은 일보 더 나아가 자신의 민족적 독자성을 주장하고 당내에서 그것을 인정받으려고 했다.

(2) 레닌-스탈린의 민족이론

레닌과 스탈린의 민족이론이 갖는 독특함은 그것이 혁명적 맑스주의 진영에서 등장했다는 데 있었다. 그것은 민족주의적 편향의 결과물이 아니었고, 사회주의 혁명의 전망을 유지하면서 궁극적으론 민족의 소멸을 지향하는 이론이었다.

레닌은 1910년경부터 민족문제를 궁리하기 시작했다. 그는 유럽에서 목격되는 "부르주아 민족주의"의 성장을 걱정했다. 다민족국가인 러시아에서 분출되는 민족운동들에 대한 대책도 시급했다. 멘쉐비키는 '민족적-문화적 자치'라는 모토 아래 민족분리주의를 주창하고 있었고, 레닌은 "최악 형태의 연방제를 단순히 소생"시키려는 그들과 투쟁하기로 결심했다. 1912년 11월 그는 볼쉐비키의 민족정책적 방향을 이렇게 규정했다:

> "오스트리아 연방제로? 아니면 연방제를 완전히 거부하고 실질적 단일체제로? 우리는 두 번째를 지지한다. 우리는 사회주의를 민족주의에 순응시키려는 시도에 반대한다."15)

---

15) Ленин В.И. Полн. собр. соч., т.22, с.230

레닌이 보기에 민족문제 해결은 민족 간 대립과 갈등을 해소하여 노동계급으로 하여금 세계혁명의 대의를 위해 단결케 하는 것이었다.

1912년 말 레닌과 스탈린은 민족문제에 관한 이론적 기초를 마련하자고 합의했다. 스탈린은 문제 해명을 위한 나름대로의 경험과 자질을 갖고 있었다. 그의 활동무대였던 카프카즈는 다양한 민족들이 섞여 삶을 영위하는 인종의 용광로였다. 그는 1904년에 이미 러시아사회민주노동당 내 일각에서 나타나는 민족주의 경향을 비판하는 글을 발표한 바 있었다.[16] 1913년 초 비엔나에서 스탈린은 「맑시즘과 민족문제」를 썼다. 그의 비판은 오스트리아-헝가리제국 내 민족갈등의 해결을 위해 '문화적-민족적 자치'를 주창한 오스트로 맑시스트들과, 이들의 입장을 차용한 분트, 그리고 카프카즈 지역에서 분리주의를 조장하던 "멘쉐비키-민족주의자들"에 집중되었다.

오토 바우어는 민족을 '공동 운명과 공동 문화에 기초하는 공동의 심리적 기질을 갖는 사람들의 총체'로 정의하며 민족성격을 민족의 가장 본질적 요인으로 강조했다. 바우어의 구상은 민족 간 갈등을 조장하는 중앙집권적 국가체제를 민족문화를 기준으로 구별된 여러 민족의 민주적 결합체로 전환시킴을 골자로 했다. 자치적 민족기구를 설립함과 더불어, 제국의회와는 별도로 지방 차원에서 입법권과 행정권을 갖는 민족의회들을 구성하는 것이 오스트리아사회민주당의 강령 상 요구가 되었다. 각 민족문화를 모든 인민의 공동자산으로 만들자고 역설한 바우어는 "민주적인 민족연방"에서 장차 실현될 사회주의 사회의 제도적 원형을 발견했다. 이런 뜻에서 그가 지지했던 민족자결주의의 내용은 분리독립을 위한 급진적 투쟁이 아니라 문화적-민족적 자치권 확보를 위한 점진적인 의회민주주의적 노력이었다. 그가 보기에 문화적인 민족은 자본주의 시대의 청산과 함께 그냥 소멸되는 존재일

16) Сталин И.В. Соч., т.1, с.37.

수 없었다. 하지만 스탈린이 보기에 그런 미래에 대한 바우어의 희망은 "사회주의에 관한 맑스의 개념을 바쿠닌의 무정부주의적 개념으로 대치하려는 소심한 시도"에 불과했다.[17)]

「맑시즘과 민족문제」에서 스탈린은 민족운동을 자본주의 발전의 맥락 하에 설명하면서 "시장은 부르주아가 민족주의를 배우는 첫 번째 학교"라 말했다.[18)] 그에 따르면, 민족운동의 힘은 노동자, 농민 등 광범한 사회계층이 운동에 참여하는 수준에 따라 결정되는데, 이런 이유에서 민족적 투쟁이 전(全)인민적 성격을 표출한다 하더라도 그것은 단지 외관상 그러할 뿐 민족운동이란 본질적으로 부르주아적인 것이었다. 그렇다고 해서 노동계급이 자본주의라는 시대적 범주에서 행해지는 민족억압정책에 무관할 수는 없었다. 그것은 피압박 민족의 프롤레타리아트에 긴요한 "정신능력의 자유로운 발전을 저해"할 뿐 아니라 광범한 사회계층의 시선을 사회문제나 계급투쟁의 문제로부터 민족문제로 돌리게 하면서 프롤레타리아 국제주의의 실천에 커다란 장애를 초래한다. 때문에 그것은 프롤레타리아트의 과업에 위험한 것이며 따라서 맑스주의자들은 민족자결권의 실현을 위해 전력 투쟁해야 한다는 것이 스탈린의 논지였다. 물론 모든 민족운동을 전적으로 지원해야 한다는 것은 아니었다. 맑스주의는 프롤레타리아트의 계급적 대의에 기여하는 한에서 민족자결권을 옹호해야 하며, 근로계층의 해방에 "유해한 민족적 관습이나 기구들"을 반대하는 선동이 함께 진행되어야 마땅했다. 민족자결권은 그 자체가 목적이 아니라 사회주의를 위한 수단이라는 점을 그는 분명히 했다.

---

17) Сталин И.В. Соч., т.2, с.330. 바우어에 대한 이런 비판은 논쟁 대상이 될 수 있지만 우리의 논의 주제는 아니다. 이에 관해 Ephraim Nimni, "Marxism and Nationalism" in Martin Shaw, ed., Marxist Sociology revistied (London: The Macmillan Press, 1985), pp.99~142를 참조할 것.

18) Сталин И.В. Соч., т.2, с.305.

스탈린이 보기에 피압박 민족들이 인정받아야 하는 민족자결권의 내용은 자치권뿐만 아니라 민주적 연방을 구성할 권리 및 분리독립권까지 포함하는 것이어야 했다. 그는 오스트로 맑시즘의 강령에서, 분트 및 "멘쉐비키 - 민족주의자들"의 주장에서 프롤레타리아 혁명성의 상실을 보았다. 이들은 프롤레타리아트를 민족문화에 따라 "조직적으로 구별"하면서 노동자들의 민족감정을 선동하고 정치화하여 결국 노동계급의 분열과 사회민주당의 세분화 및 갈등에 일조하고 있었다. 스탈린에게 문화란 민족을 규정할 수 있는 여러 요인 중 하나에 불과했다. 각 지역에 분산되어 절연된 채 살아가고 있는 사람들을 문화를 빙자하여 한 민족으로 결합시키는 것은 불필요하며 또 불가능한 일이었다. 그가 보기에 민족은 무엇보다도 일정지역에서 살고 있는 사람들의 구체적 범주였다. 그의 생각에 민족문제의 가장 올바른 해결 방법은 바로 지역적 자치였다:

> "지역적 자치의 우월성은 그것이 영토가 배제된 허구성에 근거하는 것이 아니라, 일정지역에 살고 있는 주민들에 의해 실현된다는 점에 있다. 지역적 자치는 사람들을 민족에 따라 구분하지 않으며 민족 간 차별을 강화하지 않는다. 반대로 지역적 자치는 다른 방식의 구별, 즉 계급적 구별을 위한 현실적 가능성이 확대될 수 있도록 민족적 차별들을 제거하며 주민들을 결집시킨다."[19]

스탈린은 민족을 '언어, 영토, 경제생활 및 심리적 기질의 공동성을 기초로 역사적으로 형성된 견실한 인간공동체'라고 정의했다.[20] 바우어의 그것보다 협소하고 구체적으로 정의된 민족 개념을 토대로 그는 민족문제가 지역 차원에서 분리독립권까지 포함하는 자치라는 방법으로 해결되어야 한다

19) Там же, с.361~362.
20) Там же, с.296.

고 말했다. 자치가 행해지는 "민족지역" 내에서 발생할 수 있는 소수민족문제를 유념하면서 그는 민주화가 그런 문제들을 제거할 것이라 주장하며 언어, 학교 등 사회생활의 전 분야에서 이루어지는 민족평등의 실현을 소수민족문제의 해결을 위한 필수조건으로 제안했다.

스탈린은 민족(성)을 기준으로 노동자들을 구별하는 것에 반대했다. 그는 "국제주의적 원칙에 따른 노동자들의 조직화", 즉 "나라의 각 지역에 사는 여러 민족의 노동자들을 단일하고 통일적인 조직체로 결속시키고, 그들을 단일한 노동자당으로 결집하는 것"이 바로 사회민주주의의 과제라고 주장했다.[21] 제 민족의 분리독립권을 포함하는 자치권은 프롤레타리아트의 단결을 저해하지 않는 한도에서 승인되어야 하는 것이며, 국제주의적 원칙에 입각한 노동자들의 단결은 민족문제의 완전한 해결을 위해 필수적이었다. 민족문제 이론가로서 스탈린은 민족운동의 종식이 오직 부르주아지의 몰락과 더불어 가능하고, 사회주의 하에서만 민족 간 대립이 해소된 완전한 평화가 확립될 수 있다고 주장했다.

레닌은 민족문제에 많은 주의를 기울였지만 1912년 무렵까지 문제의 해법을 갖지 못했다. 그는 연방제에 반대하며 동시에 민족자결권을 지지했는데, 양자가 어떻게든 결합되어야 했다. 그는 스탈린의 논문에 만족했으며, 그것을 계기로 소위 "사회주의적 중앙집권주의"로 귀결되는 연방주의를 수용했다. 1913년 가을 볼쉐비키당 중앙위원회는 「맑시즘과 민족문제」에서의 명제들에 입각한 '민족문제에 관한 결정'을 채택했고, 그럼으로써 스탈린 이론이 볼쉐비키당 강령으로 공식 선언되었다.[22] 1913년 말 레닌은 이렇게 썼다:

---

21) Там же, с.364.

22) КПСС в резолюциях и решениях съездов, конференций и пленумов ЦК, т.1, с.387~389.

> "맑스주의자들은 어떤 경우라도 연방제적 원리나 분권화를 선전하지 않는다. [중략] 우리는 중앙집권주의를 옹호하지만 단순한 중앙집권이 아니라 민주집중제를 주장하고 있음이 망각될 수 없다. [중략] 민주집중제는 주민의 독특한 민족구성 등으로 구별되는 지역들의 자치(제)와 함께 지방의 자주적 관리를 배제하지 않을 뿐 아니라, 역으로 양자를 모두 요구한다."23)

레닌은 볼쉐비키당의 민족강령이 갖는 맑스주의적 정통성을 확신하면서 1916년 민족자결권에 반대하고 나선 게오르기 퍄타코프를 비판했다. 퍄타코프는 금융자본의 시대에 프롤레타리아트의 민족자결권이란 반동적인 것이라 주장했다. 사회주의 혁명의 실현을 위해서는 부르주아 국가들의 국경을 허무는 만국 프롤레타리아트의 통일된 행동이 절대 필요하다는 것이 그의 논거였다. 레닌은 퍄타코프의 입장을 제국주의적 경제주의라 규정하며 비판했다:

> "사회주의는 모든 나라가 아니라 선진 자본주의의 수준에 도달한 일부 국가들에서 실현될 것이다. 바로 그 점에 대한 몰이해가 키옙스키[=퍄타코프]의 실수를 초래했다. 그런 선진국들에서는 이미 오래 전에 민족문제가 해결되었다. [중략] 동유럽 전역의 미발전 국가들과 모든 식민지 및 반(半)식민지에서의 사정은 전혀 다르다. 대체로 거기에는 억압된, 자본주의적으로 발달되지 않은 민족들이 아직 존재한다. 그런 민족들에는 바로 민주주의 과제와 이민족(異民族)의 억압 타도를 위한 과제가 전 민족적 과제로서 객관적으로 존재한다."24)

레닌은 "모든 민족이 사회주의에 도달할 것이지만 전혀 동일하게 이루어지지 않으며, 각 민족은 민주주의의 다양한 형태들이나 프롤레타리아 독재

---

23) Ленин В.И. Полн. собр. соч., т.24, с.144.
24) Ленин В.И. Полн. собр. соч., т.30, с.111.

의 다양한 변형들, 그리고 사회생활의 제 영역에서 실현되는 사회주의적 개혁의 다양한 속도에 대해 또 하나의 다양함을 추가할 것"이라 역설했다.[25)]

3. 소비에트 러시아의 민족정책과 국가체계

(1) 스탈린의 민족정책

1917년 2월혁명 이후, 레닌이 '인민[=민족]들의 감옥(тюрьма народов)'이라 부른 러시아제국에서 "민족들의 반란"이 이어졌다. 폴란드를 비롯해 독일군 점령하의 지역들은 자연스레 러시아에서 분리되었다. 10월혁명으로 국가권력을 장악한 볼셰비키는 제국의 분해에 속수무책이었다. 그들의 힘은 중앙러시아에 국한되었고, 더욱이 민족자결원칙은 당의 강령으로 이미 선포되었다. 핀란드에서 부르주아 정부가 수립되어 독립을 요구했을 때 레닌은 그를 승인할 수밖에 없었다. 1917년 12월 스탈린은 전러시아 중앙집행위원회('브칙', ВЦИК)에 출석해 이렇게 보고했다:

> "만약 우리가 핀란드의 독립획득과정을 좀 더 잘 살펴보면 그 의지와 달리 소브나르콤은 핀란드 인민들이나 프롤레타리아트의 대표들에게도 아니라, 묘하게 얽힌 상황으로 권력을 장악하고 러시아 사회주의자들의 수중에서 독립을 얻어버린 핀란드 부르주아들에게 실질적으로 자유를 준 사실을 알게 됩니다. [중략] 핀란드 독립이 그곳 노동자-농민들의 해방 과업을 용이하게 하고, 우리 인민들 사이의 우호증진을 위한 굳은 기초가 되기를 기대합시다."[26)]

스탈린은 혁명투쟁에서 패배한 핀란드 볼셰비키의 "우유부단함과 소심성"

25) Там же, с.123.
26) Сталин И.В. Соч., т.4, с.23~24.

에 분개했다. 그가 보기에 민족자결원칙은 부르주아지의 독립이 아니라 사회주의 실현을 위한 투쟁수단이 되어야 했다.

1918년 봄 스탈린은 헌법준비위원회를 이끌면서 자신의 민족이론을 헌법 형태로 구현해갔다. 민족자결권의 존중은 "고유의 생활관습 및 민족구성으로 구별되면서 역사적으로 분리된 일정 지역들의 동맹"이라는 뜻에서의 연방제 국가형태로 귀결되었다. 연방제 내 지역적 자치의 수준과 범위는, 물론, 사회주의적 중앙권력에 의해 통제되었다. 스탈린은 "민족문제가 전적으로 사회적 상황의 제 조건들에 의해, 일반적으론 사회발전의 전 과정에 의해 규정된다"는 점을 지적하면서 민족문제란 항상 사회주의 혁명을 위한 종속변수로 취급되어야 한다는 점을 역설했다.[27] 결국 "짜리즘의 유일주의에서 연방주의로의 전환"은 단지 과도기적 단계로서의 의미를 가졌다. 스탈린의 민족정책은 국가권력 체계가 형식적으로는 분권화된 그러나 실질적으론 극도로 중앙집권화된 국가를 수립하는 것으로, 또한 인민들의 삶이 겉으론 민족적이나 그 내용과 실질에 있어서는 사회주의적인 사회를 창설하는 것으로 귀결되었다.

1918년 7월 볼쉐비키 정권은 헌법을 공포하며 러시아소비에트연방사회주의공화국(РСФСР)의 수립을 선언했다. 헌법에 따르면, "부르주아 계급의 완전한 박멸, 인간에 대한 인간의 수탈 근절, 그리고 사회주의 확립을 목표로 하는 프롤레타리아트와 극빈농의 독재를 강력한 전러시아 소비에트 권력의 형태로 확립"하는 것을 기본 과제로 삼는 러시아공화국(약칭)은 "러시아 인민들의 자발적 결합에 기초하여, 이 인민들의 소비에트공화국들의 연방으로 수립되었다."[28] 헌법은 "독특한 생활관습과 민족구성원들로써 상호 구별되는" 각 지역의 소비에트들이 자발적 지역 결합의 방법으로 자치공화국이나

---

27) Там же, с.155.
28) Декреты Советской власти, т.2, с.552.

자치주를 구성할 수 있다고 규정했는데, 그렇게 출범한 러시아공화국은 8개 자치공화국과 13개 자치주를 내포하고 있었다.

1918년 여름 내전이 본격화되면서 볼쉐비키의 지배력은 급속히 위축되었다. 그들의 힘이 닿지 않는 지역에서 민족운동은 민족주의적 체제의 수립으로 이어질 수 있었다. 민족운동은 대개 반공주의적 성격을 지녔고, 그 주도 세력에는 지역 부르주아들과 지주계급뿐 아니라 멘쉐비키나 사회혁명당원들도 가담했다. 핀란드, 발트해 연안과 카프카즈 지역 등에서 민족운동은 일관성 있게 발전하여 민족국가 수립으로 이어졌다. 반면, 다양한 세력들이 교차했던 지역에서는 민족운동을 포함한 정치적 운동 모두가 심한 굴절을 겪었다.

볼쉐비키는 내전에서 승리하며 지배력을 확장시켰고, 붉은군대가 점령한 지역에서 차례로 소비에트 권력이 수립되었다. 독일의 패망 후 우크라이나 대부분을 점령할 수 있었던 볼쉐비키는 1919년 3월 하리코프에서 소비에트 대회를 개최하고 우크라이나소비에트사회주의공화국(УССР) 헌법을 채택했다. 우크라이나에 비해 내전의 치열함이나 민족운동이 미약했던 벨로루시의 상황은 단조로웠다. 1919년 1월 스몰렌스크에서 출현한 소비에트 정부는 동년 2월 민스크에서 러시아공화국의 예를 따른 헌법을 채택하며 벨로루시 소비에트사회주의공화국(БССР) 수립을 선언했다. 내전 상황에서 소비에트 사회주의공화국의 존재는 두 곳 모두 거의 명목에 불과했다.

에스토니아, 라트비아, 리투아니아에서의 사태는 핀란드와 벨로루시의 상황 중간쯤에 위치했다. 1918년 말 발트해 연안에서 차례로 등장한 소비에트 정부는 수명이 길지 못했다. 1919년 4월 폴란드 군대가 빌뉴스를 점령하고, 에스토니아와 라트비아에 영국군 부대가 상륙하면서 세 나라 소비에트 정권이 모두 붕괴되었다. 내전이 정점에 있을 무렵 레닌은 러시아공화국 "주변에 최종적으로 부르주아적 민족공화국이 수립된다는 사실"을 인정했다.[29)]

1920년 2월 러시아공화국과 에스토니아 간 강화조약이 체결되었다. 동년 7월 볼쉐비키는 리투아니아와 평화조약을 체결했고, 이어 8월에는 라트비아 정부와 강화조약에 서명했다. 이런 식으로 소비에트 러시아는 인접 부르주아 국가들에게 민족자결권을 인정했다. 레닌과 스탈린은 핀란드 및 발트해 연안의 신생 부르주아 국가들이 "중립화"된 것에 만족했다.[30] 그들에게는 소비에트 권력의 안전보장이 민족정책보다 더 중요한 문제였다.

볼쉐비키의 민족자결 원칙은 옛 러시아제국의 서부지역에서 부르주아적 민족국가와 소비에트사회주의공화국이라는 상반된 형태의 국가들이 수립되는 것으로 귀결되었다. 하지만 시베리아 및 원동지역에서 민족자결 원칙은 이슈가 되지 않았다. 희소한 인구와 유라시아적 이중성이 두드러졌던 그곳에는 민족운동이 거의 없었을 뿐 아니라, 바이칼호수 근처까지 일본군이 진출해 있었다. 볼쉐비키는 원동공화국(ДВР)을 수립하여 반(反)혁명세력에 대적했다. 1922년 가을 일본군이 연해주에서 퇴각하면서 원동공화국은 해체되어 러시아공화국에 편입되었다. 우랄산맥 동편은 스탈린의 자의적 민족정책의 대상이었고, 민족자결 문제가 모스크바에서 일방적으로 결정되었다.

그루지야, 아르메니아, 아제르바이잔이 있는 자카프카지예, 즉 카프카즈산맥 이남에서 민족자결주의는 군사적 방식으로 구현되었다. 1918년 봄 그루지야 멘쉐비키의 주도로 자카프카지예 전체의 독립이 선언되었지만 곧 세 나라로 분열되었고, 1920년 초 붉은군대가 카프카즈 전선에서 백군 잔당에 대한 마지막 공세를 준비할 때 아르메니아와 아제르바이잔에서는 각각 민족주의적 정당이, 그루지야에선 노이 조르다니야가 영도하는 멘쉐비키당이 집권하고 있었다. 1920년 3월 레닌은 카프카즈혁명군사회의 위원, 그리

---

29) Чичерин Г.В. Статьи и речи по вопросам международной политики, М., 1961, с.282.
30) Сталин И.В. Соч., т.4, с.379.

고리 오르조니키제에게 자카프카지예 국가들에 대한 군사계획을 지시하는 전문을 보냈으며,[31] 4월 말 붉은군대는 아제르바이잔 국경을 통과해 바쿠를 장악했다.

한편 아르메니아 및 그루지야 점령이 지체된 것은 1920년 5월 시작된 폴란드와의 전쟁 때문이었다. 동년 10월 전쟁이 끝났을 때 스탈린은 "세계가 제국주의 진영과 사회주의 진영으로 분열된" 시대에 구현되는 민족정책의 근간을 설명했다. 그는 "3년에 걸친 혁명과 내전은 중앙러시아와 변방 간의 상호지원 없이는 제국주의 압제로부터 러시아의 해방이 불가능함을 보여주었다"고 하면서, "변방의 분리 요구는 배제되어야 하는데, 왜냐하면 그것이 중앙과 변방 간 연방 수립이라는 문제 설정 자체에 모순될 뿐 아니라, 무엇보다도 중앙과 변방의 인민대중의 이익에 근본적으로 모순되기 때문"이라 주장했다.[32] 동년 11월 그는 ≪프라우다≫와 인터뷰하면서 남(南)카프카즈에 대한 속내를 말했다. 그는 민족자결이 아닌 지정학적 측면에서 문제에 접근했다:

> "혁명을 위해 카프카즈가 갖는 중요한 의미는 그곳이 원료, 연료, 식량의 산지라는 것과, 그곳이 유럽과 아시아, 러시아와 터키 사이에 위치한다는 것과 극히 중요한 경제적, 전략적 요충지라는 것에 의해 규정됩니다. [중략] 누가 결국 카프카즈를 장악하는가, 누가 석유와 그리고 아시아로 연결하는 극히 중요한 전략 도로를 이용할 것인가, 그것이 혁명[세력]인가 아니면 연합국인가, — 여기에 모든 문제가 있습니다.[33]

이 시점에 붉은군대가 아르메니아로 진격했으며, 현지의 혁명군사위원회

31) Ленин В.И. Полн. собр. соч., т.51, с.163~164.
32) Сталин И.В. Соч., т.4, с.351~352.
33) Там же, с.408.

는 소비에트 정부 수립을 선포했다. 곧 그루지야에서 반정부 무장소요가 발생했고, 레닌은 "제11군에 그루지야의 봉기를 적극 지원하고, 치플리스[=트빌리시]를 점령하라"고 명령했다.[34] 1921년 2월 그루지야소비에트사회주의공화국이 수립되었고, 이로써 남카프카즈의 적화(赤化)를 위한 작전이 끝났다.

(2) 소연방(CCCP)의 형성

내전이 끝난 직후 옛 러시아제국 영토에 6개 소비에트사회주의국가, 즉 러시아공화국, 우크라이나공화국, 벨로루시공화국, 아제르바이잔공화국, 아르메니아공화국, 그루지야공화국이 수립되었다. 형식적으로 그들은 독립국이었지만 러시아공화국의 정치군사력과 볼쉐비즘이 나머지 소비에트 국가들을 통제하고 있었다. 다만, 1922년 3월, 레닌의 지시로 그루지야, 아르메니아, 아제르바이잔이 통합되어 자카프카지예연방이 수립되었다.[35]

그 무렵 볼쉐비키는 소비에트 국가들 간 군사, 외교, 경제적 차원에서 제기되는 비효율적 문제들을 해소하고 사회주의 역량을 결집, 강화할 목적으로 그들의 통합 문제를 논의하기 시작했다. 1922년 8월 전담 위원회가 설립되었고, 스탈린 책임 하에 몇 명의 실무자들 및 우크라이나, 벨로루시, 그루지야, 아제르바이잔, 아르메니아의 대표가 거기에 참여했다. 위원회는 이른바 자치화 방안을 마련했는데, 그것은 5개 소비에트공화국이 자치공화국의 지위로 러시아공화국에 흡수되는 것을 골자로 했다. 그에 따르면, 러시아공화국의 소비에트 중앙집행위원회('브칙')나 소브나르콤 등 제 기관과 법령들은 각 민족공화국의 상급기관과 상위법이 되어야 했다. 1922년 9월 자치화

34) Ленин В.И. Полн. собр. соч., т.52, с.71.
35) Там же, с.135~136. 자카프카지예연방은 1922년 12월 자카프카지예소비에트연방사회주의공화국(ЗСФСР)으로 개명되었다.

법안이 심의를 통과하고 확정된 다음 날 관련 자료들이 레닌에게 보내졌다.

레닌은 자치화 방안을 거부했다. 그는 레프 카메네프에게 보낸 편지에 이렇게 썼다:

> "매우 중요한 문제입니다. 스탈린은 서두르는 경향이 있습니다. 동무는 잘 생각해야 합니다. 지노비예프도 그래야 하고. 이미 스탈린은 일보 양보하는 데 동의했습니다. 제1조에서는 러시아소비에트연방사회주의공화국으로의 '가입'이 아니라 '러시아소비에트연방사회주의공화국과 함께 유럽·아시아소비에트공화국연방으로의 정식 통합'이라고 해야 합니다. 이런 양보의 명분을 동무는 아마 이해할 겁니다."[36]

레닌 자신이 그것을 부연 설명했다:

> "대러시아 쇼비니즘에 생사를 걸고 선전포고합니다. 빌어먹을 이빨이 낫기만 하면, 모든 건강한 이로 그걸 깨끗이 먹어치울 겁니다."[37]

스탈린은 레닌의 입장을 "민족적 자유주의"라고 부르며 투덜거렸다.[38] 그러나 곧 레닌의 뜻을 이해한 그는 자치화 방안을 고집하지 않았다. 레닌의 제안에 따라 제1조 규정은 이렇게 수정되었다:

> "각 공화국에 연방탈퇴권을 부여하는 가운데, 우크라이나, 벨로루시, 자카프카지예 연방, 러시아소비에트연방사회주의공화국 간에 소비에트사회주의공화국연방으로의 통합조약 체결이 필요하다고 인정한다." 제2조에서는 연방 [소비에트] 중앙집행위원회가 국가최고기관으로 규정되었으며, 제3조는 연방 소브나르콤을 연방 [소비에트] 중앙집행위원회의 집행기관으로 규정했다.[39]

36) Ленин В.И. Полн. собр. соч., т.45, с.211.
37) Там же, с.214.
38) Троцкий Л.Д. Сталинская школа фальсификаций, М., 1990, с.78~79.

1922년 12월, 제1차 전연방 소비에트대회에서 스탈린은 러시아, 자카프카지예, 우크라이나, 벨로루시 4개국 간 조약에 의거하는 소비에트사회주의공화국연방(СССР)의 수립에 관해 보고했다. 대회는 그가 준비한 선언문과 연방조약을 승인했고, 소연방 중앙집행위원회(ЦИК СССР)를 선출했다. 소연방 헌법은 레닌 사망 열흘 후인 1924년 1월 31일 제2차 전연방 소비에트대회에서 비준되었다.

레닌은 대러시아 쇼비니즘에서 "소비에트 프롤레타리즘"에의 위협을 보았다. 스탈린이 처음 기획한 자치화 방안이 대러시아 쇼비니즘을 용인하고 있다고 보긴 어렵다. 그는 볼쉐비키당의 민족정책 노선을 따랐다. 그런데 레닌은 기존의 정책적 방침에서 더 나아갔다. 카메네프에 보낸 편지에서 레닌은 "독립파들에게 더 이상 양식(糧食)을 주지 않고, 그들의 독립성을 일소하는 것이 중요하다"고 강조했다.[40] 그는 러시아공화국이 다른 공화국들과 같은 지위로 그들과 함께 새 연방에 편입할 것을 요구했다. 레닌은 러시아공화국의 지위를 격하시킴으로써 각 민족공화국 내 "독립파"를 만족시키려 했다. 그들이 볼쉐비키 정권에 대한 민족주의적 저항을 전개하는 데 있어 구실이 되는 대러시아 쇼비니즘의 진원지를 억제하고 대신 새 연방을 창설함으로써 레닌은 사회주의 권력에서 러시아의 민족 색채를 지운 채 자신이 지향하는 민주집중제를 더 넓고 깊게 실현할 수 있었다. 물론 민주집중제는 국가 행정기구가 아니라 공산당을 통해 실현되어야 했다.

스탈린은 소비에트 민족정책을 "민족과 민족적 편견에 대한 양보정책"이라 설명했다.[41] 그의 구상에 따르면, 소비에트 러시아의 다양한 민족(성)과 인종들은 사회주의적 유대에 기초하는 단결된 소비에트 인민이 되어야 했

---

39) Ленин В.И. Полн. собр. соч., т.45, с.559.
40) Там же, с.212.
41) Сталин И.В. Соч., т.5, с.231.

다. 이를 위해 그들 사이에 존재하는 불평등관계 내지 “민족 간 계급관계”가 해소되고 동등한 권리가 실현되어야 했다. 그래서 소수민족에 대한 양보정책이 필요한 것이었다. 또한 그는 러시아 내 “발전된 민족들”의 민족주의에서 소비에트 인민들에 대한 위협을 보았다. 그는 대러시아 쇼비니즘과 “부르주아 민주주의적 민족주의”야말로 절대 용인될 수 없는, 공산주의에서의 이탈이라 주장했다.[42] 결국 레닌의 구상은 자치화 방안에 대한 적대적 산물이 아니었다. 소비에트 권력의 발전에 따라 가능했던 그것은 레닌주의적 중앙집권주의와 민족적 연방주의가 엮여진 매혹적인 직물(織物)이었다. 그것은 프롤레타리아 국제주의를 구현하고 있었고 동시에 세계혁명을 기대하고 있었다. 제1차 전연방 소비에트대회에서 스탈린은 소비에트사회주의공화국연방을 “미래에 실현될 세계 소비에트사회주의공화국의 본보기”라고 선언했다.[43]

소비에트연방이 수립되면서 러시아공화국의 소브나르콤과 최고인민경제회의(ВСНХ)를 비롯한 중앙기관들은 연방정부의 기관으로 전환되었다. 직원이 증원되기도 했지만 기능상 본질적 변화는 없었다. 동시에, 정치권력의 원천이자 중추조직인 러시아볼쉐비키공산당이 연방공산당으로 전환되었다(1925년 제14차 당대회에서 전연방볼쉐비키공산당으로 공식 개명되었다). 이후 러시아공화국에는 자국 공산당이나 과학원 등 다른 민족공화국에서 독립성의 상징으로 그 존재가 과시되는 조직이나 기관들이 부재했다. 각 민족공화국의 러시아화(руссификация)는 제2차 대전 후, 특히 브레즈네프 시대의 민족정책이 갖는 특징이었다고 말해진다. 하지만 그런 정책이 추진된 증거는 없으며, 오히려 공식 선언된 것은 토착화(коренизация, =現地民化) 정책이었다.[44] 1960년대 이후 각 공화국 내지 자치공화국 및 자치주의 제1서

42) Там же, с.27~28.
43) Там же, с.158.

기는 현지 민족 출신자로, 제2서기는 러시아인으로 임명하여 이두제적 권력 체계를 구성하는 것이 간부정책상 불문율이었다. 제1서기는 연방의 다양성을, 제2서기는 중앙집권을 구현했다. 대러시아 쇼비니즘의 억제를 이유로 러시아공화국에 가해진 정치적 역차별은 특히 페레스트로이카 이후 분출된 러시아민족주의의 한 배경이기도 했다.

4. 소비에트 연방제의 발전과 탈(脫)이데올로기화

(1) 연방제의 발전

애초 소연방은 러시아, 자카프카지예, 우크라이나, 벨로루시 네 개의 민족공화국으로 구성되었다. 1924년 10월 소연방 중앙집행위원회의 결정에 따라 중앙아시아 남부지역에서 투르크멘(Туркмен)소비에트사회주의공화국과 우즈벡(Узбек)소비에트사회주의공화국이 창설되었다. 이란-아프가니스탄과 국경을 접한 그 지역은 원래 러시아공화국 영토로서 1918년 투르케스탄 자치공화국이 설립되어 있었다. 이 자치공화국 중앙부에 중세적 전통을 간직한 부하라(Бухара)칸국과 히바(Хива)칸국이 있었는데, 1920년 두 칸국이 전복되고 대신 호레즘인민소비에트공화국과 히바인민소비에트공화국이 수립되었다. 이들을 소연방으로 흡수하기로 결정한 볼쉐비키 정권은 투르케스탄자치공화국의 투르크멘주(州)를 투르크멘공화국으로, 투르케스탄의 잔여지역과 두 인민소비에트공화국을 통합해 우즈벡공화국으로 선포했던 것

44) 지역적 자치의 정치적 내실은 민족공화국, 자치공화국, 자치주에서의 "행정권 및 간부의 토착화"라는 구호로 표현되었다. 그것의 개념과 계획은 1921년 제10차 당대회에서 제시되었는데, 그 구체적 내용은 다음을 참조: КПСС в резолюциях и решениях съездов, конференций и пленумов ЦК, т.2, с.251~253.

이다. 1929년 12월에는 우즈벡공화국 내의 타직(Таджик)자치공화국이 타직소비에트사회주의공화국으로 격상됨으로써 자본주의는커녕 중세적 전통조차 극복하지 못한 중앙아시아에서 세 개의 민족공화국이 등장했다.

중앙아시아에는 문명수준이 낮지만 긴 역사와 전통을 가진 많은 민족성들이 혼재해 있었다. 이들에 적절한 정책이 필요하긴 했지만, 투르크멘인, 우즈벡인, 타직인의 자치수준을 민족공화국 차원으로 올린 것은 "어린 민족"에 대한 스탈린의 배려이자 격려였으며 소비에트 민족정책의 과시였다. 그런 목적의 결정이 또 있었다. 1936년 12월 스탈린헌법의 채택되면서 중앙아시아에서 카자흐(Казах)소비에트사회주의공화국과 키르기즈(Киргиз)소비에트사회주의공화국이 창설되어 연방의 일원이 되었다. 이들은 러시아공화국의 키르기즈자치공화국과 카라 - 키르기즈(Кара-Киргиз)자치공화국이 각각 민족공화국으로 승격된 것이었다. 동시에, 자카프카지예공화국이 해체되었다. 상호 이질적이라 통합되기 어려운 아제르바이잔, 그루지야, 아르메니아가 모두 민족공화국 지위로 격상되었고, 결국 소련은 1930년대 중반 11개 민족공화국을 내포한 연방국이 되었다.

연방은 군사적 강압을 통해서도 확대되었다. 1939년 8~9월 독일과 상호불가침 및 영향권 분할을 합의한 소련은 발트해 연안국들에게 상호원조 및 군사기지 제공을 강요했다. 1939년 말 핀란드를 침공했고, 1940년 6월에는 루마니아에 군대를 진입시켜 베사라비아(Бессарабия)를 점령했다. 1940년 8월 우크라이나 내의 몰다비아(Молдавия)자치공화국이 베사라비아와 합쳐져 몰다비아소비에트사회주의공화국이 만들어졌다. 같은 달 리투아니아, 라트비아, 에스토니아에서 소비에트사회주의공화국이 차례로 창설되어 소련에 편입되었다. 이로써 소련은 기본적으로 15개 민족적 색채를 가진 국가로 완성되었다.

스탈린의 민족정책은 민족공화국의 수적 확대에 그치지 않았다. 명목상이나마 주권국가를 구성한 "다수민족"들과 달리, 대개 소수민족들은 대외주권이 배제된 국가체계, 즉 자치소비에트사회주의공화국(АССР, 자치공화국)의 지위를 얻었다. 그리고 민족적 발전수준이 상대적으로 낮은 민족성들은 자치주(АО)의 형태로써 인종적 독자성과 고유의 문화적 권리가 인정되는 영토를 확보했다. 1930년 12월 러시아공화국의 일부 주(州) 안에 민족구(НО)가 수립되었는데, 이는 코략(коряк), 에벤크(эвенк), 네네츠(ненец), 축차(чукча) 등 시베리아 소수 유목인종들의 보호가 목적이었다. 자치공화국과 자치주는 1920~30년대 만들어졌고 이후 수적 변화가 약간 있었다. 1970년 소련은 민족공화국 15개, 바쉬키르(башкир), 타타르(татар), 부랴트(бурят), 칼믜크(калмык) 등의 20개 자치공화국, 아듸게(адыге), 고르노알타이(горно-алтай), 유대인(еврей), 남(南)오세틴(юго-осетин) 등의 8개 자치주 및 10개의 자치구를 포괄했다.[45] 자치공화국은 러시아공화국에 16개, 그루지야공화국에 2개, 우즈벡공화국에 1개, 아제르바이잔공화국에 1개가 있었고, 자치주는 5개가 러시아공화국에, 그리고 그루지야, 아제르바이잔, 타지키스탄에 각 1개씩 속해 있었다.

민족공화국에서 자치공화국, 자치주, 민족구에 이르기까지 수준 차를 전제로 모두는 고유 영토와 입법, 행정, 사법을 포함한 정부기관, 헌법 등을 보유했고, 자기 언어와 문자로 교육 및 문화생활을 영위할 권리를 인정받았다. 스탈린의 지역적 자치 개념은 소연방을 수많은 민족의 색깔로 칠하고 그들의 문화생활을 고취하는 것으로 구현되었다. 물론 그것이 전부는 아니었다. 소련에서 다양한 민족문화는 형식이었고, 그 형식들은 맑스-레닌주의라는 실질 내용으로 통합되어 사회주의적으로 용해되어야 했다. 그것이 레닌과

45) 모든 민족(성)에 자치권이 부여되지는 않았다. 공식 자료에 따르면 소련에서 민족(성)의 수는 1926년 194개, 1959년 126개, 1978년에 91개로 감소했는데, 이는 사회적 교류과정의 결과 많은 극소수민족이 소멸했음을 반영한다.

스탈린의 민족정책적 기본 구상이었다.

스탈린에게 민족이란 4개의 기준, 즉 공동의 언어, 영토, 경제생활, 심리적 기질을 기준으로 구별되는 역사적 범주였다. 민족은 자본주의와 결부된 것이었고, 부르주아적 민족은 자본주의 몰락과 함께 소멸될 운명이었다. 하지만 부르주아적 민족들의 청산이 곧 민족 일반의 청산을 의미할 수는 없었다. 스탈린은 소연방에서 민족(성)들이 그 차이를 청산하며 소비에트 인민으로 급속히 융합되고 있다는 당 일각의 낙관적 견해를 비판했다. 그가 보기에 10월혁명 후 소연방에서 부르주아적 민족 대신 소위 "사회주의적 민족들"이 출현했으며, 민족 일반의 소멸은 오직 세계 차원에서 사회주의가 실현되는 경우에나 가능했다. 민족과 민족문화에는 "고도의 안정성이 있으며 동화정책에 저항하는 거대한 힘이 있다"는 것이 그의 지론이었다.[46] 1929년 3월 그는 민족의 미래에 관한 도식을 제시했다:

> "전 세계 프롤레타리아 독재 시기의 첫 단계에 민족과 민족어가 소멸하고 단일 공용어가 형성되기 시작할 것이라 생각하는 것은 잘못일 것이다. 반대로, 민족억압이 완전히 청산되어질 그 첫 단계는 과거 억압받던 민족과 민족어들이 발전 번성하는, 민족 간 상호불신이 청산되는, 그리고 민족 간 국제주의적 연계가 수립 강화되는 단계가 된다. [중략] 전 세계 프롤레타리아 독재 시기의 두 번째 단계에서, 즉 세계 사회주의 경제체제가 충분히 강화되고 사회주의가 인민들의 일상생활이 되었을 때, [중략] 민족적 차이와 민족어들은 모든 민족을 위한 세계어에 자리를 양보하며 소멸하기 시작할 것이다."[47]

결국, 유라시아 대륙에서 소비에트 연방제도로 육성되는 민족들의 "발전"은 그 자체가 목적이 아니며 그들은 사회주의의 발전에 따라 소멸할 것이고

---

46) Сталин И.В. Соч., т.11, с.347.
47) Там же, с.348~349.

또 소멸해야 한다는 것이 스탈린의 기본 생각이었다.

스탈린에게 사회주의는 민족의 상위개념이었으며 지고의 가치였다. 그는 소비에트 민족들에게 국가사회주의 체제를 위해 집단적으로 복무할 것을 강요했으며 "사회주의의 조국"을 배신한 민족을 처벌하기도 했다. 그 방식은 강제이주였다. 우선, 폴란드와 관계가 악화됨에 따라 볼쉐비키 정권은 1930년 우크라이나와 벨로루시에 거주하던 폴란드인(약 78만 명) 중 최소 18,000명의 "위험분자"를 서시베리아 및 원동지역으로 이주시켰다. 1931년에는 "불령고려인" 약 2,500명을 연해주 남부지역에서 멀리 하바롭스크 위쪽 지방으로 이주시켰다.[48] 일본을 의식한 때문이었다. 그 후 "국경의 정화"를 위해 소련 거주 폴란드인, 핀란드인, 독일인, 쿠르드인, 중국인, 이란인 등이 접경지역에서 내륙으로 강제 소개되기도 했다. 1937년 7월 중일전쟁이 시작되면서 스탈린은 일본의 군사적 위협을 실감했으며, "일본을 위한 간첩활동" 예방을 위해 1937년 9~10월 원동지역 거주 고려인 약 172,000명 모두를 중앙아시아로 이주시켰다.[49] 민족집단 전체가 강제이주 대상이 된 것은 고려인의 경우가 처음이었다. 그리고 1941년 6월 독일의 소련을 침공한 후 1942년 여름까지 100만 명 이상의 독일인이 전선 인접지역에서 후방으로 강제 이주되었다.[50]

1943년 여름 이후 독일 패망이 가시화되면서 사회주의를 배신한 민족들에 대한 처벌이 가해졌다. 독일군 치하에 있었던 6개 소수민족이 "적에 협력한 죄"로 자신의 영토(자치공화국이나 자치주)에서 쫓겨나 중앙아시아 및

---

48) 자세한 내용은 Сталинские депортации 1928~1953, М., 2005, с.34~44를 참조할 것.

49) 고려인 강제이주와 관련된 자료 내용은 특히 Сталинские депортации 1928~1953, с.80~85를 참조할 것.

50) 18세기 이래 러시아에 정착한 독일인 후예는 1939년경 약 150만 명에 달했다. 그들은 러시아공화국, 우크라이나, 카자흐스탄, 아제르바이잔 등에 분산 거주했는데, 러시아공화국 볼가강 유역의 독일인자치공화국(АССР НП, 약 37만 명)은 1941년 9월 폐지되었다. Сталинские депортации 1928~1953, с.276~365.

시베리아로 강제 이주되었다. 1943년 8~11월 약 75,000명의 카라차이(карачай)인들이 카라차이자치주에서 카자흐스탄 등으로 쫓겨났으며, 1943년 12월 칼믜크인 약 10만 명이 시베리아로 강제 이주되었고 칼믜크자치공화국은 폐지되었다. 1944년 2월 약 40만 체첸(чечня)인과 약 10만의 잉구쉬(ингуш)인이 중앙아시아로 이주당하면서 체첸-잉구쉬자치공화국이 폐지되었고, 동년 3월에는 발카르(балкар)인 약 4만 명이 카바르다-발카르(кабардино-балкар)자치공화국에서 카자흐스탄 등으로 강제 이주되었다. 1944년 5~6월에는 크림타타르(крымский татар)인 약 20만 명이 우즈베키스탄 각지로 이주되었고, 1년 후 그들의 크림자치공화국도 폐지되었다.[51] 탈스탈린화 정책이 시작되던 1957년 1월, 소연방최고회의는 발카르, 체첸, 잉구쉬, 칼믜크, 카라차이인들에게 고향으로 귀환할 권리를 부여했으며 그들의 자치공화국도 복원시켰다.

(2) 탈이데올로기화와 소연방 해체

당코스의 테제는 "마호멧이 맑스를 위협하고 있다"는 그의 말에서 압축적으로 표현된다. 소연방 몰락이 민족 간 "문명충돌"의 결과인가의 문제는 구체적 역사과정에서 해명된다.

1985년 이후 고르바초프가 추진한 페레스트로이카와 글라스노스치 정책은 사회적 요구에 따른 민주적 대응이었다. 특히 흐루쇼프 시대부터 진행된 소비에트 사회의 탈이데올로기화 과정의 결과 맑스-레닌주의는 허구화, 형식화되었고, 크렘린의 일방주의적 통제가 약화되면서 각 공화국 내 확산된 자유화 바람에 민족주의적 선동이 결부되기도 했다. 1986년 12월 카자흐공화국 알마아타에서 러시아인 제1서기를 임명한 것에 반대하는 시위가 전개

51) Там же, с.389~394, с.410~419, с.450~460, с.475~487, с.491~509.

되었다. 1987년 6월에는 모스크바 붉은광장에서 크림타타르인들이 고향으로의 귀환과 민족자치권을 요구하는 시위를 벌였다. 또한 1988년 2월 나고르노-카라바흐(Нагорно-Карабах)자치주 문제를 빌미로 시작된 아르메니아인과 아제르바이잔인 간의 민족분규는 공식발표에 따르면 사망자 32명, 부상자 197명이 발생하는 유혈사태로 번졌다.[52] 1988년 11월에는 두 민족 간 "전쟁"이 발발하여 (나고르노-카라바흐자치주를 제외한) 아제르바이잔공화국 거주 아르메니아인 약 20만 명이 공화국 밖으로 탈출하고 아르메니아 거주 아제르바이잔인 약 12만 명이 외부로 대피하는 초유의 사태가 발생했다. 11월 말 두 공화국에 군대가 진입함으로써 사태는 일단 억제될 수 있었다.

발트3국에서는 1988년 가을부터 민족주의적 인민전선 세력이 강화되었다. 이들은 몰로토프와 리벤트로프 간 독소비밀협약 체결 50주년이 되는 1989년 8월 빌뉴스-리가-탈린 간 약 600km 거리를 "인간사슬"로 잇는 퍼포먼스를 벌이며 3국의 소련 편입의 "불법성"에 항의했다. 1990년 봄 그들은 독립을 선언하기 시작했으며, 곧 빌뉴스에 군대가 투입되었다. 동년 5월에는 리투아니아와 에스토니아의 독립선언을 무효화하는 고르바초프의 명령이 공포되었다.

위와 같은 독립에의 요구는 발트3국, 그루지야, 아제르바이잔, 아르메니아, 몰다비아 등 비(非)러시아계 민족공화국들에 국한되지 않았다. 러시아공화국과 그 안의 자치공화국(체첸, 카잔타타르, 코미 등) 및 자치주에서도 민족주의적 의지가 고양되었다. 민족 분규도 카프카즈 지역에서 우즈베키스탄, 카자흐스탄 등 중앙아시아로 확산되었고, 점차 내전의 양상을 보이기도

52) 오래된 민족적, 종교적 반감이 분규 배경이었다. 이슬람교가 일반적인 아제르바이잔공화국 내에 있는 나고르노-카라바흐자치주 주민 다수는 기독교도인 아르메니아인이었다. 이들은 1987년 나고르노-카라바흐를 아르메니아공화국 소속으로 변경해달라는 청원운동을 전개했다.

했다. 1990년 6월 러시아공화국은 "국가주권"을 선언했으며, 뒤이어 우즈베키스탄, 몰다비아, 우크라이나, 벨로루시, 투르크메니스탄, 아르메니아, 타지키스탄이 독립을 선언함으로써 소연방은 총체적 "민족반란"에 직면했다.

러시아공화국의 독립 선언은 대사건이었고, 그 배경에 러시아민족주의가 있었다. 1990년 9월 18일자 ≪콤소몰스카야 프라우다≫에 알렉산드르 솔제니친의 글이 게재되었다. 작가는 1917년을 러시아 역사에서의 "치명적 척추 골절"이라 정의하면서 비(非)슬라브 요소들을 배제하고 우크라이나와 벨로루시를 포함하는 슬라브 민족국가를 수립하자고 제안했다. 그의 주장은 러시아인의 많은 지지를 받았다. 그들은 소비에트 민족정책의 결과, 그리고 프롤레타리아 국제주의와 사회주의적 애국주의의 구호 속에서 자신들이 타민족에 비해 정치경제적 역량과 문화적 정체성을 침해당했다고 생각했다. 1979년 기준으로 러시아민족은 소련 총인구 중 약 54%를 차지했으며, 전국토의 약 70%를 차지하는 러시아공화국(러시아인 구성비 약 82%)은 연방의 유지를 위해 결정적 기여를 해왔음에도 불구하고 그곳에는 우크라이나와 벨로루시에 주어진 UN회원국과 같은 장식도, 자체의 과학원이나 방송위원회도 없었다. 러시아공화국 정부는 유명무실했으며 지도적 정치인은 물론 아예 공산당도 없었다. 1980년대 이후 "비(非)러시아적 요소들"로부터 고통과 희생을 강요받았다고 생각하는 러시아인들 사이에 분리주의적 러시아민족주의가 발전했다면, 다른 민족들은 러시아의 지배와 공산주의 지배를 동일시하면서 반(反)러시아 민족주의를 발전시켰다.

공산주의의 대척점에는 자유주의도 있었다. 사회의식으로서 "소비에트 자유주의"가 급격히 분출한 것은 1980년대 후반이었지만, 그것은 브레즈네프 시대 이전에 배태되었다. 1960년대 중반 시작된 인권운동 내지 민주화운동은 소비에트 사회의 발전 및 안정과 병행한 사회적 탈이데올로기화 과정의 결과로 등장했다. 운동이 소수 지식인들에 의해 전개되었고 사회에의 영향이 생각보다 미약했다 하더라도, 그것은 과거 소비에트 사회가 발전함에 결정적 중요성을 가졌던 이데올로기적 단결성이 훼손되었음을 의미했다. 운동에 이론이 없을 수 없었다. 처음에는 정부당국에 헌법 준수를 요구하는 수준에 머무르다가 체제의 문제를 비판하기 시작한 운동권은 문제의 본질과 해법을 둘러싸고 이견을 드러냈다. 그들은 이론적 입장에 따라 운동 목표를 달리 규정하며 나름의 정치적 강령을 마련하기도 했는데, 자유주의와 러시아민족주의가 그 기본 줄기였다.

소비에트 인권운동의 대부 안드레이 사하로프는 1968년 「진보, 평화공존 및 지적 자유에 관한 숙고」라는 글을 통해 인류가 핵전쟁, 기아, 환경오염, 인종주의, 민족주의, 군국주의 등의 위협 및 지적(知的) 자유에 대한 위협으로 위기를 겪고 있다고 하면서 체제수렴론적 입장에서 문제 해결을 역설했다. 그의 주장에 따르면, 고유한 문제들을 해결하며 발전하고 있는 자본주의와 "도덕적 우월성을 가진 사회주의"의 발전은 대립적이 아니라 상호보완적인 것이었다. 양자는 공통된 발전목표를 가졌는데, 인도주의적 민주주의가 바로 그것이었다. 이런 맥락에서 그는 소련공산당에 서방과의 평화공존 및 협력을 위한 전략을 심화시킬 것, 이데올로기 검열을 폐지하고 지식 창달을 촉진할 수 있는 출판 및 지식에 관한 법을 제정할 것, 인권을 침해하는 모든 위헌 법률을 폐지할 것, 정치범을 석방하고 복권시킬 것, 경제개혁을 촉진하고 오염 방지를 위한 환경법을 제정할 것 등을 요구하고 나섰다.[53] 이후 그는 소비에트 체제를 전체주의적 사회주의라 규정하는 등 체제에 대한 그의 평가는 더 부정적으로 변했다. 그랬음에도, 평화와 진보 및 인권이야말로 인류 공동의 목표라 말했던 그는 생애 말년에도 "자본주의와 사회주의 체제의 다원주의적 접근이나 수렴 없이는 인류 생존을 위협하는 문제들

53) Сахаров А.Д. Тревога и надежда, М., 1991, с.11~46.

의 해결이 불가능하다는 것을 확신했다."[54]

사하로프는 반(反)체제적 입장을 취하진 않았지만 자본주의 발전을 긍정하고 있다는 점에서 그의 이론은 이단이었다. 체제수렴론은 1970년대 이후 소련에서 대두된 사회의식을 반영했다. 시민들은 구미 자본주의의 "쇼윈도우"를 부러워했으며, 국가통제가 개인의 사회경제적 삶의 수준을 저하시킨다고 생각했다. 체제를 전면 부정하지 않으면서 서구형 자유주의를 행복의 왕도로 여기는 모순적 의식이 성장했다. 그들의 자유주의는 국가통제를 거부하고 싶은 소시민적 일상과 서구에의 동경에 기초하고 있다는 점에서 부르주아적 자유주의와 구별되었다. 그것은 자본 없는 자유주의라는 의미에서 서구주의적 자유주의로 규정되었다. 1989년 12월 사하로프의 사망 이후 급전된 정치변동이 소비에트 사회주의의 몰락으로 귀결되면서 체제수렴론은 개념적 토대를 상실했다. 이후 그의 동료 대다수는 서구형 민주주의의 지지자가 되었다. 이는 강요된 선택이었다고 볼 수도 있겠으나, 러시아에서 서구주의적 자유주의가 발전함에 있어 체제수렴론이 가졌던 과도기적 의미와 역할은 인정되어야 한다.

소연방에서 주로 과학자들이 체제수렴론을 지지했다면, 특히 문인들에 의해 러시아민족주의적 이념이 운동권의 한 조류로 확립되었다. 이것의 기본 구상은 1973년 솔제니친이 쓴 「소련 지도자들에 보내는 편지」에 잘 요약되었다. 그에 따르면, 볼쉐비키에 의한 급속한 공업화, 농업 집단화, 정교회 탄압, 국제문제에의 과잉간섭 등은 민족적, 문화적, 정신적 측면에서 러시아 민족에 엄청난 희생과 고통을 강요했다. 러시아의 부흥을 위해서는 세계혁명을 지향하는 공산주의 지배를 청산해야 하며, 비(非)슬라브 민족들을 분리, 독립시키고 모든 힘을 러시아 민족의 발전을 위한 사업에만 집중해야

54) Алексеева Л.М. История инакомыслия, М., 1992, с.303.

한다는 것이다. 그는 시베리아의 풍부한 자원을 기반으로 민족의 번영을 이루어야 하며, 농업을 사영(私營)이나 조합 중심적 경영으로 전환하고 공업 분야에서 최신기술이 있는 중소기업들을 육성함으로써 민족중흥을 위한 역량이 축적, 강화될 수 있다고 주장했다. 나아가 정교회에서 러시아 민족의 정신적 가치를 찾아야 한다고 강조한 솔제니친은 자유주의적 내지 의회주의적 국가형태가 러시아에 과연 적합한가 하는 문제에 회의적 태도를 취했는데, 사하로프는 그를 이렇게 비판했다:

> "솔제니친은 우리나라가 민주주의 제도를 운영할 만큼 성숙하지 않았고, 법치주의와 러시아정교를 전제로 한다면 권위주의적 통치가 그리 나쁘지 않으며, 러시아는 그런 제도 하에서 20세기까지 민족적 건강함을 유지했다고 하나, 그런 의견에 나는 동의할 수 없다. 민주주의적 발전의 길이야말로 모든 나라에 유일하게 바람직한 것이다."[55)]

1974년 2월 외국으로 강제 추방된 후 솔제니친은 미래에 러시아의 국가형태는 법치주의가 아니라 권위주의적인 것이 되어야 한다고 역설하면서 정치적 입장 차이를 이유로 "서구주의적" 운동권과의 협력을 거부했다. '짜리즘 체제는 반(反)인민적'이라는 명제를 거부하면서 그는 러시아의 전통과 역사를 찬양했고, 결국 러시아제국이라는 과거에서 현대 러시아의 미래를 발견했다.[56)]

사하로프와 솔제니친으로 대표되는 이념과 운동은 소비에트 사회의 극히 제한된 부분에서 대두되었고, 1980년대에는 사회에서 완전 격리되기도 했다. 그랬음에도 페레스트로이카의 시작과 함께 운동권에 대한 통제가 해제

---

55) Сахаров А.Д. Указ. соч., с.69.

56) 솔제니친의 최근 주장에 관해서는 Alexandre Soljenitsyne, 『이 잔혹한 시대의 내 마지막 대화』, 한남수 역(서울: 디자인하우스, 1998)을 참조할 것.

되고 특히 소련공산당이 정치 독점을 포기했을 때 서구주의적 자유주의와 러시아민족주의는 변화를 요구하는 인민들의 의식에 부응하면서 막강한 위력을 발휘했고, 러시아공화국 정부는 맑스-레닌주의를 거부하며 새로운 이념의 시대를 주도했다.

아무튼, "민족들의 반란"이 계속되던 1990년 여름 고르바초프는 각 민족공화국의 요구 사항들이 충족될 수 있는 새 연방조약안을 마련할 것을 약속했으며, "사회주의적 시장경제체제"로의 전환을 위한 경제개혁안 작성을 서둘렀다. 1991년 3월 소연방 존속 여부를 묻는 국민투표가 실시되었다. 에스토니아, 라트비아, 리투아니아, 몰다비아, 그루지야, 아르메니아는 투표 참여를 거부했고, 이들 6개 공화국을 제외한 전국에서 총투표자의 약 70%가 찬성을 표했다. 1991년 여름 9개 민족공화국 대표와 고르바초프는 "1+9협상"을 통해 각 민족공화국의 권한이 확대 강화된 소비에트주권국연방(СССГ)의 창설에 관한 합의를 도출했다. 1991년 8월 19일 연방 부통령을 비롯한 8명이 국가비상사태위원회를 구성하고 쿠데타를 시도한 것은 8월 20일 예정된 새 연방조약의 조인을 막기 위함이었다. 고르바초프는 연방 대통령직을 유지할 수 있었지만 모든 권력은 쿠데타 저지에 앞장선 러시아공화국 대통령 보리스 옐친의 수중에 집중되었다. 그는 소비에트주권국연방 창설에 관한 기존 합의를 백지화하며 소련 해체를 주도했다.[57] 1991년 12월 (그루지야 및 발트3국을 제외한) 러시아, 우크라이나, 벨로루시 등 11개국 정상은 알마아타에 모여 입법, 사법, 행정 기능 없이 주로 조정기능만 있는 독립국가연합(СНГ)의 창설을 선언했다.

---

57) Ельцин Б.Н. Записки президиента, М., 1994, с.143~154.

5. 결론

맑스와 엥겔스는 민족과 민족문제를 자본주의 발전의 맥락에서 인식, 평가했다. 민족은 자본주의의 산물이었고, 자본주의와 운명을 함께할 존재였다. 사회경제적 발전수준이 상이했던 유럽에서 민족운동에 대한 맑스주의자들의 입장과 태도가 지역에 따라 달랐던 것은 한편 자연스런 현상이었다. 대개 서유럽 사회민주주의자들은 계급투쟁을 역사과정의 동인으로 간주하며 민족이나 민족운동을 반동적인 것으로 평가했고 그것에 주목하지도 않았다. 반면 봉건적 압제가 존속했던 지역의 맑스주의자들은 민족운동에서 상대적 진보성을 발견했으며, 민족주의 세력과 연합했을 뿐 아니라 민족운동을 주도하기도 했다. 1914년 8월 제1차 대전 발발과 함께 독일사회민주당이 전쟁 지지 결정을 내린 사실에서 확인되듯이 대다수 사회주의자들은 계급과 민족(조국) 중 택일해야 하는 상황이 강요되었을 때 조국을 선택했으며, 프롤레타리아 국제주의는 방기되었다. 혁명적 맑스주의 세력만이 그런 경향에 저항했다.

레닌과 스탈린은 혁명적 맑스주의자를 자처하면서도 특출한 민족이론을 구축했으며 그것을 정책으로 실현했다. 그들은 민족이란 언어, 영토, 경제생활, 심리적 기질의 공동성을 기준으로 구별되는 역사적 범주라고 규정했고, 민족문제의 맑스주의적 해법으로 지역적 자치를 제안했다. 그것은 민족자결주의와 연방제로 구현되었다. "제국주의의 약한 고리"에서의 부르주아 민족운동과 민족자결주의는 세계혁명을 위해 당연히 지지되어야 했다. 소비에트 러시아에서 연방제가 필요했던 것은 "민족이 갖는 고도의 안정성과, 동화정책에 저항하는 힘" 때문이었다. 그들이 보기에, 사회주의 체제의 수립과 동시에 민족이 소멸한다는 주장은 비현실적 낙관론이었다. 10월혁명으로 해방된 (소수)민족들에 대한 양보와 배려가 필요했으며, 그들을 사회주의로

교화시켜 미래로 나아가야 했다. "프롤레타리아 독재 시기의 두 번째 단계", 즉 공산주의 단계에 이르러 민족이 소멸하기 시작할 때까지 소수민족에 상처를 줄 수 있는 "대러시아 쇼비니즘"은 억제되어야 했다. 그 결정체가 15개 민족공화국으로 구성되고 그 안에 많은 자치공화국과 자치주가 포함된 복잡한 체계로 창설된 소비에트사회주의공화국연방(CCCP)이었다.

볼쉐비키 정권의 민족정책은 소수민족들에 고무적이었고, 그런 뜻에서 진보적이었다. 물론 강제이주 형태로 일부 민족들에 소위 "테러"를 가하기도 했지만, 당시 스탈린의 전략목표가 사회주의의 완전한 승리, 즉 소련이 자본주의적 포위망에서 벗어나 완전한 국가안전보장을 확보하는 것이었음을 고려한다면 "테러"를 이유로 그의 민족정책이 허구였다고 단정할 수 없다. 물론, 소련에서 민족문제는 완전히 소멸하지 않았고 소멸할 수도 없었다. 오히려 사회적 탈이데올로기화가 진행되면서 민족문제는 심각한 모습으로 불거지기도 했다. 그렇지만 소비에트 인민이라는 개념은 민족(인종)차별을 청산하려 한다는 스탈린식 선언이었고, 이는 사회현실에 영향을 주었다. 민족의 소멸을 궁극적 목표로 삼았던 스탈린의 민족정책은 민족 간 구별이 강조되는 현실을 초래했고, 맑스-레닌주의가 허구화, 형식화되면서 결국 소연방이 해체되는 방식에 결정적 계기를 제공했다.

민족문제의 폭발로 소련이 붕괴된다는 당코스의 테제는 그것이 15개 민족공화국으로 분리 해체된 사실을 고려하면 그럴 듯해 보인다. 하지만 세밀히 보면 그의 테제는 검증을 통과하지 못한다. 소련은 "마호멧" 때문에 붕괴된 것이 아니다. 소련공산당의 지배에 저항하는 민족운동은 이슬람 민족공화국들보다 기독교 문화권인 발트3국이나 그루지야 등에서 보다 강렬하게 전개되었다. 정치적 지도원리이자 사회적 통합원리였던 맑스-레닌주의가 허구화, 형식화되면서, 즉 탈이데올로기화가 진행되면서 민족문제 및 각종 분규가 분출했으며, 소련의 해체는 특히 중앙 연방정부와 러시아공화국 옐친 정권 간 대립적 권력관계의 결과였다. 서구주의적 자유주의와 민족주의로 무장한 러시아인들이 그것을 주도했다.

당코스의 테제가 우려되는 이유는 그것이, 이른바 문명충돌론의 외피를 뒤집어쓰고서, 민족을 역사변동의 고정적, 불변적 기본 단위로 여기는 이데올로기의 확산을 조장할 수 있기 때문이다. 소련이라는 '이념의 제국'이 내부 민족문제 폭발로 붕괴되었다는 학설은 역사에 민족만큼 영원한 것은 없다는 그릇된 생각을 지지해 준다. 인간사회의 경계와 구성방식은 역사적으로 변화되었다. 유럽에서 민족이 사회구성체의 기본 단위가 된 것은 근래의 일이며, 글로벌시대라 말해지는 오늘날에는 사회구성체 간 경계가 현저히 낮아져 있다. 현대사회에서 합의되고 있는 것은 자유와 평등의 민주적 가치들이며, 이들은 추상적인 민족적 가치에 우선해야 한다. 순수한 민족사회도, 인류 모두가 합의할 수 있는 민족적 가치도 있을 수 없다. 독일 민족사회주의(나치즘)의 예에서 보듯이 민족공동체의 발전이라는 추상성이 최고의 정치적 가치가 되었을 때 반사적으로 강요되는 인간의 반목과 고통, 희생은 결코 적지 않았다.

스탈린의 '두 진영론'과 냉전: 현대적 평가

1. 머리말

냉전 연구에 있어서 그 기원에 관한 문제는 오랫동안 서방에서뿐만 아니라 러시아에서도 유력한 주제가 되어 왔으며, 그것은 자주 냉전의 책임, 즉 '누가 비난받아야 하는가'의 문제로 환원되었다. 그와 관련하여 특히 구(舊) 소련의 학자들 사이에는 냉전의 책임을 전적으로 미국에 전가하면서 그 시작을 서방측이 취한 특정한 조치, 예를 들면 1947년 3월에 공표된 트루먼 독트린, 또는 그 1년 전 미국 미주리주 풀턴(Fulton)에서 W. 처칠이 이른바 철의 장막을 운운하며 행한 연설, 또는 1948년 4월부터 실행되기 시작한 마셜 플랜 등과 연결 지어 규정하는 것이 일반적이었다. 물론 다른 입장도 존재했다. 붉은군대가 점령한 동유럽 국가들을 소비에트화하는 가운데 지역 공산주의자들의 지지를 바탕으로 서유럽의 민주주의 체제마저 전복시키려 했던 소련의 행위야말로 냉전 발생의 1차적이고 근본적인 원인이었으며, 이러한 정치적 지향들을 차단하고자 했던 미국을 비롯한 서방 국가들의 조치들은 부득이 강요된 것이라는 견해가 그것이다.[1)]

1) 이러한 "정통적" 견해는 서방의 냉전 연구에 있어서 지배적으로 수용되는 것은 아니다. 특히 1960년대에 이르면 냉전의 책임이 미국에 있다는 수정주의자들의

이러한 접근들은 학문적 연구라는 측면에서 볼 때 일정한 한계를 갖는다. 위에 언급된 접근들은 냉전의 책임을 서로 상대방에 전가하고자 하는 의도를 내포하고 있었으며, 그러한 방식의 문제 설정 하에서는 단지 이데올로기화된 일방적 대답만이 가능했다. 더욱이 냉전문제에 관한 그러한 연구들이 갖는 비객관성은 제2차 대전이 끝난 직후 미국도 소련도 자신들의 고유한 대외정치적 전략을 갖고 있지 않았으며 단지 상대의 도전에 대한 대응적인 조치를 취했을 뿐이라는 공통의 가설에 의해서 과시되고 있다. 하지만 미국과 소련은 전쟁 전이나 제2차 대전 중에도, 그리고 종전 후에도 자신들의 고유한 전략을 보유하고 있었다는 것이야말로 역사적으로 이미 확인된 사실이며, 우리는 정책에 대한 분석을 통하여 그들의 대외정치적 전략의 일관성 내지 계승성을 입증할 수 있다.

분명한 것은 냉전의 본질을 이해하기 위해서는 특히 제2차 대전 이후의 미국과 소련의 대외정치적 전략 모두에 대한 분석과 이해가 필수적이라는 사실이다. 만약 미소 양측이 자신들의 전략적 이해관계에 대한 고려 없이, 종전 후 형성된 국제정치적 상황에 적응하기만을 시도했다면 파시즘에 대한 승리 직후 표출된 공공연한 대립관계는 불가능했을 것이다. 주지하듯이 F. 루즈벨트는 종전 이후 합리적 국제질서의 형성을 위해 필수적인 미소협력관계의 중요성을 역설했다. 그러나 그가 만약 1945년 4월에 사망하지 않았더라면 과연 그 자신의 희망대로 종전 후 미국과 소련의 협력적 관계가 실현될 수 있었겠는가 하는 문제에는 의문이 남는다.[2] 윤리적 범주나 규범

견해가 확산되었으며, 1970년대 이후에는 양비론적 입장에 근거하는 후기수정주의적 연구들이 유포됐다. 서방에서의 냉전 연구의 방향과 이론적 내용들에 관해서는 см.: Филатов А.М. "Холодная война". Историографические дискуссии на Западе, М., 1991.

2) 연합국 사이의 갈등과 대립은 상이한 세계전략으로 인해 제2차 대전 중에도 빈번한 것이었지만, 특히 폴란드 문제는 미소간의 협력에 있어 커다란 장애가 됐다. 독일의 점령에서 해방된 폴란드의 임시정부는 주로 소련에 우호적인 인사들

들에 관계없이 각 나라의 외교정책에는 수많은 객관적, 구체적 요인들이 영향을 미친다. 일반적으로 대외정책에 대해서 결정적인 것은 무엇보다도 국내정치적 요구들로서, 경제, 사회구조와 정치적 기본 조직, 그리고 그밖에 군사적 이해관계, 지정학적인 조건들, 강대국 및 인접국들과의 관계, 국가 규모, 여론 등등이 구체적인 상황에서 지배적인 요인으로 작용할 수 있다. 따라서 특히 거시적인 측면에서 대외정책에 대한 객관적 이해를 위해서는 권력엘리트의 퍼스낼리티, 또는 정치적 지향에 대한 단순한 분석보다는 오히려 '대외정치적 전략이나 결단의 작성과정에서 어떠한 요인들이 정치가들에 의해 보다 중요하게 고려되고 있는가', 그리고 '그 요인들의 구체적인 내용은 무엇인가'에 대한 분석이 필요하다. 왜냐하면 한 사회의 대리인들, 즉 정치가들은 철학적 전제들 또는 '이념의 왕국'으로부터 연역되는 견해와 관념들을 대표하고 있는 것이 아니라, 진술할 수 있는 객관적 이해관계들을 대표하고 있기 때문이다. 이러한 분석은 냉전의 본질에 대한 이해를 위해서도 필수적이다.[3]

로 구성되었고, 이에 대하여 미국은 런던주재 폴란드 망명정부 인사들의 바르샤바 임시정부에의 참여를 강력히 요구했다. 이와 관련하여 F. 루즈벨트는 자신이 사망하기 약 10일 전인 1945년 4월 1일에 스탈린에 보낸 서한에서 다음과 같이 경고했다: "나는 폴란드 문제의 공정하고 신속한 해결이 우리의 국제협력프로그램의 실현을 위해 얼마나 중요한 지를 귀하께서 이해하기를 바랍니다. 그렇지 않으면 얄타에서의 결정을 행할 때 우리가 그렇게 분명히 인식했던 연합국들의 단결을 위협하는 모든 어려움과 위험성은 우리 앞에 더욱 커질 것입니다." 이에 대한 1945년 4월 7일자의 답변에서 스탈린은 미국의 요구를 거부했으며, 동년 4월 21일에는 폴란드 임시정부를 공식 승인하고 우호조약을 체결했다.
이와 관련하여 см: Бережков В.М. Страницы дипломатической истории, М., 1987, с.459~460.

3) 책임론적인 냉전 연구와 병행된 냉전의 본질에 관한 일반적 해석에는 대략 세 가지 모델이 존재한다. 첫 번째 것은 공산주의 국가와 비공산주의 국가들 사이에는 원칙적으로 대립적 관계만이 가능하며 따라서 냉전이 아니라 오히려 냉전의 부재가 비정상적인 상황으로 간주되어야 한다는 전제에 입각해 있다. 세력균형이론에 기초한 두 번째 모델은 20세기 세계질서의 전개를 다극체제와 양극체제의 상호전환 과정으로 규정하는 가운데 양극체제적 상황을 냉전으로 해석한

그러나 냉전시대의 소련의 외교정책을 분석하면서 우리는 근본적으로 그 정책이 대내외적인 정치적 조건들의 변화에 관계없이 맑시즘-레닌이즘의 이데올로기적 목적지향성에 근거하여 일관성 있게 교조적으로 실현되었음을 알 수 있게 된다. 간단히 말하면, 소련의 대외정치적 전략은 무엇보다도 공산주의 이데올로기에 의하여 선험적으로 규정되었으며, 바로 이런 이유에서 우리는 "냉전시대의 소련 외교정책의 본질과 성격 및 기본 방향은 그 정책이 어떠한 교리적 기초 위에 근거하고 있으며, 무엇이 정책의 이념적·이론적 토대를 구성했는가를 사전에 해명함이 없이는 이해할 수 없다"[4]는 레오니드 네진스키의 결론에 동의하게 된다. 소련의 외교정책이 입각했던 기본적인 교리적 방침들은 우선 레닌에 의해서 암시되었으며, 이후 그것은 스탈린의 이론들에 의하여 최종적으로 완성되어 확립되었다. 레닌의 제국주의론에 기초하고 있는 스탈린의 '두 진영론'과 사회주의적 유일주의론은 냉전시대에 소련 외교정책의 기본 전략을 규정했던 이론적 토대였으며, 이에 대한 부정(否定)은 고르바초프의 신사고외교에 의해 비로소 이루어졌다.

다. 마지막 세 번째 모델은 냉전을 도전과 응전이 교대된 결과의 산물로서 해석한다. 첫 번째 이데올로기적 모델은 최소한 1917년 10월혁명에서 냉전의 시작을 찾는 가운데 20세기 전반부의 국제질서와 '제2차 대전 이후의 국제정치적 현상으로서의 냉전'과의 차별성을 희석시키고 있으며, 체계이론적인 국제정치학에서 유력했던 세력균형 모델은 양극체제의 종료 시점을 1950년대 후반에서 1960년대 초반으로 규정함으로써 냉전을 시간적으로 협소화시켰으며, '도전과 응전 모델'은 A. 토인비류(類)의 개념을 구체적인 역사현상에 그대로 적용함으로써 특히 냉전의 종식을 논리적으로 배제했다는 지적을 받을 수 있다.

4) Нежинский Л.Н. О донтринальных основах советской внешной политики в годы "холодной вой ны". // Отечественнная история, 1995, No.1, с.3.

2. 소련의 냉전정책과 그 이론적 토대

(1) '두 진영론'

1919년 2월, 스탈린은 자신의 글 「두 진영(Два лагеря)」에서 이렇게 썼다:

> "[세계는] 결정적으로, 완전하게 두 진영으로, — 제국주의 진영과 사회주의 진영으로 분열됐다. 저쪽에는 자본, 무기, 숙련된 첩자들, 노련한 관리자들을 보유한 미국과 영국, 프랑스와 일본이 있다. 여기 우리 진영에는 자본도, 숙련된 정보원도, 노련한 관리자들도 없는, 대신에 해방의 횃불로써 근로인민들의 가슴을 타오르게 할 수 있는 노련한 선동가들을 가진 소비에트 러시아가 신생 소비에트공화국들과 함께 있다. 이들 두 진영의 투쟁은 모든 현대적 삶의 축을 이루고 있으며, 이 투쟁은 지금 낡은 세계와 새로운 세계의 대내외적인 정책과 활동의 모든 내용을 구성하고 있다."[5]

물론 당시에 이 글은 선언적 의미를 가졌을 뿐이었다. 그러나 약 20여 년이 지난 후, 자신의 정치적 의지를 국제정치 무대에서 관철할 수 있는 광범한 가능성을 갖게 되었을 때, 현대 세계에 대한 스탈린의 정의는 소련 외교정책의 이론적 토대로서 전환되었다.

물론 '두 진영론'은 두 진영 사이의 전면적 투쟁을 예상하지는 않았다. 선진 자본주의 국가들에서 필연적인 사회주의 혁명은 본질적으로 내적 계급투쟁의 결과로서 규정되지 않았던가. 그것은 두 진영의 평화적 공존의 가능성을 승인하고 있었는데, 1921년 3월에 개최된 러시아볼쉐비키공산당 제10차 대회에서 스탈린은 당시 외무인민위원이었던 치체린을 이렇게 비판했다:

> "치체린 동무는 제국주의자들의 국제적 단결을 과대평가하면서, 그리고 제국주의

5) Сталин И.В. Соч., т.4, с.232.

그룹 및 국가들 사이에 존재하면서 전쟁을 유발하는 내부적 모순들을 과소평가하는 가운데 제국주의 국가들 사이의 모순들을 부정하는 경향이 있습니다. [중략] 그런데 그런 모순들은 존재하고 있으며, 바로 그런 모순들에 외무인민위원부의 활동이 의거하고 있는 것입니다."[6]

스탈린이 보기에, 레닌의 제국주의론이 강조하는 것처럼 '제국주의 전쟁으로 귀결될 독점자본들 사이의 해소될 수 없는 모순과 대립'은 적진(敵陣)의 내홍과 분열을 야기하고 이는 내전으로 유린당한 소비에트 러시아가 자신의 안위를 지키며 혁명역량을 강화하는 시간을 벌 수 있게 하는 계기였다. 제국주의 진영 내의 모순과 대립에서 유래하는 두 진영 간 평화적 공존의 용도는, 소련에게, 제국주의 국가들과의 선린우호관계 수립을 위한 것이 아니라 우선은 소비에트연방의 안전보장을, 궁극적으론 세계혁명의 대의를 위한 것이었다.

결국 소련의 대외정책적 목표는 근본적으로, 두 진영의 공존을 전제로 자본주의 국가들 사이의 모순과 대립을 조장하고 이를 소련의 안전보장 및 세계혁명의 대의에 부합되게 활용하는 것이었다. 비록 제2차 대전이 끝나가면서 서방과의 입장 차이가 거듭 분명히 확인되었지만,[7] 그럼에도 불구하고 스탈린은 특히 미국과의 우호적인 협력적 관계가 유지되기를 원했으며, 또

---

6) Сталин И.В. Соч., т.5, с.41~42.

7) 국제문제에 대한 서방과 소련의 시각 차이는 1943년 11월에 열린 테헤란회담에서부터 드러났으며, 종전이 가까워지면서 서방은 소련의 정당한 국제정치적 권리를 인정하고 소련과의 협력관계를 확대하거나 아니면 소련을 견제하여 "공산주의의 확장"을 저지하던가 해야 하는 딜렘마에 봉착하게 됐다. 결국 소련에 대한 미국의 견제는 사실상 1945년 여름 포츠담회담에서 이미 적극화되었는데, 러시아의 일부 학자들은 독소전(獨蘇戰)의 양상이 완전히 전환되는 계기였던 1943년 여름의 쿠르스크 전투 이후에 이미 냉전이 시작됐다는 입장을 취하고 있으며 동시에 많은 학자들은 히로시마와 나가사키에 대한 원자폭탄 투하가 특히 소련을 위협하려는 목적 하에 이루어진 조치였다는 주장을 정설로서 수용하고 있다.

한 그 가능성을 낙관적으로 전망했다. 그는 종전 후 소련의 대외정책이 근거해야 할 모순들이 특히 미국과 영국 사이에 발전할 것을 예상했다.

종전 직후 스탈린에 의하여 설정된 소련의 전략 목표는 분명했다. 소비에트 사회주의의 발전 단계에 따라 설정된 그것은 바로 '사회주의의 완전한 승리'였다. 1938년 2월 14일자 ≪프라우다≫에 게재된 스탈린의 「답변」에 의하면, 일국에서의 사회주의 승리의 문제는 대내적 계급관계와 대외적 국제관계 등 두 개의 상이한 문제를 포괄하는 것이었다. 즉 1934년에 개최된 제17차 당대회에서 사회주의의 승리가 선언되었던 것은 노동자-농민의 정부가 자본가 및 부농계급을 완전히 청산했고 동시에 '사회주의적 우클라드'가 전체 인민경제에 있어서 "지배적이며, 유일하게 지도적인 힘"이 되었기 때문에 가능했지만, 소련의 노동계급이 외부의 부르주아 국가들에 의해 포위당한 채 그 존재를 위협받고 있는 한, 승리는 아직 "완전하고 최종적인" 것이 아니었다. 결국 스탈린이 제시한 '사회주의의 완전한 승리'라는 개념은 다음과 같은 테제에 기초하고 있었다:

> "부르주아적 관계들의 부활 위험성으로부터의 완전한 보장이라는 의미에서의 사회주의의 완전한, 최종적 승리는 오직 국제적 차원에서만 가능하다."[8)]

아무튼 1946년 2월에 소비에트 인민대의원 선거를 위해 행해진 모스크바의 스탈린선거구 유권자들에 대한 유세에서 스탈린은 전전(戰前)의 정책들 갖는 올바름과 역사적 정당성을 역설하는 가운데 전후에도 똑같은 정책이 추진될 것임을 분명하게 밝혔는데,[9)] 물론 그 정책들은 '사회주의의 완전한 승리'라는 전략 목표에 종속되는 것이었다. 대내적으로는 중공업 위주의 인

---

8) См.: Правда, 14 февраля 1938 г.
9) Сталин И.В. Соч., т.16, с.1~22.

민경제발전 5개년계획이 정책적 기본이 되었으며, 우선적인 대외정치적 목표는 이른바 자본주의적 포위로부터 벗어나는 것이었다. 그것은 바로 붉은 군대가 엄청난 희생을 치르며 해방시킨 동유럽 국가들이 이제는 더 이상 예전과 같은 반(反)공산주의적 방역선이 아니라 소련에 우호적인 국가들의 지대(地帶)로서 수립되어야 함을 의미했다. 이 지역에 대한 다른 시도들은, 스탈린이 볼 때, 온갖 고난을 통해 얻어진 승리의 과실을 소련으로부터 탈취하고자 하는 제국주의적 음모의 발로였다. 물론 붉은군대가 해방시킨 지역에서 소련에 우호적인 정부를 수립하려는 스탈린의 희망은 이미 그 자체로써 그 나라들에서 혁명적 성격을 갖는 정치경제적 변혁이 예정되어 있음을 의미하는 것이었다. 하지만 그렇다고 해서 그 변혁이 곧 즉각적인 프롤레타리아 독재를 실현하는 사회주의 혁명을 의미했던 것은 아니었다. 인민민주주의라는 개념에서 확인될 수 있듯이, 그것은 반(反)파시즘적인 통일전선 정부를 구성하여 부르주아 민주주의 혁명의 과제들을 해결하는 것이었다. 물론 사회주의 세력은 이 변혁과정에서 소외될 수는 없었다. 한 때 레닌의 연속혁명론이 지시했던 바와 같이, 농민과 함께 프롤레타리아 계급은 사회주의 사회의 창설을 위한 조건들을 최대한 신속히 조성할 수 있도록 "이념적으로 불순한" 부르주아 계급을 강제하는 권력으로서 존재해야만 했다.

스탈린은 전쟁 중이나 종전 후에도 소련을 직접적인 세계혁명의 기지 또는 지렛대로서 규정하지 않았다. 물론 이것은 그가 종전 후 후진지역에서뿐만 아니라 서구에서도 확산되어간 세계적 규모의 혁명적 과정에 주목하지 않았다는 것을 의미하지는 않는다. 실제로 그는 서방 각국의 공산당들과의 유대 강화를 거절하지 않았을 뿐만 아니라, 그들이 자신의 나라들에서 권력을 장악했으면 하는 기대를 포기하지도 않았다. 아무튼 미국과의 협력에 대한 기대를 인내하며 품고 있었던 1947년 여름까지 스탈린은 자본주의적 포위의 해체라는 정책적 목표를 실현하는 데 주력했으며, 세계혁명에 대한 자신의 확고한 신념을 적극 실천함으로써 야기될 수 있는 서방과의 마찰을 회피하려 했다. 그러나 미국과의 협력이 불가능하다는 것이 분명해지면서 스탈린의 정책은 소련의 주변에 단순히 우호적인 정부들을 수립하는 것이 아니라, 적극적으로 반(反)제국주의적인 사회주의 진영을 구성하고 그 역량을 보다 빠른 시일 내에 강화하고자 하는 방향으로 발전됐다. 절대적으로 우세한 미국 군사력과의 직접적 대립은 피하는 동시에 자본주의 진영 내부의 모순을 활용하면서, 볼쉐비키의 용어로 표현하면, 제국주의의 밑동을 파내기 위한 노력은 궁극적으로 세계혁명을 지향하는 스탈린 대외정책의 기본 방향이 됐다.

미국의 군사적 위협을 실감하면서 소련 지도부는 1943년 5월에 해산된 코민테른을 대신할 수 있는 새로운 국제공산당을 창설하기로 결정했다. 1947년 9월 바르샤바에서 개최된 코민포름 창립회의에서 소련공산당 대표였던 안드레이 즈다노프는 개막연설을 통하여 공산주의자들의 대외정치적 개념을 제시했다:

> "미(美)제국주의의 세계 지배 확립 및 민주주의 와해를 기본 목적으로 하는 제국주의 - 반(反)민주 진영과, 그리고 제국주의의 타도, 민주주의의 강화, 파시즘 잔재의 청산을 기본 목적으로 하는 반(反)제국주의 - 민주 진영, — 이렇게 세계에는 두 진영이 형성되었습니다."[10)]

즈다노프는 종전 후 약 2년 간 실현된 "소련과 민주주의 국가들"의 대외정책을 "전후 세계에서 민주주의 원칙들을 일관성 있게 실현하기 위한 투쟁의 정책"으로 규정 평가하면서 "소련의 대외정책은 자본주의와 사회주의라는

---

10) Информиционное совещание представителей некоторых компартий в Польше в конце сентября 1947 года, М., 1948, с.6~7.

두 체제의 장기간에 걸친 공존이라는 사실에 의거"하고 있으며, 바로 이로부터 "상호주의 원칙의 준수와 국제법적 의무 이행이라는 조건 하에서 다른 체제의 국가들과 소련과의 협력 가능성이 생겨난다"고 강조했다.11) 또한 게오르기 말렌코프도, 연설을 통하여, 두 체제의 공존 필요성을 강조하는 가운데 "스탈린적 대외정책은 전쟁 전이나 전쟁 중에도 제국주의 진영 내부의 모순들을 올바르게 활용하도록 허용했으며, 이것이 전쟁에서 승리할 수 있었던 중요한 조건들 중의 하나였음"을 상기시키는 가운데 소련은 "새로운 민주국가들"을 적극적으로 지지해왔으며 앞으로 지원을 더욱 확대할 것을 약속했다.12) 물론 이른바 프롤레타리아 국제주의에 입각한 공산주의자들의 대동단결은 '두 진영론'이 요구하는 기본 사항이었다.

(2) 스탈린의 대외정책: 1945~1953

뱌체슬랍 몰로토프의 회고에 따르면, 스탈린은 제2차 대전 이후 설정된 소련의 새로운 국경에 대하여 대체로 만족했으나 카프카즈 남쪽에 있는 이란과의 국경에 관해서는 불만을 표시했다.13) 실제로 스탈린은 1941년부터 붉은군대가 주둔해 왔던 이란 북부지역에서 전개되는 정세에 대하여 주목하고 있었으며, 이란의 사태는 종전 후 서방과의 대립을 심화시키는 중요한 계기가 됐다. 1945년 12월, 반(反)제국주의자들에 대한 지원을 마다하지 않았던 붉은군대의 지지 하에 북(北)이란에서는 아제르바이잔자치공화국과 쿠르드인민공화국의 수립이 선포되었다. 이를 중동 석유지대의 안전에 대한 소련의 위협으로 평가한 영국은 이란에 자국 군대를 파병 증강하는 한편 소련과의 협상을 시작했다. 소련-이란 합작 석유회사를 설립한다는 제안을 수

---

11) Там же, с.27.
12) Там же, с.151~153.
13) Чуев Ф.И. Сто сорок бесед с Молотовым, М., 1991, с.14.

용한 소련 군대가 이란에서 철수하고 난 후, 아제르바이잔 및 쿠르드족 분리주의자들의 저항을 진압하고 북이란에 대한 통제를 확립한 영국은 1946년 말 석유회사 설립에 대한 소련과의 합의를 파기했다. 서방 국가들과 군사적으로 대립하기를 원치 않았던 스탈린은 상황을 수용할 수밖에 없었다. 동유럽 공산화에 관한 문제는 차치하고서라도 이란에서의 문제는 서방의 보수주의자들에게 소위 "소비에트 팽창주의"라는 위협의 현실성을 선전하는 데 좋은 구실이 됐다. 미국 대통령이 배석한 자리에서 철의 장막을 언급하며 소련공산당의 위협에 적극 대처할 것을 호소한 W. 처칠의 연설이 이란에서의 위기가 절정에 달했던 1946년 3월에 행해졌던 것은 우연이 아니었다.

더욱이 터키 문제와 그리스 내전은 서방과 소련과의 관계를 더 악화시키는 구체적인 계기로 작용했다. 이미 1945년 7월 포츠담회담에서 스탈린은 브레스트평화조약을 빌미로 1918년에 터키가 차지했던 영토의 반환을 요구하는 동시에 소련과 터키에 의한 흑해 해협의 공동관리를 제안한 바 있었다. 1946년 8월 소련은 자신이 배제된 (실질적으로 소련 흑해함대의 지중해 통행을 차단하는) 흑해 해협의 관리체제 개정을 터키에 요구했으며, 그에 따라 양국 관계가 급속히 악화되었다. 터키에 대한 소련의 "위협"에 대하여 미국은 대서양에 있던 자국의 해군함대를 지중해 동부로 이동시키는 등 기민하게 대응했다.

이란 사태 및 소련의 터키에 대한 압력은 서방의 시민들에게 러시아제국의 이른바 팽창주의 정책을 강하게 연상시킬 수도 있었다. 그러나 실제 볼쉐비키가 짜리즘의 제국주의적 팽창정책을 계승한 것은 아니었다. '두 진영론'의 논리에서 볼 때, 사회주의 진영의 강화, 소련의 영토 확장, 그리고 세계에 대한 소련의 정치적, 군사적, 경제적 영향력 강화는 곧 제국주의의 역량 약화를 의미했다. 사회주의 진영 외부에서 자신의 정치적 의지를 관철시킬 수 있는 실제적 수단을 현실적으로 거의 갖지 못했던 소련의 입장에서는 제국주의의 밑동을 파내기 위한 시도는 어쩔 수 없이 지정학적 조건들에 의해 제한될 수밖에 없었다. 스탈린은 볼쉐비키가 제국주의와 훌륭히 투쟁할 수 있도록 그렇게 넓게 영토를 확장시켜 놓은 것에 대해 러시아 황제들에게 감사했다. 하지만 터키에 제시한 요구는 실현되지 못했으며, 철회할 수밖에 없었다.

1944년 영국군에 의해 일단 진압된 바 있었던 그리스 내전의 재개는 서방의 심각한 우려를 자아내었다. 문제는 그리스 공산주의자들이 1946년 말 영국과 미국의 통제 하에 실시된 총선에의 참여를 거부하며 권력 장악을 위한 무장봉기를 감행한 데서 시작되었고, 그들에 대한 유고슬라비아와 불가리아의 직접적인 지원은 사태를 더 복잡하게 했다.[14] 위기에 대한 미국의 공식적 대답은, 1947년 3월 12일, 대통령 H. 트루먼의 의회 연설을 통해 제시되었던 트루먼 독트린이었다. 터키 및 그리스 정부로부터의 도움 요청이 있었음을 지적하면서 트루먼은 자유세계 수호와 공산주의자들과의 투쟁을 위해 그들에 대한 미국의 군사적, 경제적 지원계획을 승인해 달라고 의회에 요청했다. 트루먼 독트린은 터키와 그리스에만 해당되는 것이 아니었다. 미국의 정책은 공산주의에 맞서 투쟁하는 모든 국가를 지지하기 위한 것임을 트루먼은 자신의 연설에서 분명히 했다.[15]

트루먼 독트린과 관련하여, 미국 지도부는 전시 및 전후의 위기적 상황으로 인해 "공산주의의 위협"에 직면해 있는 서유럽 국가들에 특히 주목했다. 미국은 유럽 국가들에 대한 경제 원조를 계획했고, 이는 마셜플랜으로 구체화됐다. 1947년 6월 미국 국무장관 J. 마셜은 "유럽의 모든 국가들에게 지역과 이념을 초월하여 기아와 궁핍, 그리고 절망과 혼란을 극복하기 위한" 경제적 무상원조를 제공하는 계획을 발표했다.[16] 이 구상은 서유럽 국가들의

14) 스탈린은 그리스 문제에 대한 사회주의 진영의 개입을 반대했다.
15) История внешной политики СССР, М., 1986, т.2, с.123~124.

환호를 자아내었고, 심지어 영국과 프랑스 정부는 마셜의 계획을 구체적으로 논의하기 위한 회의에 참여할 것을 소련에 권유하기도 했다.[17] 하지만 스탈린에게 마셜플랜은 "새로운 민주국가들에서 자본주의 권력을 복원하고 그들이 소련과의 긴밀한 경제적, 정치적 협력을 거부하게 하는 목적을 가진, 유럽을 노예화하기 위한 계획"이었으며,[18] 또한 동유럽 국가들에 대한 소련의 영향력을 무력화하기 위한 제국주의적 술책에 불과했다. 미국의 계획을 거부한 스탈린은 1947년 9월 폴란드 바르샤바에서 코민포름, 즉 공산당정보국을 창설하며 사회주의 진영의 조직화된 결속에 착수했으며, 동유럽 국가들은 자신의 의지에 의해서건 아니면 소련의 압력에 의해서건 미국의 제안을 거부하고 소련과 더불어 "반(反)제국주의 전선"을 강화했다.

이렇게 해서, 1947년 가을 냉전이 공식화되었다. 이때부터 두 진영의 투쟁은 과거보다 더 심각한 수준에서 "모든 현대적 삶의 축을 이루게 되었으며, 이 투쟁은 낡은 세계와 새로운 세계의 대내외적인 정책과 활동의 모든 내용을 구성하게 됐다." 이러한 맥락에서 미소 양군이 분할 점령하고 있던 한반도의 분단(1948년 여름), 서방의 점령 하에 있던 독일 서부지역에서 마셜플랜과 관련하여 행해진 일방적 화폐개혁에 대한 스탈린의 신경질적인 반응에 따라 결정된 소련군의 서베를린 봉쇄(1948년 6월) 및 그에 따라 야기된 베를린위기, 그리고 두 개의 독일 정부의 수립(독일연방공화국: 1949년 5월, 독일민주공화국: 1949년 10월) 등은 냉전의 논리에 따라 예정된 행로의 결과들이었다.

제2차 대전이 끝난 후 국제정치적 주도권이 미국에 있었다는 사실은 부인

---

16) Там же, с.126~127.

17) 물론 처음부터 미국은 마셜플랜에 대한 소련의 거부를 예상하고 있었다.

18) Информиционное совещание представителей некоторых компартий в Польше в конце сентября 1947 года, М., 1948, с.35~44.

되기 어렵다. 그러나, 그럼에도 불구하고, 소련도 냉전의 형성과 진행 과정에 있어서 단지 수동적 객체였던 것이 아니라 적극적 주체였음도 부인될 수 없다. 스탈린은 전쟁 중에도 "제국주의자들"을 진정한 동맹국으로 간주한 적이 없으며, '사회주의의 조국'의 강화를 위해 도움이 될 수 있는 모든 것을 얻어내려 했다. 그리고 이 경우 그의 정치적 결정이 근거했던 것은 바로 자신의 '두 진영론'이었다.

서방과 소련과의 관계를 긴장시킨 베를린위기 이후 냉전은 그 절정에 도달했다. 자신의 영향권을 끝까지 수호하고자 하는 미국의 단호함에 유의하면서 이제 스탈린은 "제국주의의 영역"에 속한다고 간주되는 지역에 대한 정책에 있어서 미국과의 불필요한 대결을 회피하기 위한 정치적 조심성 또는 심지어 소심함마저 드러냈다. 소련을 위해서나 또는 국제 공산주의 운동을 위해서나 국제적인 군사적 대립상황은 유익하지 않았다. 이런 이유에서 그는 중국에서 공산주의자들과 직접 얽히는 것은 자제했으며, 1949년 5월에는 베를린 봉쇄도 해제했다. 더욱이 스탈린은 한국전쟁에 대한 소련의 개입 사실이 서방에 알려지는 것을 원하지 않았다. 1950년 6월 말 그는 UN주재 소련대사인 야곱 말리크에게 한국전쟁에의 UN군 참전을 결정할 안전보장이사회 회의에 참석하지 말 것을 직접 지시했으며, 그럼으로써 거부권 행사를 통해 미국의 한반도에 대한 군사적 개입을 저지할 수 있었던 기회를 포기했다. 1951년 6월에는 말리크로 하여금 전쟁이 교착상태에 빠진 한반도에서 휴전 협상을 제안케 함으로써 위기의 조절을 시도했다.

그 무렵 스탈린이 미국과의 전쟁이 언젠가는 불가피하다는 생각을 하고 있었다는 주장은 옳지 못하다. 한국전쟁이 절정에 달했던 1951년 2월 그는 ≪프라우다≫와의 회견을 통해서 "비록 미국과 영국 및 프랑스에서 반동적인 정부를 장악하고 있는 제국주의적 침략세력들에게는 극대이윤의 획득과 다른 나라들에 대한 수탈을 위해서 전쟁이 필요하지만, 그렇다고 현재 새로운 전쟁이 불가피하다고 생각할 수는 없다"[19]고 강조했다. 근본적으로 스탈린은 자본주의와 사회주의의 장기간에 걸친 공존체제가 확립되는 것을 원했으며, 바로 여기에서 소련과 국제 공산주의 운동에 가장 바람직한 조건을 발견했다. 그러나 냉전이라는 국제적 대결구조는 소련공산당 일각에서 자본주의 진영과 사회주의 진영 간의 전쟁불가피론이 확산되는 원인이 됐다. 이러한 경향과 관련하여 스탈린은 '두 진영론'의 무오류성을 다시 강조했다. 1952년에 발표된 「소련에서의 사회주의의 경제문제들(Экономические проблемы социализма в СССР)」이라는 글에서 그는 이렇게 썼다:

> "자본주의와 사회주의 간의 모순이 제국주의 국가들 사이의 모순들보다 더 강력하다고 다들 말한다. 물론 이론적으로 그것은 옳다. 그것은 현재에도 옳고, 또한 제2차대전 이전 시기에도 옳았다. [중략] 그러나, 그래도 시장을 둘러싼 자본주의 국가들 사이의 투쟁과 경쟁자들을 파멸시키고자 하는 갈망은 실제에 있어 자본주의 진영과 사회주의 진영 사이의 모순보다도 더 강력한 것으로 판명되었다."[20]

게다가, 자신이 확신하고 있던 바처럼, "현대 자본주의와 사회주의의 기본적 경제법칙들이 사회주의 진영에 유리하도록 작용하고 있다"[21]면 스탈린에게는 서방과의 장기적 협력관계를 악화시켜야 할 이유가 없었다.

(3) 사회주의적 유일주의론

사회주의 진영의 국가들에 대한 소련의 정책에 관해서 우리는 레닌과 스탈린의 민족정책에서 그 원형을 찾을 수 있다. 러시아볼쉐비키사회민주노동당의 민족정책은 민족자결권을 고무하고 실현하는데 집중되었다. 선언적

---

19) Правда, 17 февраля 1951 г.
20) Правда, 3 октября 1952 г.
21) Правда, 3 октября 1952 г.

으로만 그랬던 것이 아니라 실제로도 그랬다. 하지만, 레닌-스탈린주의 이론에 따르면, 민족문제는 그 자체로서 독립적이며 불변적인 것이 아니었다. 민족문제는 사회변혁이라는 일반 문제의 단지 한 부분으로서의 의미를 가졌으며, 이런 이유에서 민족문제의 내용과 민족정책은 좁게는 특수한 사회적 상황이라는 조건에 의해서, 넓게는 사회적 발전과정에 의해 규정되었다. 이러한 맥락에서 스탈린은 1920년 10월에 쓴 자신의 글 「러시아의 민족문제에 관한 소비에트 권력의 정책」에서 이렇게 역설했다:

> "러시아에서 3년간의 혁명과 내전은 중앙러시아와 그 변방들과의 상호 지원이 없이는 혁명의 승리가 불가능하며 또한 제국주의의 압제로부터 러시아의 해방이 불가능하다는 사실을 보여주었다. [중략] 프롤레타리아 러시아와 제국주의 연합국 사이의 격렬해지는 필사적인 투쟁의 상황 하에서 변방에게는 둘 중 하나의 선택, 즉 제국주의적 억압으로부터 근로대중의 해방이 약속된 러시아와 함께 하느냐 혹은 제국주의의 멍에가 불가피한 연합국과 함께 하느냐 하는 선택 이외에 다른 방안이 없다."[22)]

이에 의거하여 "제국주의의 위협이라는 조건과 프롤레타리아적 중앙러시아의 존재라는 상황 아래서 러시아 변방으로부터의 분리 요구는 사회주의 러시아의 강화를 위해 당연히 배제되어야" 했으며, 프롤레타리아 국제주의에 의거한 스탈린의 견해에 따르면, "정치건설과정으로서의 러시아 연방주의는 장래의 사회주의적 유일주의로 귀결되도록 예정되어 있[었]다."[23)]

제2차 대전이 끝난 후 동유럽 나라들에서의 정치적, 사회경제적 상황은 균일하지 않았으며, 소련과 그들 각 나라들과의 관계도 다양하게 형성될 수밖에 없었다. 그러나 스탈린의 대(對)동유럽 정책에 있어서 일관적이었던

---

22) Сталин И.В. Соч., т.4, с.351~353.
23) Там же, с.73.

것은 그 지역에는 소련에 우호적인 정부가 들어서야만 한다는 생각이었으며, 이 맥락에서 정책 목표가 된 것은 각 나라에 인민전선 혹은 민족전선을 기반으로 하는 인민민주주의 체제의 수립이었다. 부르주아 민주주의에서 사회주의 국가로 이행하는 과도기적 체제로 간주되는 인민민주주의의 원형은 레닌의 연속혁명론에서 찾아질 수 있다. 10월혁명 이전에 연속혁명론은 러시아혁명의 성격이 부르주아 민주혁명이 될 것임을 전제하는 가운데, 노동자-농민은 혁명 후 수립될 부르주아 정부가 사회주의로의 조속한 체제 이행을 위한 과감한 개혁적 조치들을 취하도록 강제하는 권력으로 남아 있어야 한다고 역설했다. 레닌은 그러한 강제 권력을 노동자-농민의 혁명적 민주독재라고 불렀는데, 그 구현 방법으로 노동자-농민세력의 부르주아 정부에의 참여를 고려했으며, 소비에트가 그 구현체가 될 수 있다고 생각하기도 했다. 결국, 현실적으로 사회주의 세력과 이른바 민족부르주아지 간의 제휴를 용인하는 인민민주주의의 당면 과제는 제국주의 협력세력과 반동적 봉건세력의 척결, 즉 이른바 반제-반봉건 민주혁명에 있었다. 결국 동유럽의 각 나라에서는 소련의 후원 및 지도 하에 공산주의자들의 주도로 토지개혁이나 대공업의 국유화 같은 경제적 구조에 대한 개혁이 진행됐다. 물론 그러한 변혁의 성격과 속도는 각 나라의 역사적 조건에 따라 다양할 수밖에 없었다.

아무튼, 그러한 변화는 동유럽의 많은 공산당 지도자들이 연설 등을 통해 '사회주의 내에 새로운 현상들이 등장했으며 사회주의에 이르는 길이 다양할 수 있다'는 식의 주장을 하게 된 근거가 됐다. 처음에 그러한 류(類)의 주장은 스탈린의 반박을 초래하지 않았다. 오히려 스탈린은 사회주의의 발전 수준을 근거로 소련이 동유럽의 인민민주주의 국가들과 구별되기를 원했다. 예를 들면, 1945년 4월, 스탈린은 크렘린에서 유고슬라비아공산당 지도자들을 접견하는 자리에서 M. 질라스가 "우리나라에는 정부의 주요 직책을 공산주의자들이 장악하고 있고 어떠한 반대파도 존재하고 있지 않으며, 따라서 유고슬라비아 정부는 본질적으로 소비에트 권력입니다"라고 말하자 이렇게 대꾸했다:

> "아니오, 그것은 소비에트 권력이 아닙니다. 당신들에게는 드골의 프랑스와 소련의 중간 정도 되는 그런 권력이 있습니다."[24)]

그러나 마셜플랜을 거부한 후, 자본주의 진영으로부터의 위협에 대처하고 사회주의의 단일한 전선을 강화하기 위하여 스탈린은 사회주의적 유일주의 원칙을 보다 분명하게 구현하는 데 바로 착수했다. 이 원칙은 두 가지 방향에서 실현됐다. 첫째, 인민민주주의 국가들의 대외정책적 행위는 반드시 소련의 지도를 지침으로 하여야 한다는 점이 강조되었으며, 둘째, "민주진영"에서의 사회주의 발전의 가속화를 보장하기 위하여 인민민주주의 국가들에게 당시까지 각국에서 유지되어온 자본주의적 요소들을 가능한대로 신속히 청산할 것이 요구되었다. 이른바 제국주의 진영의 위협에 직면하여 동유럽지역에서 필요했던 것은 방만한 인민민주주의 체제가 아니라 사회주의적 유일주의였다. 그 이름이 계속 사용되었지만 인민민주주의는 실질적으로 포기되었으며, 대신 동유럽의 소비에트화 내지 공산화가 추진되었다. 스탈린주의의 이론과 실천은 동유럽 각국에서 사회주의 건설의 교본이 되었다. 소련의 방식대로 계획경제 시스템이 도입되었으며 농업 집단화 및 중공업중심의 급속한 공업화가 추진되었다. 또한 트로츠키즘과 우익 편향 및 민족주의적 편향 등과의 투쟁을 통해 "당의 단결"이 구현되었고, 이 과정에서 "숙청정책"도 실현되었다.

---

24) Джилас М. Лицо тоталитаризма, М., 1992, с.84.

복잡해지는 국제정치적 상황 속에서 조심성과 신중함을 발휘함이 더욱 요구된다고 생각한 스탈린은 사회주의 진영에서 행해지는 국제문제에 관한 독자적이고 임의적인 행동에 대하여 민감하게 반응했으며 불쾌감을 감추지 않았다. 이러한 배경 하에서, 유고공산당의 주요 간부 중의 하나였던 E. 카르젤의 말에 따르면, "세계 프롤레타리아 혁명과 사회주의 발전과의 전체적 연관 없이 자주 유고슬라비아를 독립적인 것으로 간주하곤 했던"[25] J. 티토의 대외정책 노선은 사회주의 진영으로부터 유고슬라비아가 파문당하는 원인이 됐다. 스탈린은 그리스 공산주의자들에 대한 티토의 독자적 지원 및 불가리아와의 연방국가 구성 시도 등에서 나타난 일방적인 외교적 적극성에서 사회주의 진영 내부에서 가능한 반대파의 맹아 및 사회주의 단일전선에 대한 위험성을 발견했던 것이다.

소련과 유고슬라비아와의 대립이 점차 격화되던 1948년 3월 스탈린은 돌연 유고로부터 소비에트 군사, 민간 고문기술단 모두를 소환했다. 그는 티토를 굴복시키려 했다. 티토로부터 그런 조치에 대한 설명을 요구받은 스탈린은 격앙된 어조로 그에게 서한을 보내 소련 공산당의 불만을 초래하고 양국 간 관계를 악화시킨 사실들을 열거하면서 이데올로기적 차원에서 유고공산당 지도부를 비판했다:

> "유고슬라비아공산당 내부에서는 계급투쟁정책의 의지가 느껴지지 않습니다. 농촌에서도 도시에서도 자본주의 요소들의 성장이 완벽하게 진행되고 있으며, 당지도부는 자본주의 요소들을 제한하기 위한 조치들을 취하지 않습니다. 유고슬라비아공산당은 베른슈타인과 팔머 및 부하린으로부터 차용된 이론, 즉 자본주의 요소들의 사회주의에로의 평화적 귀의(歸依)라는 부패하고 기회주의적인 이론에 도취되어 있습니다."[26]

---

25) Гиренко Ю.С. Сталин – Тито, М., 1991, с.276.

티토는 스탈린의 지적에 단호히 반박하는 답장을 보냈으며, 이에 스탈린은 5월 초 두 번째 편지를 썼다. 여기에서 그는 문제의 본질에 보다 노골적으로 접근했다. 그는 티토를 비롯한 유고슬라비아 지도부의 "과도한 야망과 모험주의, 그리고 민족주의"를 비판하는 가운데 이렇게 경고했다:

> "유고슬라비아 지도자들은 분명히 그러한 반(反)소비에트 입장을 견지할 것입니다. 그러나 그런 입장을 유지한다는 것은 소련과의 우호관계를 거부하는 것을, 그리고 소련과 인민민주주의 국가들 간의 사회주의 단일전선에 대한 배신을 의미한다는 것을 유고슬라비아 동무들은 반드시 이해해야 할 것입니다."[27]

티토가 참석을 거부한 가운데 1948년 6월말 개최된 코민포름 회의에서는 유고공산당을 코민포름에서 제명하고 유고슬라비아를 사회주의에서 파문하는 결정이 만장일치로 채택됐다. 후에 흐루쇼프의 주도로 소련과의 화해가 이루어졌을 때, 티토는 1948년의 대립을 "사회주의를 건설하는 국가들 간의 관계에 대한 그릇된 시각에 의해 비롯된 것"이라고 자신을 정당화했다. 아무튼, 유고공산당에 대한 스탈린의 파문은 본질적으로 사회주의 진영에서 사회주의적 유일주의를 확립하는데 있어서의 걸림돌을 제거하는 것이었다.

3. 흐루쇼프의 평화공존정책: '두 진영론'에 대한 수정인가?

(1) 흐루쇼프의 대외정책적 혁신들

스탈린의 사망(1953년 3월) 이후 몰로토프는 다시 소련 외무상에 임명되

---

26) Там же, с.361.
27) Там же, с.376.

었으며, 스탈린의 '두 진영론'은 대외정책에 있어서의 이론적 토대로 확고히 기능하고 있었다. 그러나 스탈린 사망과 더불어 그의 이론과 정책들이 일정한 위기를 겪게 되었던 것은 당의 유력 지도자들, 즉 라브렌티 베리야, 게오르기 말렌코프, 니키타 흐루쇼프 모두가 즉각적인 개혁을 시도하고 나섰다는 점에서 볼 때 지극히 당연한 일이었다. 1953년 5월 동베를린에서 격화되어간 반소(反蘇)시위를 계기로 독일 문제 전반에 대한 논의가 이루어졌을 때, 몰로토프의 회고에 의하면 베리야는 "동독에서 사회주의 건설을 가속화하기 위한 정책을 추진하지 않는다"는 외무성의 결정문 초안에서 '가속화'라는 단어를 지워버렸다. 결국 그는 동독에서 사회주의 건설을 위한 정책을 추진하지 말자고 제안하면서 그 이유를 묻는 질문에 대해 이렇게 대답했다:

> "왜냐하면 우리에게 필요한 것은 평화로운 독일이며, 거기에 사회주의가 건설되든 말든 그것은 우리에겐 중요한 문제가 아니기 때문이오."[28]

더욱이 베리야는 당중앙위원회 간부회의와 외무성이 유고슬라비아에 대해 기존 노선을 유지하기로 결정했음에도 불구하고 유고와의 관계를 정상화하려고 시도했다.[29] 비록 베리야의 구상은 실현될 수 없었지만, 국제문제에 대한 그의 접근방식은 훗날 고르바초프가 제시한 신사고(新思考)외교의 선구였다는 평가를 받을 수 있다.

1953년 6월 베리야가 제거된 이후 흐루쇼프는 사실상 소련 및 소련공산당에 대한 지도권을 장악했다. 흐루쇼프에게 스탈린 비판은 단지 자신의 정적(政敵)들과의 투쟁을 위한 유력한 수단만이 아니었다. 그는 소비에트 사회

---

28) Чуев Ф.И. Там же, с.333.
29) См.: Старков Б. Сто дней "Лубянского Маршала". // Источник, 1993, No.4, с.86~87.

주의 체제하에서 발생한 모든 불행의 근본 원인을 스탈린에 대한 개인숭배에서 찾았으며, 실제로 "훼손된" 사회주의를 복원하려 시도했다. 이러한 의미에서 흐루쇼프는 '인간의 얼굴을 한 사회주의'라는 개념의 선구자였다. 그러나 비록 그가 대내정치적 측면에 있어서 자신을 개혁가로 당내에 부각시키는데 성공했는지는 몰라도, 대외정책에 있어서 흐루쇼프는 근본적으로 '두 진영론'과 사회주의적 유일주의론이라는 스탈린의 이론적 틀을 벗어날 수 없었다.

소련공산당 중앙위원회 제1서기로서 흐루쇼프는 우선 서방과의 긴장을 완화하고 사회주의 진영의 결속을 강화하는데 착수했다. 이미 1945년부터 비엔나에 단일정부가 수립되어 있던 오스트리아는 전승국들의 분할 점령으로 말미암아 국제법적으로 완전한 주권국의 지위를 인정받지 못하고 있었다. 1954년 3월 소련이 동독을 국가로 승인할 때까지 오스트리아 문제는 독일 문제의 중요성으로 인해 부차적인 것으로 취급되고 있었으며, 독일 문제의 해결 방식은 오스트리아 문제의 해결에 있어서 모범이 될 수밖에 없었다. 그러나 흐루쇼프는 소련의 입장 변화를 주도했으며, 서방측에 대하여 오스트리아의 영세중립이라는 조건하에 소련이 오스트리아의 독립을 승인할 수 있음을 암시했다. 이때부터 오스트리아 문제를 둘러싼 서방과 소련 및 오스트리아의 대화가 급진전되었다. 1955년 5월 오스트리아, 미국, 영국, 프랑스, 소련 등의 5개국 대표가 오스트리아의 주권 회복에 관한 조약에 서명함으로써 오스트리아 문제는 영세중립이라는 방법으로 해결되게 되었다. 그러나, 동시에 흐루쇼프는 사회주의 진영을 군사적으로 강화하는 것도 잊지 않았다. 1955년 5월, 서독의 NATO 가입에 대한 대응으로 흐루쇼프는 소련, 폴란드, 동독, 체코슬로바키아, 헝가리, 루마니아, 불가리아, 알바니아 등 8개국의 군사정치적 협력체인 바르샤바조약기구의 창설을 선언했다.

유고슬라비아 문제와 관련하여, 소련과 유고 사이의 대립이 사회주의 진영의 대의 및 국제 공산주의 운동에 큰 해악을 야기했다고 생각한 흐루쇼프는 베오그라드와의 비정상적 관계를 청산하기로 결정했다. 특히 몰로토프를 비롯한 당 원로들의 반대에도 불구하고 1955년 5월 흐루쇼프가 인솔한 소련 대표단이 베오그라드를 방문했고, 양측은 의견 교환을 거친 후 만족스럽게 "소련과 유고슬라비아의 우호적 관계가 훼손되었던 시기는 이미 과거가 되었음"을 확인했다.

1956년 2월 크렘린에서 소련공산당 제20차 대회가 개최되었으며, 여기에서, 의심할 바 없이, 소련공산당의 정치노선상의 변화가 예고됐다. 당대회 폐막 전날 밤 갑자기 대의원들을 소집한 흐루쇼프는 「개인숭배와 그 결과들에 관하여」라는 제목의 추가보고를 비공개로 행함으로써 이른바 탈스탈린화 정책의 시작을 선언했다. 이런 극적 연출은 없었지만 이미 흐루쇼프가 읽은 '중앙위원회의 당대회에의 총괄보고'에서는 특히 대외정책과 관련된 노선 변화가 목격됐다.

제20차 당대회에의 총괄보고에서 흐루쇼프는 "제국주의와 투쟁하는 유럽과 아시아의 사회주의 국가들 및 비(非)사회주의 평화애호 국가들을 포함하는 넓은 평화지대"가 국제적 차원에서 창설되었으며 그 결과 "사회주의는 일국의 한계로부터 벗어나 세계적 체제로 전환되었다"고 선언했다. 이어 그는 소련 및 인민민주주의 국가들의 급속한 경제성장을 자본주의 국가들의 경제적 상황과 비교하면서 "비록 자본주의의 위기가 경제의 완전한 침체 및 생산과 기술적 진보의 정지를 의미하는 것은 아니지만, 그래서 공산주의자들은 자본주의 경제를 주도면밀하게 관찰해야 하고 제국주의의 쇠망에 관한 레닌의 명제를 그저 단순하게 받아들여서는 안 되며 또 세계적인 기술적 진보의 성과들을 사회주의의 대의를 위해 활용할 수 있도록 자본주의 국가들에서 이루어지는 과학과 기술의 발전이 어떤 결과를 가져오는지를 더욱 치밀하게 연구해야 하지만, 그래도 자본주의의 일반적 위기는 계속 심화되고 있다"고 주장했다. 역사적 과정이 외연적으로나 내포적으로 세계에서의 사회주의의 승리의 방향으로 진행하고 있음은 흐루쇼프에게 의심할 수 없는 진리였다. 흐루쇼프는 "4반세기에 걸친 공업화 이후, 전쟁에도 불구하고 소련의 공업 생산이 20배나 증대했음에 반하여 같은 기간에 미국은 생산을 겨우 두 배 남짓 증가시킬 수 있었고, 더욱이 자본주의 진영은 전체적으로 미국만큼의 성장도 이룰 수 없었다는 사실과, 그리고 공업 생산의 성장속도에 있어서 인민민주주의 국가들이 자본주의 국가들을 훨씬 앞지르고 있다는 사실"을 지적함으로써 구체적으로 사회주의의 역사적 승리를 입증했다.[30] 그는 그러한 "사회주의의 승리"가 스탈린의 지도하에 이루어졌던 것임을 외면했다. 분명히, 흐루쇼프에게 소련과 인민민주주의 국가들의 급속한 경제발전은 스탈린이즘의 승리가 아니라 사회주의 체제 자체의 승리를 의미하는 것이었다.

유고슬라비아와의 화해도 염두에 두면서 소련공산당 제1서기는 "많은 나라들에서 노동계급이 오랫동안 분열되어 있었으며 그들의 다양한 전위대들이 단일전선을 형성하지 못하였고 이것은 결국 반동세력들에 도움이 되었던 데에 현대 세계의 적지 않은 불행이 뿌리박고 있다"는 점을 지적하는 가운데 "위해(危害)한 스탈린주의적 입장"을 단호히 거부했다. 이어 그는 "많은 사회민주주의자들이 전쟁의 위험과 군국주의에 반대하는 적극적 투쟁에 나서고 사회주의 국가들과의 친선과 노동운동의 단결을 위한 투쟁에 가담한다면, 소련은 평화와 근로인민의 이익을 수호하는 고매한 과업을 위한 투쟁에 있어서 사회민주주의자들과 더불어 힘을 연합하기 위하여 가능한 모든 것을 할 준비가 되어 있음"을 표명했다.[31]

30) Хрущёв Н.С. Отчётный доклад ЦК КПСС 20-ому съезд партии, М., 1959, с.7~21.

31) Там же, с.22~23.

총괄보고 말미에 흐루쇼프는 소련의 새로운 대외정책적인 방향을 제시하는 것으로 평가될 수 있었던 세 가지의 중요한 문제를 언급했다. 우선 그는 서방과의 협력 문제를 제기하면서 "평화적 공존이라는 레닌의 원칙은 단순한 전술적 책략이 아니라 소비에트 권력이 수립된 그 순간부터 유지된 소비에트 대외정책의 기본 원칙"임을 강조했으며, 이와 관련하여 "비록 제국주의의 존재로 말미암아 세계에는 전쟁 발발을 위한 경제적 토대가 유지되고 있지만, 그래도 평화애호적인 사회주의 진영이 등장하고 위력적인 세력으로 변모한 지금, 전쟁의 치명적 불가피성은 존재하지 않는다"는 확신을 표명했다. 끝으로 흐루쇼프는 중국과 유고슬라비아 및 동유럽 국가들의 경험을 언급하면서 "사회주의로의 이행형태가 더욱 다양해 질 것임"을 강조했으며, 나아가 그는 개별 국가들에서 사회주의로의 평화적 발전을 배제하지 않을 뿐만 아니라 "사회주의에로의 도달을 위해 의회 자체도 활용될 수 있다"고 인정했다.[32] 제20차 당대회에서 제기된 평화공존론과 이른바 전쟁가피(可避)론, 그리고 '사회주의로의 다양한 길'에 대한 승인은, 흐루쇼프 자신의 평가에 따르면, 당시의 정세 흐름뿐만 아니라 세계 발전의 전망까지도 규정하는 것이었다. 하지만 흐루쇼프가 천명한 신(新)노선은 독일과의 전쟁으로 인한 피해를 신속히 극복하고 발전의 새로운 단계에 접어든 소련이 미래에 대한 자신감을 과시하며 문자 그대로 평화적인 공존을 서방에 대해 적극적으로 제의하는 것이었지, 결코 스탈린의 대외정치적 개념을 근본적으로 수정하는 것은 아니었다.

이미 언급한대로, 스탈린은 자신의 글이나 인터뷰를 통해서 자본주의와 사회주의 진영 간의 전쟁이 필연적인 것은 아니라는 점을 강조한 바 있다. 하지만 당대회 석상에서 천명된 흐루쇼프의 평화공존론과 전쟁가피론은 당

---

32) Там же, с.25~45.

시 당원들에게 아주 충격적인 것이었다. 사악한 적(敵), 즉 제국주의와의 화해라는 아이디어는 소련 인민들에게 신성 모독적이고 반역적인 것이었다. 소련의 군사적 교리는 사회주의와 죽어가는 자본주의-제국주의 간의 마지막 접전의 불가피성을 선전하고 있었고, 스탈린 치하의 소비에트 사회는 실제 전투적 분위기로 충만했었다. 스탈린은 미국의 군사적 위협 하에서 그러한 분위기가 "인민들이 자신의 미래를 위해 투쟁하는 데" 유익하다고 생각했으며, 군사적 분위기는 정치적으로 방임되었다. 스탈린주의적 "기만"을 거부한 흐루쇼프는 병영사회주의의 각진 모습들을 완화하며 소비에트 인민들의 창발성을 제고할 수 있는 개혁적 조치들을 취했으며, 결국 그의 시대가 "해빙"이라는 표현으로 규정되는 것은 충분한 역사적 근거를 가진다. 그러나 그런 사실에도 불구하고 그의 공산주의에 대한 신념은 세계혁명을 지향하는 스탈린주의적 '두 진영론'의 목적합리성을 부정할 수 없었다. 그는 평화공존이라는 대외정책적 원칙에 관한 이론적 토대를 스탈린이 아닌 레닌의 교의에서 구했지만, 실제로 레닌에게는 그 근거들이 존재하지 않았다.

흐루쇼프의 개념상 혁신은 새로운 문제를 야기했다. 사회주의 진영이라는 스탈린주의적 개념을 대치한 "넓은 평화지대"라는 관념으로 인해 소련은 스스로 정치적, 도덕적인 책임을 걸머져야 할 광범한 지역들을 획득했다. 니키타 자글라진의 지적처럼, 식민지적 종속에서 해방된 나라들은 소련에 의해, 전혀 체제 자체의 실제적, 사회적 발전 방향에 대한 고려 없이, 단지 그 지도자들의 반(反)제국주의적 목표에 대한 헌신 및 소련과의 연대에 관한 선언에 기초하여 진보적 세력으로 편입되었으며, 군사전략상의 논리와 동맹국들의 숫자를 늘리려는 의지, 그리고 최소한 신생 아시아·아프리카 국가들의 서방에의 접근을 막아보려는 시도 등은 소련이 정치적 파트너를 구함에 있어서 조급함과 경솔함을 재촉했다.[33] 그 결과, 스탈린 사망 이후 소련은 서방에 대해 예기치 않게 평화공존이라는 공영의 길을 추구하자고 공개적으로 제안하면서 "평화지대" 내지 제3세계에서 발생한 갈등들에 끊임없이 개입했다. 1954년에서 1964년까지의 항상적 위기를 초래한 주요 원인들 중의 하나는 흐루쇼프에게 전형적이었던 '너희 것이 아니면 우리 것'이라는 이진법적인 '두 진영론'에 기초한 아시아·아프리카의 민족해방운동에 대한 해석이었다. 아이러니컬하게도 흐루쇼프의 해빙기에 국제정치적 위기는 계속되었으며, 분규가 발생한 모든 지역에서, 미국을 논외로 하여, 가시적이었든 아니든 소련의 배석은 필수적이었다. 흐루쇼프에게 있어서, 제국주의와 투쟁하는 계급적 형제국들에 대한 원조, 그리고 제국주의에 대한 민족해방투쟁을 전개하는 인민들에 대한 지원은 소비에트 인민들의 신성한 의무였을 뿐만 아니라 "평화지대"를 확대할 수 있는 가장 확실한 현실적 방법이었다.

'사회주의로의 다양한 길'이라는 흐루쇼프의 혁신과 관련해서 강조되어야 할 점은 그것이 스탈린주의적인 사회주의적 유일주의에 대한 전면적 부정을 의미하지는 않았다는 사실이다. 흐루쇼프의 지도하에 소련공산당은 스탈린주의적 유산으로 남은 사회주의 진영의 "훼손된" 구조를 개선하기 위한 시도를 계속했다. 스탈린주의적 유일주의는 일면 냉전 초기 소련 및 인민민주주의 국가들이 처했던 국제정치적 조건들과 사회경제적인 발전수준에 의해 규정되었으며, 이런 이유에서 1950년대의 변화된 새로운 조건들 하에서 그것은 이미 구시대적인 것으로 보였다. 특히 이점을 흐루쇼프는 주목했으며, 사회주의 국가들 사이의 관계들에 민주성이라는 외관을 부여하려 시도했다. 이러한 맥락에서 1956년 4월에 이루어진 코민포름의 해체는 유고슬라비아에 대한 우호적 제스처였을 뿐만 아니라 사회주의 진영 내부에서 새로운 "민주적 관계들"을 수립하기 위한 사전적 포석이기도 했다. 코민포름의

33) См.: Загладин Н.В. История успехов и неудачи советской дипломатии, М., 1990, с.179.

해체는 국제 공산주의 운동의 일반적 위기를 표현하는 것으로 이해되어서는 안 된다.

흐루쇼프는 오직 불간섭과 권리의 평등에 기초할 때 사회주의 국가들 사이의 우호와 협력이 가능하다고 생각했다. 그러나 여러 차례 표명된 그의 진술은 바로 곧 심각한 검증과정을 거치게 되었으며, 흐루쇼프는 프롤레타리아 국제주의의 실현을 위하여 어쩔 수 없이(?) 사회주의적 유일주의를 지지하고 있음이 판명됐다. 대외정책에 있어서 이러한 흐루쇼프의 정책적 교리는 1956년의 폴란드 및 헝가리 사태, 유고슬라비아와의 갈등, 중소간의 이념분쟁, 그리고 1962년의 쿠바위기 등에서 확인될 수 있다.

(2) 동유럽에 대한 간섭정책

소련공산당 제20차 대회에서의 비밀연설이 국제 공산주의 운동에 가한 충격은 엄청난 것이었으며, 많은 사회주의 국가들에서 민주주의와 자주성에 관하여 말하기 시작했다. 하지만 제20차 당대회의 여파는 특히 폴란드와 헝가리에서 강하게 나타났는데, 스탈린주의적 정책들의 교조적 적용 및 악화된 경제적 상황에 대한 불만은 두 나라에서 모두 소요의 원인으로 작용했다.

1950년에서 1956년에 걸친 폴란드의 6개년 인민경제계획은 사회주의의 승리라는 이데올로기적 요구에 기초하여 급속한 공업화와 강제적 농업 집단화를 지향했다. 냉전이라는 국제적 상황은 방위비 증액을 요구했으며, 이에 따라 인민경제계획은 그 실현과정에서 주민들의 생활수준의 저하를 담보로 하여 계속 수정됐다. 결국 다양한 주민계층의 권력에 대한 불만은 누적되어갔으며, 이런 상황 하에서 대략 1954년 전반부터 B. 베루트를 수반으로 하는 폴란드연합노동당의 지도부는 아주 조심스럽게 서서히 체제의 민주화를 위한 조치들을 취해갔다. 그 결과 사회적으로 비판주의가 확산되는 와중에 특히 지식인 및 청년들 사이에서 당면한 정치문제들 및 폴란드 현대

사의 사건들 등을 논의하는 다양한 형태의 비공식적인 연합 서클들이 형성됐다.[34] 하지만 폴란드연합노동당 지도부는 이미 시작된 사회 일각에서의 동요에도 불구하고 사태의 전개를 낙관적으로 예상하고 있었으며, 이 희망은 어느 정도 현실적인 것으로 보어지기도 했다. 그러나 비밀연설에 관한 소식이 모스크바로부터 전해지면서 권력에 대한 비판주의는 학생과 지식인들 사이에서 급속히 확대됐다.

1956년 3월 베루트의 돌연한 사망은 위기가 전면적으로 확산되는 계기로 작용했다. E. 오합을 정점으로 하는 폴란드연합노동당의 새 지도부는 사회경제적 상황의 악화에 따른 인민들의 항의 가능성을 예상하는 가운데 이를 사전에 차단하려 했다. 그러나 6월 말, 사회적 항의는 강렬한 형태로 포즈난에서 분출됐다. 체제에 불만을 가진 도시민 계층들의 자연적인 봉기는 정규군에 의해 진압되었으며, 이 과정에서 적지 않은 수의 사상자가 발생했다. 포즈난에서의 비극적 사태는 폴란드의 사회적 분위기를 완전히 바꾸어 놓았고, 체제적 위기는 여름 내내 지속된 소요에서 확인됐다. 9월에 이르러 사태는 근본적인 정치사회적 개혁 없이는 해결될 수 없다는 인식이 당지도부에 확산될 정도로 위험수위에 도달했다. 당지도부는 폴란드 공산주의 운동의 지도자였던 V. 고물카의 대중적 권위를 이용하는 것 이외에 위기 극복을 위한 다른 대안을 발견할 수 없었다. 1956년 10월 초, 폴란드연합노동당 정치국 회의는 우익민족주의적 편향을 이유로 1948년 여름에 체포 구금되어 1954년 말 겨우 석방된 후 당시 권력에서 소외되어 있던 고물카를 복권시키는 결정을 내렸으며, 곧 고물카는 10월 12일부터 정치국 업무에 참여하기 시작했다. 그러나 "매우 어려운 정치적 상황"은 폴란드 인민들의 노동당에 대

34) См.: Орехов А.М. Общественно-политичечкий кризис 1956 года в Польше. // Политические кризисы и конфликты 50~60-ых годов в Восточной Европе, М., 1993, с.12~21.

한 불신으로 인해 신속히 개선되지 못했으며 인민들 사이에 반소(反蘇) 분위기도 급격히 확산됐다.[35]

결국 1956년 10월 중순 경, 폴란드 상황은 모스크바의 지도자들에게 매우 경악스러운 것이었다. 그들이 볼 때 폴란드에서의 사태는 통제할 수 없는 상황으로 치닫고 있었다. 폴란드인들은 소연방과 소련공산당 중앙위원회를 "중상"하고 있었으며, 더욱이 종전 후 '사회주의에 이르는 폴란드의 길'이라는 개념을 제시했던 고물카를 위시한 반(反)소비에트 분자들에게 권력을 장악하도록 허용함으로써 체제 전복의 위험성을 조장한 일은 프롤레타리아 국제주의를 위하여 용납될 수 없었다. 흐루쇼프는 고물카를 신뢰할 수 없었다. 고물카의 당권 장악을 공식화하려 했던 폴란드연합노동당 중앙위원회 제8차 전원회의의 개막을 앞두고 폴란드 주둔 및 국경 주둔 소련군은 바르샤바로 이동하기 시작했다. 군사적 개입의 가능성이 거의 현실화된 상태에서 바르샤바의 공장이나 학교 등지에서는 그에 저항하기 위한 바리케이드가 설치됐다. 일촉즉발의 상황에서, 제8차 전원회의가 열리고 있던 10월 19일 흐루쇼프를 비롯한 소련공산당 대표단이 사전 협의도 없이 바르샤바에 도착했다. 고물카와 그 지지자들은 긴장된 회담을 통하여 '당지도부의 개편과 당강령의 개정이 근본적으로 폴란드에서의 사회주의 강화를 목적으로 하는 것'이라고 흐루쇼프를 설득했다. 소련공산당 대표단이 떠난 후, 자신은 소련과의 동맹관계를 확고히 지지하고 있으며 그 동맹관계는 폴란드의 민족적 이익에 부합됨을 확신한다고 천명한 고물카는 폴란드연합노동당 중앙위원회 제1서기로 공식 선출되었고, 그와 동시에 '폴란드식 사회주의'라는 개념을 지향하는 개혁의 청사진을 제시했다.[36]

---

35) См.: Там же, с.32~42.

36) См.: Хрущёв С. Никита Хрущёв: кризисы и ракеты, М., 1994, т.1, с.220~230.

흐루쇼프에게 머리를 숙인 폴란드는 파국을 면했다. 그러나 사회주의적 유일주의에 반기를 든 헝가리는 그 대가를 치러야만 했다. 다른 동유럽 국가들과 마찬가지로 헝가리에서도 냉전이 공식화된 후에 소비에트식 모델에 의거한 사회주의 건설 노선이 추구됨과 동시에 "계급적 불순분자들"에 대한 대중적 탄압이 지속됐다. 대규모의 제련공업과 기계공업 등에 기초한 산업화 정책, 그리고 특히 농업 집단화를 위한 조치들은 경제적으로 비합리적인 것으로 판명되었고, 이로 인하여, 1953년 3월 무렵, 스탈린주의적 국가사회주의 체제에 대한 헝가리 인민들의 불만은 고조되어 있었다.[37] 잘 알려진 바처럼, 당시 소련공산당 지도부는 개혁의 불가피성을 강조하고 나섰고, 이런 맥락에서 M. 라코쉬가 지도하는 헝가리근로인민당의 "복지부동"은 흐루쇼프의 불만을 초래했다. 결국 모스크바의 압력에 따라 라코쉬는 수상 자리를 자신에 대한 당내 비판자였으며 다소 자유주의적이며 개혁지향적 인물로 평가되었던 임레 나지에게 양도할 수밖에 없었다.

1953년 여름, 헝가리 인민들은 나지가 의회에서 한 연설을 통하여 정부의 정치노선이 변화됐다는 소식을 접했다. 이때부터 사회에 대한 전체주의적 압박의 완화와 자유주의적 경제개혁 및 정치체제의 민주화를 위한 일련의 개혁을 예상하는 나지의 새로운 노선이 구현되기 시작했다. 그러나 당지도자로서의 지위를 유지하고 있던 라코쉬 및 기득권 세력의 저항으로 말미암아 개혁은 지체되었으며, 더욱이 흐루쇼프는 부다페스트로부터 입수되는 정보에 입각하여 나지를 불신임하기 시작했다. 그가 보기에, 비록 헝가리에서의 개혁이 사회주의 체제의 개선을 시도하는 것일지라도 그것은 이미 사회주의적 원칙들의 범주를 벗어나고 있었다. 이러한 상황에서, 모스크바의 묵인 하에 라코쉬는 개혁과 나지 개인에 대해 비판을 가하기 시작했으며, 결

---

37) См.: Там же, с.230~233.

국 1955년 4월 헝가리근로인민당 중앙위원회는 나지를 수상 직위에서 해임함과 동시에 당에서 제명했다.[38] 라코쉬의 권력은 다시금 확고부동함을 과시하는 듯 했다. 그러나 한 번 실행된 변화에 대한 시도는 더욱 근본적 변혁에 대한 희망의 씨앗을 뿌리기에 충분한 것으로 판명됐다.

소련공산당 제20차 대회의 여파는 라코쉬의 정치적 권위를 흔들어 버렸으며, 심지어 당내에서 반대파들의 심각한 도전에 직면하게 만들었다. 동시에 1956년 여름, 라코쉬의 정책에 대한 헝가리 인민들의 불만은 위험 수위에까지 도달했으며, 부다페스트 등 도시들에서는 주로 지식인과 젊은이들 사이에 그동안 국내에서 발생한 사건들을 토론하고 그 책임자 규명을 시도하는 다양한 서클 내지 그룹들이 조직되었다. 이들의 사회적 영향력이 증대되며 새로운 정치운동의 중심으로 성장함에 따라 권력은 점차 공산주의자들의 수중에서 빠져나갔다. 헝가리근로인민당내의 개혁주의적 반대파들도 라코쉬와 그의 측근들을 정치적으로 소환하고 권력남용에 대한 책임을 묻자고 공개적으로 요구하기 시작했다. 이런 상황 속에서, 모스크바의 압력에 따라 결국 라코쉬는 1956년 7월 모든 직책에서 사임하며 E. 게레에게 당 제1서기의 지위를 넘겨주었다.[39]

하지만 라코쉬의 퇴진은 사회적 분위기의 변화를 유도하지 못했다. 오히려 1956년 가을에 접어들 무렵, 헝가리에서는 게레의 당지도부가 감당할 수 없을 정도로 사태는 총체적 위기상황으로 확산되어 있었다. 대다수의 지식인들과 학생들은 근로인민당의 독재를 비판하였으며, 그들 사이에 반소(反蘇) 분위기는 급격히 확산됐다. 10월 23일, 부다페스트에서는 라코쉬의 범죄행위 규탄, 게레의 퇴진 및 임레 나지의 수상 복귀 등의 구호를 내건 대중적

38) См.: Желицки Б.Й. Будапешт—Москва: год 1956-й. // Советская внешная политика в годы “холодной вой ны”, М., 1995, с.241~246.
39) См.: Там же, с.251~255.

시위가 시작됐다. 이날 밤, 인민 봉기라는 압력에 따라 게레는 나지를 수상에 임명했으며, 동시에 "반(反)혁명 위험성"과의 투쟁을 위해 헝가리에 주둔하고 있는 소련군에게 "형제적 원조"를 요청했다. 물론 게레의 요청과 상관없이 모스크바에서도 이미 헝가리사태에 대한 일정한 군사적 개입을 위한 준비가 갖추어져 있었다. 소련군이 부다페스트로 진주한 이후에도 가두시위는 계속되었으며, 마침내 10월 25일 발생한 시위대와 소련군과의 충돌은 많은 사상자가 발생하는 유혈사태로 귀결됐다. 비록 이날 J. 카다르가 게레를 대신하여 헝가리근로인민당의 새 지도자로 선출되었지만, 시위가 전국적으로 확산되는 상황을 막을 수는 없었다. 소련군의 국내 주둔 및 이들의 시위 진압에의 참여는 반소 분위기의 확대뿐만 아니라 시위대들이 민족 주권에 관한 문제를 제기하고 소련군 철수를 완강하게 요구하게 만든 직접적 원인이었다. 인민들에게 진정하라고 호소하는 나지의 성명에도 불구하고 사태는 이미 누구에 의해서도 통제될 수 없는 지경에 도달한 것처럼 보였다. 소련군 부대가 부다페스트 외곽으로 철수하자 반소주의는 이제 시위대들의 정치적 공리(公理)가 되었으며, 그들은 이구동성으로 헝가리의 바르샤바조약기구로부터의 탈퇴를 외쳤다. 흐루쇼프는 더 이상 "반동적 혁명"을 인내하지 않았다. 그는 헝가리의 "반혁명"에 대한 군사적 진압이 불가피함을 이해했다.[40]

11월 1일, 흐루쇼프의 계획을 간파한 나지는 헝가리의 바르샤바조약기구로부터의 탈퇴 및 헝가리의 중립을 선언하고는 헝가리 문제를 독립국의 주권 수호와 관련하여 토의해 줄 것을 UN에 요청했다. 이에 관한 정보는 흐루쇼프의 의지를 더욱 강화시키는 것일 뿐이었다. 프롤레타리아 국제주의에 입각한 흐루쇼프의 도덕성은 헝가리가 "부패한 자본주의 진영"으로 옮겨가

40) Желицки Б.Й. Венгерские событиия 1956 года. // Политические кризисы и конфликты 50~60-ых годов в Восточной Европе, М., 1993, с.57~64.

는 것을 결코 허용할 수 없었다. 도덕성은 헝가리에 대해 직접 개입할 수 있는 권리를 그에게 부여하였으며, 더욱이 그의 판단에 따르면, 미국은 헝가리가 소련의 영향권 범주에 포함됨을 인정하고 있었다. 11월 4일 새벽 소련군 부대가 부다페스트로 입성함과 동시에 시위대에 대한 작전이 시작됐으며, 곧 "헝가리혁명"은 진압됐다.[41)]

흐루쇼프는 각국의 공산당이 비록 자국에서 맑스-레닌주의와 사회주의의 기본 원칙들을 적용하는 데 자유롭다손 치더라도, 누구에게도 그 원칙들을 거부할 권리는 없다고 생각했다. 그리고 이러저러한 나라들에서 사회주의 그 자체에 대한 위협이 발생하는 경우 문제는 근본적으로 달라지는 것이었다. 공산주의자들은 반동적 제국주의자들의 음모 앞에 결연히 단합해야만 했다.

나지는 당분간 부다페스트주재 유고슬라비아 대사관 내에서 확실한 피난처를 발견할 수 있었다. 과거 나지가 라코쉬에 대해 투쟁할 때 전자를 지지했던 베오그라드는 다시 그를 지원하려 했으며, 이것은 흐루쇼프와 티토의 관계를 긴장시켰다. 유고공산당의 고위 지도자 중의 하나인 카르젤은 헝가리에 대한 소련의 군사적 개입을 노골적으로 비난하는 연설을 함으로써 상황을 극도로 악화시켰다. 결국 얼마 전에 복원된 소련과의 관계 악화를 바라지 않았던 티토는 나지의 인도를 요구하는 모스크바의 압력에 굴복했으며, 흐루쇼프는 주저 없이 나지의 체포를 명령했다. 그리고 이후 흐루쇼프는 티토를 신뢰할 수 없었다.[42)]

소련공산당 중앙위원회 간부회 내에 포진하고 있던 몰로토프를 위시한 반대파의 입장에서 볼 때, 부다페스트사태는 대외정책적 영역에서의 흐루쇼

41) См.: Кристофер Эндрю и Олег Гордиевский. КГБ: история внешнеполитических операций от Ленина до Горбачёва, М., 1992, с.432~436.
42) См.: Хрущёв С. Там же, с.259~260.

프의 경솔함 내지 실수를 다시 확인하는 것이었다. 헝가리에 대한 서방의 영향을 허용하는 계기가 된 오스트리아 문제에 대한 서방에의 양보, 티토와의 화해, 그리고 무엇보다도 제20차 당대회에서의 비밀연설 등은 흐루쇼프의 명백한 정치적인 오류였다(흐루쇼프의 비밀연설은 즉흥적인 것이 아니라 자신의 정적들을 효과적으로 제압하고자 했던 전술의 소산이었다). 실제로 폴란드와 헝가리 인민들은 소련공산당 제20차 대회에 대해 화답한 것으로 평가될 수 있었다. 흐루쇼프의 스탈린 비판 및 대외정책과 관련하여 문제는 몰로토프, 말렌코프 등을 위시한 반대파에 의해 1957년 6월 중앙위원회 제1서기 자리에서 축출될 뻔했던 위기를 겪은 흐루쇼프의 정치적 이력에 국한되지 않았다. 제20차 당대회에서 제기된 문제들은 사회주의 진영 내의 이견들이 드러나는 계기가 되었고, 특히 북경과 모스크바 사이의 갈등을 조장하는 촉매로 작용했다.

(3) 중소 이념분쟁

우리가 중소분쟁의 발생에 관하여 이야기할 때, 스탈린은 중국혁명이 성공하는 순간까지 중국을 미국 자본에 개방된 시장으로, 즉 미국의 영향권에 속한 지역으로 간주했다는 사실을 지나치게 부각시킬 필요는 없다.[43] 비록 이와 관련하여, 스탈린은 중국혁명에 반대하고 중국에서 공산주의자들이 권력을 장악하는 것을 원치 않았다는 마오쩌둥의 지적이 정당한 것이었더라도, 소련이 중국 공산주의자들을 전혀 지원하지 않았다고는 말할 수 없다. 또한 마오가 스탈린에 대한 반감을 갖고 있었으며, 중국혁명의 성공 직후 마오는 미국과의 대화 가능성을 탐색하기도 했지만, 그럼에도 불구하고 혁명 이후 중국은 자신에게 유익하며 적용 가능한 유일한 경험, 즉 소련의 경

---

43) 스탈린의 견해에 관하여 см.: Сталин И.В. Соч., т.16, с.87~88.

험을 주목하고 소련의 지원을 고려하는 것 이외에 국가발전 전략과 관련된 다른 대안을 발견할 수 없었다. 1949년 12월 마오가 모스크바를 방문했을 때 소련과 중국 사이에는 적지 않은 의견 상의 불일치가 노정되었으며, 특히 얄타회담의 결정과 관련된 사항에 관하여 막후 대립이 치열했다. 마오는 얄타회담에서 소련이 인정받은 여순과 대련항에 대한 영유권 및 중동철도(=동청철도)를 비롯한 만주에서의 경제적 권리를 즉각 중국에 이양할 것을 요구했지만, 스탈린은 즉각적 반환에 소극적이었다. 하지만 1950년 2월 소련과 중국 사이에 긴밀한 정치적, 경제적 협력을 위한 조약이 체결되었으며, 여기서 소련은 미화 3억 달러에 이르는 차관을 즉시 제공함과 더불어 1952년에 여순항을 반환할 것을 약속했다.[44] 또한 한국전쟁의 진행과정에서, 비록 스탈린은 애초에 한반도에서의 "민족해방전쟁"에 회의적이었지만, 소련과 중국의 협력은 공고해졌다. 물론 당시의 중소관계에는 1930년대 초반 이후의 코민테른 시대까지 거슬러 올라가는 스탈린과 마오 사이의 해묵은 이견과 상호불신의 얼룩이 남아 있었다고 하더라도, 그것은 1950년 초반에는 이미 과거지사였을 뿐이었다.

소련공산당 제20차 대회 이후에도 중소관계는 표면적으로는 강화되었다. 폴란드와 헝가리에서 위기가 발생했을 때, 그리고 소련과 유고슬라비아의 관계가 다시 냉각되었을 때, 북경은 모스크바를 지지했다. 이러한 배경 하에서 1957년 10월에는 '핵무기 제조기술의 이전(移轉)까지도 포함하는 군사협력 및 중국의 방위산업 강화를 위한 소련의 지원에 관한 중소 비밀협정'이 체결됐다.

그로부터 몇 주 후, 1957년 11월에 10월혁명 40주년을 기념하여 모스크바에서는 60개국 이상의 대표단이 참석한 가운데 '국제 공산당 - 노동당 회의'가

44) См.: История внешной политики СССР, М., 1986, т.1, с.484~485.

개최됐다. 중국대표단을 이끌고 마오도 참석하였다. 흐루쇼프는 이 회의를 통하여 중앙집권적인 새로운 국제공산당 조직을 창설하려 시도했으나 결과는 평화선언을 채택하는 것만으로 마무리됐다.[45] 아무튼 회의를 통해 국제공산주의 운동세력의 단결이 과시되었지만, 속사정은 겉보기와 조금 달랐다. 이 회의에서 소련과의 관계 악화를 바라지 않았던 마오는 비유적인 방법으로 국제관계에 관한 자신의 생각을 표현했다:

> "동풍은 서풍을 제압하고 있습니다. 낡은 세계는 죽어가고 있으며 새로운 세계는 태어나고 있기 때문에 승리는 예정되어 있습니다. 전략적으로 낡은 세계는 자신의 적들을 분쇄하기 위하여 모든 것을 동원하고 있는데 이는 스스로 사라질 운명에 처해 있기 때문입니다. 전술적으로 그들의 일시적인 힘을 고려해야 하지만, 그러나 그들은 종이호랑이입니다."[46]

이어 그는 핵전쟁으로 비록 인류의 반이 파멸한다고 하더라도 살아남은 나머지 반이 사회주의를 건설하는 한 인류의 진보는 막아질 수 없음을 역설하면서, 국제 공산주의 운동은 소련을 자신의 지도자로 삼아야 한다고 강조했다. 회의 폐막 후 마오의 요청에 의해 크렘린에서 중소 지도자들 간의 국제정세에 관한 토론이 시작되었을 때, 중국의 지도자는 미(美)제국주의의 본질에 관한 자신의 정의를 소련 지도자들에게 설득시키려 노력했다. 흐루쇼프는 질겁했다.

실제에 있어 마오는 제20차 당대회에서 선언된 이른바 평화공존정책과 그에 따른 미소간의 접근 가능성 확대, 그리고 흐루쇼프에 의해 추진되는 스탈린 개인숭배 비판정책에 대하여 분개했다. 우선 탈스탈린화 정책에 대

45) 이에 관하여 см.: История КПСС, М., 1959, с.672~695.
46) Боффа Дж. История Советского Союза, М., 1990, т.2, с.465에서 재인용.

하여 마오가 비판적으로 대했던 것은 그의 스탈린에 대한 좋지 않은 감정과 무관했다. 마오가 갖는 혁명적 지도력의 정당성 역시 스탈린과 밀접하게 연결되어 있었으며, 스탈린에 대한 흐루쇼프의 비판은 결국 중국에서 자신의 권력 및 지도력에 대한 회의와 비판을 허용하는 계기가 될 것이라는 판단이 근거가 됐다. 스탈린에 대한 공격을 지지한다면 그것은 곧 자기 자신에 대한 공격을 감수한다는 것을 의미했다. 평화공존정책과 관련하여 마오는 세계적으로 조성된 긴장이 승리가 예정된 사회주의 진영의 단결을 강화하는 한, 그것은 공산주의자들에게 유리한 조건이 되고 있음을 강조했다. 그리고 현실적으로 미국과 중국이 대립적인 또는 적대적이기까지 한 관계를 유지하고 있으며, 또 중국이 그러한 상황을 극복할 수 있는 어떤 독자적 수단도 갖고 있지 않은 상황에서 미소간의 긴장완화는 곧 중국의 이익에 치명적일 수 있다고 판단하는 가운데 마오는 소련을 자기편에 붙잡아 두려 했다. 두 진영 간의 전쟁불가피론은 그러한 판단의 소산이었다. 더욱이 그는 중국에 대한 소련의 사회주의적 유일주의의 요구 속에서 소련의 패권주의를 재삼 확인했으며, 흐루쇼프가 지도하는 소련에 중국이 예속되는 것을 원치 않았다.

대략 1958년 초 모스크바에서는 위기상황에 대비하여 중국의 항구들에서 소련 잠수함 함대의 정박과 수리를 할 수 있는 가능성에 관한 문제 제기가 이루어졌다. 흐루쇼프는 1958년 7월 말 북경을 방문하여 양국 간의 군사 협력에 관한 계획을 제시했다. 마오가 보기에 흐루쇼프의 계획은 자신의 수중에 중국의 군사력에 대한 일정한 통제력을 유지하려는, 혹은 최소한 미국과 중국의 관계 악화 시 중국의 군사력 사용을 억제하려는 "러시아인들"의 희망을 피력하는 것에 다름 아니었다. 하지만 흐루쇼프는 국제적 연대를 지향해야 하는 중국인들의 이데올로기적 충심을 믿어 의심치 않았다. 그러나 그의 계획은 단호히 거부되었을 뿐만 아니라, 타이완을 무력으로 공격하지 않겠다는 약속을 해달라는 흐루쇼프의 제안도 거절됐다. 흐루쇼프는 중국인

"동무들"에게 절망했다. 그럼에도 불구하고, 그 해 10월부터 격화된 미국과 중국 간의 군사적 대치상황에서 흐루쇼프는 마지못해 중국에 대한 전폭적 지지 의사를 표명할 수밖에 없었다.[47] 흐루쇼프가 북경을 떠난 후, 8월 하순에 흐루쇼프에 대한 마오의 답변이 공식화 됐다. 중국은 대만의 국민당 정부가 점령하고 있는 (푸젠성의 요지) 진먼다오(金門島)에 수주에 걸쳐 포격을 가하기 시작했다. 사태는 미국 함대가 대만 해협을 방위하기 위하여 출동하는 것으로 마감될 수 있었다. 하지만 그것은 대만을 무력으로 장악하려는 중국의 시도가 아니라 미소간의 긴장완화를 이룩하려는 흐루쇼프에 대한 마오의 도전이었으며, 소련과 서방과의 관계에서 존재하는 중국의 중요성을 과시한 것이었다. 그렇게 중소분쟁은 시작됐다.

1959년 초, 중국의 해안에서 발견된 미국의 미사일은 양국 간의 관계를 더 냉각시키는 계기로 작용했다. 당시 중국 영공 내에서 정기적인 위협 비행을 하던 한 미군 조종사가 기체에 부착되어 있던 사이드와인더(sidewinder) 미사일을 분실하는 일이 발생했다. 중국 당국은 자국 해안에서 미제 미사일을 수거했으며, 이는 곧 모스크바에도 알려지게 됐다. 흐루쇼프는 미사일을 소련에 넘겨달라고 중국 측에 요청했다. 미사일의 연구 분석을 위함이었다. 시치미 떼는 중국에 겨우 압력을 가하여 몇 주 후에 인도받은 것은 가장 중요한 부품들이 제거된 미사일이었다. 흐루쇼프는 치미는 화를 억제할 수 없었다.[48] 그는 중국인들이 공산주의자라면 당연한 프롤레타리아 국제주의자들이 아니었다는 사실에 좌절했으며, 중국인들이 소련의 핵무기 제조기술을 전수받을 경우 자신이 추진하는 미국과의 평화공존정책에 심각한 장애가 초래될 수 있다는 결론에 도달했다. 결국 1959년 6월 흐루쇼프는, 유감을 표명하면서, 소련이 기술적 어려움으로 인해 중소 양국의 군사협약에 의해 자

47) См.: Хрущёв С. Там же, т.1, с.347~350.
48) См.: Там же, с.351~352.

신에게 부과된 의무사항을 이행할 수 없다고 중국에 통고했다. 마오는 분노했다. 그러나 공개적으로 서로를 모독하는 지경에는 아직 도달하지 않았다.

중소간의 관계 단절에 있어서 또 하나의 촉매제 역할을 했던 것은 1959년 중반부터 티베트를 둘러싸고 시작된 중국과 인도 사이의 국경분쟁이었다. 모스크바는 제3세계 국가들과의 관계라는 측면에서 인도와의 우호관계를 중국과의 관계만큼이나 중요하게 생각하였으며, 이런 이유에서 흐루쇼프는 분쟁의 평화적 해결을 기대하면서 양국에 대해 중립적 입장을 취했다. 그러나 마오에게 흐루쇼프의 태도는 사회주의 국가와 부르주아 국가 사이의 분쟁에서 중립을 선언하는 것과 다르지 않았다. 마오는 "러시아인"에 기만당했다고 생각했으며, 흐루쇼프는 자신의 외교노선을 방해하는 "중국인"에 분노했다.

중국과 소련과의 관계를 돌이킬 수 없는 지경으로 악화시킨 결정적 계기는 1959년 9월 미국에서 이루어진 소련공산당 제1서기와 미국 대통령의 만남이었다. 흐루쇼프와 D. 아이젠하워와의 만남은 평화공존을 지향하는 흐루쇼프의 대외정책적 노력의 결실을 의미하는 것으로 평가될 수 있었다. 미국 방문을 마친 직후 흐루쇼프는 바로 북경으로 날아가 마오에게 자신의 평화공존정책이 갖는 역사적 정당성을 설득하려 시도했다. 그러나 이로부터 몇 달 후인 1960년 4월, 흐루쇼프의 주장에 대한 대답으로 『레닌주의 만세!』라는 제호의 논문집이 출판되었고, 여기서 마오는 소련의 지도자에게 전혀 동의할 수 없음을 분명히 했다. 이 논문집에서 중국인들은 제국주의와 "억압체제"가 존재하고 있은 한 전쟁이 불가피하다는 점과 어떤 나라에서도 사회주의로의 평화적 이행, 더욱이 의회주의적 투쟁을 통한 이행은 전혀 불가능하다는 점, 그리고 공산주의자들은 서방의 사회민주주의자들과 협력할 수 없다는 점 등을 강조하는 가운데 흐루쇼프 및 소련공산당 제20차 대회와 밀접히 관련된 모든 테제를 가차 없이 비판했으며, 이 모든 비판은 "국제주의적 프롤레타리아트의 위대한 기치, 즉 레닌주의를 더럽히려 시도하는 현대 수정주의자들"에 대항하여 레닌주의 이론들의 순수성을 수호하기 위한 투쟁의 일환으로 제시되었다.[49)]

상호간의 불신과 불쾌감이 고조된 후인 1960년 여름, 흐루쇼프는 언젠가 스탈린이 유고슬라비아에게 했던 것처럼 중국에서 공업 건설을 돕고 있던 소련 기술고문단을 모두 소환하면서 중국인들과의 협력을 일방적으로 파기했다. 원료와 설비, 기계 부품 등의 공급도 축소되거나 중단됐다. 이것은 중화인민공화국의 경제건설에 심각한 타격을 가하는 조치로서 마오의 "불손함"에 대한 흐루쇼프의 공개적 처벌이었다. 뿐만 아니라 1960년 11월에 개최된 제2차 '국제 공산당-노동당 회의'에서 모스크바는 북경을 "모험주의와 분파주의, 폭동주의, 그리고 개인숭배의 수호"를 이유로 비판하면서 중국인들을 교조주의자들로 낙인찍었다. 하지만 과거에 티토가 그러했던 것처럼, 양국 간의 갈등이 이제 회복될 수 없는 지경에 도달했을 때 마오는 소련의 사회주의로부터의 변절, 대국주의적 대외정책, 그리고 중국에 대한 침략적 압력 행사 등의 이유로 소련공산당을 비난하면서 광범한 반소(反蘇)정치선전 공세를 전개했다. 이번에 마오는 20세기 초 레닌이 독일의 사회민주주의자들을 지칭하는데 사용했던 용어를 이용하여 소련공산당 지도부를 "현대 수정주의자들"이라고 노골적으로 비난했다. 이제 중국은 소련공산당의 대내외 정책에서 나타나는 모든 분광들을 집요하게 비판하기 시작했다.[50)]

이데올로기화된 양국의 대립은 더 노골적이고 적나라한 불신과 비난으로 이어졌다. 이 과정에서 1964년 흐루쇼프의 실각 이후 새로 등장한 레오니드 브레즈네프 당지도부는 중국과의 관계 회복을 시도했으나, 그것은 차라리

---

49) См.: Боффа Дж. Там же, с.514~515.
50) См.: Бажанов Е.П. Закрыть прошлое, открыть будушее. // Актуальные проблемы новейшей истории, М., 1991, с.200~205.

의미 없는 해프닝이었다. 1969년부터 시작된 우수리강 부근에서의 중소 양국 군대의 충돌은 한편 이념분쟁의 자연스런 귀결이었다. 어쨌건 문제는 이제 국제 공산주의 운동에 있어서 중국은 과거 유고슬라비아처럼 완전한 고립상태에 빠지지 않았으며 동시에 소련은 득히 제3세계에서 중국과 경쟁할 수밖에 없게 됐다는 사실에 있었다. 시대는 변했다. 사회주의 진영에서 스탈린주의적 유일주의를 실현한다는 것은 이미 불가능하게 됐다. 그러나 그럼에도 불구하고, 중국 없이도 프롤레타리아 국제주의는 "평화와 근로인민들의 이익 수호라는 고결한 과업을 위한 투쟁"에 있어서 역량의 단합을 위해 사회주의 국가들의 단일전선을 요구할 수 있었다. 실제로 마오 및 당시 국제 공산주의 운동 내에서 존재감이 미미했던 마오의 지지자들을 예외로 한다면 어느 누구도 모스크바가 세계혁명의 중심이라는 사실과, 그리고 국제 공산주의 운동에 있어서 소련의 중앙집권적인 지도가 갖는 목적합리성을 부인할 수 없었다. 장작을 패면 도끼밥이 튀는 법! 마침 흐루쇼프는 과거에 스탈린이 중국공산당의 혁명운동에 관해 가졌던 생각을 잘 알고 있었다. 스탈린은 중국 공산주의자들의 투쟁이 사회주의적 지향을 갖기 어렵다고 간주하면서 중국의 혁명운동을 무엇보다도 프티부르주아적인 급진적 형태의 농민운동으로 취급했다.

이미 위에서 언급된 것처럼, 흐루쇼프는 제3세계 인민들의 민족해방투쟁에 대한 호감을 감추지 않았으며 급진적인 반(反)제국주의적 입장을 취하는 세력들에 대한 적극적 지원을 아끼지 않았다. "제국주의자들"과의 충돌 위험을 감내하면서도 그는 "제국주의의 약한 고리들"에서 그 지역의 인민들에 대해 공산주의자로서의 "역사적·도덕적 의무"를 이행하는 것을 거절하지 않았다. 1956년에는 이집트에서, 1957년에는 시리아, 1958년에는 레바논과 이라크 및 요르단에서, 1960년에는 콩고, 그리고 1962년에는 쿠바에서 흐루쇼프는 "제국주의자들"과의 투쟁에 적극 개입했다. 바로 쿠바위기는 흐루쇼프식 모험주의의 절정이었으며, 이를 계기로 흐루쇼프는 평화공존 개념과 '제국주의의 밑동 파내기'가 현실적으로 양립되기 어렵다는 사실을 자각했다.

(4) 쿠바위기

1959년 1월 쿠바에서는 미국이 지원했던 바티스타 독재정권이 붕괴되고 F. 카스트로를 중심으로 하는 혁명정부가 수립되었으며, 소련은 즉시 쿠바의 새 민주주의 정부를 승인했다. 1960년 2월에는 미국의 경제봉쇄에 시달리던 쿠바와 소련 사이에 무역, 차관제공, 설탕구매 등에 관한 협정이 체결되어 쿠바는 소련의 경제적 지원을 보장받게 되었으며, 이어 5월에는 양국 사이의 외교관계가 수립됐다. 지금까지 쿠바혁명의 성격에 대해 미심쩍어하던 흐루쇼프는 양국 간에 긴밀한 경제적, 정치적 협력관계가 구축된 시점에 제국주의와 투쟁하는 쿠바 인민들의 영웅주의를 칭송하는 가운데 "국제주의자로서의 소련공산당은 쿠바를 돕지 않을 수 없으며, 혁명에 대한 압박을 결코 허용하지 않겠다"고 확언했다.[51)]

하지만 1961년 4월 일단의 "무장한 쿠바 난민들"이 피그스만(灣)에 상륙하여 쿠바 혁명정부에 대한 공격을 감행했다. 다음 날 즉각 소련은 자유와 독립을 위해 투쟁하는 쿠바 인민들에게 필요한 모든 지원을 아끼지 않겠다는 단호한 결의가 담긴 성명을 발표했다. 미국의 쿠바 침공은 사흘 만에 격퇴되었고, 바로 이때 카스트로는 자신의 사회주의적 선택을 공식적으로 천명했다. 그는 공산주의자가 되었다.

이제 흐루쇼프가 보기에 쿠바는 단지 사회주의를 자신의 미래로 선택한 여러 나라들 중의 하나가 아니었다. 그에게 쿠바는 위력적인 자본가, 즉 미국에 대항하여 직접적으로 투쟁하는 붉은 전위대였다. 흐루쇼프에게 새로

---

51) См.: Хрущёв С. Там же, т.2, с.61.

운 과제가 대두됐다. 어떻게 쿠바를 수호할 것인가?

그와 관련하여 흐루쇼프가 나름대로의 아이디어를 떠올린 것은 1962년 5월 경이었다. 그는 쿠바혁명을 수호하기 위하여 쿠바에 소련의 미사일을 배치하기로 결심했다. 물론 미사일 배치는 소련을 위해서는 일정한 군사전략적인 의미를 지닌 것이기도 했다. 흐루쇼프는 "미국이 자신의 군사기지들로 우리를 포위하고 모든 국경선에서 우리를 위협하는 한, 우리도 그에 상응하는 조치를 취할 권리를 가지고 있다"는 것을 누누이 강조했다.[52] 지금 우리는 어떠한 목적이 흐루쇼프에게 더 중요하게 고려되었는지에 관해 정확히 말하기 어렵지만, 쿠바에 대한 미사일 배치가 일석이조의 효과를 갖는 것으로 그에 의해 평가됐다는 점은 의심의 여지가 없다.

소련공산당 중앙위원회 간부회에서 흐루쇼프의 계획이 승인되고 이어 카스트로의 동의가 얻어진 다음, 그 해 1962년 7월말부터 미사일 배치를 위한 작전이 개시됐다. 흐루쇼프는 작전이 완료된 다음 이 사실을 미국에 통고함으로써 쿠바에의 소련 미사일기지의 존재를 기정사실화하려 했다. 그러나 작전이 종료되는 시점에서 이 사실을 인지한 미국의 케네디 정부는 10월 22일 소련에 미사일 철수를 요구하는 동시에 어떠한 종류의 공격용 무기라도 쿠바에 공급되는 것을 차단하기 위한 쿠바봉쇄를 선언했으며, 동시에 미국의 전력(戰力)을 카리브 해역에 집중시키기 시작했다. 물론 미국인들에게는 바로 자기 코밑에서 자신을 정면으로 겨누고 있는 핵미사일들을 쳐다보며 살아야만 하는 상황이란, 그것을 상상하는 것조차 끔찍한 일이었다. 흐루쇼프의 아들인 세르게이 흐루쇼프의 증언에 의하면, 이미 당시 쿠바에는 1메가톤 급의 핵미사일 20기가 실전 배치되어 있었고, 그밖에 탄도미사일에 활용되는 핵장비와 미그-21기에서 사용되는 미사일의 주요 부품들이 도착해 있

52) Там же, с.174.

었다.[53] 케네디의 단호한 조치에 대응하여 흐루쇼프가 "무분별한 불장난을 치고 있는 미국은 세계의 운명에 대한 무거운 책임을 져야 할 것"이라는 경고를 담은 성명을 발표한 것은 1962년 10월 23일의 일이었다.[54]

그러나 위기가 예측할 수 없는 엄청난 사태로 발전하고 있음을 이해한 흐루쇼프와 케네디는 타협점을 찾기 시작했다. 쿠바를 둘러싼 예정된 충돌을 지연시키면서 그들은 모든 공식적, 비공식적 채널을 동원하여 막후 협상을 진행했다. 그러나 돌연 10월 27일에 쿠바 상공에서 미국의 첩보정찰기 U-2가 격추되어 조종사가 사망하는 사건이 발생했다. U-2기 격추는 1960년 5월 소련의 스베르들롭스크, 즉 지금의 예카테린부르크 상공에서 이루어진 이래 이번이 두 번째였다. 소련 측에서 볼 때, 1960년의 격추가 치밀한 준비에 따른 성공이었고 그 결과 미국이 외교적으로 수세에 몰렸다면, 이번 경우는 한편 우발적이었으며 시간적으로 전혀 부적절한 사건이었다. 미국의 반소(反蘇) 여론은 고조되었고 케네디는 즉각적인 보복을 요구하는 "매파들"의 강한 압력에 시달리게 됐다. 미국이 핵전쟁에 직면했음을 예감한 케네디는 자신의 동생인 법무장관 로버트 케네디에게 워싱턴주재 소련대사인 아나톨리 도브리닌을 급히 만날 것을 지시했고, 이 만남을 통하여 케네디는 "앞으로 미국은 쿠바를 침공하지 않을 것이며, 미국의 동맹국들이 쿠바를 위협하는 일도 없을 것"임을 보장하는 가운데 소련을 목표로 터키에 배치되어 있는 미국의 핵미사일들을 철수할 것을 약속하면서, 대신 소련이 쿠바에서 미사일을 철수하는데 동의할 것을 요구했다. 그는 단지 이러한 협상의 내용이 언론에 공개되는 것을 원치 않았다.[55] 10월 28일 밤, 흐루쇼프는 카스트로와의 사전협의 없이 미사일 철수를 결정했으며, 비로소 세계는 며칠 동안 이

53) См.: Там же, с.285~286.
54) История внешной политики СССР, т.2, с.314.
55) См.: Добрынин А.Ф. Сугубо доверительно, М., 1996, с.65~77.

어진 핵전쟁의 위협에서 벗어나게 됐다. 케네디는 물론 자신의 약속을 이행했다.

중국인들은 흐루쇼프가 "종이호랑이"에게 굴복한 것을 강하게 비난하기 시작했으며, 미국의 언론은 요란스럽게 공산주의자들에 대한 승리를 자축했다. 그러나 흐루쇼프에게는 두 가지 목표 중 하나, 즉 쿠바혁명의 구원이라는 목표를 달성한 것이 보다 중요하게 생각됐다. 하지만 그는 분노한 카스트로에게 어떻게 타협의 공평성을 설득할 수 있을까 하는 문제를 가지고 고심해야만 했으며, 어쩔 수 없이 쿠바에 대해 적지 않은 원조를 약속해야 했다. 그 결과, 1963년 5월, 소련을 방문한 카스트로는 모스크바에서 열린 한 회합에서 선언했다:

> "파시스트들을 상대로 한 대조국전쟁 과정에서 쿠바의 전(全)인구보다도 더 많은 인명을 잃었던 소련이 작은 나라를 수호하기 위하여 엄청난 전쟁의 위험을 감수하는 데 주저하지 않았습니다! 이러한 연대는 역사상 그 유례가 없는 것입니다. 이것이 바로 국제주의입니다! 이것이 바로 공산주의인 것입니다!"[56)]

(5) 계급투쟁의 특수한 형태로서의 평화공존

흐루쇼프는 제2차 대전의 종전 후 스탈린이 실현할 수 없었던 양립 불가능한 것들, 즉 평화공존과 '제국주의의 밑동 파내기'를 대외정책의 기본 노선으로 결합시키려 했다. 만약 스탈린이 서방과의 마찰을 피하며 소극적으로 두 진영 사이의 평화적 공존을 추구했다면, 흐루쇼프는 새로운 발전단계에 접어든 소련의 역량을 토대로 서방에 대해 적극적으로 평화공존을 요구하면서 동시에 세계혁명을 위한 "비용지출"을 확대했다. 물론, 소비에트 사

---

56) Алексеев А.И. Каривский кризис, как это было. // Никита Сергеевич Хрущёв: материалы к биографии (Сбор.), М., 1989, с.78.

회의 사회경제적 발전에 따라 소련공산당의 전략 목표가 수정되었으며, 이에 따라 정책적 변화가 수반되었던 것이다. 1959년 1월말에 개막된 소련공산당 제21차 대회에서 스탈린 시대의 전략 목표였던 '사회주의의 완전한, 최종적 승리'가 달성되었음이 공식 선언되었다. 이어 1961년 10월에 열린 제22차 당 대회에서는 소련이 비계급적인 '전(全)인민의 국가'로 전환되었음이 선언됨과 동시에 '1980년까지 능력에 따른 생산과 필요에 따른 분배가 실현되는 공산주의 사회를 건설한다'는 새로운 전략 목표가 설정됐다. 물론 계획의 무모함을 차치한다면 '사회주의의 완전한 승리' 이후 다음 단계의 목표로서 공산주의 건설이 설정된 것은 자연스러운 논리적 귀결이었다. 이제 소련공산당의 대외정책적 과제는 자본주의적 포위로부터 벗어난다는 소극적인 것이 아니라, 적극적으로 공산주의의 실현을 위해 노력하는 것이었다. 자본주의의 일반적 위기는 심화되고 있었으며, 공산사회 건설이라는 목표의 실현을 위해서는 소비에트 인민들의 엄청난 노력과 헌신이 필요했다. 때문에 평화공존을 요구했던 것이며, 동시에 반(反)제국주의에 대한 지원을 확대했던 것이다. 논리적 모순은 없었다. 왜냐하면, 제22차 당대회에서 채택된 당강령에 규정된 바와 같이, 평화공존이란 "사회주의와 자본주의 사이에 국제적 차원에서 전개되는 계급투쟁의 특수한 형태"이기 때문이었다.[57)]

흐루쇼프는 스탈린의 대외정책을 답습하지 않았다. 그러나 소련공산당 제1서기로서 흐루쇼프는 대외정책을 결정 실현함에 있어서 스탈린의 '두 진영론'과 사회주의적 유일주의라는 이론적 틀을 벗어날 수 없었다. 그것은 세계혁명과 관련하여 스탈린의 이론들이 갖는 목적합리성 때문이었다. 스탈린과 흐루쇼프 사이의 정책적 차이는 전략 목표의 상이함에 기인했던 것이지, 그 이론적 토대가 달랐기 때문이 아니었다. 특히 흐루쇼프는, 무엇보다

---

57) КПСС в резолюциях и решениях съездовб конференций и пленумов ЦК, т.8, с.240.

도, 사회주의 진영의 빠른 경제성장 속도와 제3세계에서 급속히 발전해 가는 민족해방운동에 의해 입증되고 있는 공산주의의 조속한 세계적 승리에 대한 확고한 신념을 갖고 있었으며, 따라서 평화공존에 대한 요구와 '제국주의의 밑동 파내기' 사이에 현실적 모순이 있을 수 있다는 생각을 하지 않았다. 필경 그는 쿠바위기 이후에 무엇인가 교훈을 얻었다. 베트남에서 위기가 고조되는 상황에서, 특히 1964년 8월, 소위 "통킹만사건" 이후 미국 대통령 L. 존슨이 미군의 대규모 군사작전에 관한 명령을 내릴 때조차 흐루쇼프는 단지 사태를 예의 주시했을 뿐 베트남에의 개입을 재촉하지 않았으며 군사적 지원도 서두르지 않았다.[58] 그러나 흐루쇼프의 실각 이후 소련공산당의 새 지도부는 하노이에 전면적인 지원을 약속하면서 사태에 단호히 대처하기 시작했다.

1964년 10월 소련공산당 중앙위원회 전원회의는 노령과 건강악화로 인해 자신이 맡고 있는 모든 당직과 국가의 직책에서 사임하겠다는 "흐루쇼프 동무의 요청을 승인했다." 미하일 수슬로프가 전원회의에서 보고자로 나섰다. 흐루쇼프에 대하여 그가 행한 비판의 기본 요지는 협력성과 집단지도 원칙의 훼손, 동료들의 의견 무시, 개인숭배 분위기의 부활, 그리고 경솔한 개혁과 빈번한 간부진 교체로 인한 사회적 불안정성 조장이었다.[59] 물론, 마지막 항목이 흐루쇼프 실각의 가장 주요한 이유였다.

흐루쇼프가 당내 노멘클라투라에게는 치명적일 수도 있는 항목들이 담긴 새로운 헌법초안의 기본 방향에 대하여 토의하려 했던 1964년 11월의 전원회의에서는, 예정과는 달리, 당의 기본 구조를 "훼손"한 흐루쇼프의 개혁조치, 즉 모든 당조직을 생산원칙에 따라 공업위원회와 농업위원회로 개편한

58) См.: Хрущёв С. Там же, с.461~465.
59) См.: Бовин А.Е. Курс на стабильность породил застой. // Л.И. Брежнев: материалы к биографии (Сбор.), М., 1991, с.92.

흐루쇼프의 조치가 단숨에 폐기되어 당을 단일한 조직으로 복원시켰다.[60] 이어 흐루쇼프의 이름과 밀접히 관련되는 다른 개혁조치들이 계속 폐기되었으며, 1966년 봄에 개최된 제23차 당대회에서는 4년 전 제22차 당대회에서 채택된 당규약에 정해져 있는 모든 당직의 선거성과 임기제한에 관한 규정이 폐지됐다. 흐루쇼프에게 주관주의와 주의주의를 빌미로 비판이 가해졌던 것은 전혀 우연이 아니었다.

스탈린을 비판하기 시작한 순간에 흐루쇼프는 이미 소련 인민들의 지지를 상실했다고 생각한 마오의 입장에서 보면 흐루쇼프의 실각은 당연한 귀결일 수도 있었다. 이에 대한 동의 여부에 관계없이, '인간의 얼굴을 한 사회주의'라는 개념의 선구자로서 흐루쇼프의 국내정치적 개혁이 이른바 자유화라는 측면에서 소비에트 사회의 분위기를 일신하는데 크게 기여했음에도 불구하고, 그의 실각에 대한 소련 인민들의 항의 표시는 없었다. 10월혁명 이후 계속된 사회주의 건설과 대조국전쟁, 그리고 "미국을 따라 잡고 추월하자!"는 캠페인 과정 속에서 자의든 타의든 일상화된 동원에 지치고 피곤했던 소련 인민들은 1980년까지 공산사회를 건설한다는 선전 - 선동에 감격하기보다도 우선은 편안한 삶을 희구했다. 1962년경부터 현저하게 드러난 흐루쇼프의 정책적 한계 및 인민들에 대한 부단한 정치적, 경제적, 이데올로기적 동원 요구는 그가 특히 당내에서의 적극적 지지를 상실하는 주된 요인이 됐다. 스탈린의 지적대로, 맑시즘의 정치적 토대는 자본주의적 착취의 대상이 되는 프롤레타리아 계급이었다. 계급적 속박이라는 멍에로부터 해방되어 비계급적인 '전(全)인민의 국가'의 구성원이 된 소비에트 인민들에게는 이제 계급투쟁과 세계혁명이 아니라 차라리 소시민적인 평화로운 개인적 삶의 영위가 주된 관심사가 되었다. 이러한 점에서 맑스-레닌주의는 실제적인 정

---

60) КПСС в резолюциях и решениях съездовб конференций и пленумов ЦК, т.8, с.495~496.

치적 토대를 상실하고 소비에트 사회 내에서 점차 형식화되고 허구화되었다. 탈이데올로기화라는 사회적 배경 하에서 '안정'을 화두로 하는 브레즈네프 당지도부의 새 정치노선은 소련 인민들의 일반적 요구들과 부합되고 있었으며, 이른바 노멘클라투라의 지배로 특징화된 '발전된 사회주의'의 시대라는 새로운 단계의 전개는 소비에트 사회의 탈이데올로기적 경향과 그 궤를 같이 했다.

흐루쇼프의 공산주의 사회 건설에 대한 구상을 폐기하며 '발전된 사회주의'라는 모호한 개념으로 소비에트 사회를 규정했던 브레즈네프 정권은 미래에 대한 계획을 결여하고 있었으며, 이는 결국 새로운 세계전략의 부재로 이어졌다. 비록 브레즈네프의 "동무들" 중의 일부가 쿠바위기와 관련하여 모험주의를 빌미로 흐루쇼프에 대한 비판을 시도하기도 했지만, '발전된 사회주의'의 시대는 흐루쇼프 시대와 비교하여 대외정책적 측면에서 변화된 것은 아무 것도 없었으며, 변화될 수도 없었다. 그것은 브레즈네프가 무변화를 의미할 수도 있는 '안정'을 지향했기 때문이 아니라, 흐루쇼프가 실현한 대외정책상의 기본 노선이 바로 세계혁명을 지향하는 맑스-레닌주의에 입각해 있었으며, 제국주의와의 투쟁을 기본 지침으로 삼는 스탈린의 '두 진영론'과 사회주의적 유일주의론은 대외정책적 영역에서 바로 맑스-레닌주의를 정확하게 구현하는 것이기 때문이었다.

물론 소련공산당도 탈이데올로기화 과정과 무관할 수 없었다. 그럼에도 불구하고 당의 최고위수준에서의 대외정책적 결정은 항상 소비에트 이데올로기에서 도출된 공리들에 입각해 있었다. 그것은 세계 사회주의 혁명의 승리에 대한 당지도부의 확고한 신념보다는 오히려 과거로부터 이어진 정치적인 관성과 타성 때문이었다. 비록 소비에트 사회가 이데올로기적 목표를 상실하고 있었지만 세계혁명은 10월혁명 이후 일관된 소비에트 체제의 존재목적이었다.

4. '발전된 사회주의' 시대의 냉전정책

(1) 브레즈네프 독트린

"사회주의와 자본주의 사이에 국제적 차원에서 전개되는 계급투쟁의 특수한 형태"로서의 평화공존을 위한 정책은 브레즈네프 시대에도 계속됐다. 특히 제3세계 지역에서 제국주의의 밑동을 파내기 위한 노력도 계속됐다. 중국과의 갈등은 해소되지 않았으며, 사회주의 진영에서의 유일주의는 예전처럼 프롤레타리아 국제주의의 정당한 형태로 남아 있었다. 소련의 대외정책적 기본 노선은 특히 1968년의 체코사태 및 1979년 12월에 전격적으로 단행된 소련군의 아프가니스탄 파병에 의해 다시금 확인됐다.

체코슬로바키아에서 변혁의 도화선이 되었던 것은, 무엇보다도, 체코슬로바키아공산당 제1서기 A. 노보트니의 지도하에 추진된 제3차 5개년경제계획의 실패였다. 1967년 가을 무렵, 대규모 학생시위와 파업이 전개되면서 노보트니에 대한 당내 반대파의 정치적 위상은 더욱 강화되었고, 그 결과 1968년 1월에 개최된 체코공산당 중앙위원회 전원회의의 결정에 의해 노보트니는 체코슬로바키아소비에트사회주의공화국 대통령의 지위만 유지한 채 당중앙위원회 제1서기 자리를 상실하게 됐다. 과거에 노보트니에 의해 민족주의적 편향으로 비판당했던 A. 두브체크가 그를 대신하여 제1서기에 선출됐다. 브레즈네프는 체코의 당내 분규에 개입하려들지 않았으며, 오히려 그때 그는 두브체크를 "매우 정직한 공산주의자"로 평가했다.[61]

당중앙위원회 제1서기로 선출된 후, 1968년 1월말 모스크바에서 이루어진 브레즈네프와의 첫 만남에서 두브체크는 소련공산당 서기장에게 과격한 당

61) См.: Латыш М.В. Начало "пражской весны" и реакция Москвы. // Восточноевропейский социализм: становление режима, попытки его модификации, причины краха (Сбор.), М., 1992, с.138.

내 인사 조치를 취하지 않겠다고 약속했다. 그는 급속한 정책적 전환을 시도하지 않을 것처럼 보였다. 실제로 당시 두브체크는 공개적인 연설 등을 통하여 '과거에 정책상의 과오가 일부 있었으나 그래도 체코공산당의 노선은 올바른 것이었으며 앞으로도 그것이 계속 유지될 것'이라고 강조하면서, 다만 사회주의적 민주주의의 발전에 대한 새로운 접근과 방법들, 그리고 모든 사회적 역량의 규합과 활성화가 필요할 뿐이라는 점을 역설했다. 처음에 두브체크와 그의 지지자들은 나라의 상황, 특히 경제적 상황을 개선해야 한다는 단순한 객관적 판단에 의거하는 듯 했다. 그들이 주도한 경제개혁의 진행은 모스크바와 동맹국들로부터 어떠한 질책도 초래하지 않았다. 그러나, 그럼에도 불구하고, 체코슬로바키아의 정치상황, 특히 체코공산당 내부의 상황은 순식간에 모스크바의 우려를 불러일으켰다. 브레즈네프는 프라하에서 반(反)사회주의적인, 그리고 특히 반소비에트적인 목표를 겨냥하는 비판들이 급속히 확산되는 것에 경악했다.[62] 이미 동년 3월경에는 개혁 논의가 단지 경제적 문제들에 관한 의견교환 수준에 국한되고 있지 않다는 사실이 분명해졌다. 노보트니 체제에 반대했던 사람들은 사회의 모든 영역에서 보다 근본적이고 급진적인 개혁을 추진하라고 요구하기 시작했다.

인민들의 불만은 새 개혁노선의 실현에 걸림돌이 되고 있다고 간주되었던 노보트니에 집중되었다. 개혁운동의 중심에 섰던 체코슬로바키아 민족회의(=의회) 간부회는 공산당 중앙위원회에 대해 노보트니를 대통령직에서 사임시킬 것을 요구했다. 1968년 3월 22일 노보트니가 퇴진한 이후, 구체제와 밀접히 관련된 인사들이 대대적으로 권력에서 축출됐다. 정부조직에서의 예를 따라 모든 사회조직과 문화예술단체의 지도부가 대폭적으로 교체됐다. 예기치 않았던 이들의 축출에 관한 소식은 신속히 모스크바에 전달되

---

62) См.: Там же, с.142~146.

었고, 이러한 정보는 브레즈네프가 '체코슬로바키아에서 모든 것이 붕괴되고 있으며 체코공산당은 밑으로부터의 압력에 굴복하는 가운데 정치적 지도력을 상실하고 있다'고 판단하는 근거가 됐다. 체코슬로바키아에서 이제 정치적 헤게모니를 장악한 이른바 개혁공산주의 세력은 사회의 전 분야에 걸치는 광범위한 개혁을 본격적으로 논의하기 시작했다.

이러한 사태 전개는 심각한 파장을 초래하지 않을 수 없었다. 1968년 3월 23일 체코슬로바키아의 정치상황 및 사회주의 국가들에 대한 그의 영향을 논의하기 위해 동유럽 공산당 지도자들은 드레스덴에서 황급히 회합을 가졌고, 거기에서 체코슬로바키아 지도부는 상황의 극한적 위험성에 대한 경고에 직면했다. 브레즈네프(소련), 고물카(폴란드), 카다르(헝가리), 울브리히트(동독)와 쥐브코프(불가리아)는 체코의 개혁방향에 관해 정확히 해명할 것을 요구하며 두브체크를 압박했으며, 5개국 공산당 지도자들의 비판에 둘러싸인 두브체크는 자신의 새 노선을 열심히 옹호했다. 그의 주장에 따르면, 체코슬로바키아공산당은 체코 내에 형성된 반(反)사회주의 세력에 대한 경계를 늦추지 않고 있으며, 예전처럼 당의 모든 지도력은 한층 더 사회주의적 제도를 강화하고 소련 및 다른 사회주의 국가들과의 우호 증진을 목적으로 행사되고 있었다.[63] 그러나 결국 드레스덴의 회합에서는 사회주의 노선이라는 개념을 둘러싸고 프라하의 개혁공산주의자들과 나머지 "정통주의자들" 사이에 심각한 상호몰이해가 존재하고 있다는 사실이 확인되었다. 실제 두브체크는 "프라하의 봄"을 주도하는 세력의 전위에 서 있었다.

1968년 4월 初, 체코슬로바키아공산당 중앙위원회 전원회의는 간부회 및 서기국을 새롭게 구성하였다. 이어 전원회의는 "프라하의 봄"에 관한 공식적 프로그램이 된 〈체코슬로바키아공산당 행동강령〉을 승인했으며, 그 회의에

---

63) См.: Там же, с.153~156.

서 두브체크는 '인간의 얼굴을 한 사회주의'를 옹호하는 유명한 연설을 감행하면서 나라를 "전체주의로부터 다원주의적 요소들과 합리적 경제를 갖춘 체제로 전환시킬 것"이라고 역설했다.[64] 민주화의 지속적 추진, 종교 행사의 보장, 시민의 자유권 준수, 그리고 평등과 독립 및 불간섭과 상호존중에 기초한 사회주의 형제국들과의 관계 재정립 등을 기본 내용으로 하는 당의 행동강령에 인민들은 환호했으며, 이와 더불어 본격적인 "프라하의 봄"이 시작되었다.

이미 1968년 3~4월에 폴란드, 헝가리, 동독, 불가리아의 지도자들이 체코 사태의 근본적 해결을 위해 체코에 대한 군사적 개입 필요성까지 주장했지만, 브레즈네프는 처음에 그러한 제안을 수용하려들지 않았다.[65] 5월 4일에 브레즈네프는 두브체크가 인솔한 체코슬로바키아 사절단을 접견하며 사태의 정치적 해결을 시도했다.

1968년 7월 15일 소련 등 바르샤바조약기구 5개국 지도자들은 바르샤바에서 다시 회합을 갖고 공동으로 사태의 심각성을 프라하에 경고했다. 브레즈네프는 두브체크를 비롯한 체코슬로바키아 지도부에 대한 신뢰를 이미 상실한 상태였지만, 동년 7월 29일부터 소련공산당 정치국원들과 체코슬로바키아공산당 중앙위원회 간부회 구성원 전원이 양국 접경지역에 위치한 체르나-낫-티소우에 모여 회담을 갖게 했다. 체코슬로바키아 언론의 보도를 인용하면서 서방 제국주의에 대한 호의적 태도를 질책하는 가운데 체코슬로바키아 지도자들이 "반(反)혁명을 조장"하려는 정치적 지향을 드러내고 있다는 브레즈네프의 비난으로 시작된 양국 대화는 개혁공산주의자들에게 개혁

64) См.: Гринвил Дж. К. Советские военные интервенции в Венгрии, Чехословакии и Афганистане: сравнительный анализ процесса принятия решения, М., 1993, с.43.

65) См.: "От правды никуда не уйдёшь...": новые документы о событиях в Чехословакии в 1968 году. // Кентавр, 1993, No.4, с.75~84.

의 중단을 요구하는 일방적 압박으로 점철되었다. 두브체크는 자국 언론을 통제하겠다고 약속하는 동시에 자신들의 사회주의적 신념과 바르샤바조약기구 국가들에 대한 신의성실을 역설했다. 그러나 상호간의 몰이해와 불신은 더 심화되었으며, 결국 대화는 두브체크를 위시한 체코슬로바키아공산당 지도부에 곧 예정된 사회주의 형제국들의 회합에서 자신의 입장을 해명하고 자신의 과오를 교정할 수 있는 기회를 준다는 일방적 결정으로 마감됐다.[66)]

1968년 8월 초, 6개국의 "형제 공산당" 대표들이 참여한 브라티슬라바 회의에서 채택 발표된 성명은 체코슬로바키아에서 반(反)혁명이 시작됐다는 "정통주의적" 견해를 반복하지도 분명하게 부정하지도 않았으며, 대신 사회주의의 수호는 모든 사회주의 국가들의 당연한 국제주의적 의무라는 원칙만을 강조했다. 이 회의 직후 브레즈네프는 "브라티슬라바 회의가 맑스-레닌주의라는 원칙적인 토대에 의거하여 사회주의 국가들의 단결과 결속의 강화에 중요한 역할을 수행했다"고 강조하면서 "사회주의적 협력과 국제 공산주의 운동의 강화를 위해서 가능한 모든 것을 이행하는 데" 착수했다.[67)] 브레즈네프의 입장에서 볼 때, 7월에서 8월초까지 계속된 일련의 회의들은 결국 "형제국"에의 군사개입을 정당화하기 위해 필요한 수순이었다.

1968년 8월 20일 밤에 단행된 (바르샤바조약군의 지원을 받는) 소련군의 체코 침공에는 체코슬로바키아 공산주의에 치명적인 위험을 야기할 수도 있는 체코공산당대회를 미리 차단하기 위한 고려도 작용했다.[68)] 당대회는 9월

---

66) Латыш М.В. Пражская весна и реакция Кремля. // Политические кризисы и конфлиты 50~60-ых годов в Восточной Европе (Сбор.), М., 1993, с.162~165,

67) КПСС в резолюциях и решениях съездов, конференций и пленумов ЦК, т.9, с.466~467.

68) См.: Кристофер Эндрю и Олег Гордиевский. Там же, с.432~436.

로 예정되어 있었다. 두브체크를 비롯한 개혁공산주의 지도자들은 모스크바로 압송되었고, 모든 개혁프로그램의 폐기 및 소련군의 체코 주둔을 승인하는 문서에 서명할 것을 강요받았다. 두브체크는 형식적으로나마 체코슬로바키아공산당 중앙위원회 제1서기의 지위를 당분간 유지했다. 그는 1969년 4월 공식 해임되었으며, G. 후삭이 체코슬로바키아공산당의 새 지도자로 선출됐다.

임레 나지의 경우와는 달리 두브체크는 체코슬로바키아가 바르샤바조약기구에서 탈퇴하거나 사회주의를 거부하지 않을 것임을 분명히 했다. 분명 그는 1956년의 헝가리 지도자와 같은 사회주의의 "배신자"가 아니었다. 그러나 두브체크가 지향했던 '인간의 얼굴을 한 사회주의'는 결국 체코슬로바키아에서 공산당의 지도적 역할을 돌이킬 수 없을 정도로 훼손할 것이라는 모스크바의 평가는 나름 정당한 것이었다. 더욱이 브레즈네프와 그의 동무들은 '사회주의 진영 내에서 소련의 지도적 역할을 제한하고 동유럽 사회주의 국가들의 주권을 회복하기 위해서 바르샤바조약의 일부를 개정해야 한다'는 몇몇 개혁공산주의 운동가들의 요구에 경악할 수밖에 없었다. 다른 측면에서 동유럽 사회주의 국가들에 대한 개혁공산주의 운동의 영향 가능성은 차치하고서라도, "프라하의 봄"이라는 분위기에 편승하여 체코슬로바키아 당 지도부가 자국에 경제지원 제공 의사를 피력하는 서독에 대해 정치적 경계를 완화했고, 그럼으로써 사회주의 진영이 체코슬로바키아를 통하여 "부패한 제국주의의 세균들"에 오염될 수 있는 위험성을 조장하는 상황은 브레즈네프의 입장에서 결코 용인될 수 없었다.

"프라하의 봄"이 진압된 이후, 사회주의 국가들에 대한 주권 제한 가능성이 처음으로 공식 승인되어 브레즈네프 독트린이라는 이름으로 개념화 됐다. 당시 브레즈네프는 많은 연설을 통하여 "각 인민들은 사회주의에 이르는 길을 나름대로 선택할 권리를 가지고 있으나, 그 정치는 당연히 자국에서 사회주의에 위해(危害)를 가해서는 아니 되며 또한 사회주의를 위해 투쟁하는 다른 사회주의 국가들이나 국제 공산주의 운동의 대의를 당연히 훼손할 수는 없다"는 사실을 역설했다. 체코슬로바키아에서 그랬던 것처럼, "만약 어떠한 인민민주주의 국가들에서도 그러한 위해가 발생하는 경우, 소련을 비롯한 다른 사회주의 국가들은 국제주의적 본분에 따라 반(反)사회주의 세력들에 대한 단호한 투쟁을 전개할 것"임을 소련공산당 서기장은 분명하게 강조했다.[69] 이렇게 해서 스탈린의 사회주의적 유일주의는 1960년대 후반에 이르러 브레즈네프 독트린이라는 이름으로 구체화되었다. 브레즈네프에게 체코슬로바키아 침공은 그의 서방에 대한 평화공세와 모순되는 것이 아니었다. 사회주의 진영에서 유일주의를 강화하는 것과 서방과의 평화공존을 모색하는 일은 전혀 다른 차원의 것들이었다.

지금 우리는 데탕트라는 말을 통하여 1970년대에 나타난 국제적 긴장의 완화를 표현하고 있다. 1960년대 말부터 서방과 사회주의 진영 사이에는 관계 개선과 상호협력의 확대를 위해 중요한 일련의 협정들이 체결되었다. 1968년 7월 소련과 미국, 영국은 핵확산금지조약(NPT)에 서명했으며, 1969년 11월에는 군비경쟁의 제한을 포괄적으로 논의하기 위한 미소간의 협의가 헬싱키에서 시작됐다. 1972년 5월, R. 닉슨 미국 대통령은 모스크바에서 브레즈네프와 함께 방어용 전략무기인 탄도탄요격미사일(ABM)의 규제에 관한 협정 및 대륙간탄도미사일(ICBM), 잠수함발사탄도미사일(SLBM) 등 공격용 전략(핵)무기의 양적 제한을 위한 잠정협정, 즉 SALT-1에 서명했으며, 이어 특히 전략무기운반수단의 제한을 목표로 두 번째 협상이 시작됐다. 1973년 7월 헬싱키에서는 유럽안보협력회의(CSCE)가 개막되었으며, 1973년 10월말에는 유럽에서의 상호균형군사력감축(MBFR)을 위한 협상이 비엔나에서 시

69) Там же, с.494.

작됐다. 그리고 1975년 8월 헬싱키에서 개최된 유럽안보협력회의는 미국과 캐나다 및 33개 모든 유럽 국가의 외무장관들이 참여한 가운데 해빙기의 결정판이라 평가되는 〈유럽에서의 평화정착과 협력증진을 위한 최종결의안〉을 성공적으로 채택했다. 이 과정에서 양 진영 사이의 경제교류도 급속히 발전되었는데, 소련은 이러한 결과들을 소비에트 외교가 달성한 커다란 성공으로 평가했다.

실제 소련은 특히 흐루쇼프 시대부터 선전적 평화공세와 더불어 서방과의 관계 개선을 시도했으며, 이에 적극적이었다. 그러나 지적되어야 할 것은 데탕트의 시작은 결코 미국이 소련의 외교적 기본 노선의 "합리성"을 승인한 결과가 아니라는 점이다. 본질적으로 세계자본주의의 유지 또는 미국자본주의의 발전을 목적으로 하는 미국의 세계전략은 변화될 수 없었으며, 종전 직후와는 상이한 경제상황과 국제정치적 조건들 하에서 미국은 안전보장과 긴장완화 문제에 관하여 모스크바와의 대화 및 협력을 시도하는 등 보다 유연한 전술을 구사했다. 물론 미국의 국제정치적 수세도 목격됐다. 아무튼, 모스크바와 워싱턴은 긴장완화의 목표를 서로 다르게 이해했으며, 해빙의 발전과 관련하여 상이한 과제를 부여했다. 데탕트를 자신의 국제정치적 성공으로 평가했던 소련은 이 무렵, 당연하게도, 제3세계에서 제국주의의 밑동을 파내는 작업을 중단하지 않았다. 즉, 소련은, 예를 들면, 베트남, 앙골라, 에티오피아, 남예멘 등에서 제국주의자들과 투쟁하는 "계급적 형제들"에 대한 적극적 지원을 마다할 수 없었다. 1977년에 채택된 브레즈네프 헌법이 세계 사회주의의 지위 강화와 민족해방운동에 대한 지원을 소련의 대외정책적 과제로 규정했던 것은 전혀 우연이 아니었다. 이러한 상황하에서, 특히 소련의 아프가니스탄에 대한 개입은 미국이 소련과의 관계에 있어서 냉전적 입장을 다시 회복하게 하는 빌미를 제공했다.

5월 개시되어 1989년 2월에 종결된 아프가니스탄에서의 소련군 철수 이후 집계된 공식통계에 따르면, 전쟁과정에서 소련군 전사자는 약 15,000명, 부상자는 약 54,000명에 달했다.[80] 이 전쟁은 소련이 1980년대 사회경제적 침체를 극복하는 데에 결정적 걸림돌로 작용했으며, 또한 소비에트 사회 내부에서 인권운동가들에 의해 비판의 대상이 되었을 뿐만 아니라 이미 탈이데올로기화 과정을 겪은 소련 인민들 사이에서도 정당화되지 못함으로써 소비에트 이데올로기의 허구성이 사회적으로 여실히 입증되는 계기가 되기도 했다.

위기는 폴란드에서도 있었다. 1970년대 해빙기에 E. 기에레크가 서방의 차관과 기술을 토대로 추진했던 공업화 정책이 실패하면서 야기된 인민들의 항의는 1980년 8월에 이르면 그다니스크 소재 레닌조선소 노동자들을 중심으로 타 공장들을 포괄하는 연합파업위원회가 발족하는 사태로까지 발전했다. L. 바웬사가 중심이 되었던 이 조직은 국가의 통제를 받지 않는 자유노동조합, 즉 연대노조(솔리다르노스치)의 건설을 비롯하여 파업권 보장, 언론검열 폐지, 임금인상 등을 주요 투쟁목표로 삼았다. 1981년 가을에 이르면 거의 천만 명에 이르는 조합원들을 확보하게 되었던 연대노조는 정부에 대립하여 막강한 정치적 파워를 행사하면서 폴란드 민주화운동의 주도세력이 되었다. 1980년 여름부터 폴란드 정부에 "반동세력"의 진압을 강력히 요구해 왔던 모스크바는, 1981년 12월, 사회주의 및 소련에의 성실을 보증한 W. 야루젤스키 장군이 전국에 계엄령을 선포하며 정국을 장악함으로써 폴란드에 대한 군사개입 의지를 자제할 수 있었다. 이로써 소련은 자신의 세계전략과 관련하여 동유럽을 아주 중요한 지역으로 간주하고 있으며, 어떠한 경우라고 이 지역에서의 영향력 상실을 용인하지 않을 것임을 다시 한 번 천명했

80) См.: Россия и СССР в войнах XX века, М., 2001, с.537.

다. 중국을 비롯하여 사회주의 진영 내의 많은 이탈에도 불구하고 브레즈네프 독트린, 즉 사회주의적 유일주의는 제국주의자들과의 투쟁에서 포기될 수 없는 소련의 외교적 기본 원칙이었다.

1981년 1월에 미국 대통령에 취임한 R. 레이건은 세계혁명에의 의지 및 "모든 국가들을 단일한 공산주의 국가로 규합하고자 하는 정치적 지향"을 가진 소련 지도부를 비난하기 시작했다. 1982년 6월 영국 의회에서의 연설을 통해 레이건은 "공산주의에 대한 십자군 원정"에 나설 것을 호소했으며, 더욱이 1983년 3월에 그는 소련을 "악의 제국"으로, 그 지도부를 "현대 세계에 존재하는 모든 악의 응축"으로 규정하는 다소 치졸한 연설을 감행하기도 했다. 물론 레이건에게 반소(反蘇) 십자군 원정에의 호소는 단지 반공적 수사에 그치는 것이 아니었다. 아무튼, 그에 대한 대답으로 소련은 1980년대 초 "제국주의의 침략적 탐색을 단호히 격퇴하면서 레닌의 평화공존정책을 적극 실현"하는 가운데[81] 소련공산당의 기본 과제이자 대외정책적 기본 방향인 "형제국가들 사이의 결속을 강화하고 더 긴밀한 협력적 관계를 이루는 것"에 정치적 역량을 집중했다.[82] 소련의 외교가 의거해야 하는 '제국주의 국가들 사이의 모순들'을 활용할 수 있는 가능성은 이른바 신(新)냉전과 더불어 극히 협소해져 있었다.

1982년 11월 브레즈네프의 뒤를 이어 유리 안드로포프가 당중앙위원회의 새 서기장으로 선출되었다. 사회기강 확립 캠페인과 심지어 브레즈네프의 친인척들에 대한 구속까지도 마다하지 않았던 성역 없는 부패와의 싸움을 전개했던 안드로포프의 정치노선은 궁극적으로 이미 만성화된 경제적 비능률과의 투쟁을 목표로 했다. "마지막 볼쉐비크"라는 평판을 얻었던 그는 노동규율 확립과 부패와의 싸움에서 소비에트 경제의 활성화를 위한 길을 발

---

81) История внешной политики СССР, т.2, с.549.
82) Там же, с.512.

견했다. 그러나 문제는 '발전된 사회주의' 하에서 경험된 탈이데올로기화의 결과로 사회주의 건설기에 나타난 것과 같은 경제건설에 대한 인민들의 "열정과 감격"이 결여되어 있는 상황에서 그러한 볼쉐비키적 방법은 단지 사회적 긴장을 고조시키는데 기여했을 뿐이라는 사실에 있었다. 대외정치적 영역에서 안드로포프는 서방과의 관계 변화를 위한 어떠한 적극적 시도도 하지 않았으며, 단지 레이건의 정책에 대해 단호하게 대응하기를 계속했다. 그 어느 때보다도 바로 안드로포프 시대에 '두 진영론'은 더욱 조야한 형태로 위력을 발휘했는데, 1983년 8월의 마지막 날 밤에 발생한 사할린 상공에서의 KAL기 격추사건, 그리고 이를 계기로 서방에서 요란하게 전개된 반소(反蘇) 캠페인 및 그에 대한 소련의 대응은 바로 "제국주의자들"과 "민주주의자들" 사이의 적대적 모순을 간명하게 표현하였다.

그러한 상황에서 미국이 본격 제기하고 나선 '자유세계에 대한 소련의 핵위협'은 신냉전을 새로운 국면으로 유도했다. 이미 1980년대에 접어들면서 군사전략 부문에서 미소 간 대립이 첨예화되었는데, 비록 SALT-1과 SALT-2에 의해서 특히 공격용 전략핵무기의 증강이 제한되었지만 중거리 전술핵미사일의 경우는 사정이 달랐다.[83] 1973년 말부터 시작된 유럽에서의 상호균형군사력감축(MBFR)을 위한 협상에 관계없이 미국은 신형 중거리 미사일인 퍼싱-2의 개발을 진행했다. 그와 동시에 핵다탄두탄을 장착할 수 있는 신형 중거리 미사일 SS-20의 개발에 나섰던 소련은, 1970년대 말부터, 노후된 미사일인 SS-4와 SS-5를 대신하여 SS-20을 배치하기 시작했다. 신형 미사일의 배치에 따른 유럽에서의 전력 불균형 가능성을 주목한 서방측은 1979년 12월

83) SALT-2는 미국 의회에서 비준이 거부되었지만, 실제 그 기본적 합의사항들은 미소 양측에 의해 존중되었다. 그 내용은 전략무기운반수단인 ICBM, SLBM, 전략폭격기, 공대지탄도미사일(ASBM)의 총 개수를 조약발효와 동시에 2,400기 이하로, 다시 1981년 말까지는 2,250기 이하로 규제하면서 더 이상 새로운 공격용 전략(핵)무기의 개발을 금지하는 것을 골자로 했다.

NATO 명의로 소위 "이중결의안"을 채택했는데, 그 내용은 1983~84년까지 108기의 퍼싱-2 미사일과 464기의 저공 미사일을 서독, 영국, 이탈리아 및 베네룩스 3국에 배치하되, 유럽에서의 중거리 미사일 상호감축 문제에 관한 미소간의 협의 결과에 따라 이 계획을 철회될 수도 있다는 것이었다. 1980년 10월에 시작된 중거리 미사일 상호감축 문제에 관한 미소 간 회담에서는 신냉전적 대립이 그대로 반영되었으며, 결렬된 회담은 겨우 1981년 11월말에 재개될 수 있었다. 이때 미국 대통령 레이건은 소련에 대해 유럽에 배치되어 있는 모든 중거리 미사일을 철거시키자는 소위 "제로안(案)"을 제시했으나, 이것이 결국 미국에만 유리하다고 판단한 소련은 그를 거부했으며, 그 결과 1983년 11월에는 NATO의 "이중결의안"에 의거하여 퍼싱-2를 위시한 미제(美製) 중거리 미사일의 서유럽 배치가 시작됐다.[84] 이에 따라 미국과의 협상 결렬을 선언한 소련공산당 지도부는 보다 강경한 일련의 군사전략적 조치들을 취하기 시작했다. 우선 미소간의 중거리 미사일 협상이 시작됨과 더불어 일방적으로 취했던 미사일 배치 유보조치를 철회한 모스크바는 자국의 서부지역에 중거리 미사일을 증강 배치하는 한편, 동독과 체코슬로바키아에도 중장거리 미사일의 배치를 시작했다. 동시에 모스크바는 서유럽에 배치된 미제 미사일이 조성하는 소련과 동유럽 사회주의 국가들에 대한 위협에 대응하여 직접 미국 본토에 위협이 될 수 있도록 대륙과 바다에서의 미사일 운송수단들을 확대 전개시키는 데 착수했다.[85] 1983년 3월 말 레이건은 미국을 향해 발사되는 모든 전략핵무기들을 미리 공중에서 폭파시킬 수 있는, 지상과 우주를 연결하는 방공망의 건설을 내용으로 하는 전략방위구상(SDI)을 제시했다. 곧 언론에 의해 "별들의 전쟁"이라고 묘사된 이 계획은 우주 공간의 군사화를 실감하게 하는 가운데 소련의 국방비 증액을 더욱

84) 미사일 문제에 관하여 см.: Корниенко Г.М. Холодная война, М., 1994, с.234~251.
85) См.: История внешной политики СССР, т.2, с.575.

자극했다. 이 무렵 미소간의 관계는 상호불신과 적대감으로 채워져 있었으며, 소련공산당 중앙위원회 서기장으로서 안드로포프는 어떠한 경우에도 제국주의자들에게 굴복하는 것을 원하지 않았다.

핵전쟁 상황을 전혀 배제할 수 없었던 위기가 계속되었다. "브레즈네프식으로, 레오니드 일리치[=브레즈네프] 시대에서처럼 일하자"[86]고 요구했던 콘스탄틴 체르넨코가 1984년 2월부터 다음 해 3월까지 서기장으로 재직했던 짧은 기간 동안에 위기는 더욱 심화되기도 했다. 아마 제2차 대전 이후 소련과 서방의 관계에서 외연적으로나 내포적으로 이러한 긴장이 유지된 시기는 일찍이 없었다. 레이건의 주도, 그리고 미소의 권력 상층부에서 이루어진 지극히 도전적인 성명들과 심지어 군사전략적 행위의 교환은 실제 동서양 진영의 관계에 있어서의 분위기를 급속히 냉각시켰으며, 모든 무기체계에 있어서의 군비경쟁을 더 촉진시키는 가운데 핵전쟁의 가능성을 충분히 확장시켰다. 이것이 바로 냉전의 진면목이었다.

5. 결론

1985년 3월 소련공산당 중앙위원회 서기장으로 선출된 미하일 고르바초프가 그 해 4월에 열린 중앙위원회 전원회의 석상에서 '사회경제적 발전의 가속화'라는 정책개념을 제시한 이후, 소련은 국내정치적 차원에서만 정책상의 새로운 전기를 맞이하지는 않았다. 오히려 그것보다도 먼저 대외정치적 영역에 있어서의 상황이 근본적으로 변화하기 시작했다. 1986년 2월에 개최된 소련공산당 제27차 대회에서 고르바초프는, 보고를 통해, 현대 세계

---

86) Александров-Агентов А.М. От Коллонтай до Горбачёва, М., 1994, с.284.

를 규정하는 4가지 모순으로서 자본주의와 사회주의 두 체제간의 모순, 자본주의 세계 내부의 모순, 제국주의와 개발도상국들 사이의 모순, 문명의 존립기반 그 자체를 위협하고 있는 문명의 진보와 그 결과들(환경오염, 자원고갈, 핵위기 등) 간의 모순을 지적하고는, 이 문제들의 해결을 위해서는 온 인류의 협력이 불가피함을 강조하는 가운데 "자본주의 체제"에 대하여 "확고한 평화의 조건하에서 경쟁할 것"을 제안했다. 여기서 그는 "과거에 완전히 불변적인 것으로 보였던 대외정책상의 몇 가지 공리들을 거부하면서",[87] 근본적인 개념적 전환을 시도했다:

> "나라의 사회적, 경제적 발전을 위한 과제들이 소련공산당의 국제전략도 규정합니다. 소련의 국제전략적 목표는 극히 분명합니다. 그것은 바로 소비에트 인민들에게 견고한 평화와 자유라는 조건하에서 일할 수 있는 가능성을 보장하는 것입니다. 이것이, 본질적으로, 우리의 대외정책에 대한 당의 최우선적인 강령적 요구입니다. 오늘날의 상황 하에서 그를 이행한다는 것은 우선 핵전쟁의 준비를 중단하는 것을 의미합니다."[88]

이어 그는 핵위기와 군비경쟁에 반대하는, "평화의 강화"를 위한 투쟁 필요성을 강조하는 가운데 사회주의와 자본주의 두 체제 간에 오직 협력과 평화적 경쟁 이외에 다른 선택은 없다는 사실을 역설했다.

후에 신사고외교로 개념화된 그러한 정책적 방향은 기존의 외교정책적 기본 원칙들에 대한 근본적 수정을 의미하는 것이었으며, 또한 1917년 10월 혁명 이후 견지되어온 소련의 세계혁명을 위한 전략을 부인하는 것이었다. 먼저 제27차 당대회에서 채택된 새로운 당강령은 이제 평화공존을 "국제적

---

87) Горбачёв М.С. Перестройка и новое мышление, М., 1988, с.148.
88) Материалы 27-ого съезда КПСС, М., 1987, с.62~63.

수준에서의 계급투쟁의 특수한 형태"가 아니라 "소련이 확고하게 지향하는 정치노선으로서 모든 인민들에게 이익이 될 수 있는, 선린과 협력이 지배적인 두 체제간의 평화적인 경쟁 형태"로 규정했다.[89] "제국주의자들을 파묻어 버리겠다"고 공언했던 흐루쇼프와는 달리 고르바초프는 평화공존에 관한 새로운 개념의 토대 위에서 완전히 새로운 외교정책적 원칙을 정립했으며, 그것은 이렇게 요약될 수 있었다:

(a) 핵전쟁을 거부하고 군비경쟁을 지양하며, 그리고 국제 위기와 지역 갈등들을 상호신뢰에 토대 위에서 공정하게 규제하기 위한 미국과의 새로운 협력형태 모색과 강화;
(b) 유럽의 안전보장과 동서유럽 공동의 발전 실현을, 그리고 국제정치와 세계발전에 있어서의 건설적인 유럽의 역할 확대를 위한 '공동체로서의 유럽'이라는 개념의 확립;
(c) 각국 공산당의 완전한 자율 및 주체적으로 자국 문제를 해결할 수 있는 권리에 입각한 사회주의 국가들 간의 정치적 관계 재정립;
(d) 국제적 테러리즘의 근절과 개발도상국 인민들의 자결권 보장을 위하여 이해당사국들이 아니라 UN에 의해 합목적적으로 주관되는 제3세계에서의 위기와 갈등의 해결.[90]

고르바초프에 의해 정립된 외교정책적 기본 원칙들에서 우리는 더 이상 세계혁명의 이상이나 레닌의 제국주의론의 흔적은 물론, 본질적으로 스탈린의 '두 진영론'으로부터 도출되는 소련의 대외정치적 기본 개념들, 즉 제국주의에 대한 단호한 투쟁, 자본주의 진영 내부 모순들의 활용을 위한 탐색, 제국주의의 밑동을 파내기 위한 시도, 영향권이라는 개념, 사회주의적 유일

89) См.: Там же, с.136~137.
90) 기본 원칙들에 관한 보다 상세한 내용은 см.: Горбачёв М.С. Там же, с.166~267.

주의 원칙 등을 발견할 수 없다. 냉전시대에 소련 외교정책의 이론적 토대로서 기능했던 스탈린의 테제들은 대외정책의 목적들을 국내정치에 종속시킨 고르바초프에 의해 완전히 거부되었다.

실제 고르바초프의 신사고외교는 세계사적 흐름이 새 방향으로 전개되는데 있어 결정적 계기가 됐다. 우선 그는, 1986년 1월, 서방에 대해 20세기 말까지 핵무기를 단계적으로 폐기하기 위한 15년 계획을 제시했다. 미소 정상간의 일련의 만남(1985년 11월 제네바, 1986년 10월 레이캬빅, 1987년 10월 워싱턴)이 이루어진 다음, 고르바초프와 레이건은 1987년 12월 전면적인 핵대결의 시대에 종지부를 찍으며 중거리 핵미사일의 폐기에 관한 조약(INF)을 체결했으며, 동시에 그것의 폐기절차 및 그 관리감독에 관한 의정서에 서명했다.

긍정적이고 우호적인 방향으로 미소 관계가 급히 선회한 것은 지역적 차원에서의 갈등들을 즉각 약화시키는 영향을 발휘했을 뿐만 아니라, 중동, 캄보디아, 니카라과, 남아프리카 등 많은 지역에서의 대립과 갈등을 규제 조절함에 있어서 UN의 역할을 한층 강화시켰다. 특히 1988년 4월, UN의 중재에 따라 아프가니스탄과 파키스탄 양국의 관계를 조절하고 아프간전쟁을 민족화해의 방법에 따라 종식시키기 위한 제네바협정이 서방과 소련 간에 타결되었으며, 이를 토대로 소련과 아프가니스탄 정부 사이에 소련군 철수에 관한 합의가 이루어져 1989년 2월에는 "소비에트 베트남"으로부터 "외국 군대"의 철수가 완료됐다. 동시에 이것은 소련과의 화해를 위한 조건들 중의 하나로 소련의 군사개입 중지를 요구했던 중국과의 관계 정상화에 결정적 계기가 되었으며, 그 결과는 1989년 5월에 이루어진 고르바초프의 북경 방문으로 확인됐다.

또한 1989년 1월, 오스트리아 비엔나에서 개최된 유럽안보협력회의에 참석한 미국과 캐나다 및 33개 유럽 국가의 외무장관들은 정치, 경제, 군사, 문화 등 모든 영역에서 유럽의 협력을 위한 구체적 방법과 조치들을 합의하는 결의안에 서명했다. 특히 '7개의 바르샤바조약기구 국가들과 16개 NATO 회원국들이 실질적인 긴장의 제거를 위한 협의를 즉각 시작한다'는 결의사항은 유럽의 "분단 해소"를 위해 중요한 의미를 가졌다. 예상되었던 것처럼, 33개의 대립 당사국들은 대서양에서 우랄에 이르는 NATO와 바르샤바조약군의 대폭적인 군사력 감축을 예상하는, 유럽에서의 재래식 무기에 관한 협정을 성공적으로 조인했다. 이 협정은 당시 유럽에서의 적대적 대립에 종지부를 찍으며 동서 협력을 위한 새로운 장을 여는 것으로 평가됐다. 이어, 1989년 10월, 바르샤바조약기구 회의에서 고르바초프는 그간 동유럽 국가들에 강제되었던 사회주의적 유일주의를 무효화하며 브레즈네프 독트린의 폐기를 공식 선언함으로써 새 협력의 시대를 확인했다.

소련 및 동유럽에서의 이른바 민주화 혁명, 사회주의 국가들의 붕괴, 그리고 독일 통일, — 이러한 역사과정은 국제정치적 세력관계를 재편하고 유럽에서의 새로운 정치적 분위기를 조성했으며, 그 결과 유럽에서 냉전의 정치적, 이데올로기적 토대들이 붕괴되었다. 그동안 서방에서 사회주의 사회의 해석에 있어 지배적인 개념틀로 수용되었던 전체주의론은 다시금 그 "이론적 객관성"을 과시했다. 그러나 책임론적인 내지 음모론적인 접근과 마찬가지로, 편협한 윤리론적 접근도 냉전이라는 역사현상에 대한 객관적 이해를 제한하였다. 냉전은 '세계화된 미국자본의 이익'을 대표하는 미국과 '노동'을 상징하는 소련이라는 두 초강대국이 세계적 차원에서 자신들의 특수한 정치적 목표의 실현을 배타적으로 지향하면서 발생한 대결구조를 기반으로 했다. 이를테면 국제적 차원의 계급투쟁으로서의 냉전은 제2차 대전 후 두 진영, 즉 자본주의 진영과 사회주의 진영이 형성됨과 더불어 시작되었으며, 하나의 진영이 해체됨으로써, 즉 소련의 붕괴와 함께 종식되었다. 냉전은 종전 후 미국과 소련이 다른 모든 국가들을 정치적, 군사적, 경제적으로 완전히 자신들에게 각각 예속시킬 정도의 막강한 세력으로 등장했기 때문만이 아니라, 계급적 본질을 달리하는 대립적인 정치체제를 보유한 미국과 소련이 서로 상대방에게서 자신의 존재목적에 대한 치명적 위협을 발견했기 때문에도 가능했던 것이었다. 미국과 소련의 상이한 세계전략의 대결을 축으로 했던 냉전은 군사 기술과 장비, 특히 핵무기 발전에 의해 심화되었으며, 인류의 생존 자체를 심각하게 위협하는 상황까지 발전, 전개되었다.

소련 외교정책의 본질을 이해함에 있어서 유의미한 역사적 사건들을 돌아보면서 우리는 우선, 냉전시대에 소련은 분명하고 목적합리적인 대외정치적 전략을 보유하고 있었으며, 둘째 그 전략은 근본적으로 스탈린의 '두 진영론'과 사회주의적 유일주의론에 의해 규정되었음을 확인하려 했다. "비(非)이성적 세계질서"로서의 냉전은 소련이 자신의 대외정치를 선험적으로 규정했던 이데올로기적 토대를 스스로 거부함에 따라 청산되기 시작했다. 물론 이것은 미국의 정책 또는 미국의 체제가 역사적 정당성을 인정받아야 하는 충분한 근거로 이용될 수 없다. 역사적으로 이미 확인된 바와 같이 구소련을 제외한 모든 강대국들의 대외정치적 전략은, 비록 그것이 제국주의적 입장에서 형성된 것이라 할지라도, 자국의 구체적인 국내정치적 목적들에 의해 규정되었다. 이른바 대외정치우위설은 특정한 정치세력이 국내정치적 모순들을 은폐하고자 시도하는 경우에, 그리고 일반적으로 약소국의 지위에서나 승인될 수 있다. 대외정치의 본질이 그러하다면, 미국이라는 초강대국을 기본 축으로 하는 현재의 국제정치적 질서는 미국의 국내정치적 목적들이, 심지어 작금의 철학적 합리화에도 불구하고, 대외정치를 통하여 세계적 이익으로 일반화될 수 없는 경우에 미국 밖에서 항상적인 도전에 직면할 수밖에 없다.

현대 러시아 정치에서의 이데올로기적 경향들
: '발전된 사회주의' 하의 소련 인권운동의 이론적 동향들과의 비교 분석

1. 머리말

구(舊)소련의 정치를 지배적으로 결정했던 것은 맑스-레닌주의라는 이데올로기였다. 특히 레닌주의의 역사적 발전형태로서의 스탈린주의는 그 화신(化身)에 대한 본격적 비판이 전개된 흐루쇼프 시대 이후에도 여전히 소비에트 사회의 내적 발전방향 뿐만 아니라 소비에트 권력의 대외정치적 전략을 규정하고 있었다. 스탈린주의는 '인간의 얼굴을 한 사회주의'라는 개념을 지향했던 미하일 고르바초프의 개혁정치에 의해 근본적으로 거부되었지만, "레닌에게로 돌아가자!"는 슬로건과 함께 시작된 페레스트로이카 시대의 정치를 선도(先導)했던 것 또한 부하린주의적으로 해석된 맑스-레닌주의라는 이데올로기였다.

일반적으로 한 사회의 정치가들, 즉 이를테면 '사회의 대리인'들은 철학적 명제들 내지 이념의 왕국으로부터 연역된 관념과 견해를 대표하는 것이 아니라 진술할 수 있는 객관적 이해관계들을 대변하고 있으며, 이러한 이해

(理解)는 정치에 대한 과학적 분석을 위해 필수적이다. 그러나 소련의 정치를 분석하면서 우리는 그 정책들이 상위수준에 오를수록 대내외적인 조건들의 변화에 관계없이 근본적으로 맑시즘-레닌이즘의 이데올로기적 목적지향성에 근거하여 일관성 있게 교조적으로 실현되었음을 알게 된다. 즉 소련의 경우, 자본주의 국가들에서 일반적으로 나타나는 바와 같이 사회가 정치를 규정한 것이 아니라 역으로 정치가 사회를 규정하고 있었으며, 그 대내외적인 정치전략은 무엇보다도 맑스-레닌주의 이데올로기에 의하여 선험적으로 규정되고 있었다.[1] 바로 이런 이유에서, 냉전시대의 소련 외교정책의 본질과 성격 및 기본 방향은 그 정책의 이념적·이론적 토대를 사전에 해명함이 없이는 이해될 수 없다는 레오니드 네진스키의 확신은 정당한 것이었으며,[2] 나아가 그의 명제는 당연히 국내정치적 영역에도 적용될 수 있다.

물론 그러한 '사회 없는 정치'가 전개되는 사회에서 정치가 스스로의 목표를 효과적으로 달성하기 위해서는 선험적으로 작용하고 있는 이데올로기적 가치 및 그 이론들이 인민들의 지지를 확보함이 필수적이다. 정치를 규정하는 이데올로기가 구체적인 사회적 삶의 조건들 속에서 형성되는 사회의식을 지배하지 못하거나, 또는 적어도 지배적인 사회의식과 조응하지 못함으로써 이데올로기의 형식화 내지 화석화가 이루어지는 경우에 정치는 사회의 유지나 변혁을 위한 운동으로서의 의미를 상실하게 된다.

소연방의 붕괴, 그리고 현대 러시아에서의 맑스-레닌주의의 종언은 음모

---

1) 소비에트 사회주의 국가로서의 소련을 이른바 보통국가 또는 그 본질에 있어서 자본주의 국가와 구별되지 않는 하나의 민족국가로서 다루고자 했던 서방의 보수주의적 학자들의 시도들은 사회주의 국가가 갖는 자본주의 국가들과의 가치적 차별성을 은폐함으로써 결국 사회주의 국가의 존재 자체가 지녔던 자본주의 체제에 대한 비판성을 희석시키는 데 기여했다.

2) Нежинский Л.Н. О доктринальных основах советской внешной политики в годы 'холодной войны'. // Отечественнная история, 1995, No.1, c.3.

론적으로 이해될 수 없다. 10월혁명 직후 소비에트 러시아에서 전개된 '사회 없는 정치'의 토대가 되었던 것은 세계혁명을 지향했던 레닌주의적 이론들이었다. 지주 및 자본가 계급의 압제에서 해방된 인민들, 즉 "피압박 근로대중"은 자신들을 대리하는 프롤레타리아 독재를 승인했으며, 이 독재가 자신들의 정치적, 사회경제적 해방을 보다 실감나게 하고 나아가 자신들의 미래에 대한 확신을 제공함에 따라 더욱 더 당의 이론과 노선 및 자신들의 영도자에 대한 열렬한 지지와 신념을 표현했다. 일국사회주의론이 제시되고 사회주의 건설을 위한 스탈린주의적 구호들이 난무했던 특히 1930년대 소비에트연방의 역사적 경험은 인민들의 사회의식을 지배했던 맑시즘-레닌이즘이라는 이데올로기의 역사적 파괴력을 입증하는 것이었다. 그러나 동시에 소비에트 사회의 발전은 맑스-레닌주의의 자기부정을 위한 사회적 조건들을 배양해나가는 과정이기도 했다. 사회주의의 건설과 대조국전쟁 및 전쟁 피해의 복구 그리고 공산사회의 선실을 위한 끝없는 사회주의적 경쟁에 지치고 힘들었던 소비에트 인민들은 '안정(стабильность)'을 정치적 화두로 삼았던 '발전된 사회주의' 하에서 비로소 안정된 사회주의적 삶을, 즉 전혀 프롤레타리아적이 아닌 사회경제적 삶을 구가하게 되었다. 계급 없는 사회에서 계급의식의 발전은 기대될 수 없었다. 프롤레타리아적 물적 토대에 그 삶이 기초하지 않는, 나아가 혁명적 열기를 상실한 이미 "해방된" 인민들에게 "제국주의와 프롤레타리아 혁명 시대의 맑시즘"으로서의 레닌주의의 교리들은 그 정치적 적실성이 인정될 수 없었다. 서방의 물질적 풍요 앞에서 "세계인민의 적(敵)"인 제국주의자들에 대한 비판은 미국적 삶의 방식에 대한 동경 속에서 형식화되어 갔으며, 맑스-레닌주의의 허구화와 병행된 소비에트 사회의 이른바 탈이데올로기화는 소비에트 경제의 성장 동력이 약화됨에 있어서 결정적 요인으로 작용했다.

소비에트 사회의 탈이데올로기화가 뚜렷하게 진행되기 시작했던 1960년대 중반부터 일부 지식인들을 중심으로 이른바 인권운동이 시작된 것은 전혀 우연이 아니었다. 비록 운동이 체제에 대한 비판과정에서 일정한 이념적 대안들을 제시하기도 했지만 소련공산당에 의한 정치 독점은 전혀 흔들릴 수 없었으며 결국 맑시즘-레닌이즘은 소비에트연방의 정치를 규정하는 본질적 계기로써 계속 남아있었다. 소비에트 사회주의 체제가 자본주의 체제에 대한 비판 혹은 안티테제로써 존재하는 한 소비에트 이데올로기는 그 자체로 진보적인 것으로 평가될 수 있었다. 그러나 맑스-레닌주의가 세계혁명을 지향하는 국가사회주의 체제의 운영원리로 기능하고 있을 때, 이미 그것은 '혁명적 전체주의'라는 소비에트 체제의 유지, 강화를 위한 이념적 내용을 구성하는 것이었다. 결국 소련에서 공산당에 의해 독점된 정치는 그 진보주의적 본질과 모순되게 내적으로는 항상 보수주의적이었으며, 오히려 개혁주의적 인권운동은 진보적 체제에 저항하는 반동적인 것으로 규정될 수 있었다.[3]

아무튼 소비에트 사회 내에서 맑스-레닌주의에 대한 진지한 도전은 인권운동가들에 의해 조직적으로 주도된 것이 아니라 사회 내적으로 서서히 준비되었다. 1920년대 중반 K. 만하임이 보수주의적 이념과 더불어 상호 경쟁하는 유토피아적 의식으로서 무정부주의, 자유주의적 - 인도주의적 이념, 그리고 사회주의적 - 공산주의적 이념을 지적한 것은 당시의 유럽 사회가 농민, 자본가, 노동자 등의 이질적인 사회경제적 존재들을 기본 축으로 하여 구성된 계급사회임을 직시한 결과였다.[4] 인간의식의 존재구속성은 소비에트 사회에서도 뚜렷한 것이었다. 전혀 노동자적인 아닌 사회경제적 조건들을 향

3) 체제변화에 대한 요구가 항상 개혁주의를 의미하는 것은 아니다. 개혁주의의 내용은 역사적으로 민주화와 결부되어 있으며, 민주화는 곧 권력의 상대화 및 비인격화를 의미했다.

4) См: Манхейм К. Идеология и Утопия, М., 1994, с.180~207.

유하고 있던 사회적 '신(新)계급' 내지 '정치계급'으로서의 노멘클라투라는 자신의 이를테면 프티부르주아적 삶 속에서 점차 자유주의에 친화되어 갔으며, 이른바 자유주의적 노멘클라투라가 소련공산당 지도부 내에서 주도세력으로 부상하게 되면서 그들이 제시한 개혁주의는 당내에서뿐만 아니라 탈이데올로기화된 소비에트 사회로부터 광범한 지지를 획득했다.[5)]

1985년 봄 소련공산당 중앙위원회 서기장으로 선출된 미하일 고르바초프는 침체의 시기를 극복하기 위한 '사회경제적 발전의 가속화'를 정치적 목표로 설정하고, 이를 위해 사회주의 발전에 위해가 되는 모든 요인을 제거하기 위한 총체적 제도개혁(페레스트로이카)과, 그리고 사회주의에 대한 확신 및 소비에트 권력에 대한 신뢰를 회복시키고 인민들의 창발성을 제고하기 위하여 모든 사실의 공개성과 정책결정의 투명성을 인정, 실현할 것(글라스노스치)을 선언했다. 보다 실제적인 정책 변화는 국제정치적 영역에서 목격되었다. "과거에 전혀 불변적인 것으로 보였던 대외정책상의 몇 가지 공리들을 거부"하고는[6)] 나라의 사회적, 경제적 발전을 위한 과제들이 소련공산당의 국제전략을 규정한다고 강조한 고르바초프는 "소비에트 인민들에게 견고한 평화와 자유라는 조건하에서 일할 수 있는 가능성을 보장하는 것"이 소련의 국제전략적 목표임을 선언했다.[7)] 신사고외교로 개념화된 그러한 정책적 지향 속에서 10월혁명 이후 계속 견지되어온 소련의 대외정치적 전략, 즉 세계혁명의 실현을 궁극적 목표로 했던 전략은 근본적으로 수정되었고 이제 국내정치적 목적에 종속되며 탈이데올로기화되었다. 그러나 국내정치

5) A. N. 사하로프(А. Н. Сахаров)가 자유주의적 노멘클라투라로 규정한 고르바초프 등의 페레스트로이카 주도세력은 대체로 1930년대 및 흐루쇼프 시대의 반(反)스탈린주의적 세력들과 이념적으로 또 가족사적으로도 일정한 연계를 갖고 있으며, 그들의 이데올로기적 지향은 부하린주의에 기초하고 있었다.

6) Горбачёв М.С. Перестройка и новое мышление, М., 1988, с.148.

7) Материалы 27-ого съезда КПСС, М., 1987, с.62~63.

의 경우 그 이데올로기적 규정성이 즉각 해소된 것은 아니었다. '가속화'라는 전략적 목표는 소비에트 사회주의 체제의 강화를 위한 것이었으며, 특히 고르바초프의 초기 정책, 즉 기계공업 분야에 대한 집중적 투자와, 그리고 반(反)알콜리즘 캠페인으로 상징되는 사회적 기강의 확립을 위한 투쟁 등이 실패로 돌아가면서 이데올로기적 선동은 더욱 강화되었다.

그러나 1987년 1월 고르바초프는 그간의 개혁적 노력들의 성과가 전혀 없었음을 시인하면서 그 원인으로 스탈린주의에 의한 사회주의의 왜곡을 지적했다. "레닌에게로 돌아가자!"는 새로운 슬로건이 게양되었으며 사회주의적 경쟁을 위한 선동이 강화되었다. 레닌은 사회주의를 곧 민주주의로서 이해했다고 해석되었고, 이에 따라 사회주의의 강화를 위한 "더 많은 사회주의"는 곧 "더 많은 민주주의"를 의미하는 것으로 강조되었다. 민주화 조치와 관련하여, 이미 1986년 말, 당시 고리키에 유폐되어 있던 유명 인권운동가인 안드레이 사하로프 박사에게 모스크바로의 귀환과 함께 자유로운 활동을 허용하는 조치가 취해진 다음, 1987년 1월에는 정치체제의 개혁을 위한 가닥이 잡혔으며, 곧 2월에는 약 100여 명에 달하는 운동가들의 석방이 이루어졌다. 이어 그 해 11월에는 10월혁명 70주년 기념제를 계기로 역사의 전면적 재평가를 위한 시도가 이루어지면서 스탈린주의에 대한 본격적인 비판이 시작되었다. 이어 1988년 6월, 소련공산당 제19차 협의회에서 "기형적인 현상들의 깊이와 폭을 과소평가했다"고 자인한 고르바초프는 "지금은 새로운 정치적 자유, 양심의 자유, 당과 국가의 분리, 합법적 개혁, 그리고 다원주의를 도입할 때"라고 역설하며 맑스-레닌주의의 교의들을 거부했다.

고르바초프가 소비에트 사회주의에 대한 역사적 대안으로 '인도주의 - 민주주의적 사회주의'라는 개념을 제시하는 가운데 '강제와 설득'이라는 스탈린주의적 지도방식을 거부하곤 사회에 가해졌던 여러 정치적 제재들을 해제했던 것은 자신의 개혁정치에 대한 인민들의 지지가 '강제 없는 설득'을 통하여 보다 견고하게 확보될 수 있다는 믿음 때문이었다. 그러나 페레스트로이카에 대한 사회적 지지의 급격한 감소와 더불어 보리스 옐친을 위시한 급진개혁파의 세력이 크게 신장되고 동시에 러시아공화국(PCΦCP)을 비롯한 여러 공화국에서 민족주의적 열기가 급속히 고양되어간 것은 개혁정치의 성과 부재와 더불어, 무엇보다도, 맑스-레닌주의에 대한 급진적 대안으로서의 자유주의 이데올로기가 적극적으로 수용, 확산될 수 있는 조건이 소비에트 사회에 이미 전제되어 있었기 때문에 가능한 일이었다.

공산당의 정치 독점이 포기되고 이른바 '사회 없는 정치'가 불가능해지면서 수많은 사회세력들과 다양한 이데올로기들이 정치의 장(場)으로 진입했다. 1988년 말에 개정된 헌법에 따라 기존의 소연방최고회의 대신에 "헌법, 경제 및 사회경제적 생활의 근본 문제들에 대한 결정권"을 갖는 최고기관으로 새로 등장한 인민대의원대회는 소위 "보수 - 공산세력"과 "개혁 - 민주세력" 간의 정치적 대결이 전개되는 제도적 무대가 되었다. 1991년 말, "보수 - 공산세력"을 제압한 "민주 - 개혁세력"은 소연방을 해체하고 자본주의화를 위한 급진적 개혁정책을 시행함으로써 러시아에서 '위대한 자유주의의 시대'가 본격 개막되었다.

이 글은 특히 1980년대 후반부터 1990년대 말에 이르기까지 현대 러시아에서 전개되었던 정치를 이데올로기 비판적 입장에서 분석함을 기본 목적으로 한다. 그동안 러시아의 정치는 "보수 - 공산세력"과 "개혁 - 민주세력" 간의 대립이라는 이분법적 도식에 의해, 그리고 나중에는, 일반적으로, 개혁주의 세력과 애국 - 민족주의 세력 및 신(新)공산주의 세력 간의 경쟁이라는 3분법적인 구도에 의해 자주 분석되었다. 그러나 분석의 진행에 있어서 전자인 이분법적 도식이 갖는 한계와 그 이데올로기적 배경은 이미 충분히 지적되었으며, 후자의 경우는 구도상의 올바름에도 불구하고 개념적 부정확성으로 말미암아 러시아 정치를 이해하고 그 전망을 궁리함에 있어 많은 혼란을 초래했다.

1917년의 10월혁명을 계기로 러시아에서 개막된 '위대한 이데올로기의 시대'의 종언은 점진적으로 자연스럽게 이루어지지 않았다. 그것은 맑스-레닌주의에 대한 과격한, 그리고 새로운 이데올로기적 반동을 수반했는데, 1990년대 러시아의 정치는 바로 그러한 이데올로기적 반동에 의해 규정되었다. 물론 그런 반동은 소비에트 사회의 탈이데올로기화라는 나름대로의 준비과정을 거쳤으며, 반동의 이념적 방향은 1960~70년대에 소련에서 전개된 인권운동의 이론적 동향들 속에서 시사되었다. 따라서 이 글은 우선 소비에트 사회의 탈이데올로기화 및 소련 인권운동의 전개과정에서 나타난 이데올로기적 지향들을 살펴보고, 이어 소련의 해체 및 옐친의 개혁정책 과정에서 경쟁했던 이데올로기적 개념들을 인권운동의 이론들에 비추어 설명할 것이다. 그리고 나아가 러시아의 자유주의가 실패한 배경 및 그 이후 현재까지 전개되고 있는 정치를 역사적 맥락에서 검토한 다음, 현대 러시아에서의 정치현상들에 내포된 개념적 의미들을 이데올로기적 측면에서 설명하고, 앞으로의 정치적 발전방향을 궁리할 것이다.

2. 소비에트 사회의 탈(脫)이데올로기화와 소련 인권운동의 전개

1956년 2월, 소련공산당 제20차 대회에서 니키타 흐루쇼프가 행한 「개인숭배와 그 결과들에 관하여」라는 제목의 비밀연설을 통해 사실상 공식화된 탈스탈린화 정책은 소비에트 사회의 탈이데올로기화 과정에 있어서 중요한 계기가 되었다. 사실 공산당 내부에 조성되었던 극도의 정치적 긴장과 소비에트 사회에 팽배했던 군사적 분위기는 스탈린 사망 직후부터 시작된 새 당 지도부의 개혁적 정책들에 의해 완화되어 가기 시작했으며, 때문에 1954년에 출간된 한 소설의 제목인 "해빙"이 흐루쇼프 시대를 상징하는 말로 사용되고 있는 것은 나름대로 충분한 역사적 근거를 갖는다. 하지만 흐루쇼프에게는 당간부들의 지지를 확보하면서 자신의 정적(政敵)들을 제압하는 데 있어서 아주 효과적인 방법이기도 했던 스탈린 비판 정책은 특히 그 급진성으로 말미암아, 해빙의 차원을 넘어, 맑시즘-레닌이즘으로 무장되었던 소비에트 인민들에 큰 충격을 주며 사회의 "도덕적 - 정치적 단결성"을 결정적으로 훼손시켰으며, 그동안 소비에트 사회주의의 발전에 결정적 계기로 작용했던 혁명적 열기를 약화시키는 결과를 초래했다. 또한 '인간의 얼굴을 한 사회주의'라는 새로운 개념에로의 지향 속에서 이루어진 반(反)스탈린 선동, 그리고 정치적 통제 및 검열의 완화 등은 결국 이데올로기적 혼란을 가중시키는 동시에 사회 일각에서의 체제 비판을 자극했다.

흐루쇼프 당지도부의 주도하에 전개된 스탈린의 정치활동 및 그에 대한 개인숭배에의 비판이 애초 의도와는 달리 사회의 탈이데올로기화, 즉 인민들의 맑스-레닌주의적 신념의 약화와 더불어 점차 (일부 지식인들에 의한) 소비에트 사회주의 체제 자체에 대한 비판으로 이어지고 나아가 소련공산당의 이데올로기 및 그 조직적 기반을 훼손케 한 것은, 소비에트 체제 형성의 역사적 과정을 고려한다면, 차라리 당연한 귀결이었다. 사회비판의 중심세력으로서의 '60년대 작가들'의 등장과 인권운동을 포함하는 소위 "이교도(異教徒)운동"은 그 자체가 탈스탈린화 정책으로 인해 상당 수준 강제되었으며, 그 운동은, 이번에는 스스로, 해빙기의 "바람직했던" 한계들을 넘어버렸다. 소비에트 사회 내에서 확대되었던 이른바 자유화 바람은 공산당 지도부의 시국에 대한 심각한 문제의식과 그에 따른 정치적 반작용을 초래하지 않을 수 없었다.

물론 유념할 점이 있다. 스탈린 비판 정책은 소비에트 사회의 탈이데올로기화 과정에 있어서 중요한 계기가 되었을 뿐이며, 탈이데올로기화는 근본적으로 소비에트 사회의 발전에 의해 초래된 것이라는 사실이다. 10월혁명 이후 엄청난 인적 희생을 포함하는 미증유의 고난과 도전을 극복해온 소비에트 사회는, 특히 1950년대를 거치면서, 그간 달성된 사회경제적 발전을 배경으로 일정한 번영과 평화 그리고 안정을 누릴 수 있게 되었다. 제국주의와의 혁명적 투쟁이나 공산주의적 미래도 중요했지만, 이제 당에 의해 규정되었던 사회주의적 목표들이 거의 실현된 상황에서 소시민적 가치들은 소비에트 인민들에게 이전에 비해 보다 큰 의미를 획득하게 되었으며, 그것은 당시 소비에트 사회의 지배적인 삶의 방식을 고려하더라도 지극히 자연스러운 일이었다. 1964년 가을 주관주의와 주의주의를 빙자하여 감행된 당 제1서기 흐루쇼프의 해임은 그의 경제정책 및 대외정책상의 실책들이 아니라 당조직 및 국가기구 내에서의 관료주의와 형식주의를 타파하기 위해 그가 취했던 여러 조치들, 특히 선거에 의한 간부 선발이라는 원칙을 확대하고 주요 당직에 임기제한을 도입함으로써 기존 당간부들의 정치적 안정을 제한하려 했던 시도가 주된 원인이었다. 사회적 해빙이 이루어지고 인민들의 사회경제적 삶의 조건들이 실질적으로 개선됨에 있어서 일정한 공적을 남긴 흐루쇼프의 실각에 대해 인민들의 조직적 항의가 아주 작은 것들이라도 전혀 없었던 것은 그의 스탈린 비판 정책에 대한 다수 인민들의 심리적 저항감 때문이라기보다는 소비에트 인민들이, 생활안정과 더불어 점차, 흐루쇼프가 세계혁명을 위해 내건 각종 선전과 선동들에 흥미를 잃어갔으며, 나아가 공산사회 건설을 위한 과업들을 부단히 제시하면서 그를 혁명적으로 완수할 것을 요구하고 재촉하는 흐루쇼프의 열변에 인민들이 염증을 느껴갔기 때문이었다. 결국 흐루쇼프의 실각은 영구혁명보다 안정을 희구하는 노멘클라투라 및 일반 인민들의 심리적 정향을 배경으로 하고 있었다.

또한 탈이데올로기화 문제와 관련하여, 당시에 채택된 세계혁명의 전략과 이론들은 소비에트 사회주의의 발전에 아주 중요한 계기가 되었던 인민들의 혁명적 열정을 유지하는 데 실패하고 있었다. 스탈린의 정의처럼, "넓게는 프롤레타리아 혁명의 이론과 전술이고, 좁게는 프롤레타리아 독재의 이론과 전술"로서의 레닌주의는 10월혁명이 성공하고 전시공산주의를 비롯한 소비에트 권력의 초기 정책들이 실현되는 데 있어서 이념적, 이론적 토대가 되었다. 레닌주의의 역사적 발전형태로서, 특히 일국사회주의의 건설을 위한 이론과 전술로서의 스탈린주의는 볼쉐비키공산당의 혁명적 목표들을 구체적으로 제시하는 가운데 그 목표들의 실현을 위한 소비에트 인민들의 적극적 지지와 참여를 효과적으로 동원하는 데 나름대로 성공하고 있었다. 그러나 흐루쇼프 당지도부에 의해 제시된 새로운 전략과 이론들은 공산주의에 관한 인민들의 전투적 신념을 유지, 고양하는 데 성공하지 못했다.

흐루쇼프가 제20차 당대회에서 천명한 평화공존론과 전쟁가피론(可避論)은 소비에트 인민들에게 충격적인 것이었다. 당시 소련공산당의 이데올로그들은 사회주의와 "죽어가는 제국주의" 사이의 마지막 접전의 불가피성을 선전하고 있었으며, 결국 제국주의와의 화해라는 아이디어는 인민들에게 신성모독적이며 반역적인 것이었다. 그러나 인민들은 사회적 해빙과 더불어 곧 평화공존이라는 국제질서에 관한 새로운 패러다임에 익숙해졌으며, 1961년 가을에 채택된 새로운 당강령에 규정된 것처럼 평화공존 개념이 "사회주의와 자본주의 사이에 국제적 차원에서 전개되는 계급투쟁의 특수한 형태"라고 강조되었지만, 서방의 제국주의자들은 이제 소비에트 인민들에게 단지 화해할 수 없는 적대감의 대상일 수만은 없었다.

1959년 1월에 개최된 소련공산당 제21차 대회에서 흐루쇼프가 "사회주의의 완전한, 최종적 승리가 실현되었음"을 공표하고, 이어 1961년 가을에 열린 제22차 당대회가 "소비에트 국가가 전(全)인민의 국가로 전환되었음"을 선언하는 가운데 1980년경까지 '능력에 따른 노동과 필요에 따른 분배'라는 원칙이 실현되는 공산주의 사회를 건설할 것을 당의 새로운 목표로 규정한 것은 소비에트 사회가 새로운 발전단계에 접어들었으며 국내정치적으로 이미 스탈린주의의 시대가 종료했음을 의미했다. 물론 스탈린주의적 개념인 '사회주의의 완전한 승리'가 공식 선언된 이후, 다음 단계의 발전 목표로서 공산사회의 건설이 설정된 것은 자연스러운 논리적 귀결이었다. 그러나 흐루쇼프가 벌인 때론 즉흥적이기도 했던 여러 정책의 결과 전반적으로 인민 경제적 상황이 악화되면서 1962~63년에 걸쳐 일부 도시에서 소요가 발생했던 것은 결국 공산사회 건설을 천명했던 흐루쇼프 개혁정책의 파산뿐만 아니라 소비에트 인민들의 정치적 지향이 과거와는 전혀 다르게 설정되고 있었음을 입증하고 있었다.

혁명지향적이며 주의주의적이었던 흐루쇼프의 노선과는 다르게, '안정'을 정책적 화두로 삼았던 브레즈네프 당지도부의 대내적 정치전략은 노멘클라투라 및 인민들의 지지를 비교적 쉽게 유도할 수 있었으며, 그런 뜻에서 현실지향적이며 비혁명적인 것이었다. 물론 여기서 비혁명적이란 브레즈네프 당지도부가 스탈린 시대부터 일관성 있게 추구되고 있었던 세계혁명이라는 체제목적을 포기했다는 뜻으로 이해될 수 없다. 하지만 '발전된 사회주의'라는 모호한 개념으로 정의되는 체제하에서 정치적으로 가장 중요했던 것은 혁명적 열기 또는 영구혁명이 아니라 바로 소비에트 사회의 이념적 원리들과 그 제도들이 안정적으로 수호, 유지되는 것이었으며, 결국 사회 내적으로 소련공산당의 정치는 일관되게 보수주의적인 것이 되었다.

본질적으로, 세계 사회주의 혁명의 실현을 목적으로 성립한 '혁명적 전체주의' 체제에서 혁명성이 배제 또는 부정되는 경우에 체제 자체는 단순히 전체주의적인 것으로 남을 수밖에 없다. 사회적 안정에 따른 탈이데올로기화라는 경향에 대하여 소련공산당은 그것이 자신의 정치 독점과 체제적 기본 원리들을 훼손하지 않는 한 소극적으로 묵인하려 했다. 그러나 사회주의와 세계혁명을 명분으로 하여 소비에트 체제를 정당화하는 논리이기도 했던 맑스-레닌주의의 사회적 지배력이 급속히 약화되면서, 사회 일각에서 공산당의 전체주의적 통제에 대한 비판이 시작되었던 것은 지극히 당연한 일이었다.

이렇듯 1960년대 중반부터 시작된 소련의 인권운동, 즉 넓게 말해서 민주화운동은 흐루쇼프의 스탈린 비판 정책과의 관련 하에서, 그리고, 본질적으로, 소련의 발전 및 안정화와 병행된 사회적 탈이데올로기화의 결과로서 등장했다. 운동이 비록 소수의 지식인들에 의해 전개되었고 또한 사회에 대한 그 영향이 생각보다 미약했다고 하더라도 그것은 소비에트 사회의 발전에 있어서 결정적 중요성을 가졌던 이데올로기적 단일성이 훼손되었음을 의미했다. 1961년 개최된 제22차 당대회 이후 특히 문화와 예술 분야에서의 해빙이 두드러졌지만 1962년 말경부터 흐루쇼프는 "자본주의로부터의 오염"을 방지하고 소비에트 예술의 최고 가치인 사회주의적 사실주의를 수호하겠다는 의지를 과시했으며, 그 결과 창작활동의 토대로 당성(黨性), 사상성, 인민성이 강조되는 가운데 강화된 예술가 및 지식인들에 대한 이데올로기적 통제는 바로 해빙의 한계를 표현하였다. 당의 검열과 통제를 피하는 방법으로 궁리된 자기출판과 저기출판,[8] 즉 지하인쇄물의 발행은 "이교도"들의 주요한 항의 수단으로 신속히 확산되었다.

흐루쇼프의 실각 이후 당지도부는 문화예술계에서의 사상적 기강을 더욱 강화하려 했고, 이러한 맥락에서 1965년 가을 서방에서 가명으로 소설을 출판한 안드레이 시냡스키와 율리 다니엘이 소련형법 제70조, 즉 반(反)소비에트선전죄 위반혐의로 체포되었다. 그러나 이 사건은 당의 의도대로 전개되지 않았는데, '헌법의 날'이었던 12월 5일 모스크바의 중심에 위치한 푸쉬킨

---

8) 자기출판(самиздат)은 국내, 저기출판(тамиздат)은 해외에서의 간행을 의미한다. 1957년 11월에 보리스 파스테르나크의 소설 『닥터 지바고(Доктор Живаго)』가 이태리에서 간행된 것은 저기출판의 전형이 되었다.

광장에서는 약 200명의 시위대가 "헌법을 준수하자!"는 구호를 내걸고 시냡스키와 다니엘에 대한 공개재판을 요구하는 사태가 벌어졌다. 모스크바대학 등에 시위 참여를 호소하는 지하유인물을 살포한 알렉산드르 예세닌볼핀이 주도한 이 사건은 인권운동의 시작을 알리는 최초의 대중시위로서의 의미를 지니는데, 이는 자기출판 이외에 당국에 사회주의적 사법성을 준수할 것을 요구하는 새로운 투쟁방법이 확산되는 계기가 되었다. 아무튼 1966년 2월에 공개리에 열린 재판에서 시냡스키와 다니엘은 실형을 선고받았고, 이 재판을 둘러싼 지식인들의 논쟁은 점차 당의 검열과 재(再)스탈린화를 비판하는 방향으로 발전했다. 즉 시냡스키와 다니엘을 규탄하는 글을 쓴 노벨문학상 수상자 미하일 숄로호프에 대한 리디야 추콥스카야의 반박 서한이 공표(1966년 4월)되어 논쟁이 야기되고, 이어 알렉산드르 솔제니친이 작가들 80명 이상의 서명을 받아 제4차 작가대회(1967년 5월)에 당의 검열정책을 비판하는 서한을 보낸 이후, 소비에트 체제의 민주화를 촉구하는 동시에 양심과 표현의 자유를 제한하는 데 악용될 수 있는 형법 조항들에 이의를 제기하는 한편, "스탈린의 복권"을 비판하는 서한들을 당 서기장 브레즈네프를 비롯한 국가기관들에 발송하는 등의 항의가 이어졌는데, 여기에는 안드레이 사하로프, 발렌틴 투르친, 로이 메드베제프, 드미트리 쇼스타코비치 등 당시 학계 및 문화예술계를 대표하는 저명인사들이 망라되어 있었다.

1968년 초에는 시냡스키-다니엘 재판에 관한 백서를 만들어 서방에 유포한 혐의로 이미 1년 전에 체포된 알렉산드르 긴즈부르그, 유리 갈란스코프 및 공범으로 기소된 알렉세이 도보르볼스키와 베라 라쉬코바에 대한 재판을 계기로 이에 항의하는 시위가 전개되었다. 사건은 보다 단호하게 처리되어 블라디미르 부콥스키를 위시한 주동자들은 소비에트 체제에 대한 비방을 금지하는 형법 제190조 위반혐의로 체포되어 실형을 선고받았다. 부콥스키 등에 대한 재판에 많은 지식인들이 주목했고, 1966년의 경우보다 훨씬 광범하게 청원운동이 전개되었는데, 정치적 탄압에 항의하는 서한들을 당국에 보낸 사람들만 해도 약 700명 이상이었다.

정치적 탄압에 대한 지식인들의 항의 표시는 주로 공개서한을 통한 이의 제기 또는 탄원서를 제출하는 방법 등이었다. 문서적 방법을 통하여 당국의 결정에 대한 이의를 제기하는 것은 스탈린 시대에도 유지되었던 전통이었다. 문제는 전통의 계승이 아니라, 1965~68년 사이의 사건들을 통하여 사회 내에서 운동권이 형성되어졌다는 사실이었다. 스탈린주의적 현상에 대한 비판의식을 바탕으로 자유주의적 이념에 동조했던 운동권 인사들은 개인적으로 특히 1930년대 대숙청 기간에 직간접으로 화(禍)를 경험한 사람들이 많았지만, 이런 배경 없이 단지 비민주적인 전체주의적 체제에 대한 비판의식으로부터 운동을 시작한 지식인들의 수도 상당했다. 그러나 1968년 봄부터 강화된, 특히 1968년 여름에 있었던 바르샤바조약군의 체코슬로바키아 침공에 대한 "이교도"의 거센 항의 이후 더욱 강화된 운동권에 대한 탄압의 결과, 체제에 대한 공개적인 비판행위는 억제되었으나 대신 운동이 지하화되는 가운데 자기출판의 발행이 활성화, 체계화되었다.

1968년 4월, 소비에트 인권운동의 상징물 ≪시사연보≫의 발행이 시작되었다. 창간호 표지는 UN인권선언 제19조, 즉 "모든 사람은 자신의 의견을 자유로이 표현한 권리를 가진다"로 시작되는 구절들을 상기시키는 가운데 주로 법치주의와 양심의 자유에 대한 지지를 표현하고 있었다. 익명의 편집자에게 비공식적으로 수집된 소비에트 당국에 의한 불법적인 인권탄압 사례들을 논평 없이 게재하는 것으로부터 출발한 ≪시사연보≫는, 물론, 혁명의 조직화가 아니라 공개되지 않은 당국의 불법성에 대한 고발을 통한 민주주의 회복이라는 소박한 목적을 가졌다. 처음에는 나탈리야 고르바넵스카야가, 그리고 이어 아나톨리 야콥손이 편집을 맡았던, 대략 두 달에 한 번 정도씩 발행된 이 절묘한 인쇄물은 체포에 따른 편집자의 잦은 교체에도 불구하고, 거의 모든 관련자들의 대량 구속에 따라 불가피했던 1972년 10월부터 1974년 사이의 약 18개월간의 공백을 제외하고는, 약 15년 동안 존속하며 특히 도시지역의 청년층에서 소비에트 체제에 대한 비판의식이 고양되는 데 나름대로의 역할을 했다.[9)]

1970년 11월에는 사하로프, 발레리 찰리제, 안드레이 트베르도흘레보프 등의 주도하에 소련에서의 인권보장을 위한 자문 및 조력, 사회주의 사회에서의 인권문제에 대한 이론적 측면의 규명 및 인권계몽 등을 목적으로 하여, 소련 최초의 시민운동단체이자 후에 국제인권연맹의 지부가 된 소련인권위원회가 조직되었다. 또한 여기에 이고리 샤파레비치, 예세닌볼핀, 보리스 추케르만, 솔제니친, 알렉산드르 갈리치 등이 가담함으로써 이 단체는 지도적인 운동권 인사들을 아우르는 소련의 대표적 인권기구로써 기능했으나, 당국의 탄압에 따라 1972년 말에 이르러 지도부가 와해되었고, 소련의 여러 도시에 근거를 확보했던 소련인권위원회의 활동은 결국 종식되었다.

이러한 운동의 확산에 대한 소련공산당의 대응방식은 우선 실정법 위반 혐의로 형사적 제재를 가하는 경우 이외에 혐의자들을 정신병원에 감금하는 것도 일반적이었다. 이른바 반체제 인사들에 대한 재판과는 달리 그들을 정신병원에 수용하는 것은 외부의 주목을 쉽게 피할 수 있었기 자주 이용되었고, 따라서 소련에서 운동권에 대한 억압은 점차 공개적이 아니라 오히려 은밀하고 탈법적으로 진행되었다. 또한 1970년대에 들어와 서방과의 데탕트가 이루어지면서, 소련 당국은 반체제적 지식인들의 해외 이주를 종용 내지 허용함으로써 운동권을 와해시키려 했다. 1971~74년의 기간 중에 운동권 인사들을 포함한 약 20만 명의 소비에트 지식인들[10)]이 자발적으로, 일부는 반강제적으로 서방 국가들 및 이스라엘에로의 이주가 이루어졌다. 예를 들어,

9) См: Алексеева Л.М. История инакомыслия в СССР, М., 1992, с.208~213.
10) 유대인이 이들의 절반 정도를 차지했다.

찰리제는 1972년 미국 여행 중에 소련시민권이 박탈되며 입국이 거부되었고, 겨우 1990년에야 국적이 회복되었다. 특수한 경우에는 강제추방이나 연금(軟禁)조치가 취해졌다. 1973년에 서방에서 자신의 대표작 『수용소 군도』를 출판한 솔제니친은 1974년 2월 서방으로 추방되었고, 1994년에야 귀국할 수 있었다. KGB 의장이었던 유리 안드로포프가 "천재적 두뇌"를 가졌기에 국외로 추방할 수 없다고 했던 안드레이 사하로프는 1980년 1월에 고리키에 유폐됨으로써 운동으로부터 격리되었다.

아무튼 1974년 여름에 이르러 운동권은 ≪시사연보≫를 다시 발행하기 시작했으며, 투르친, 트베르도흘례보프 등의 주도하에 국제앰네스티 소련지부를 결성했다. 또한 고립무원의 상태에 놓인 양심수 자녀들을 돕기 위한 시민단체로서 '73인 그룹'을 조직하는 등 위기 극복을 위해 전열을 재정비하는 모습을 보여주었다. 데탕트 시대의 산물로서, 1975년 여름에 미국, 캐나다 및 당시 33개의 모든 유럽 국가의 대표자들이 참여한 가운데 헬싱키에서 개최되었던 유럽안보협력회의(CSCE)에서 채택된 최종결의안은 민간교류의 활성화 및 문화교류의 강화를 위한 규정과 더불어 사상, 양심, 종교, 신념의 자유를 포함한 기본적 자유 및 인간의 제 권리에 대한 존중 규정 등을 담고 있었다. 1976년 5월 저명한 물리학자인 유리 오를로프, 사하로프 등의 주도로 헬싱키협정문에서의 인도주의적 항목들의 이행을 감시 촉진함을 목적으로 하는 단체, 즉 모스크바헬싱키그룹이 결성되었고, 거의 근절되다시피 했던 인권운동은 이제 이론적으로 국제법적 토대에 자신을 위치시키며 서방의 전폭적 지지에 부응하여 새로운 발전의 장(章)을 여는 듯 했다. 그러나 신(新)냉전의 시대가 도래하면서, 특히 1979년 말부터 소비에트 당국은 인권운동을 더욱 철저하게 억압하기 시작했다. 이 맥락에서 사하로프에 대한 유폐 조치가 취해졌다. 1982년 9월, 사하로프의 부인이자 역시 저명한 운동가였던 옐레나 본네르가 동지들이 모두 체포되거나 추방됨으로써 형식만 남은 모스크바헬싱키그룹의 해체를 선언해야 했을 때, 인권운동은 자신의 종말을 고한 셈이었다. 1983년에는 그나마 명목을 이어왔던 ≪시사연보≫의 발행도 중단되었고, 나름대로 다양했던 시민운동단체들은 공식적으로 이제 전혀 존재하지 않게 되었다. 공산당의 정치 독점은 더욱 강화되었으며, 개혁 요구는 거부되었다.

일반적으로 반(反)소비에트 민주화운동을 통칭하는 말인 "이교도운동"은 민족운동, 종교운동 그리고 인권운동을 포괄한다. 우선 민족운동과 관련하여, 러시아제국의 소수민족정책은 레닌이 러시아를 '인민들의 감옥(тюрьма народов)'이라고 표현할 정도로 억압적이었다. 레닌과 스탈린은 민족문제의 해결방안으로 오스트로 맑시스트들이 주장한 이른바 문화적 자치를 비판하는 가운데 그 대안으로 지역적 자치(областная автономия)에 관한 이론을 제시했다.[11] 이들은 민족자결을 민족 간의 장벽해소 및 평화의 전제인 동시에 사회주의적 유일주의라는 견고한 중앙집권적 체제를 구성함에 있어서의 필수적 조건이라고 강조했는데, 그 구상의 핵심은 자치를 허용함으로써 각 민족들의 "해방욕구"를 충족시키고 맑스-레닌주의를 중심으로 각 민족들을 규합하자는 것이었다. 따라서 15개 사회주의공화국들로 구성된 소연방은 또한 내부적으로, 자치공화국, 자치주 등을 포함하는 가운데 행정적으로 민족자결의 원칙을 구현하고 있었지만 소연방을 실질적으로 지배한 공산당은 항상 중앙집권적 조직원리를 조금도 완화시킨 적이 없었다. 아무튼 민족주의적 색채가 배제된 프롤레타리아 독재국가의 수립을 원했던 레닌은 우크라이나공화국, 벨로루시공화국 등을 자치공화국의 지위를 부여하여 기존 러시아소비에트연방사회주의공화국(РСФСР)에 편입시키자는 스탈린의 계획을 "러시아 대국쇼비니즘"의 위험성을 들어 거부하고는, 대신에 러

---

11) 볼쉐비키의 민족문제에 관한 인식에 관하여, 특히 см.: Сталин И.В. Соч., т.2, с.290~367.

시아공화국을 포함한 각 공화국들이 민족공화국의 동등한 지위에서 연방을 구성하는 방안을 제시했다. 그 결과 등장한 소비에트사회주의공화국연방(CCCP) 내에서 소수민족들은 정치적·문화적으로 특히 배려 내지 보호되어야 할 대상으로 승인되었으며, 이런 이유에서도 레닌-스탈린의 민족이론이 진보적이었다는 것은 부인할 수 없는 사실이었다.

하지만 그런 민족정책이 있었다고 하더라도, 특히 우크라이나, 아르메니아, 그루지야, 그리고 연방에 늦게 편입된 리투아니아, 에스토니아, 라트비아 등의 지역에서 민족운동은 완전히 근절될 수 없었다. 이는 무엇보다도 모스크바의 관료주의적 지배에 따라 지방의 특수한 이익들이 무시되기도 했으며 또한 프롤레타리아 국제주의와 사회주의적 유일주의를 지향했던 공산당이 민족주의적 선동에 대하여 강경하게 대응한 결과 필요 이상으로 많은 "이교도"들이 만들어진 것 등을 고려하면, 한편 사정이 이해될 수도 있다. 또한 독일에 협력한 배신자라는 낙인과 함께 제2차 대전 중에 크림과 메스헤치야에서 각각 강제 이주된 크림타타르인들과 메스흐인들이 전개한 고토(故土)귀환운동, 그리고 유대인들과 독일인들이 전개한 이스라엘 및 서독에로의 귀국운동 등도 특히 '발전된 사회주의' 시대에 나타났던 일종의 민족운동으로 취급될 수 있다. 그럼에도 불구하고, 사회통합의 실현이라는 차원에서 볼 때, 전체적으로 소련의 민족정책은 성공적이었다고 평가될 수 있다. 소련공산당의 정책은 흔히 토착화와 러시아화라는 서로 모순되는 두 방향에서 설명되는데, 토착화가 지방에서 특히 간부선발 시 일정 비율 이상을 그 지역 출신자로 충원하는 것 등의 원칙을 말한다면, 문자 그대로 러시아화는 특히 소수민족문화의 말살 등을 의미한다. 중요한 점은 스탈린 시대부터 계승된 토착화라는 원칙은 의도적 정책이었다는 사실이다. 그에 따라, 예를 들면, 우크라이나공화국에서 우크라이나인들은 입학, 취업, 승진 등에서 상대적 유리함을 누렸을 뿐만 아니라, 당과 정부 기관들은 필히 우크라이나인에 의해 대표되어야 했다. 러시아화는 적극적 정책이라기보다는 특히 사회문화적으로 자연스레 나타난 하나의 경향으로 이해되어야 한다. 특히 러시아화로 집약되는 소련공산당의 정책적 실패가 각 지방공화국에서 민족주의적 저항을 야기하고 이것이 소련의 해체를 초래했다는 일부의 주장은 사실을 그릇되게 이해한 것이다. 실제는 페레스트로이카가 실패하며 사회경제적 상황이 계속 악화되자 권위를 상실한 모스크바의 소련공산당 중앙과 "지방"이 대립하는 과정에서 지방공화국의 지도자들 및 자유주의자들에 의해 민족주의적 선동이 행해졌던 것이다. 결국 1980년대 말, 소연방에서 분출된 민족주의적 선전과 대립은 민족정책이 아니라 고르바초프의 개혁정책이 실패한 결과였으며, 오히려 민족자결, 지역적 자치, 토착화 등의 정책개념으로 특징지어지는 소련공산당의 민족정책이야말로 중앙의 통제력이 약화되었을 때 궁극적으로 소련이 15개의 독립된 공화국들로 해체될 수 있었던 실마리를 제공했던 것이었다.

아무튼 다양한 방식으로 존재했던 소련의 민족운동은 소비에트 사회의 탈이데올로기화의 직접적 결과만은 아니었으며, 이러한 측면은 종교운동에도 해당된다. 1918년 1월, 소비에트 권력은 국교(國教)의 존재를 부인하고 나아가 반(反)종교선전의 자유를 규정한 〈정교분리에 관하여〉라는 법령을 채택했으며, 이에 따라 교회의 파괴가 지시되었다. 이어 1929년 4월에 채택된 〈종교적 숭배에 관하여〉라는 법령과 '반(反)소비에트 선전죄'라는 형법상의 규정은 러시아정교회와 개신교회 및 이슬람교회 등에 관여하는 성직자들에 대한 전면적 탄압의 법적 근거가 되었고 결국 종교는 완전히 무력화되었다. 그러나 대조국전쟁의 시작과 더불어 교회에 대한 공산당의 태도가 변화되었고, 수용소와 유배지로부터 석방된 많은 종교인들이 전쟁의 승리를 위한 선전-선동사업에 동원되었다. 전쟁 이후 소련공산당은 그동안 공인되었던 교회에 대하여 신중하게 관리하려 했지만, 당국의 소극적인 태도와도 맞물려 종교가 확산되었다. 그러나 1960년도에 접어들면서, 탈스탈린화 정책의 역설적 모습이지만, 흐루쇼프는 공산주의와 종교의 양립이 불가한 것임을 다시 천명하면서 교회에 대한 적극적 억압정책을 채택했다. 이후 3~4년 동안에 러시아정교회 교구의 반 수 이상이 해체되었고, 대략 만여 개에 달하는 교회가 폐쇄되었다. 1860년대에 전래된 이후 소련에서 가장 큰 개신교 세력으로 성장했던 복음파 - 침례교회에 대하여,[12] 그리고 20세기 초에 전래되어 1928년경 신도가 약 20만 명을 헤아렸던 오순절(五旬節)파, 또한 '7일의 어드밴티스트파' 등의 교회 활동에 대해서도 적극적인 억압이 가해졌으며, 여기에는 이슬람교회도 예외가 될 수 없었다.[13]

억압에 따라 야기된 소극적 종교운동은, 민족운동과 마찬가지로, 소비에트 사회의 주변에서 특수하게 전개되었다. 물론 운동 자체는 한편 민주화를 촉구하고 있다는 점에서 진보적인 것이었다고 평가될 수 있으나, 소련공산당의 맑스-레닌주의에 대한 정치적 대안을 제시할 수 있을 정도로 발전하지 못했다. 하지만 보편적 가치를 호소했던 인권운동은 소련공산당이 독점한 정치를 적극적으로 비판하고 소비에트 사회의 개혁을 적극적으로 요구하는 가운데 개혁을 위한 이론들을 발전시켜 나아갔다. 대강 세 가지로 구별되는 인권운동의 이론적 조류들은 현대 러시아의 정치를 지배하는 이데올로기들과도 상당한 유사성을 갖는다는 점에서도 주목할 만하다.

이미 언급된 바와 같이, 초기의 인권운동은 소련 당국에 대하여 헌법 준수를 요구하는 수준에 머물렀다. 한 목소리로 소비에트 체제의 결함을 비판하던 "이교도"들은 특히 1970년대 이후에 문제의 본질과 그 해결방법을 둘러싸고 이견을 드러냈으며, 결국 입장에 따라 자신들의 운동 목표를 이론화하며 나름대로의 정치적 강령을 마련하기도 했다. 우선 저명한 물리학자이자

12) 1960년경에 침례교회의 수는 약 5천 개 정도였다.

13) 소련에서의 민족운동 및 종교운동에 관해서 см: Алексеева Л.М. Там же, с.7~175.

인권운동가로서 1975년도 노벨평화상을 수상한 안드레이 사하로프는 1968년 여름에 자기출판을 통해서 발표한 「진보와 평화공존, 그리고 지적 자유에 관한 숙고(Размышление о прогрессе, мирном сосуществовании и интеллектуальной свободе)」라는 제목의 글을 통해 인류가 핵전쟁의 위험, 기아, 환경오염문제, 그리고 인종주의, 민족주의, 군국주의, 독재체제로부터의 위협, 지적 자유에 대한 위협 등으로 인하여 위기를 겪고 있음을 강조하고는, 1960년대에 들어서 구미에서 논의되기 시작한 체제수렴론적 입장에서 문제의 해결을 역설했다. 그의 주장에 의하면, 자신의 문제들을 나름대로 해결하며 발전하고 있는 자본주의와 도덕적 우월성으로 특징지어지는 사회주의의 발전은 서로 대립적인 것이 아니라 상호 보완적인 것이었다. 이들의 발전 목표는 서로 동일한데, 그것은 바로 인도주의적 민주주의로 귀결된다는 것이다. 이러한 맥락에서 사하로프는 소련공산당에 대하여 구체적으로, 우선, 서방과의 평화공존 및 협력을 위한 전략을 더욱 심화시킬 것, 기아와의 투쟁을 위한 프로그램을 마련할 것, 이데올로기적 검열을 폐지하고 지식의 실질적 창달을 촉진할 수 있는 '출판과 지식에 관한 법'을 제정할 것, 인권을 침해하는 모든 위헌적 법률들을 폐지할 것, 정치범들에 대한 기소를 중지하고 석방과 복권을 시킬 것, 완전한 탈스탈린화를 실현할 것, 경제개혁을 촉진하고 오염방지를 위한 '환경에 관한 법률'을 제정할 것 등을 요구했다.[14]

1973년에 가진 한 외국기자와의 인터뷰에서 소비에트 체제를 국가자본주의로 규정한 사하로프는 그 후에 그것을 전체주의적 사회주의라고 정의하는 등 체제에 대한 그의 평가는 점차 더욱 비우호적으로 변했다. 아마 그런 이유에서, 또는 다원주의와 민주주의에 대한 자신의 신념을 자주 피력했다

14) См.: Сахаров А.Д. Тревога и надежда, М., 1991, с.11~46.

는 이유에서도, 사하로프가 운동권 최초의 서구주의자[15] 혹은 서구주의적 자유주의자로 묘사되는 경우가 많은데, 실제로 그는 체제수렴론적 입장을 끝까지 고수했다. 평화와 진보 그리고 인권이야말로 분리할 수 없는 인류의 목표라고 규정했던 그는 생애 말년에도 자신은 "자본주의 체제와 사회주의 체제의 다원주의적 접근 내지 수렴 없이 인류의 생존을 위협하는 문제들의 해결은 불가능하다는 점을 확신하고 있다"[16]고 강조하면서, 실제 역사적 발전이 수렴의 방향으로 나아가고 있음을 지적했다.

그러나 그의 이론은 일단 자본주의 발전을 긍정하고 있다는 점에서 이단적인 것이었다. 현대 러시아에서 자유주의적 이념이 확산, 발전함에 있어서 체제수렴론이 계몽적 차원에서 일정한 단초를 제공한 것 또한 사실이다. 나아가, 페레스트로이카에서 사회주의의 희망을 보았던 사하로프는 생전에 소련의 해체 문제를 궁리할 필요가 전혀 없었으나, 1989년 12월 그의 사망 이후 더욱 가속화된 정치적 격변이 소비에트 사회주의의 몰락으로 귀결되면서 체제수렴론은 개념적 근거를 상실했으며, 이후 그의 동료들은 대부분 서구주의적 자유주의의 지지자들로 변모하였다. 물론 이는 러시아의 정치적 상황에 의해 강요된 불가피한 선택이었다고 설명될 수도 있겠으나, 여러 사실들을 고려하는 경우에, 체제수렴론과 서구주의적 자유주의간의 이론적 친화성은 반드시 지적되어야 한다.

소연방에서 사하로프식 체제수렴론이 주로 자연과학자들에 의해 지지되고 있었다면, 1970년대에 들어와 특히 문인들에 의해 슬라브주의적 또는 대

---

15) 서구주의(западничество)는 1840년대 러시아에서 근대화의 문제를 두고 슬라브주의(славянофильство)와 대립했던 사회사상적 조류이다. 서구주의는 서유럽 문명의 선진성을 인정하는 가운데 서유럽과 러시아의 일체성을 강조하면서 서구화의 방법을 통해 러시아의 발전을 도모해야 한다는 주장을 기본 내용으로 한다. 결국 서구주의적 자유주의란 국내에 고유의 사회경제적 기반이 결여된 상태에서 서유럽에 대한 동경 내지 환상에 의거하는 자유주의를 말한다.

16) См.: Алексеева Л.М. Там же, с.303.

지주의적[17] 이념이 운동권 내의 한 조류로서 자리를 잡게 되었다. 러시아의 발전을 위해서는 "비(非)러시아적 요소인 맑시즘-레닌이즘"에 의해 왜곡되고 파괴된 러시아의 민족적 전통을 부활시켜야 한다는 것이 이들의 주장이 갖는 핵심적 내용이었다. 그 기본 구상은 알렉산드르 솔제니친이 1973년 9월에 집필 송부했고, 그가 추방되자 곧 자기출판을 통해 알려진 「소련 지도자들에 보내는 편지(Письмо вождям Советского Союза)」에 잘 요약되어 있다. 솔제니친의 주장에 따르면, 볼쉐비키에 의한 급속한 공업화와 농업 집단화, 러시아정교회에 대한 탄압, 국제문제에 대한 과잉간섭 등은 민족적, 문화적, 정신적 측면에서 러시아인에게 엄청난 희생과 고통을 강요했다. 러시아의 부흥을 위해서는 우선 세계혁명을 지향하는 공산주의적 지배를 청산해야 하며 비슬라브적 민족들을 분리 독립시키는 가운데 모든 힘을 러시아의 민족적 부흥에 집중해야 한다는 것이다. 또한, 기본적으로 미개발상태에 있는 시베리아의 각종 풍부한 자원에 확고한 기반을 둔 '민족의 부흥과 번영을 위한 역량'은 농업을 사영(私營)이나 조합중심적 경영으로 전환시키고 공업 분야에서 최신의 선진 기술들을 바탕으로 중소규모의 제조업을 육성함으로써 축적 강화될 수 있다는 것이 그의 생각이었다. 나아가 러시아민족의 정신적 가치는 정교회에서 찾아져야 한다고 강조한 솔제니친은 자유주의적 또는 의회주의적 국가형태가 과연 러시아에 적합한 것인가에 대해서 회의적인 태도를 취했는데, 그에 대해 사하로프는 이렇게 비판했다:

"우리나라는 민주주의 제도를 운영할 만큼 발전하지 못했다고 하는 것 같은데, 만

17) 대지주의(大地主義, почвенничество)란 1860년대 표도르 도스토옙스키의 관점에 동조하여 러시아문학에 나타난 슬라브주의적 사조로서, '자신의 대지(почва)로', 인민적-민족적 원칙으로 회귀하자는 호소를 담았다. 대지주의자들은 서유럽의 문화적-문명적 성취를 부인하지 않는다는 점에서 슬라브주의자들과의 차이가 있다.

약 러시아가 20세기까지 민족적 건강함을 유지한다면 법치주의와 러시아정교를 전제로 하는 권위주의적 통치는 그리 나쁜 것이 아닐 것이라고 솔제니친은 쓰고 있으나, 나는 그러한 의견에 동의할 수 없다. 민주주의적 발전의 길이야말로 모든 나라에게 해당되는 유일하게 바람직한 것이다."[18]

하지만 소련의 미래와 관련된 이론적 차이는 당시 운동권의 분열로 이어지지는 않았는데, 그것은 일단 슬라브주의적 이념에 내포된 민족주의적, 정교회적 요소들이 인권이라는 중립적 개념과 모순되지 않았기 때문이었다. 그러나, 특히 1978년 이후 솔제니친은 미래에 러시아의 국가형태는 법치주의적인 것이 아니라 권위주의적인 것이 되어야 한다고 역설하는 가운데 정치적 입장의 차이를 내세워 인권운동가들과의 협력을 거부했으며, 이로써 "이교도들" 사이의 분열은 더 이상 피할 수 없게 되었다. '정교회 - 전제(專制) - 인민'이라는 도식은 러시아제국의 국가주의적 이데올로기를 상징하는 것이었다. 인권운동으로부터 각성된 러시아민족주의[19] 이념이 정교회와 인민이라는 요소와 더불어 이제 전제적 권력을 승인하게 되자, 그것은 곧 러시아 국가주의로의 발전을 의미하게 되었고, 이제 국가주의자들과 인권론자들의 협력은 당연히 불가능하게 되었다. 민족주의적 이론이 국가주의로 발전하는 것은 역사적으로 흔한 현상이었다. 솔제니친의 경우, 그의 이론은 권위주의적 중앙권력뿐만 아니라 지방적 자치제도의 존재 당위성까지 역설함으로써 일반적인 국가주의와 차별을 시도하고 있으나, 문제는 통치체제에 관한 그의 생각이 이른바 민주집중제라는 볼쉐비키적 구상과 흡사한 논리적

18) Сахаров А.Д. Там же, с.69.
19) 여기서 러시아민족주의란 러시아인, 즉 루스키(Русский)들의 민족주의를 말한다. 다민족국가인 소련에서 총인구 중 러시아인이 차지했던 비중은 1989년에 50.8%였으며, 나머지는 비(非)러시아인이었다. 물론 러시아민족주의의 모태는 러시아인들이 절대 다수(약 80% 정도)를 차지하는 러시아공화국(РСФСР)이었다.

모순을 내포하고 있다는 데에 그치지 않는다. 농민적 정서를 대변했던 그는 철저한 반(反)공산주의적 입장에서 러시아의 전통과 역사를 찬양했으며, 결국 제정 러시아라는 과거에서 현대 러시아의 미래를 발견했던 것이다. 지방적 자치에 대한 강조와 무관하게, '짜리체제는 반(反)인민적'이라는 테제를 거부하는 솔제니친을 비롯한 러시아민족주의자들의 이론적 결론은 바로 러시아 국가주의였다.[20]

그리고 운동권 내의 또 하나의 사조로서 사회민주주의적 지향을 들 수 있다. "스탈린이즘에 의해 왜곡된 후 다시 회복되지 못한 레닌 시대의 민주적 제 가치의 회복"을 주장하는 일련의 사람들에 의해 대표되었던 이 "레닌주의적" 이념은, 엄밀히 말한다면, 특히 소련공산당 제20차 대회 이후 당내에 확산된 하나의 조류였다. 이를 대표한 로이 메드베제프는 파리에서 1972년에 출간한 『사회민주주의론(Книга о социалистической демократии)』이라는 제목의 책에서 스스로를 당내 민주화세력으로 규정하는 가운데 자신의 입장과 당시 이태리 등에서 등장한 유로공산주의 강령과의 유사성을 지적하고 있다.[21] 아무튼 부하린주의적 입장에서 소비에트 체제의 재(再)스탈린화를 비판했던 메드베제프는 당내에 다양한 의견을 가진 파벌의 존재와 그 활동을 승인하고 그들이 각급 소비에트의 선거에 후보자를 낼 수 있도록 허용하는 등 당이 정치활동에 있어서 진정한 경쟁을 보장할 수 있는 원칙들을 확립해야 한다고 주장했다. 이러한 정치적 민주화를 위해서는 언론, 출판, 집회, 결사의 자유가 필수적임을 지적하고, 국가, 조합, 민간의 세 부문으로 구성되는 소위 "혼합경제"를 궁리했으며, 또한 민족문제와 관련하

20) 솔제니친의 최근 주장에 관해서는 다음 번역서를 참조: Солженицын А.И. 『이 잔혹한 시대의 내 마지막 대화』, 한남수 역 (서울:디자인하우스, 1998).

21) См.: Медведев Р. Книга о социалистической демократии, Амстердам-Париж, 1972, с.63~66.

여 “소수민족들에게 광범한 자치권을 인정했던 레닌 시대의 민족정책”으로 회귀할 것을 역설했다.[22)]

제20차 당대회의 산물로서, 소위 “레닌주의적” 이념은 체제를 부정하는 것이 아니라, 탈스탈린화를 통한 소비에트 체제의 강화를 요구하는 가운데 초기 민주화운동의 중심에 있었다. 1950~60년대 소련의 많은 지식인들은 로이 메드베제프의 과감한 민주화 요구에 주목했으며, 특히 사하로프, 투르친, 솔제니친 등의 인사들에게 메드베제프와의 교류는 민주주의에 관한 자신의 이론들을 보다 깊이 발전시키는 데 있어서 중요한 계기가 되었다. 그러나 사하로프가 체제수렴론적 개념들로 인권운동을 뒷받침하고, 솔제니친이 노골적인 반(反)공산주의적 입장에서 소비에트 체제를 비판하는 등 나름대로의 이론적 정립을 모색했지만, 메드베제프는 당내 민주화에 관한 신념을 버리지 않았다. 1972년에 쓴 글에서, 자신에 대한 “이교도들”의 지지가 계속 감소하는 것에 개의치 않고, 메드베제프는 당내 민주화를 요구하는 분위기가 청년학생들의 지지에 힘입어 70년대를 통하여 사회적 대중운동으로 신속히 발전해 갈 것을 확신했다. 이렇게 되어 자신의 개혁적 프로그램이 실현되는 경우, 1970년대에 걸쳐 소련에서 진정한 ‘발전된 사회주의’의 사회가 조성될 것이며 결국 20세기 말 또는 21세기 초에는 무계급적 공산사회가 비로소 실현된다는 것이다.[23)] 흐루쇼프의 공산주의론과 흡사함은 우연이 아니었다.

실질적으로 사회민주주의적 이념에 부합되는 이러한 “레닌주의적” 의견들은 일부 지식인들 및 자유주의적 노멘클라투라 사이에 퍼져 있던 반(反)스탈린적 레닌숭배 경향을 일부 반영하는 것으로서, 진지한 반(反)소비에트 이론이라기보다는 오히려 몰역사적인 내지 역사왜곡적인 스탈린 비판을 통하여 인민들에게 정치적 카타르시스를 제공함으로써 국부적 존재로서의 레

22) См.: Там же.
23) См.: Там же, с.369~400.

닌에 대한 숭배를 더욱 강화하고, 결국 체제 비판을 오히려 순화시키는 기능을 수행하기도 했다. 특히 메드베제프의 활동이 자주 KGB에 의해 승인되고 있었다는 사실이 그런 평가를 뒷받침한다.

소연방의 민주화운동 과정에 나타난 이데올로기적 경향들은 우선 체제수렴론에 입각한 사회주의적 발전이론, 러시아민족주의, 그리고 사회민주주의적 이념 등 세 가지를 지적할 수 있다. 이미 확인한 바와 같이, 사하로프의 발전이론은 사회주의적 자유주의라면 몰라도 서구주의적이라고 규정될 수는 없다. 그러나 그의 이론과 서구주의적 자유주의 사이에 개념적 친화성이 존재하며, 또 역사과정 속에서, 특히 소비에트 사회주의의 붕괴 이후 많은 체제수렴론자들이 서구주의자로 변모했던 것은 부정할 수 없는 사실이다. 서구로부터 도입된 "비(非)러시아적 요소", 즉 맑스-레닌주의로 인한 고통에 분노했던 러시아민족주의자들은 반(反)공산주의에 그치지 않고 제정 러시아를 이상화하는 가운데 배타적 러시아 국가주의로 나아갔다. 물론 현실에서 민족주의와 국가주의는 결합되어 있는 경우가 많지만, 정치현상의 올바른 분석을 위하여 그래도 양자(兩者)는 개념적으로 구별되어야 한다. 그리고 레닌주의를 부하린주의적으로 해석하여 소비에트 사회의 민주화를 요구했던 메드베제프로 대표되는 사회민주주의적 세력은 오히려 사회주의를 위한 제단에 속죄양으로 바쳐진 '스탈린'에 대한 비판을 주업(主業)으로 삼는 듯한 모습을 보이기도 했다.

물론 그런 이념들은 운동권이라는 소비에트 사회의 아주 제한된 부분에서 대두되었으며, 그나마 1980년대 초에 이르러 완전히 사회에서 격리되었다. 그러나 페레스트로이카의 시작과 더불어 "이교도들"에 대한 통제가 해제되었을 때, 그리고 특히 소련공산당이 정치 독점을 포기했을 때, 이 이념들은 탈이데올로기화된 인민들의 의식을 새롭게 지배하게 되면서 소비에트 사회의 정치를 결정하는 계기가 되었다. 페레스트로이카와 더불어 새로운

'이념의 시대'가 전개되었던 것이었다.

3. 소연방의 해체와 그 이데올로기적 토대

1988년 12월, 소연방 최고회의(Верховный Совет СССР)는 헌법을 개정하여 국가권력체계에 대한 수정을 가했다. 이에 따라 인민대의원대회가 "헌법, 경제 및 사회경제적 생활의 근본 문제들에 대한 결정권"을 갖는 새로운 최고기관이 되었으며,[24] 대회가 열리지 않을 때 그를 대신하는 상설기관으로 최고회의(Верховный Совет)가 설치되었다. 인민대의원대회에서 구성되는 최고회의는 지역과 각 사회단체를 대표하는 대의원들로 구성되는 연방회의(Совет Союза)와 민족공화국 등 각 지역자치체를 대표하는 대의원들로 구성되는 민족회의(Совет Национальностей)의 양원 구조로 편제되었는데, 개별 공화국들에서도 1년 후에는 그에 상응하는 권력구조가 형성되어야 했다. 1989년 3월에 실시된 소연방 인민대의원 선거 결과 이른바 급진개혁파들이 대거 제도권 내로 진입했으며, 제1차 인민대의원대회의 폐막 직후인 6월 초에는 그동안 개혁의 가속화를 요구해왔던 보리스 옐친, 안드레이 사하로프, 유리 아파나시예프, 가브리일 포포프 등의 주도로 388명의 인민대의원이 참여한 '범지역대의원그룹'이 조직되었다. 또한 인민대의원 선거 유세 중에 일부 공화국에서는 지역 운동권 인사들이 인민전선을 구성하여 선거에 참여했으며, 이미 1989년 여름에 이르면 특히 발트해 연안 국가들

24) 소연방 인민대의원대회는 직접선거로 선출되는 지역대표 750명, 당이나 노조 등 사회적 단체에서 선출되는 750명, 그리고 민족공화국, 자치공화국, 자치주 등의 대표 750명 등 모두 2,250명으로 구성되었으며, 6개월마다 소집되도록 규정되었다.

의 급진개혁파들은 민족주의적 지향들을 분명히 하는 가운데 정치적 다원주의와 다당제를 요구하기 시작했다.

1990년 1월에 이르면 옐친을 위시한 급진개혁세력은 러시아공화국 인민대의원 선거에 대비하여 '민주러시아'라는 선거연합을 결성하고, 공산당의 지도적 역할 부정, 시장경제적 개혁의 가속화 등을 골자로 하는 강령을 채택하는 동시에 당 내에서도 비판을 강화하며 이른바 민주강령을 공표했다. 이제 공산당의 지도적 지위를 규정하고 있는 헌법 제6조의 폐지와 다당제 인정, 진정한 대통령제 도입, 권력분립의 보장 등에 대한 요구는 민주화 과정에서 거스를 수 없는 추세가 되어 있었다. 결국 1990년 3월에 비상 소집된 제3차 소연방 인민대의원대회는 공산당의 지도적 역할의 부정, 다당제 도입, 대통령제 신설 등을 골자로 하는 헌법개정을 단행하고는 고르바초프를 임기 5년의 소련 대통령으로 선출했다.

1990년 3월 러시아, 우크라이나, 벨로루시 등에서 공화국의 인민대의원들을 뽑는 선거가 실시되었다. 시장경제와 직선 대통령제 실시 등을 공약으로 내걸고 러시아공화국의 인민대의원으로 선출된 옐친은 1990년 5월 러시아공화국 최고회의 의장에 선출됨으로써 자신의 제도적인 권력기반을 마련하는 데 성공했다. 1989년 3월에 실시된 소연방 인민대의원 선거가 다소 보수적인 분위기 하에서 진행되었다면, 1년 후 각 공화국의 인민대의원 선거에서는 급진개혁파의 약진이 현저하게 이루어졌고, 그에 따라 러시아공화국을 비롯한 많은 민족공화국에서는 급진개혁파가 최고회의에서 헤게모니를 장악하는 결과가 초래되었다. 1990년 6월 옐친은 연방 법률에 대한 공화국 법률의 우위성, 러시아공화국 내의 자원에 대한 러시아공화국의 배타적 소유권, 연방에서의 탈퇴권 등의 내용을 담은 〈국가주권선언문〉을 발표했으며, 이는 다른 공화국들의 급진개혁파들에게 자신의 권력을 과시하는 좋은 선례가 되었다.[25]

1990년 6월 말, 소련공산당 내의 보수파들은 고르바초프의 반대에도 불구하고 이반 폴로즈코프를 제1서기로 하여 러시아공산당(КП РСФСР)을 창당했으며, 1990년 7월에 개최된 소련공산당 제28차 대회에서 고르바초프는 「인도적, 민주적 사회주의로」라는 제목의 사회민주주의적 내지 "유로공산주의적" 강령을 채택하고는 그간에 소련공산당의 정치를 규정해왔던 맑스-레닌주의를 청산했다.

인민대의원대회라는 새로운 최고기관이 구성되고 공산당의 정치 독점이 포기됨에 따라 많은 사회세력과 다양한 이데올로기들이 정치의 장(場)으로 진입했다. 그 장에는 우선 소련공산당 지도부에 포진하고 있던 사회민주주의 지향세력과 특히 러시아공산당을 중심으로 결집했던 보수주의적 공산세력, 그리고 공화국 차원에서 자신의 권력기반을 발견했던 급진적 개혁주의자들이 서로 경쟁하고 있었다. 고르바초프를 위시한 중도적 개혁세력은 정치적으로는 사회주의적 다원주의, 경제적으로는 사회주의적 시장경제라는 개념을 내세우고 있었다. 간과할 수 없는 것은, 그 다양성에도 불구하고 보수주의적 공산세력은 근본적으로 개혁 자체에 대한 거부가 아니라 소비에트 사회주의라는 체제질서의 유지를 전제로 하는 개혁을 지지하고 있었으며, 그런 의미에서 그들은 보수주의적이고 공산주의적이었다는 사실이다. 혁명성과 과학성으로 무장된 "프롤레타리아 혁명과 프롤레타리아 독재를 위한 이론과 전술"로서의 맑스-레닌주의는 대부분 그들에게도 낯선 것이었다. 급진적 개혁세력의 이데올로기는 아직 모호했다. 그러나 그 이데올로기적 방향성은 분명했는데, 하나는 서구주의적 자유주의를, 다른 하나는 러시아 민족주의를 지향하고 있었다.

1985년 3월에 고르바초프가 소련공산당 중앙위원회 서기장으로 선출된

---

25) 선언의 구체적 내용은 см.: Россия сегодня – политический портрет в документах 1991~1992, М., 1993, с.22~23.

이후, 그동안 민족문제가 완전히 해결되었다는 소련 당국의 선전에 상반되는 사건들이 계속되었다. 1986년 말, 카자흐스탄공산당 제1서기 딘무하메드 쿠나예프가 러시아인 겐나지 콜빈으로 교체되자, 이에 항의하여 알마아티에서 시위가 전개되었고, 그를 진압하는 과정에서 약 200명의 사상자가 발생했다. 1987년 6월에는 크림타타르인들이 모스크바 붉은광장에서 민족자치권과 크림에로의 귀환을 요구하는 시위를 벌였으며, 이어 8월에 발트3국, 즉 에스토니아, 라트비아, 리투아니아에서는 자신들이 소련에 병합되는 데 있어서 결정적인 계기가 된 이른바 독소비밀조약(1939년 9월에 체결)을 규탄하는 시위가 민족주의적 구호들과 함께 전개되었다. 또한 1988년 2월에 촉발된 아제르바이잔과 아르메니아 사이의 이른바 영토분쟁을 계기로 시작된 민족 갈등은 상호간의 유혈사태로까지 번졌으며, 상이한 종교적 배경을 가진 두 공화국 사이에 심각한 상호적대감을 증폭시켰다. 이런 사태들은 비록 소비에트 인민이라는 개념을 심각하게 훼손시켰지만 그래도 소연방이라는 국가체계 자체를 위협하는 수준에까지 이른 것은 아니었다.

그러나 1988년 가을부터 발트3국에서는 민족주의적 인민전선 세력이 급속히 신장되었으며, 1990년에 이르면 그 공화국들은 단순한 주권 확보에만 그치지 않고 연방으로부터의 독립을 선언하기에 이르렀다. 리투아니아와 에스토니아의 최고회의는 1990년 3월 11일과 3월 30일에 각각 소련으로부터의 독립을 의결했으며, 이어 5월 4일에 라트비아 최고회의는 일정한 유예기간이 지난 후에 독립하기로 결정했다. 물론 이 과정에서 리투아니아의 수도인 빌뉴스에 군대가 투입되는 사태가 발생했으며, 5월 14일에는 리투아니아와 에스토니아의 독립선언을 무효화하는 고르바초프의 성명이 발표되기도 했다. 하지만 이 두 공화국의 독립 의지는 1991년 1월에 수도인 빌뉴스와 리가에 군대가 투입됨으로써 잠시 억제될 수 있었다.

그러한 자치 내지 완전독립의 요구는 발트3국만이 아니라 아제르바이잔,

아르메니아, 그루지야, 몰다비아 등 다른 공화국들의 주장이기도 했으며, 심지어 러시아공화국 내에서 자치공화국의 지위를 가진 일부 소수민족들, 즉 타타르민족이나 체첸민족 등에서도 독립을 위한 민족주의적 의지가 고양되었다. 유혈충돌까지 이어지는 민족 간의 분규는 민족적 · 인종적 분포가 복잡한 카프카즈 지역에서만의 현상은 아니었다. 중앙아시아 지역에서의 민족들 간 대립도, 예를 들어 1990년 6월에 빚어진 키르기즈와 우즈벡 인민들 사이의 충돌이, 공식적 집계에 따르면, 186명이 사망하는 사태로 귀결되는 등 점차 내전의 상황으로 치달아 갔다.

페레스트로이카와 더불어 연방정부의 재정이 고갈되어가고 또 인민대의원대회라는 의회기구의 개혁을 통하여 각 공화국들의 권한이 급속히 증대된 상황에서 고르바초프 정권은 지방을 통제할 수 있는 수단들을 점차 상실해갔다. 소련 경제가 계속 악화되어가는 현실에서, 특히 지방의 인민들은 서방 세계와 비교하여 너무나도 초라한 자신의 경제적 처지가 바로 소련공산당과 정치를 독점한 러시아인들 때문이라고 생각하게 되었으며, 지방의 지도자들은 개인적 동기에서나 또는 정치적 이유에서나 모스크바로부터 보다 많은 권력을 확보하기 위해 노력했다. 혼돈이 확대되면서 이를테면 지역적 이기주의와 인종적 이기주의가 만개했고, 이에 기초한 민족주의적 선동은 소비에트 사회의 분열을 심화시켰다. 실패한 민족정책 때문에 소련이 해체된 것이 아니라, 바로 실패한 개혁정책 때문에 민족적 분규와 민족주의적 열기가 고양되었던 것이다. 1990년 6월에 행해진 러시아공화국의 〈주권선언〉에 뒤를 이어, 7월 16일에는 우크라이나가, 27일에는 벨로루시공화국의 최고회의가 주권을 선언했고, 투르크메니스탄, 아르메니아, 타지키스탄도 그 뒤를 따랐다.

이렇듯 1990년도에 이르면 민족주의는 소연방의 정치를 규정하는 중요한 요인으로 부각되었다. 그러나 이 이데올로기는 소수민족의 전유물만은 아니었는데, 무엇보다도 러시아민족주의는 소비에트 인민들의 미래가 결정됨에 있어서 큰 영향을 행사했다.

1990년 9월 18일자 ≪콤소몰스카야 프라우다≫에는 「어떻게 러시아를 건설해야 하는가(Как нам обустроить Россию)」라는 제목이 달린 솔제니친의 글이 게재되었다. 그는 여기서 러시아민족이 공산당 정권으로부터 얼마나 많은 고통을 받아왔는가를 지적하고는, 러시아의 부흥을 위해서 이민족들에 대한 불필요한 개입을 지양하고 강력한 권위주의적 중앙권력을 수립해야 한다는 내용의 민족주의적이고 국가주의적인 자신의 지론을 개진했다. 실제로 러시아인들은 볼셰비키 정권이 추진한 민족정책의 결과, 그리고 프롤레타리아 국제주의와 사회주의적 애국주의의 구호들 속에서 또한 소비에트 인민이라는 개념 뒤에서 타민족들과 비교할 때, 소연방 내에서 그들이 차지하는 비중만큼의 정치적·민족적 대우를 받지 못했다는 것은 부인할 수 없는 사실이었다. 러시아인이 총인구의 약 54%를 구성하는[26] 다민족국가인 소연방이 유지되는 데 있어서 결정적인 역할을 해온 러시아소비에트연방사회주의공화국(전 영토의 약 70%를 점유), 즉 러시아공화국은 우크라이나공화국과 벨로루시공화국 등에 주어진 UN회원국과 같은 정치적 장식도 없었고 자체적인 과학원이나 방송위원회도 없었다. 공화국 정부는 상대적으로 거의 유명무실했으며, 공화국을 대표하는 정치가는 물론 공산당도 아예 존재하지 않았다. 그런 상황은 러시아민족주의 내지 "대러시아 쇼비니즘"의 발흥이 소연방 유지에 치명적이라는 사실을 고려한 레닌-스탈린의 의도적인 정책의 결과이기도 했다. 아무튼 내적으로 러시아인이 인구 구성상 차지하는 비중이 1979년에 약 82%였던 러시아공화국 자체도 하나의 연방국가로서 그 안에는 많은 소수민족들이 자치공화국과 자치주 및 자치구라는 행정적

26) 1979년에 소련의 총인구 2억 7천만여 명 중에 러시아인(루스키)의 수는 약 1억 5천만 정도였다.

범주에서 지배적 지위를 인정받고 있었으며, 이 범주들에서 러시아인들은 오히려 상대적으로 사회적 불이익을 감수해야만 했다. 소련 인민들은 국제주의적인 삶 속에서 나름대로 민족 간의 차별과 대립을 최소화할 수 있었으나, 1980년대 중반 이후 특히 경제적인 상황이 악화되면서 민족·인종들 간 대립이 심화되는 가운데 각 지방에서 민족주의적 경향이 고조되었다. 비(非)러시아인들 사이에서 공산주의적 지배와 러시아인의 지배가 동일시되었다면, 러시아인들 사이에서는 자신들이 "비러시아적 요소들"로부터 고통과 희생을 강요받았다는 생각이 확산되어 갔다. 1917년을 러시아 역사에 있어서의 "치명적인 척추골절"이라고 묘사했던 솔제니친은 우크라이나와 벨로루시를 포함하여 오직 슬라브적 요소들만으로 구성되는 러시아 국가의 수립을 주장했으며, 이러한 류의 주장은 나름대로 광범한 지지를 획득했다. 이미 1987년 5월 모스크바에서는 '파먀치'라는 이름의 반(反)유대주의적이고 극우적인 러시아민족주의 단체가 시위를 벌였고,[27] 이러한 러시아민족주의의 발전은 파시스트로부터 온건 민족주의자들에 이르기까지 다양한 편차를 보이는 세력들이 정치무대에 등장하는 결과로 이어졌다. 물론 소련의 정치를 지배했던 이른바 국제주의적 세력은 그러한 민족주의적 발전을 혐오했지만, 그에 결부되어 있는 국가주의적 요소들과는 언제든지 협력할 준비가 되어 있었다. 소비에트 국가사회주의는 공산주의자들에게 소위 "국가물신(物神)"에 대한 숭배를 고무시켰던 것이다.

공화국들의 〈주권선언〉이 계속되던 1990년 여름 고르바초프는 새로운 국가조직에 대한 법률을 제정할 것이며 또한 공화국들의 요구들을 상당 수준 충족시킬 수 있는 새로운 연방조약을 마련하겠다고 약속했다.

소련에서 서구주의적 자유주의의 발전은 그 물적 토대가 결여된 상태에

27) 파먀치(Память)는 기억, 회상이라는 뜻이다.

서, 다시 말하면 서구 사회의 물질적 풍요에 대한 동경에 근거하여 이루어진 것이었다. 따라서 현대 러시아의 자유주의자들은 서구의 자본주의 사회에 내포된 모순과 문제들을 간과한 채 오직 완전한 시장경제야말로 인권과 풍요를 보장하는 민주주의적 질서의 견고한 토대라고 확신했고, 현실적으로는 "보다 많은 시장"을 요구하는 가운데 사회주의적 계획경제 체제의 문제를 시장경제의 부분적 도입을 통해서 해결해야 한다는 시각을 비판했다. 아무튼, 정도의 차이에도 불구하고, 1980년대 후반이면 시장경제의 전능성에 대한 확신은 하나의 이데올로기로서 소비에트 사회에 광범하게 유포되어 있었으며, 단지 자본주의라는 표현만 자제되었다.

민족주의적 선동과 대립이 이미 명백한 현실이 되었으며, 소련경제체계의 기능이 마비되기 시작하던 1990년 여름 대통령 고르바초프는 권력의 상대적 안정을 배경으로 "사회주의적 시장경제체제"로의 경제개혁을 시도했다. 이미 1990년 5월 니콜라이 릐쉬코프 총리가 이끄는 연방정부는 소위 "규제적 시장경제"에로의 단계적 이행을 계획한 경제개혁안을 최고회의에 제출했으나, 최고회의는 9월초까지 보다 구체적인 계획을 수립하라고 요구하며 그를 반려한 바 있었다.

그와 때를 같이 하여, 1990년 7월 초 러시아공화국 최고회의는 러시아 영토 내에 존재하는 은행과 모든 재산이 러시아공화국의 재산임을 선언했고, 모든 은행을 통합하여 러시아중앙은행과 지역은행으로 개조하려 시도했다. 또한 7월 20일에는 당시 폴란드에서 시행되었던 이른바 충격요법과 비슷한 '경제의 국가규제 철폐 및 사유화'라는 대담한 조치를 통해 500일 동안에 시장경제로의 급속한 전환과 경제안정을 계획한 '이블린스키 - 500일안'을 채택하고, 러시아공화국 최고회의 의장인 옐친은 고르바초프에게 전체 소연방을 위한 경제개혁안을 상기 '500일안'에 기초하여 마련하자고 제안했다. 이어 옐친은 〈러시아공화국의 경제주권 보호에 관한 법령〉을 통과시켜 그간에 연방정부가 가졌던 지하자원에 대한 권리를 부인하고 금, 다이아몬드, 우라늄 등에 관한 권리를 러시아공화국의 권한에 귀속시켰는데, 물론 그러한 옐친의 조치들은 타 공화국들의 분리주의적 운동을 크게 자극하고 또한 연방대통령인 고르바초프로 하여금 신(新)연방조약의 체결을 서두르도록 강제하는 요인이 되었다. 물론, 당시 러시아공화국의 법령이 현실에서 즉각 실현될 수 있었던 것은 아니었다.

아무튼 고르바초프가 옐친의 제안에 동의함에 따라 스타니슬랍 샤탈린의 주도하에 그리고리 이블린스키, 보리스 표도로프 등이 참여한 샤탈린위원회가 구성되어 9월 초에 '연방정부의 권한이 대폭 축소된 국가연합적 성격'의 새로운 연방 구성을 전제로 하는 '샤탈린 - 이블린스키 개혁안'이 마련되었다. 물론 '500일안'이 토대가 되었다. 러시아공화국 최고회의는 그것을 1990년 10월부터 발효시킬 것을 예상하며 즉시 승인했으나, 연방정부의 릐쉬코프 총리는, 위와 별도로, 9월 초 강력한 경제적 통제권을 갖는 중앙정부의 존재를 전제로 하는 '릐쉬코프 - 아발킨 개혁안'을 독자적으로 마련, 제시했다. 이에 고르바초프는 경제학자인 아벨 아간베갼에게 샤탈린안과 아발킨안을 절충한 새로운 계획의 작성을 지시했고, 결국 1990년 10월 중순 절충적인 최종안이 발표되었다.

이 계획에 의거하여 "규제적 시장경제"를 지향하는 경제개혁이 즉시 추진되었다. 각 기업체에 12% 이내 한도에서 외국인 투자가 허용되었고, 루블화의 상업 환율이 도입되었고, 러시아공화국에서 토지의 사적 소유를 허용하는 입법이 이루어졌으며, 또한 노조와 중앙은행의 지위에 대한 법률들이 개정되었다. 1991년 1월부터는 구(舊)사회주의 국가들에 대해 무역결제를 경화로 할 것을 요구했고, 집단농장 밖에서 개인경작을 허용하는 농업개혁이 추진되었다. 그러나 광부들의 파업이 2개월 이상 지속되며 다른 산업 부문들로 확산되고, 소매가격 인상에 따라 연방정부에 대한 민심이반이 더욱 가속화되는 등 개혁의 효과는 전무했다. 1991년 4월 하순에 고르바초프는 각 공화국들에 보다 많은 경제적 권한들을 양도할 의사가 있음을 공개적으로 표명했고, 곧 5월 초에 연방정부는 시베리아 탄광의 운영을 러시아공화국 정부에 위임함으로써 광부들의 파업을 중단시킬 수 있었다. 연방정부의 정치적 무기력이 확인될수록, 지방 지도자들에 의한 시장지향적인 자유주의적 선전과 분리지향적인 민족주의적 선동은 더욱 강화되었다.

그럼에도 불구하고, 1990년 10월 중순 고르바초프가 러시아공화국 최고회의가 승인한 '샤탈린 - 이블린스키 개혁안'을 거부하고 절충안을 최종적 경제개혁안으로 확정 발표했을 때, 러시아공화국의 현실적 무능력은 그대로 노정되었다. 많은 분리주의적 - 급진개혁적 운동세력들의 위세 확산에도 불구하고 역시 기본적 권력은 연방정부의 수중에 유지되고 있음이 확인되었다.

1990년 11월 고르바초프는 군 간부들과 가진 회의에서 '소유즈그룹' 장교들로부터 질서회복과 사임 중에 택일하라는 압박을 받았다. 이후 그의 "우경화"는 연방 대통령의 권한 강화를 위한 헌법개정(1990년 12월), 그리고 알렉산드르 야코블레프, 예두아르드 쉐바르드나제 등 측근들과의 결별 및 보수 인사들의 각료 임용 등에서뿐만 아니라, 1991년 1월 리투아니아 빌뉴스에 특수부대가 진입하여 분리주의 운동세력을 유혈 진압하고, 그 일주일 후 라트비아에서도 비슷한 시도가 감행된 것에서도 확인되었다. 또한 1991년 3월에 실시된 국민투표에서 다수의 국민들, 즉 투표자의 70% 이상이 소연방의 존속에 찬성함으로써 인민들의 지지는 연방주의자들에게 몰렸고, 그 결과 급진개혁적 민족운동세력들의 정치적 입지가 약화되는 듯 했다.

그러나 경제의 급속한 "붕괴"와 파업 확산은, 상황적으로, 고르바초프에게 분리주의적 급진개혁세력과의 신연방조약 체결을 위한 협상에 나서도록 압박했다. 1991년 4월 하순에 모스크바 근교에 위치한 노보 - 오가료보에서 시작된 '1+9 협상'은 새 연방정부, 즉 각 공화국의 권한이 확대 강화된 "소비에트주권국연방"의 창설을 위한 합의를 도출했으며(6월 17일), 이를 8월 20일에 공식 조인하기로 예정했다. 특히 협상과정에서, 1991년 6월에, 옐친이 러시아공화국의 대통령으로 선출됨(투표율 75%, 지지율 약 57.3%)으로써 급진적 개혁주의 세력들의 입지가 강화되었다.

그러나 1991년 8월 19일 연방정부 부통령 겐나지 야나예프, 총리 발렌틴 파블로프, KGB의장 블라디미르 크류츠코프, 내무장관 보리스 푸고, 국방장관 드미트리 야조프, 그리고 올렉 바클라노프, 바실리 스타로둡체프, 알렉산드르 티쟈코프 등 8인의 "보수주의적 공산세력"의 대표들이 국가비상사태위원회(ГКЧП)를 구성하고 정권 장악을 시도했다. 이들은 맑스-레닌주의적 이데올로기의 부활을 도모했던 것이 아니었다. 그들의 직접적인 목표는 신연방조약의 조인을 차단하여 소연방이라는 국가체제를 수호하고 사회적 질서를 확립하는 데 있었다. 쿠데타는 시민들의 저항과 군부 일각에서의 반발 등으로 실패했다. 휴가차 머물던 크림에서 연금 상태에 놓였던 고르바초프는 모스크바로 귀환할 수 있었지만, 분리주의적 급진개혁세력에 대한 보수주의적 연방주의자들의 패배는 양자 대립을 전제로 유지되었던 중도주의적인 노선마저 더 이상 가능할 수 없게 했다.

모든 권력은 승리한 급진개혁세력의 수중으로 집중되었다. 1991년 8월 23일 우크라이나공화국이 독립을 선포했고, 옐친은 러시아공화국에서 공산당의 활동을 금지하는 포고령에 서명했다. 다음날에는 러시아공화국의 '경제에 대한 배타적 관리'를 목적으로 하는 인민경제운영위원회가 창설되었으며, 고르바초프가 소련공산당 서기장 자리에서 물러남과 동시에 소련공산당 중앙위원회가 자진해산을 선언함으로써 1917년에 시작된 공산당 지배가 종식되었다. 또 8월 28일에는 소연방 중앙은행과 대외경제은행이 러시아공화국의 통제 하에 들어감으로써 연방정부는 경제적으로 거의 무력화되었다.

1991년 9월 이후, 새로운 상황 하에서 새로운 연방조약의 체결을 위한 노력이 고르바초프 및 각 공화국 지도자들로 구성된 국가회의(Государствен-ный совет)에서 전개되었다. 10월 중순, 각 공화국간의 경제협력에 관한 조약이 가조인되었고, 이어 소연방의 존속과 관련하여 국가연합 형태의 "주권국연방"의 창설이 대략 합의되었다. 그러나 돌연 우크라이나 지도자 레오니드 크랍축은 우크라이나공화국에서 12월 1일에 실시될 예정이던 '국가의 지위에 관한 국민투표'의 결과가 있을 때까지 연방문제에 관한 어떠한 논의에도 참여하지 않겠다는 입장을 개진했다. 결과는 완전한 독립을 지지하는 것이었고, 크랍축은 연방에의 가입을 거부했다.

한편, 1991년 9월에 이르면 러시아공화국 국무비서 겐나지 부르불리스는 "소련의 해체와, 그를 계승한 강한 러시아 국가의 창설"을 공공연히 주장하고 나섰으며, 각 공화국들의 러시아에의 합류 문제는 자율적으로 결정하도록 위임한다고 언급했다. 또한 10월 말에 러시아공화국은 옐친의 측근인 예고르 가이다르[28] 등에 의해 작성된 독자적인 '시장경제로의 이행을 예정하는 급진적 경제개혁 프로그램'의 실행을 공표했다. 그것은 가격자유화 및 사유화 그리고 통화긴축과 재정안정정책을 통하여 물가상승을 억제하는 가운데 시민들의 소비생활의 안정을 도모하면서 경제의 급진적 자본주의화를 추구하는 것을 기본 내용으로 담고 있었는데, 이는 당시 IMF의 권고사항들과 일치하는 것이었다. 물론 고르바초프는 러시아공화국의 독단적인 경제개혁 프로그램의 실행 가능성에 대하여 의구심을 표명했다.

고르바초프의 연방정부와 소련공산당의 존속이 항상 러시아공화국의 개혁정책 및 자신의 정치적 지위를 위협할 수 있다는 현실을 잘 이해하고 있던 옐친은 "악의 근원"을 완전히 제거하기로 작정했다. 그는 1991년 11월 초 소련공산당 및 러시아공산당을 불법화했으며, 이어 기왕의 연방구성에 관한

28) 가이다르는 1991년 11월 초 러시아공화국 제1부총리 겸 재정경제장관에 임명되었다.

합의를 폐기하고 대신 독립국가연합의 구성을 골자로 하는 러시아, 우크라이나, 벨로루시 3국들 간의 논의를 주도했다. 결국 그에 대한 합의를 내용으로 하는 벨로베스크협정이 12월 8일 체결되었으며, 곧이어 12월 21일에는 그루지야와 발트3국을 제외한 11개 공화국의 지도자들이 알마아타에 모여 "어떠한 입법, 사법, 행정 기능도 갖지 않고, 주로 조정 기능만 부여된 국가연합"의 창설을 다시 선언함으로써 소연방은 전혀 내용 없는 형식으로만 남게 되었다. 12월 25일자로 고르바초프는 소연방 대통령직의 사임을 공식 발표했고, 레닌이 만든 소비에트사회주의공화국연방, 즉 소비에트연방은 그 존재를 완전히 중단했다.[29)]

이렇듯, '8월의 쿠데타' 이후 러시아공화국 정부에로의 급격한 권력 집중이 진행되는 가운데 옐친을 중심으로 하는 급진개혁세력의 정치적 실천은, 우선, 형식만 남은 중앙권력으로서의 소연방을 해체하고, 다음에 자신들이 지지하는 시장경제로의 개혁을 추진하는 것으로 귀결되었다. 이 과정에서 소련의 해체와 더불어 발생하게 되는 문제들이나 또는 상실될 수도 있는 것들에 대한 고려는 개혁주체들에게 불필요한 것이었다. 단지 "비문명적인 비러시아적 요소들"로부터 해방되어 부담 없이 러시아만의 "서구화의 길"을 재촉할 수 있다는 것이 커다란 행운이라고 생각되었다. 이 순간 러시아민족주의는 서구주의와 모순될 수 없었다. 또한 통화주의적 이론에 입각한 예고르 가이다르의 경제개혁정책은 사회주의와 자본주의의 장점의 결합을 지지하는 J. 갈브레이드의 이론이 아니라, 사회주의(경제)에 대한 철저한 비판가들인 F. 하이에크나 M. 프리이드만 등의 시장경제에 대한 (신)자유주의적 신념에 기초를 둔 것이었다. 아무튼, 분리주의적 자유주의로 치달은 민족주의적 이념과 더불어 서구주의적인 자유주의 이데올로기는 결국 현대 러시아

29) 소련 해체와 동시에 러시아공화국(РСФСР)은 러시아연방(РФ)으로 국명이 변경되었다.

의 급진적 개혁정치를 규정한 기본 요인들이었으며, 결국 소연방의 해체는 맑스-레닌주의 및 사회민주주의적 이념에 대한 러시아민족주의와 서구주의적 자유주의의 승리를 의미하는 것이었다. 그러나 '위대한 자유주의의 시대'가 본격 개막됨과 동시에 러시아민족주의 세력은 자신의 정치적 과오를 자각하게 되었다.

4. 옐친의 개혁정책과 러시아 자유주의

(1) 1992년~1993년: 서구주의적 자유주의의 지배

소비에트 이데올로기가 정치결정론을 설교했다면, 급진개혁파의 신조는 경제결정론에 기초한 것이었다. 경제적 자유가 바로 정치적 민주주의의 토대라는 그들의 신념은 러시아 인민들의 광범한 지지를 획득했다. 특히 러시아공화국 정부에 포진했던 급진개혁세력은 시장에 대한 신념과 더불어 다당제, 법치국가, 권력분립, 정치적 의지표시에 있어서의 만인평등 등을 포함하는 정치적 민주주의에 대한 자신의 믿음을 자주 강조했으며, 여하한 형태의, 심지어 경제개혁의 이행기에 있어서도, 권위주의적 통치형태를 완강히 배격했다. 그러나 곧 확인되는 것처럼, 급진개혁세력의 소위 "개혁주의 이데올로기"는 구체적인 정치 · 경제적 변혁을 위한 체계적이고 과학적인 프로그램을 결여하고 있었다. 단지 이들은 국가에 의해 통제되지 않는 자유시장경제의 마력에 도취되어 있었다. 1991년경에는 온건한 개혁주의자들조차도 경제에 대한 국가의 여하한 통제도 배격하면서 소위 "규제적 시장"이라는 개념을 비판했다. 오직 철저한 시장주의적 경제원리에 따른 개혁이야말로 러시아가 서구 선진국의 대열에 보다 빠르게 진입할 수 있는 유일한 방법이라고 강조되었다.

1992년 1월부터 가격자유화, 상업의 자유화, 주택과 국영기업 등에 대한 사유화 조치의 순서로 진행된 예고르 가이다르의 급진적 경제개혁, 즉 자본주의화 프로젝트는 이미 IMF에 의해 폴란드에 권고되어 실행되었던 충격요법에 부합하는 것이었다.

1992년 1월 2일, 곡물, 우유, 주류, 주거, 교통, 연료 등 일부 품목을 제외한 대부분의 소비재 상품에 대한 가격자유화 조치가 취해졌으며, 28%의 부가가치세가 도입되었다. 이와 관련하여 2~3배의 물가상승을 예상하는 가운데 러시아 정부는 70%정도의 임금, 연금, 가계에 대한 각종 정부보조금의 인상을 계획했다.[30] 물론 어려움이 예상되었다. 옐친은 정책을 설명하며 "그리 길지 않은 약 6~8개월 정도의 어려움"을 견뎌줄 것을 요청했으며, 또한 계획의 입안자인 가이다르는 대략 3개월이 지나면 가격이 하락하기 시작할 것이라고 개혁을 낙관적으로 전망했다. 그러나, 예상과는 달리 즉각 1/4분기에만 최소 10~12배 이상의 물가상승이 야기되었고, 전체적으로 1992년 한 해 동안 약 2,600%의 인플레이션이 발생하는 등 시민들의 실질소득은 급격히 감소했다. 그랬음에도 그것은 시작에 불과했다.

유사한 낭만주의적 전망이 과거에도 있었다. 10월혁명 직후인 약 70여 년 전에, 레닌은 러시아에서 국가의 소멸을 말하기 위해서는, 즉 공산주의의 실현을 언급하기 위해서는 적어도 2~3년이 필요하다고 당대회에서 발언한 바 있었다.

---

30) 1992년 2월에 발간된 러시아 정부의 경제정책 백서에 따르면, 1991년 1월에 약 90%에 달하는 소비재 상품과 약 80%의 소비재 생산물품의 가격이 자유화되었으며, 즉시 3월 말까지 아파트, 주택과 관련된 공공시설, 그리고 대중교통 부문을 제외한 모든 소비재 상품 및 서비스에 대한 가격 통제를 폐지할 것을 예정했다. 연료에 대한 조속한 가격자유화의 필요성도 강조되었으며, 1993년 말까지는 국제가격 수준까지 인상할 것을 계획하고 있었다. 1991년 4월까지 50~75%의 물가상승을 예상하고 있었으며, 동시에 기업에 대한 보조금을 감축하여 1992년도 4/4분기에는 재정적자를 청산할 것이 계획되었다.

아무튼, 또한 1992년 1월 말에 공포된 상업자유화에 관한 대통령 명령은 상품공급의 촉진 및 활성화를 목적으로 했고, 특히 수입관세를 완전히 철폐하는 등의 수입자유화 조치를 통해서 시장에서의 상품기근을 해소하는 데 주력했다. 물론 무역의 완전한 자유화는 사적 시장거래의 발달을 촉진하기 위한 목적도 가지고 있었다. 동시에 엄격한 통화관리와 긴축재정정책을 통하여 물가상승의 억제를 시도했다. 결과는 참혹했다. 사회주의적 계획경제를 자본주의 경제로 전환시키기 위한 IMF의 프로그램은 기존의 경제체제에 대한 개선이 아니라 사회주의 경제의 완전한 해체를 목적으로 하는 것이었다.

사유화를 위한 논의는 이미 고르바초프 시대의 경제개혁과정에서 시작되었다. 1991년 7월에 러시아공화국 최고회의는 〈러시아공화국의 국영 및 공영기업들의 사유화에 관하여(О приватизации государственных и муниципальных предприятий в РСФСР)〉라는 법령을 제정했으나 후속 조치가 부재했다. 그러다가, 1991년 12월 말 러시아공화국 정부는 드디어 사유화 프로그램을 위한 기본 원칙들을 확립했고, 이에 따라 사유화를 위한 구체적인 법적 근거가 마련된 1992년 3월경부터 경매를 통한 국영상점의 매각 등의 방식을 통하여 본격적인 사유화가 진행되게 되었다.

1992년에 걸쳐 경공업, 식품공업, 건축, 상업, 낙농 등의 분야의 기업들 중의 절반 이상에 대하여 사유화가 기획되었다. 1992년 8월에 〈사유화 증권에 대한 명령〉이 공포되고, 이후 1993년부터 사유화는 본격적으로 진행되었다.[31] 그러나 농업의 경우, 토지에 대한 사적 소유권 인정에 따른 토지 분할이 1993년 봄 이후 거의 중단됨으로써 농업부문에서의 사유화는 당분간 더

31) 사회에 사유화 기금을 제공하여 건전한 중산층을 육성한다는 목적으로 1992년 10월부터 시민들에게 교부된 사유화 증권의 액면가는 당시 평가된 러시아 국유자산의 시장가치를 총인구수로 나눈 값인 1만 루블이었다.

이상 진행될 수 없었다.

극단적 인플레이션과 산업해체,[32] 그리고 기업활동의 혼란과 시민들의 급속한 빈곤화 등을 초래한 가이다르 행정부의 경제정책은 우선 국영기업과 협동농장, 군산복합체 등의 이해관계를 대변하는 인민대의원들의 신랄한 비판에 직면했다.

1993년에도 이른바 경제해체가 계속되었다. 1990년을 기준으로, 1993년의 전반적인 공업생산 수준은 59.8%에 불과했다. 구체적으로 연료 · 에너지 분야는 81.2%, 기계산업 분야는 58%, 식품산업은 65.1%, 경공업 분야는 46.7%의 수준에 불과했으며, 투자는 국내총생산의 8% 수준으로 감소했다.[33] 엄청난 물가상승(hyperinflation)은 계속되었으며, 경제적 불평등을 측정하는 지니지수는 개혁이 시작된 후 2년 동안 0.256에서 0.346으로 높아졌고, 실업률은 1993년 11월에 10.4%에서 1994년 2월에는 13.7%로 상승했다.[34]

후에 문제로 지적된 것은 가격자유화에 따른 물가상승이 예상보다 훨씬 급속했다는 점과, 그렇지 않아도 소연방 해체에 따른 경제시스템의 마비로 인해 위기상황에 처한 생산은 국가구매 및 국가보조금이 폐지되는 가운데, 또한 시장이 채 발견되기도 전에 자립을 강요받음으로써 전면적 붕괴, 즉 완전한 경제해체의 국면에 봉착했다는 사실이었다. 소비재의 상품기근은 서방으로부터의 상품수입 및 "인도주의적 원조(гуманитарная помощь)"에 의해 그런대로 해결될 수 있었다. 그러나 극단적인 물가상승은 중하류계층의 룸펜화를 심화시켰고, 재정안정화를 위한 세원(稅源)은 전혀 확대될 수 없었으며, 중앙권력의 약화 및 특히 고율의 세금은 경제의 지하화를 촉진하는

32) 1992년도 3/4분기까지의 경우에만 산업 분야별, 상품별로 약 20~30%의 생산력 감소를 경험했다.

33) 1989~90년도에도 약 17% 수준을 유지했다.

34) См.: Согрин В.В. Поилитческая история современной Россиии, М., 1994, с.175~176.

가운데 관료의 부패 심화 및 경제의 "마피아화"를 조장했다. 사유화 증권의 발행에도 불구하고 주로 노멘클라투라 출신 인사들이 사유화의 배타적 수혜자가 되었다. 사회의 양극화, 빈곤화, 범죄화는 결국 개혁에 대한 저항을 더욱 확대, 상화시키는 결과를 초래했다.

옐친 정권의 급진적 개혁정책은 이른바 천민자본주의(pariah - capitalism)가 육성되는 결과를 초래했지만, 그럼에도 불구하고 그것은 현대 러시아에서 소비에트 국가사회주의 체제 또는 '혁명적 전체주의' 체제가 더 이상 가능할 수 없도록 그 사회경제적 토대를 완전히 용해시켜버렸다. 그것은 과격한 자본주의 혁명이었다. 이 혁명을 비판하는 세력들은, 구체적으로, 보다 용의주도한 개혁을 요구하는 "건설적 반대파 세력"부터 새로운 사회주의 혁명의 당위성을 언급하는 소수의 급진좌파에 이르기까지 다양했다. 그러나 자본주의 혁명이 진행될수록 거의 모든 정치세력들이 역사적 대세에 순응했다. 어차피, 특히 1960대 이후, 소련공산당은 실질적으로 맑스-레닌주의적 혁명성을 상실하지 않았는가! 그런 까닭에 좌파세력들의 우경화는 자연스러운 결과였으며, 후에 이들을 통합하는 러시아공산당은 소비에트 사회주의 체제로의 회귀 또는 새로운 사회주의 혁명을 추구하는 맑스-레닌주의적 혁명정당이 아니라, 노동자, 농민, 노인층 등 자본주의화 과정에서 소외된 계층들의 이해관계를 "문명적 방식"으로 대변하는 사회민주주의적 정책정당 내지 국민정당으로 변모했다. 체제전환기의 폴란드에서 재무장관을 지냈던 레제크 발체로비치의 확신처럼, "급격한 경제개혁이야말로 자본주의로의 길을 바꾸어 놓지 못하게 만드는 확실한 안전장치"였다. 물론 그 과정은 정치적 격변을 수반했다.

1990년대 초 러시아에서는 무엇보다도 국가체계의 문제와 시장경제로의 이행 문제가 정치과정상의 중심 문제였다는 사실을 이해하는 것은 현대 러시아에서의 정치적 전개를 고찰함에 있어서 필수적이다. 국가체계의 문제는 소련의 붕괴 이전, 특히 러시아공화국의 〈주권선언〉과 더불어, 그리고 자본주의화의 문제는 특히 1990년도 여름 이후 이미 불거져 있던 것으로서, 여기에 다른 차원의 문제들, 즉 맑스-레닌주의라는 국가 이데올로기의 거부 및 공산당 불법화의 문제, 민족문제, 도덕 · 심리적 가치의 혼란, 그리고 서방과 인접 국가들에 대한 정책과 관련된 지정학적 내지 국제정치적 차원의 문제들이 부가되었고, 전체적으로 그러한 문제들에 대한 태도에 따라 개인이나 정당 등 각 정치주체들의 입장이 규정되었다.

구체적으로 1990~91년 사이에 정치의 장에서는 고르바초프의 중도주의적 노선을 기본 축으로 하여 "민주 - 개혁세력"과 "보수 - 공산세력"과의 대립구도가 형성되었으며, 특히 1991년 '8월의 쿠데타' 이후에는 연방의 해체 및 러시아공화국의 국가체계 확립 문제를 둘러싼 의견 대립이 문제의 중심에 위치하게 되었다. 결국 이 문제와 관련하여 "민주 - 개혁세력"이 분열했으며, 결과 옐친 정권의 노선에 대항하여 일부 민주적 인사들까지 가세한 새로운 반대파가 결성되어 "전통", "민족주의적 애국주의", "강한 국가의 수호"라는 기치를 내걸었다. 이에 대하여 러시아 정부권력은 경제개혁의 심화 및 새로운 현실에의 적응을 주장했다. 동시에 통화주의적 이론에 기초한 가이다르 행정부의 급진적 경제개혁에 따라 발생한 산업해체 및 대다수 시민들의 룸펜화는 많은 정치세력들로 하여금 "근로자의 생존권 보장 및 경제 정상화"라는 구호 아래 정부의 급진적 경제개혁을 적극적으로 비판케 했다. 이러한 경향은 급진적인 좌파세력들뿐만 아니라, 사회주의적 노조들, 최고회의 내 애국주의적 분파들, 나아가 "민주 - 개혁세력" 내부에서도 두드러지게 나타났다. 결국 1990~1991년 사이 민주개혁적 성향의 대의원들이 친공산주의적 성향의 대의원들에 비해 정치적으로 우세했던 러시아공화국 최고회의에서는 1992년도 이후에 오면 옐친 정권의 소연방 해체를 비난하고 경제개혁노선에 반대하는 "보수 - 공산세력"이 전체적으로 우세하게 되었으며, 1992년 말에 이르면 옐친 정권에 대한 반대파가 러시아공화국 최고회의의 다수를 점유함에 따라 정부와 의회가 대립하는 이중권력적 상황이 첨예화되었다.

결국 소연방의 해체와 옐친 행정부의 급진적 경제개혁은 상호협조적이었던 러시아연방의 행정권력와 입법권력이 극단적으로 대립하게 되는 결정적 계기가 되었다. 물론 "민주 - 개혁세력"과 "보수 - 공산세력"의 대립이라는 정치판의 기본 구도는 현상적으로 볼 때 그대로 유지되었다. 그러나 러시아민족주의 세력들이 "반(反)인민적" 노선을 추구하는 서구주의적 자유주의자들과 결별하고 이제 보수주의자들과의 협력을 모색하게 되면서 정치적 격변이 예고되었다.

아무튼, 흔히 그렇듯이, 러시아연방에서도 대부분의 정치세력은 정당의 형태로 조직화되어 있는데, 1990년 봄에 공산당의 지도적 역할을 부정하고 다당제가 도입된 이후, 1991년 후반에는 공식 등록된 정당만도 12개에 달했다. 그러나 그 무렵, 대부분 극히 소규모적이었던 다수의 초기 정당들은 급속한 정치적 변화라는 현실 속에서 근대적 정책정당이라기보다는 명망가적 인물정당의 모습으로 보이는 가운데 정치적 이합집산을 계속했다. 당연하게도 정당들 대부분의 강령에는 그들의 정치적 지향들이 중첩되어 나타나는데, 예를 들면, 거의 모든 정당들이 시장, 개혁, 민주화, 러시아의 주권 강화, 혼합경제, 다원주의 등을 지지하고 있었으며, 결국 얼핏 보기에 정치적 차이는 노선의 본질에 있다기보다는 그 방법과 형태에 근거를 둔 듯했다. 하지만 그럼에도 불구하고 이미 당시 정당들의 운동은 자유주의, 사회민주주의, 러시아민족주의라는 세 개의 이데올로기적 지향들에 의해 분명히 규정되고 있었다.[35]

---

35) 1990년대 초 러시아의 정당 및 운동세력들의 자세한 모습에 대해서는 특히 см.: Россия сегодня—политический портрет в документах 1991~1992, М., 1993.

1990년 초에 실시된 러시아공화국 인민대의원 선거에서 “민주러시아”라는 기치를 내걸고 단합했던 민주개혁세력들은 옐친과 최고회의에서 연대하기로 합의했으며, 이어 러시아민주당(ДПР), 자유러시아인민당(НПСР), 러시아연방공화당(РПРФ), 러시아연방사회민주당(СПРФ), 러시아기독민주운동(РХДД) 등이 참여하여 시민사회 창출을 목적으로 진보적이고 급진적인 정치적, 사회경제적 개혁을 실현하기 위한 ‘민주러시아운동’의 창립대회가 1990년 10월에 개막되었다. 민주주의를 표방하는 거의 모든 정당 및 사회운동단체의 대표들이 그 대회에 참석했고, ‘민주러시아운동’은 러시아공화국 인민대의원대회에서 200명 이상의 대의원을 규합한 막강한 분파가 되었다. 대회는 옐친을 러시아공화국의 대통령 후보로 지명했다.[36]

1991년 여름까지 ‘민주러시아운동’은 가장 영향력 있는 민주운동조직으로 유지되었으나, 1991년 11월에 개최된 2차 대회에서 러시아민주당, 러시아기독민주운동, 입헌민주당(КДП)이 참여한 인민화합블록(1991년 4월 결성)이 ‘민주러시아운동’의 급진주의와 특히 소연방의 해체 문제에 이견을 갖고 ‘운동’을 탈퇴했으며, 이후 지도부의 갈등은 ‘운동’ 내부에 급진파와 온건 - 실용파라는 두 파벌의 대립으로 귀결되었다. 두 분파는 모두 가이다르 행정부의 개혁을 지지하고 있었으나, 급진파가 러시아의 경제적, 사회정치적 지배구조가 전혀 변하지 않은 상황에서 “노멘클라투라의 복수 위험성”과의 투쟁이 민주세력의 1차적 과제임을 강조하며 개혁의 지속적 추진을 요구하는 가운데 최고회의에서 경제계 출신 인사들과의 타협을 모색하는 옐친 정권에 대한 비판적 지지를 표명했다면, 온건 - 실용파는 ‘민주러시아운동’의 옐친에 대한 건설적 비판의 권리를 인정하는 가운데 대통령에 대한 정치적 지지 메커

36) 러시아공화국 인민대의원대회는 인구비례로 선출된 900명과 자치공화국, 자치주, 자치구 등 지방행정조직 대표자 168명, 즉 총 1,068명의 인민대의원으로 구성되었다.

니즘의 창설과 현실적 권력구조와의 협력, 즉 민주적 성향의 구체제 관료들 및 기업가들과의 제휴 필요성을 강조했다. 이 대립으로 급진파는 결국 '운동'에서 이탈하게 되었으며, 1992년 여름 마리나 살리예 등을 위시한 급진파가 새로운 사회운동조직인 러시아제헌동맹을 결성함으로써 '민주러시아운동'의 와해가 확인되었다.

급진적 경제개혁과 관련하여, 1992년 봄부터 경제계 인사들의 정치적 요구들이 활발하게 제시되었고, 그들의 지향은 새로운 국가체계 창조 및 경제에 대한 실용적 접근 필요성을 염두에 둔 것이었다. 그 해 여름에는 기존의 국영 대기업들인 군산복합체의 경영인들을 중심으로 구성된 '산업동맹'을 이끌던 아르카디 볼스키와 경제자유당(ПЭС)의 콘스탄틴 바라보이 등의 주도로 '시민동맹'이 결성되었다. 새로 부상하는 자유기업인 계층을 상징하는 경제자유당은 가이다르 행정부의 정책에 대한 비판자로서 '산업동맹'과 연합했지만, 양자는 서로 다른 시각을 견지하기도 했다. 신(新)기업가 계층이 경제에 대한 국가 개입에서 전체주의의 환영(幻影)을 발견했다면, 노멘클라투라 출신의 기업인 그룹은 생산에 대한 독점과 국가의 주문, 중앙집권화된 계획 등의 필요성을 배제하지 않았다. 그러나 이들의 공통적 지향은 "혁명적 과격함에 반대하고 현실적인 개혁전략을 요구"하며 "사회적 안정과 법질서 확립, 그리고 경제성장의 유지 및 제고를 가능케 하는 새로운 국가체계의 적극적 발전"을 목표로 삼았던 '시민동맹'의 프로그램에서 발견되었다.

가이다르 행정부의 경제개혁정책에 대한 현실적 수정을 과제로 삼았던 "건설적 개혁세력들"의 중도주의적 선거블록으로서의 '시민동맹'은 '산업동맹'을 근간으로 한 정치연합인 '전 러시아동맹 "부흥"(ВСО)', 러시아민주당, 자유러시아인민당, '교체 — 신정치(Смена-Новая политика)', 러시아청년연맹(РСМ), 입헌민주주의자당(ПКД), 러시아인민당(РНП) 등의 대표자들을 포함하는 정치세력들과, 사회운동 및 노조의 지도자들, 기업가 그룹, 문화예술계 엘리트들, 산업계와 학계의 인텔리겐치야 등 광범한 사회세력의 대표들을 포괄했다. 최고회의 내에서 '시민동맹'의 입장은 인민대의원 블록인 '민주중앙'에 의해 대변되었으며, 이들은 시장으로의 이행에 있어서 국가 규제의 확대 및 강화를 전제로 하여 옐친의 개혁노선에 대한 지지를 표명했다. 이러한 입장에서 '시민동맹'은 시장지향적이 아니라 사회적으로 지향된 개혁의 실현을 내용으로 하는 정책대안을 작성 제시했다. 그러나 '시민동맹'은 광범한 사회세력들을 대변하고 있다는 스스로의 믿음에도 불구하고 사실상 대중들과의 조직적 연계를 갖고 있지 못했다. 물론 그러한 상황은 당시 대부분의 정치세력들에 해당되는 것이기도 했다.

결국 '민주러시아운동'을 중심으로 결집했던 자유주의 지향세력들은 우선 소연방 해체를 비판하는 인민화합블록이 이탈함으로써 일단 그 세(勢)가 약화되었으며, 특히 예고르 가이다르의 급진적 경제개혁에 대한 비판이 확산됨에 따라 원내세력으로서의 '민주러시아운동'은 신자유주의적 자본주의 및 원론적 민주주의를 지향하는 급진개혁적인 자유주의 세력과 실용주의적인 중도개혁세력으로의 분열을 겪으며 와해되었다. 최고회의에서의 지지기반을 상실한 옐친은 특히 노멘클라투라 출신의 기업인들이 가세한 '시민동맹'과의 제휴를 모색했다. 그에 따라 가이다르 등을 위시한 서구주의적 자유주의 세력은 정치의 장에서 점차 소외되어 갔으며, 자유주의 진영에서의 정치적 무게중심은 실용주의적 온건개혁세력 쪽으로 이동했다. 1992년 말 가이다르의 퇴진 이후에는, 당연하게도, 경제정책 노선상의 일부 변화가 목격되었다.

현대 러시아에서 자본주의 혁명과 더불어 자유주의 세력들이 분열과정을 겪었다면, 소련공산당의 몰락과 더불어, 특히 1991년 11월 공산당 불법화 조치에 따라 좌절을 겪었던 사회주의 세력들은 역으로 재통합의 과정을 경험했다. 급진개혁세력과의 투쟁을 주된 과제로 규정하며 1990년 6월에 소련공산당 내 보수파에 의해 결성된 러시아공산당(КП РСФСР)이 소련공산당과 더불어 해산되면서 단편화된 군소 사회주의적 정당들이 출현했다.

그들 가운데 1991년 11월 조직되어 4만~8만의 당원을 확보한 러시아공산노동당(РКРП)은 자신을 소련공산당의 정통 계승자로 내세우면서 여러 조직체가 규합된 '노동러시아'라는 운동단체를 조직했다. 빅토르 안필로프, 알베르트 마카쇼프 등으로 대표되는 러시아공산노동당에 대한 적극적 협력세력은 니나 안드레예바 등이 주도했던 전연방볼쉐비키공산당(ВКПБ)이었다. 이들은 모두 옐친 퇴진, 시장경제 반대, 소연방 복원 등을 요구하며 1992년에 전개되었던 수많은 시위들의 조직자였다. 또한 공산주의자동맹(СК)과 러시아공산주의자당(РПК)도 적극적인 반(反)정부세력이었다. 공산주의 지향세력들의 강령은 대개 근로자들의 이익수호, 급진적 경제개혁의 거부, "자본주의화의 위협을 차단하고 사회주의적 발전으로 복귀하기 위해 필요한 경제적, 정치적 조건들의 조성" 등을 내용으로 했다. 물론 러시아의 국가적 통일성 회복과 소연방의 복구는 비록 실현가능성이 희박한 것이었지만 시민들로부터 일정한 지지를 확보하기도 했다.

다른 사회주의 운동조직들은 소비에트 사회주의를 현실적으로 이미 낡은 것으로 규정하는 가운데 이념적으로 "비정통적"인 입장을 취했다. 이들은 사회주의적 혹은 사회민주주의적 입장에서 일정한 조건을 전제로 사적 소유를 인정하고, "시장과 경제계획기관들의 효율적 결합", "근로자의 이익을 위한 소유의 탈(脫)국가화"를 승인했다. 동시에 "전체주의적-관료주의적 체제의 유산"을 거부하고, 진정한 사회주의적 전통을 유지를 역설하는 가운데 "연방제적인 다민족국가체계"을 지지했고, 옐친 정권의 "반(反)인민적 정책"을 비판했다. 공산주의자동맹도 소유형태의 문제에 있어서는 유연한 입장을 취했는데, 사회주의와 소비에트 권력 및 소연방의 복원 등의 문제와 관련해서는 러시아공산노동당이나 전연방볼쉐비키공산당과 같은 목소리를 내면서도 공산주의자동맹은 국가의 경제에 대한 계획관리가 "조절되는 시장" 및 생산수단에 대한 사적 소유의 발전과 결합되는 체제가 목적 합리적이라고 판단하고 있었다.

이러한 점에서 일관된 입장을 유지하고 있던 것이 "이교도" 출신인 로이 메드베제프, 아나톨리 데니소프 등에 의해 지도되던 근로사회당(СПТ)이었다. 자신이 소련공산당의 적자임을 강조함과 동시에 서구적 사회민주주의를 지향했던 근로사회당은 고전적 맑스주의와 볼쉐비키적 실천에서 많은 유토피아성(性)과 오류가 있었음을 인정하는 가운데, 노동, 무상보통교육, 보건에 대한 권리, 그리고 사회보장이라는 사회주의의 성과를 유지하면서 시장경제적 효율성을 확대하자는 주장을 강령의 핵심으로 삼았다.

아무튼, "빨갱이"가 지탄받는 현실 속에서 러시아공산당을 계승하는 주류로서의 "보수 - 공산세력"이 사회에 적응하는 방법은 우선 애국주의적 색채를 지닌 새로운 정치단체를 조직하는 것이었다. 1991년 말 러시아공산당 중앙위원회 간부였던 겐나지 쥬가노프는 이반 폴로즈코프 등과 함께 '민족애국동맹'을 설립하고 "민족 - 애국세력"의 확대회의를 개최한 다음 자신들의 정치적 지향을 "애국주의, 강한 국가, 조국"으로 상징화하면서 "인민들"의 단결을 호소했다. 이른바 '애국적 공산주의'라는 개념은 사회주의 세력이 민족주의적 세력과 연대하는 계기로 작용했으며, 그 구체적 성과가 1991년 12월 말 개최된 "통일된 위대한 러시아"를 위한 대회에서 조직된 '러시아인민애국세력조정회의'였다. 또한 1992년 2월 말에 모스크바에서 공산주의자들이 벌인 시위에 대해 가해진 정부의 단호한 진압을 계기로 표출된 러시아민족주의자들의 대(對)정부 비판은 사회주의 세력들과 민족주의자들의 결합을 확인하는 것이었으며, 이미 그 해 2월 초 "좌(左)도 우(右)도 아닌, 자신의 몸에서 시행되는 서구적 실험을 용인하지 않으려는 슬라브인들의 운동"을 표방하며 조직된 러시아민족회의(РНС)의 지도부에는 좌우파 인사들이 망라되어 구성되어 있었다.

아무튼 불법화의 상황에서, 사회주의 세력들의 통합이라는 명분은 모두의 지지를 확보하고 있었으나, 실제 각 세력의 다양한 강령 및 자신의 역사적 대표성에 대한 주장은 공산-사회주의 지향세력의 결속을 방해했다. 우여곡절 끝에, 1992년 9월 '러시아공산주의자정치협의조정회의'의 설립이 합의되었고, 1992년 10월에 모스크바에서 개최된 "소련공산당 제20차 전국협의회"는 소비에트 권력과 소연방의 재건, 소련공산당의 부흥을 주장하면서 "공산주의자들의 단결"을 요구했다.

공산당 불법화 조치가 위헌이라는 헌법재판소의 결정(1993년 1월)을 계기로 사회주의 세력들은, 1993년 2월, 모스크바 근교에서 열린 '러시아공산주의자대회'를 통하여 러시아연방공산당(КПРФ)으로 통합, 결속되었다. 그 해 3월 러시아연방공산당은 모두 52만 7천 명의 당원을 보유한 합법정당으로 정식 등록되었으며, 당강령에 '애국적 공산주의'라는 개념을 채택하는 가운데 사회민주주의적으로 경도된 또는 일정 수준 탈이데올로기화된 면모를 보여주었다. 물론 일부 공산주의적 급진세력들은 겐나지 쥬가노프를 중심으로 하는 러시아연방공산당을 "원칙에서 이탈한 우경주의자"로 비난하며 참여를 거부하고는 독자적으로 활동했다. 하지만 옐친 정권의 실패가 누적될수록 러시아연방공산당은 반(反)옐친 진영의 중심에 위치하게 되었으며, 결국 1995년 봄에 이르면 모든 사회주의적 정당들을 통합하는 데 성공할 수 있었다. 물론 러시아연방공산당에 결집한 사회주의 세력들의 내부 균열이 완전히 해소되었다고 할 수는 없더라도, 이미 좌파적 급진주의는 단지 주변에 불과한 존재로 남게 되었다.

민주주의와 국가체계 간 관계의 변증법은 각 정당의 본질적 지향을 이해할 수 있는 시금석일 수 있다. 자유주의적 민주주의 지향세력은 시장경제, 다원주의적 사회구조, 다원적 소유관계 등을 포함하는 민주주의 개념을 수

위에 놓으면서 이 개념에 현대적 문명국가로서의 러시아라는 포괄적 가치를 종속시켰지만, 민족주의-국가주의 지향적 정당들 및 많은 신(新)공산주의적 세력들과 "쇄신파(обновленцы)"는 민주주의적 속성들을 특정한 조건의 국가체계에 대하여 부속적인 것으로 간주했다. 아무튼, 민족주의적-애국주의적 이념은 서구주의적 자유주의에 대한 다양한 반대파 세력들을 결합시키는 중요한 계기였다. 이미 1992년 중반, 당시 애국주의적 인민주의 혹은 인민주의적 애국주의라고 규정되었던 조류가 확고하게 형성되었는데, 특히 소연방의 붕괴에 의해 더욱 심화된 사회주의의 총체적 위기, 그리고 러시아의 역사적 자기축소, 정치적 권위상실, 그리고 경제적 룸펜화에 따라 빚어진 러시아 국민들의 정체성 상실이라는 상황하에서 애국주의적인 호소는 그러한 사태를 초래한 집권세력에 대한 비판자들이 국민적 지지를 구할 수 있는 확실한 방법으로 간주되었다.

민족주의-국가주의 지향세력은 반(反)유대주의적 극우단체인 '파먀치'를 비롯하여 러시아기독민주운동, 인민자유당(ПНС), 러시아민족공화당(НРПР), 러시아전인민동맹(РОС), 러시아인민회의운동(ДРНС), 군주중심전러시아당(ВПМЦ), 러시아민족부흥당(РПНВ), 러시아민족주의자동맹(СРН), 좌우반대파연합(ОЛПО) 등의 러시아정교 운동세력과 군주제 지지세력 및 신(新)공산주의자들에 이르기까지 광범했는데, 물론 서로는 국가체계에 관한 상이한 개념들을 유지하고 있었다. 이들 모두는 서방의 자유민주주의 국가와는 구별되어야 하는 '러시아의 대국성(大國性, державность)', '유라시아적 독자성', '위대한 러시아적 이념' 등의 모호한 개념들을 수용하고 있었으나, 특히 신공산주의자들은 소연방의 복원을 요구했으며, 혹자는 군주제를, 다른 세력은 러시아정교의 이념에 입각한 제국을, 또 다른 일부는 순수한 러시아인의 국가를 창설할 것을 주장했다.

급진적 자유주의자들이 개혁을 빙자하여 자행한 국가해체에 분개한 전국

52개 도시의 러시아민족(국가)주의 단체들의 대표들은 1992년 2월 니즈니-노브고로드에 모여 러시아민족회의(PHC)의 창립대회를 개최했다. 이 무렵 '러시아의 부흥을 지지하는 장교들의 동맹'을 주도했던 알렉산드르 스테를리고프는 강령 보고를 통해 "러시아의 실제적 부흥 및 러시아가 세계 문명의 쓰레기 구덩이 속으로 들어가는 것을 막기 위한 투쟁에 모두 연합할 것"을 강조하는 가운데, 구소련 영토 내에서 새로운 러시아 국가를 재건하는 것이 러시아민족회의의 기본 과제임을 분명히 했다. 경제강령으로는, 산업해체를 막기 위한 방편으로 대기업에 대해 국가 주문을 일단 유지하면서 점차 단계적으로 감축(70%에서 10%로까지)할 것과 가격동결 및 임금인상을 요구했다. 정치적으로는 "러시아의 분할을 지향하는 대외정치"를 비판하면서 옐친 정권의 타도를 주장하는 가운데 수권(授權)의지를 공개적으로 천명하고, 과거 역사에 존재했던 전국회의(=젬스키 사보르)의 원칙에 따른 새로운 의회의 구성을 주장했다.

이어 1992년 6월 모스크바에서 러시아민족회의 제2차 대회가 열렸을 때, 구소련 영토의 117개 도시로부터 1,100명의 대의원들이 참가했다. 대국으로서의 "역사적 러시아"의 부활, 독립국가연합(CIS)에 대한 단호한 거부, 옐친 정권에 대한 전면적 반대 및 타도 등에 대한 요구는 러시아민족(국가)주의를 지향하는 모든 세력들을 규합하는 계기였다. 대회의 개막을 알린 알렉산드르 프로하노프는 "적(赤)"과 "백(白)" 사이에 견고한 제휴가 성립되었음을 선언했으며, 쥬가노프는 "인민, 정의, 애국심, 국가라는 원칙들"을 설파하는 "적백반대파"에게는 "반인민적, 반민족적 옐친체제"라는 공동의 적이 있음을 강조했다. 세르게이 바부린은 비록 적백의 제휴가 장구하게 지속되기는 어렵더라도 이 제휴가 다양한 인민들의 의사를 반영하고 있음을 지적했다. 또한 일리야 콘스탄티노프도 이 반대파 블록이 "반인민적, 반민족적 체제"를 타도하고 "나라를 구원하기 위한 전술적 판단"에서 이루어졌음을 강조했다.

1992년 10월에는 러시아민족회의의 지도부 및 이를 지지하는 인사들을 중심으로 원내(院內) 차원에서 구국전선(ФНС)이 결성되었으며, 이 분파는 "구국정부"의 구성을 포함하여 이미 러시아민족회의에 의해 제시된 바 있는 주장들을 반복했다. 구국전선의 창립대회에서는 "오늘날의 러시아를 구원하기 위하여 과거의 화해할 수 없었던 적(適)들, 즉 적(赤)과 백(白) 사이의 내전 종식 및 이들의 연대"가 다시 선언되었고, 구국전선의 선언에는 조국의 운명에 관한 격정적 문구들, 그리고 생산 감소, 대중들의 극심한 궁핍화, 범죄 증가, 부패의 문제와 더불어 문화, 교육, 보건 등의 영역에 있어서의 문제의 심각성 및 민족 간 분규의 위험성이 강하게 비판되었다. 구국전선에 의해 제시된 프로그램은 우선 독립국가연합의 구성에 관한 "범죄적 협정"의 단호한 거부, 소연방의 단계적 복원, 창궐하는 범죄조직들 및 부패의 근절, 가격에 대한 국가통제의 도입, 방위산업 분야 기업들에 대한 사유화 금지 등을 담고 있었다. 이는 결국 "민족반역적 옐친 정권"의 "경제적 실험정책"을 배격하고 사회에 대한 국가의 개입과 통제를 복원함을 근본 목표로 하는 것이었다. 그러나 이 경우, 목적의 실현을 위한 방법에 대하여는 언급을 생략한 채 대회는 "동무"들의 단결과 행동을 요구했다.

그러나, 1992년 10월 말 옐친은 사회적 무질서 조장과 사회불안을 조성하는 활동을 이유로 구국전선 지도부의 해산을 규정하는 명령을 발동했다. 그 무렵 미하일 아스타피예프, 바부린, 쥬가노프, 마카쇼프, 니콜라이 파블로프, 콘스탄티노프 등의 적백연합 인사들이 구국전선의 지도부에 참여하고 있었다. 구국전선의 제청에 따라 러시아헌법재판소는 대통령의 해산명령이 위헌임을 결정했으며, 1992년 12월에 열린 인민대의원대회에서 구국전선은 행정부 퇴진과 대통령 탄핵 또는 최소한 "구국정부"를 구성하여 대통령제를 폐지하고 의회가 권력을 장악하도록 함을 당면 과제로서 규정했으며, 이것도 실현되지 않는 경우 대회의 해산과 새로운 선거 실시를 요구했다. 구국전선은 1993년의 이중권력적 상황에서 옐친 정권과 첨예하게 대립했던 입법권력, 즉 최고회의의 중심세력이었다.

결국 1990년대 초, 겐나지 부르불리스와 예고르 가이다르가 주도했던 급진적 개혁노선의 실행은 "보수 - 공산세력"과 "민주 - 개혁세력"의 대립을 기본 축으로 했던 국내정치적 구조의 변화를 초래했다. 민주개혁진영은 분열되어 곧 이들 대부분이 옐친 정권에 대한 비판세력이 되었으며, 많은 민주적 인사들이 민족주의 - 국가주의 지향세력에 가담하여 소위 "신(新)보수연합"을 형성하는 가운데 사회주의적 그룹들과 긴밀히 제휴하기에 이르렀다. 급진적 경제개혁을 추진하는 옐친 행정부의 반대파는 개혁노선의 완화, "개혁비용"의 축소, 그리고 모든 계층에 수용될 수 있는 새로운 개혁모델의 작성을 요구하는 "건설적 비판세력"으로서의 중도파(온건 자유주의적 지향), 그리고 급진적 비판세력으로서의 좌파(공산 - 사회주의적 지향)와 우파(러시아 민족주의적 지향) 내지 좌우연합을 기본 구도로 하여 형성되었으며, 가이다르가 이끄는 러시아연방 행정부에 포진했던 급진개혁세력은 1992년 말경에 이르면 정치적으로 거의 고립상태에 빠졌다. 비록 급진개혁노선에 대한 비판은 처음에 좌파로부터 비롯되었지만, 1992~93년 사이에 계속된 행정부의 경제개혁정책에 대한 사회적 저항과 비판세력의 강화 및 행정부와 최고회의 간 대립 상황은 "민주 - 개혁세력"과 "보수 - 공산세력"의 대결구조로써 뿐만 아니라, 일반적 의미의 좌우대립, 즉 공산주의 대 자유주의라는 도식을 통해서도 그 대립의 본질이 이해될 수 없다. 그것은 소위 "문명적 방식"에 의한 급진적 자본주의화라는 역사과정 속에서 인식된 국가해체와 경제해체의 직접적 결과에 대한 러시아 국민들의 당연한 비판과 항의를 배경으로 했다.

급진개혁노선의 "실패"에 따른 정치적 위기는 물론 옐친 정권의 자기안정화를 위한 정치적 모색(제도적 개혁 포함)을 강요했지만, 경제개혁, 즉 자본주의화라는 정치적 방향 자체가 사회로부터의 심각한 위협에 직면했던 것은 아니었다. 그 이유는 사회주의적 이념의 총체적 위기상황 하에서 시장경제적 민주주의화는 대다수 러시아 국민들에게 역사적 당위로 인식되고 있었으며, 옐친 정권 이외에 다른 대안을 가질 수 없었던 자유주의 지향적 언론(특히 TV)의 영향과 비교하여 볼 때, 고립적이며 분자화된 각 정당의 사회적 영향력은 상대적으로 미미했으며, 러시아 정부에 대한 서방의 경제적, 정치적 지원은 옐친 정권의 정당성을 강화하는 중요한 계기로 작용했다. 그러나 국가해체와 경제해체의 결과 이외에, 새로운 권력엘리트의 부패 문제,[37] 범죄 확산, 그리고 교육, 보건, 문화 등의 영역에서 제공되는 기본적 공공서비스의 중단 혹은 질적 하락, 계층 간 격차 심화 등의 사회해체적 현상은, 윤리도덕적 이유에서도, 옐친 정권이 일반 시민들뿐만 아니라 특히 인텔리겐치야의 지지를 상실했던 중요한 배경이었다. 바로 이것이 민주-개혁지향적 입장을 취했던 상당수의 지식인들이 정권 비판을 강화하는 가운데, 사회개혁적 입장에 기초하여 가이다르식 자본주의 혁명에 대한 정책 대안을 제시하거나, 민족주의-국가주의적 입장으로 전환하거나, 또는 아예 공산주의적 이념을 승인하는 등의 반발을 하게 만든 배경이었다. 대다수 지식인들 사이에 확산된 기본적인 반대파적 조류로서 사회개혁적 지향과 민족주의-국가주의적 지향은 러시아 사회 전체에 확산되어 갔던 반(反)정권적 분위기의 발전방향을 규정했다.

옐친은 효율적인 조직적, 제도적 권력기반을 갖지 못한 채 '8월의 쿠데타' 이후 조성된 국민적 지지와 초헌법적 권력을 배경으로 하여 소연방을 해체하며 러시아의 자본주의화를 추진했다. 1990년 5월에 있었던 러시아공화국 최고회의 의장 선거에서 옐친은 3차 투표에 가서야 겨우 당선되었으며, 1991년

37) 1990년대 전반 러시아에서 진행된 자본주의 혁명은 계급혁명이라기보다는 본질적으로 소련공산당 최고위 간부들에 대한 '중하위 노멘클라투라의 혁명'이라는 측면도 있다.

6월 러시아공화국 대통령 선거에서 옐친-루츠코이조(組)는 74.66%의 투표율에 득표율 57.30%로 당선되어 총유권자에 대한 절대득표율은 42.78%에 그쳤었다. 옐친의 정치적 성공은 개혁지향적 인텔리겐치야 및 운동세력과의 연대를 통해 가능했으며, 제도상으로도 그의 권력은 국가최고기관인 인민대의원대회 및 최고회의에 의존하고 있었다. 물론 1990년대 초, 서구주의적 자유주의 이데올로기는 러시아 사회의 헤게모니적 가치이자 에토스였다. 그러나 자유주의 세력이 분열한 결과 입법기관인 최고회의 내에서 옐친의 지지기반은 와해되었고, 또한 많은 지식인들이 신속히 반대파에 합류하는 상황에서 "선동정치"에 의지하는 권력이 정치적 효율성을 확보하기란 거의 불가능했다. 결국 의회로부터 독립적인 비상대권을 갈구한 옐친은 대통령 명령(Указ)을 통하여 스스로 강력한 집행권력을 확립해 갔으며, "스베르들롭스크 마피아"라고 불리는 자기 측근들을 중심으로 권력을 편성했다. 그러나 그러한 옐친의 권력에의 의지 및 그런 정책적 지향에 대항하여, 특히 급진적 경제개혁이 시작된 이후, 최고회의 의장 루슬란 하스불라토프와 부통령 알렉산드르 루츠코이 등의 인사들을 중심으로 대통령의 권한을 최고회의의 통제 하에 두려는 노력도 시도되었다. 이러한 대립은 대통령 명령에 기초한 러시아 정부의 급진적 개혁정책이 본격화됨에 따라 더욱 심화되었고, 결국 나름대로의 타협이 요구되었다.

1992년 4월, 러시아연방 제6차 인민대의원대회에서는 자본주의화를 위한 "가이다르 경제개혁"에 대한 본격적 비판이 전개되었다. 우선 정부 불신임안을 의제로 상정할 것을 요구하며 정부의 급진적 개혁정책을 비판하고 나선 반대파는 경제개혁정책의 수정을 요구하는 대회결의안을 채택했고, 이어 정부 개편을 위한 법안 등을 의결함으로써 대통령의 행정적 비상권력을 대폭적으로 제한하려 시도했다. 물론 대회 직전에, 부르불리스, 가이다르, 알렉산드르 쇼힌 등 핵심 개혁세력의 "전횡"에 대한 최고회의의 반감을 고려하여 국무비서 부르불리스를 제1부총리직에서 해임하는 등의 유화책을 쓴 옐친은 반대파들을 비난하면서 일관성 있는 개혁 추진을 위해 국민투표를 통한 신헌법 채택이 불가피하다는 의견을 피력했다. 갈등은 대회가 경제개혁에의 지지를 표명하면서 정부와 의회의 대립 해소를 촉구하는 선언을 채택함으로써 봉합되는 듯 했는데, 이 선언은 의회 내 실용주의적 중도분파 '산업동맹'이 옐친 지지로 입장을 전환함으로써 가능해진 것이었다. 헌법 문제가 새로 부각되었지만, 결국 제6차 인민대의원대회를 통해 의회권력은 정부정책에 대한 비판적 태도를 분명히 함과 동시에 정부의 정책노선을 제한할 수 있는 현실적 권력을 과시했으며, 옐친은 의회 내 실용주의 세력과의 제휴를 통해 정부의 정책 기조를 계속 유지하는 데 성공할 수 있었다.

제6차 인민대의원대회를 계기로 이루어진 중도세력과 옐친의 제휴는 산업계 인사들의 입각으로 이어졌고, 그 결과 게오르기 히좌가 공업문제담당 부총리로, 빅토르 체르노미르진이 연료에너지담당 부총리로, 그리고 최고회의 부의장 블라디미르 슈메이코가 제1부총리로 각각 임명되었다. 물론 이들의 입각은 1992년 여름 가이다르 행정부의 정책적 기조를 약간 수정하는 결과를 초래했다. 히좌는 행정부 내에서 가이다르의 산업정책에 대한 주요 반대자로서 기업에 대한 정부보조금 지급, 화폐증발 등 산업의 붕괴를 막기 위한 적극적인 재정금융정책의 필요성을 역설했으며, 중앙은행의 총재인 빅토르 게라쉔코는 정부의 금융통화정책에 공공연히 반발했다.

상황은 이랬다. 가이다르 행정부의 가격자유화 정책의 결과, 석유 및 가스분야조차도 비용상승에 따라 전혀 이윤을 내지 못하는 상황에 직면했고, 임금체불은 물론 1992년 6월경에는 기업 간 상호 부채총액이 약 2조 루블에 달하는 등 총체적인 경제적 파산이라는 위기상황에 직면했다. 가이다르는 기업의 "가격 이기주의"의 극복, 주식회사화(化)에 의한 기업의 경제적 효율성 제고, 경쟁력 없는 기업의 퇴출 등에서 위기의 돌파구를 찾았다. 그러나 경제해체적 상황을 중단시켜야 한다는 실용주의자들의 강력한 요구에 따라 1992년 하반기 평균 통화증가율은 이전의 11.4%에서 28%로 신장되었고, 이러한 조치는 붕괴 직전의 산업을 구원하고 나름대로 사회적 혼란을 방지하는데 기여했다. 그러나 결국, 초(超)인플레이션 및 급격한 환율인상의 압력은 더욱 가중되었고 동시에 재정-화폐의 불안정성이 확대되는 가운데 자본주의화를 위한 경제개혁에 대한 일반 시민들의 비판의식이 더욱 강화되었다.

개혁과 관련하여, 정부의 기본적인 정책지향들 중 하나는 시민대중을 사유화된 기업의 주주가 되게 함으로써 중산층으로 육성하여 개혁에 대한 사회적 지지를 확보한다는 것이었다. 이런 맥락에서, 아나톨리 추바이스가 지휘했던 국유재산관리위원회의 계획은 관리자나 노동자 등 기업과 직접 관련된 사람들을 위주로 사유화를 진행하는 동시에 1억 4,800만 명의 전체 국민에게 사유화 증권(Приватизационный чек)을 분배한다는 것이었다. 1992년 1월을 기준으로 러시아의 기업들 전체의 가치가 1조 4천억 루블로 평가되었고, 이를 인구수로 나눈 값인 액면가 1만 루블짜리 속칭 "바우체르(voucher)"가 1992년 10월부터 시민들에게 교부되었다. 이 소동은 원래의 목적을 달성할 수 없었다. 1992년 초에 최소 100달러 이상의 가치를 가졌으나 지속적 환율상승의 결과, 동년 가을에는 약 15~20달러 이하로 가치가 하락한 사유화 증권은 단지 소수의 사람들이 국영기업들을 헐값에 불하받는 데 활용할 수 있었다.

급진적 경제개혁이 초래한 경제해체 및 사회 해체적 문제들, 즉 극단적 인플레이션 및 산업의 붕괴위기, 대다수 국민들의 룸펜화, 범죄 증가 등과 더불어 문화 해체적 현상도 심화되어갔으며, 최고회의 내에서의 지지기반이 빈약했던 옐친은 '시민동맹'과의 제휴를 모색했다. 이는 결국 정부개편과 정책상의 수정으로 이어졌으며, 행정부 내 급진개혁세력은 정치적으로 고립되어갔다.[38]

물론 '시민동맹'은 의회 내의 다수파가 아니라, 급진개혁파와 "보수-공산세력"간의 대결적 상황에서 캐스팅보트를 행사하며 최고회의 내에서 영향력 있는 조직으로 부상한 세력이었다. 국가해체와 경제해체를 강력 비판하는 반(反)옐친 세력들은 조직화를 통해 투쟁역량의 강화를 도모했다. 우선, 강경보수의 입장을 견지해 온 빅토르 알크스니스가 주도하는 '연방(Союз)' 그룹의 인사들은 원내 분파 '조국(Отчизна)'을 구성했으며, 바부린이 주도하는 '러시아(Россия)'는 제6차 인민대의원대회를 계기로 '러시아공산주의자들(Коммунисты России)', '농업동맹(Аграрный союз)', '조국' 등과 함께 새로운 연방의 재건을 요구하는 적백연합 반대파 블록인 '러시아의 단결(Российское единство)'을 결성했다. 물론 옐친의 정치적 입지는 1992년 가을에 구국전선(ФНС)이 결성됨으로써, 그리고 1993년 3월 러시아연방공산당이 정식 등록됨으로써 더욱 협소화되었다.

1992년 12월에 개막된 제7차 인민대의원대회에서는 대통령의 각료임명권을 제한하기 위한 헌법개정 문제와 가이다르 내각의 퇴진 문제가 핵심 현안으로 상정되었다. "보수-공산세력"의 대공세에 직면한 옐친은 외무, 국방, 내무, 안보장관의 임명에 관한 최고회의의 동의권을 규정하는 헌법개정과 가이다르 총리 인준을 맞바꾸자는 반대파의 막후 제안을 수용했다. 그러나 실제 투표에서 권력분점에 관한 헌법개정안은 통과되었으나 가이다르의 총리 인준은 거부되었다. 결국 옐친은 "개혁노선을 방해하고, 보수반동세력의 보루가 된 최고회의"를 옹호하는 대회를 비난하는 연설을 하며 개혁노선에 대한 신임을 묻는 국민투표를 1993년 1월에 실시하자고 제안했다. 그러나 최고회의에게 '대통령의 명령 및 처분의 효력을 정지시킬 수 있는 권한'을 부여하는 헌법개정을 단행한 제7차 대회는, 대통령의 성명에 반발하며 옐친

38) 1992년 10월 옐친은 최고회의에서의 연설을 통해 경제정책의 "비(非)현명성"을 시인했다.

의 초헌법적 월권행위를 비난하는 가운데 대통령 및 인민대의원 선거의 조기실시 여부를 위한 국민투표를 실시하자는 성명을 발표했다.

발레리 조리킨 헌법재판소장의 중재로 모색되기 시작한 대통령과 의회권력 간 타협은 헌법개정을 위한 국민투표를 1993년 4월에 실시하고 그때까지 제7차 인민대의원대회에서 개정된 헌법조항을 발효시키지 않는다는 내용을 포함하는 〈러시아연방 헌법체계의 안정화에 관한 결정〉, 즉 소위 "9개항 합의"가 채택되는 것으로 귀결되었다. 이 맥락에서 옐친은 부르불리스 국무비서와 가이다르 총리서리를 해임하고, '시민동맹' 내의 산업계 인물인 빅토르 체르노미르진을 신임 총리로 임명함으로써 의회권력과 타협했다.

결국 제7차 대회의 결과, 급진개혁의 주도세력은 퇴진하고 실용주의적인 중도세력이 정치의 전면에 부상하게 되는 가운데 의회의 정치적 위상이 강화되었다. 1992년 12월 체르노미르진 총리는 개혁의 점진적 지속을 지지한다는 입장을 표명했으며, 곧 출범된 체르노미르진 내각이 제시한 1993년도 경제정책상의 역점은 루블화 안정, 재정의 건전화, 인플레이션 억제 등에 두어졌다. 이렇게, 경제에 대한 통화주의적 접근은 기본적으로 계속 유지되었으나, 물론 "마비된" 생산을 부양하기 위한 적극적인 산업정책도 추진되었다.

그런 식으로 타협이 이루어지는 듯했다. 그러나 정부를 자신의 통제 하에 두었다고 생각한 최고회의 지도자들은 국민투표의 정치적 유용성에 대한 회의적 의견들을 개진했으며, 1993년 봄에 열린 제8차 인민대의원대회는 국민투표 실시 결정을 일방적으로 무효화했다.

그 시점에서, 급진적 경제개혁의 역사적 당위성을 역설하는 가운데, 정부의 재정금융정책에 대한 입법권력의 "발목잡기" 때문에 개혁과정에서 거시경제적 안정성이 실현되지 못하고 초(超)인플레이션에 시달리게 된 것이라고 주장하던 옐친은 제8차 대회의 결정을 정치적 반격의 계기로 삼았다. 그는 그것을 "반동세력의 역사적 복수"로, "권력을 소비에트의 수중에 완전히 집중시키고 국가 운영의 지렛대를 공산주의적 노멘클라투라에게로 환원시켜서 결국 1991년 8월에 쟁취된 민주주의를 무효화하려는 시도"로 규정하면서 하스불라토프 등 최고회의 지도자들을 강력 비난했다. 급진적 개혁정책을 둘러싼 옐친 정부와 의회권력의 대립은 더 이상 화해할 수 없는 국면으로 치닫게 되었다.

1993년 3월 20일 TV연설을 통해 옐친은 대통령에 대한 신임 여부 및 신헌법안 채택을 묻는 국민투표를 실시할 것과, 실질적으로 신헌법이 제정될 때까지 최고회의의 간섭이 배제된 대통령 통치권의 도입을 내용으로 하는 〈비상통치체제의 도입에 관한 명령〉에 서명했음을 밝혔다. 최고회의는 이에 반발하면서 즉각 인민대의원대회의 소집을 결정했다. 부통령 루츠코이까지 대통령의 조치를 공개적으로 비난하고 나섰으며, 곧 헌법재판소도 비상통치질서가 위헌적이라는 판결을 내렸다. 긴급 소집된 제9차 인민대의원대회에서 "보수 - 공산세력"은 "국가전복을 기도한 옐친"에 대한 탄핵을 시도했으나 실패했으며, 결국 대회는 〈헌법체계 유지에 관한 결정〉을 채택하며 3월 20일자 대통령 명령의 법적 효력을 부인하는 한편, 오는 4월 25일에 국민투표를 실시한다고 결정하는 선에서 옐친과 타협했다.

국민투표의 설문은 1) 대통령에 대한 신임 여부, 2) 정부의 사회경제정책에 대한 지지 여부, 3) 대통령 선거의 조기 실시 여부, 4) 인민대의원 선거의 조기 실시 여부 등 네 항목으로 구성되었다.[39] 약 64.5%의 투표율을 보인 국민투표에서 1)항은 58.7%(절대득표율 37.7%), 2)항은 약 53%(절대득표율 약 34%), 3)항은 49.5%(절대득표율 31.7%), 4)항은 67.2%(절대득표율 43.1%)의 찬성표를 획득했다. 결국, 사전 규정에 따라 대통령 및 의회 선거의 조기

39) 대회가 유권자 과반수의 찬성을 각 항(項)의 결정기준으로 정하자 정부는 헌법재판소에 제소했고, 헌법재판소는 1), 2)항은 투표자 과반수, 헌법개정과 관련이 있는 3), 4)항은 유권자 과반수의 찬성을 기준으로 정했다.

실시는 불가능하게 되었으나, 문제는 집권세력이나 반(反)옐친 세력 모두 투표 결과를 자신에게 유리한 것으로 해석할 수 있었다는 점에 있었다. 그러나 보수적 분위기 하에서 1991년 6월에 치러진 러시아공화국 대통령 선거에서 옐친이 42.78%의 절대득표율을 기록한 것을 보면, 언론(특히 TV)의 일방적인 지원에도 불구하고 옐친에 대한 러시아 국민의 지지는 상당히 감소했음이 확인되었다.

결국 국민투표는 정국 안정에 기여하지 못했고, 오히려 정부와 의회권력 사이의 대립은 더욱 노골화되었다. 부통령 루츠코이가 가이다르, 부르불리스, 쇼힌, 슈메이코, 추바이스 등 개혁실세들 및 군(軍)의 일부 최고지휘관들이 국유재산을 약탈했다고 격렬히 비난하면서 옐친과 반대파 지도자들 사이에 부패를 둘러싼 지리한 공방이 본격 시작되었으며, 5월 1일 노동절에는 구국전선과 '노동러시아' 등이 주도한 반정부 시위가 대대적으로 전개되었다. 옐친은 유리 스코코프 안보회의 비서와 게오르기 히좌 부총리 등을 전격 해임하면서 자신의 정책에 반대하는 모두를 정부에서 배제할 것이라고 경고하는 등 최고회의에 대한 강경 대응에 나섰다. 또한 국민투표 결과를 자신에 대한, 그리고 "사회적으로 지향된 시장경제 형성"이라는 정부의 정책목표에 대한 국민들의 전폭적인 지지 표시로 해석한 옐친은 당시 의회제도의 폐지를 골자로 하는 신헌법 초안을 공표하며 헌법개정을 일방적으로 추진했다. 최고회의도 독자적인 신헌법안 마련에 착수했으며, 7월 말 정부 측 헌법개정안에 대립하여 의회 측 헌법 초안을 확정, 발표했다. 이어, 8월 초에는 대통령의 사유화 명령의 법적 효력을 부인하며 대통령의 사임을 요구하는 등 정부에 대한 공세를 강화했다. 최고회의는 또한 8월 중순에 외무, 국방, 보안, 내무장관의 임면에 있어서의 대통령의 전권을 제한하는 법률안을 채택하고, 8월 말에는 정부가 제출한 긴축예산안을 부결하며 의회의 독자적 예산안을 압도적 표차로 통과시키는 등 반(反)옐친 공세를 강화했다.

이 과정에서 옐친은 최고회의가 구국전선의 강령을 구현하고 있다고 비난하면서 이중권력의 해소를 위해 의회와의 “9월 결전”을 치를 것이라고 경고하는 한편 무력기관들의 지지를 점검하는 동시에 최고회의를 완전히 배제한 신헌법 제정 구상을 실천에 옮기기 시작했다. 이에 대해 최고회의는 〈대통령의 거부권 행사 후 법률의 효력발생 메카니즘에 관한 법률〉, 〈고위 인사들이 최고회의 법률과 대회 결정을 불이행할 경우 수반되는 형사책임에 관한 법률〉, 〈헌법재판소의 결정 불이행에 관한 형사책임에 관한 법률〉 등을 제정하고, 나아가 최고회의에게 총리, 부총리, 각료들뿐만 아니라 대통령까지도 해임할 수 있는 권한을 부여하는 법안을 마련하는 등 스스로의 권력 확장에 진력했다.

그러나 그 해소가 불가능해 보였던 행정권력과 입법권력 사이의 대립 상황은 옐친에 의해 돌파되었다. 1993년 9월 21일 밤 TV화면에 등장한 옐친은 대통령 명령 1,400호, 즉 〈단계적 헌법개혁에 관한 명령〉에 서명했음을 밝히면서, 이 〈명령〉에 근거하여 인민대의원대회와 최고회의가 해산되며, 곧 마련될 신헌법에 기초하여 새 의회인 국가두마 의원 선거가 오는 12월에 실시될 것이며, 또한 신헌법 채택과 새 의회의 구성 시까지 오직 대통령의 명령과 정부의 결정에 의해 국가가 운영될 것이라고 포고하는 등 헌정중단 조치를 단행했다.

이에 대해 최고회의는 대통령의 조치를 국가전복행위로 규정하면서 헌법 121조 6항에 의거하여 옐친을 파면하고 부통령 루츠코이를 대통령 권한대행으로 지명하는 한편 국방, 내무, 보안장관 등 핵심각료 3인을 새로 임명했다. 나아가 반(反)헌법적 활동에 대하여, 그리고 최고회의와 인민대의원대회의 결정에 순응하지 않는 행위에 대하여 사형까지 처할 수 있다는 조항을 형법에 추가할 것을 의결했으며, 9월 23일에 소집 개최된 제10차 인민대의원대회는 최고회의의 모든 결정을 승인했다. 그러나 9월 21일 당일부터 정보통신수단을 봉쇄당한 최고의회의 주장은 시민들에게 전달될 수 없었다. 9월 23일에 대통령 선거를 1994년 6월 실시하기로 규정한 명령[40]에 서명한 옐친은 최고회의의 모든 자산을 압류하고 그것을 정부의 통제 하에 두는 포고령을 공포했으며, 24일에는 최고회의 경비대의 무장해제와 의사당 내에 머물고 있는 인민대의원들의 철수를 요구했다. 25일부터 단전, 단수된 상태에서 외부와 차단된 의사당 건물은 28일에는 내무부 소속 병력으로 완전 봉쇄되었으며, 29일에 정부는 최고회의 지도자들에게 10월 4일 0시까지 무장해제하고 의사당에서 철수하도록 최후통첩을 했다.

이중권력적 대치국면의 해소를 위한 옐친의 헌정중단 조치는 서방 국가들에 의해 적극 지지되었다. 언론을 장악한 옐친이 군부 등 무력기관에 대한 통제력을 유지하는 상황에서 최고회의가 대세를 역전시키기는 불가능했다. 1993년 10월 3일 저녁, 반(反)옐친 세력은 약 1만여 명의 무장시위대를 조직하여 모스크바 시청과 아스탄키노 방송국의 점거를 시도했다. 10월 3일 밤, 아스탄키노에서는 정부 측과 반대파 간 충돌로 유혈사태가 발생하며 TV 방송이 일부 중단되었고, 이를 계기로 옐친은 모스크바에 비상사태를 선포하는 가운데 대규모 병력을 모스크바 시내로 진입시켰다. 10월 4일, 의회 건물을 포위한 정부군은 한때 러시아 민주주의의 상징이었던 '벨리돔(Белый дом)'의 전면을 향해 탱크로 포격을 가하는 등 군사적 공격을 감행하였으며, 그 날 저녁 무렵 하스불라토프, 루츠코이 등을 비롯한 1,452명의 반정부 세력을 체포함으로써 의회에 집결한 "공산주의자들"을 완전히 제압했다. 이로써 1992년 경제개혁의 시작부터 최고회의를 중심으로 강화되어온 급진적 개혁정책에 대한 비판과 그에 따른 정치적 위기는 약 150명에 달하는 인명피해가 야기된 이른바 '10월사태'를 통하여 물리적으로 해결되었다. 그러나

---

40) 소위 "상황적 압력"에 의해 작성된 이 명령은 최고회의 해산 이후 곧 철회되었다.

러시아 정부가 추진하는 급진개혁정책이 경제해체 및 사회해체를 초래하는 한, 그러한 폭력적 방법으로 개혁에 대한 사회적 저항이 본질적으로 근절될 수는 없었다.

1993년 여름 극도의 혼미상태에 빠진 정국은 옐친에게 결코 유리하지 않았다. 우선 일방적인 신헌법 제정과 의회의 조기선거 문제는 옐친이 주장하는 정당성에도 불구하고 실제 합헌성을 인정받기 어려웠다. 또한, 7월 24일에 성급히 단행된 화폐개혁으로 야기된 민심이반은, 6월에 35%로 나타났던 옐친에 대한 지지율이 7월 말의 여론조사에서는 24%로 급락한 것에서도 알 수 있었듯이, 현저한 것이었다. 그리고 정부 내 고위인사들 간 불협화음과 대립 그리고 부패 문제로 옐친 정부의 권위도 크게 실추되었다. 그러나 정부와 최고회의 간 대립을 민주주의자들과 "빨갱이들" 사이의 대립으로 규정하면서 옐친은 많은 시민들의 지지를 유도할 수 있었으며, 특히 '10월사태'를 계기로 민주주의와 공산주의 중의 택일을 강요당한 러시아 국민들은 "민주주의"를 선택했다.

1993년의 '10월사태'를 계기로 러시아 자유주의는 수호되었다. 그러나 그것은 민주적 방법에 의한 것이 아니었으며, 오히려 옐친의 권위주의적 지배를 강화시키는 결과를 초래했다. 결국 러시아 자유주의는 유토피아적 미래에 대한 국민들의 의지나 개혁된 러시아 사회에 의해서가 아니라, 옐친이라는 개인의 정치력에 의해 담보되기에 이름으로써 본질적으로 그 존립과 발전의 근거가 아주 협소해졌다. 하지만 일단 자유주의는 승리했으며, 사회경제적 고난에도 불구하고 "소비에트의 반(反)혁명 위협"에 놀란 러시아 국민들은 1993년 12월에 그를 추인할 수밖에 없었다.

이미 '10월사태' 직후부터 "극렬 소비에트주의자들"이 배제된 가운데 12월에 예정된 국가두마 의원 선거를 목적으로 새로운 정치판이 구성되기 시작했다. 한편 옐친은 기존 헌법개정안을 버리고 강력한 대통령중심제적 정부

형태와 양원제를 근간으로 하는 헌법 초안을 마련했으며, 예정에 따라 1993년 12월 12일에는 신헌법 제정을 위한 국민투표와 국가두마 의원 선거가 동시에 치러지는 기현상이 연출되었다. 국민투표 결과 약 58.4%의 지지(절대투표율 약 32.3%)를 얻어 헌법안은 확정되었으나, 국가두마 의원 선거는 아직 헌법이 확정되지 않은 상태에서 치러진 것이었다. 그러나 문제는 '10월사태'를 계기로 하스불라토프, 루츠코이 등을 위시한 옐친의 주요 정적(政敵)들이 정치무대에서 제거되고 또한 그들의 권력이 근거했던 구시대적인 정치기구들이 해산되었음에도 불구하고, 국가두마라는 새 입법기구의 구성을 위한 선거 결과가 소위 "민주개혁세력"의 희망에 부합되지 않았다는 현실에 있었다.

아무튼 새 헌법은 임기 4년의 대통령(3회 연임 불가)에게 행정에 관한 일반적 권한뿐만 아니라 법률안의 제안 및 거부권, 의회해산권, 비상대권 등 "특별하게 강력한 권한"을 부여하고 있었다. 의회는 우선 89개 연방주체들의 행정, 입법기구 대표 2인씩으로 구성되는 상원인 연방회의와 지역대표 225명 및 정당명부제에 의한 225명 등 모두 450명으로 구성되는 국가두마, 즉 하원으로 구성되었다. 국가두마는 입법권, 주요 헌법기관의 임명동의권, 정부불신임권, 탄핵소추권, 사면권 등 비교적 광범한 권한을 인정받고 있었으나, 특정 정당이 재적 2/3 이상의 의석을 확보하지 못한 경우에 실제로 대통령의 권한 행사에 대한 견제가 불가능했다. 결국 실질적으로 대통령 독재를 보장하는 새로운 헌법 질서 하에서는, 반대파의 약진에도 불구하고, 의회가 국가최고기관으로 기능할 가능성이 봉쇄되어 있었다.

1993년 12월의 선거를 통해 구성된 제5대 국가두마[41]에서는 예고르 가이다르가 이끄는 '러시아의 선택'이 제1당이 되었다. 그러나 러시아의 자본주

41) 1917년 2월혁명으로 제정이 붕괴될 때 제4대 국가두마가 존재하고 있었다.

의화를 주도한 급진개혁세력의 분열은 이미 명백한 것이었다. 급진적 시장개혁노선에 대한 "보수적 민주대안"의 모색 필요성을 주장한 세르게이 샤흐라이와 알렉산드르 쇼힌은 체르노미르진 총리의 점진개혁적 접근노선을 지지하며 '러시아의 단결과 화합당'을 창당했으며, 가이다르의 협력자로서 대외경제관계장관을 지낸 세르게이 글라지예프는 그간 30%의 생산력 감소와 극단적 인플레이션 및 2배 이상의 생활수준 저하 등을 초래한 충격요법을 비판하며 러시아민주당에 가담했다. 한때 급진적 개혁의 지지자였던 '러시아민주개혁운동(РДДР)'의 리더 가브리일 포포프도 충격요법의 비(非)적실성을 비난하고 나섰다. 하지만, 무엇보다도, 그리고리 이블린스키가 주도하는 '야블로코'의 성공은 자유주의 진영 내에서 '러시아의 선택'의 급진개혁노선에 대한 건전한 대안세력이 존재하고 있음을 확인시켜 주었다. 결국 '러시아의 선택'은 원내 제1당이 되었지만, 급진적 경제개혁에 대한 국민들의 불신이 표출된 결과 고작 전체의석의 약 17%를 점유함으로써 원내 지배적 정당으로서의 위상 확립에는 실패했다. 그리고 급진개혁세력이었던 '러시아민주개혁운동'이 정당명부제에 의한 5%의 한계를 넘지 못하고 좌초된 것이나, 경제자유당이 정당명부등록에 필요한 10만 명의 서명 확보에 실패한 것 등은 자본주의화를 위한 급진개혁노선에 대한 사회적 반감이 반영된 결과였다.

반대파 진영에서, 우선, 민족주의적-국가주의적 지향의 블라디미르 지리놉스키가 지도하는 자유민주당(ЛДПР)이 선거에서 거둔 성공은 거의 예측하지 못했던 결과였다. 지역구에서는 비록 5명이 당선되는 데 그쳤으나 정당명부제에 의해서는 가장 많은 지지를 받아 전체의석의 25%를 초과하는 58명이 당선됨으로써 '러시아의 선택'에 이어 원내 제2당으로 대두한 자유민주당은 '10월사태' 이후 러시아민족주의를 가장 열심히 선동한 세력으로서, 룸펜적인 사회적 주변계층들의 지지를 획득하고 있었다. 러시아공산당과 러시아농업당도 강력한 반정부적 의회세력으로서 원내에 진출했다.

1993년 2월 공식 창당되어 급진적 좌파세력으로부터 사회민주주의적 세력까지 다양하게 포괄하고 있던 러시아공산당은 이 무렵 경제강령을 공식적으로 작성, 발전시킨 바 없었다. 하지만 당 회의에서 채택된 「인민권력과 사회주의를 향한 러시아의 길」이라는 문서 등을 고려한다면 그것은 (a) 계획경제의 지향(-정부의 역할 강화), (b) 생산수단에 대한 사적 소유를 포함하는 다양한 소유형태의 인정(-단, 토지의 사적 소유 반대), (c) 대기업 및 중기업에 대한 사유화의 가속화 반대, (d) 중공업 및 군산복합체에 대한 정부의 지원과 육성 강화, (e) 은행의 국유화 등의 내용을 골자로 했다. 공산당의 입장은 경제해체를 야기하는 정부의 급진적 경제개혁에 대한 대안으로서의 "명령통제적 경제체제"의 필요성을 강조하는 가운데, 국가통제 하에 민족지향적 사적 자본으로 하여금 서비스업이나 경공업에 투자케 하고, 과세제도를 개선하며, 농업생산의 근본으로서의 집단농장과 국영농장에 대한 지원을 확대하고, 국가가 대외무역과 외환업무를 독점하고, 가격을 동결할 것 등의 요구로 이어졌다. 또한 공산당은 인민권력, 국가, 애국주의를 강조하면서 통치, 국방, 경제면에서 자주성을 지닌 소연방의 부활을 지향했으며, 다당제는 인정했지만 권력분립의 원칙은 부정했다. 자본주의적 발전의 길로 접어든 러시아에서 이미 공산당은 맑스-레닌주의적 혁명정당이 아니라 급진적 개혁과정에서 고통 받고 있는 노동자 계급 및 노인 등의 사회적 소외계층을 대변하는 사회민주주의적 정책정당으로서의 의미를 보다 많이 지니고 있었으며, 이런 특징은 시간이 지날수록 더욱 강화되었다.

1993년 2월, 급진적 자본주의화로 인하여 생존을 위협받는 농업 종사자 모두를 위해 결성된 '러시아농업동맹'을 모태로 창당된 러시아농업당은 정강에서 다(多)우클라드적인 농업경영, 의회 우위의 인민권력, 진정한 민주주의 창조를 표방하고 나섰으며, 토지의 자유매매를 결사적으로 반대하는 가운데 국가산업의 사유화로 인한 이익을 농민에게 보상하라고 요구했다. 농업당은 자본주의화를 위한 개혁정책에 전적으로 반대한다기보다는 전체적으로 농민계급의 이익을 대변하는 정당으로서의 기능을 수행하는 가운데 공산당과 일정한 협력관계를 유지하고 있었다.

결국 제5대 국가두마에서 자유주의를 대표하고 있던 세력들, 즉 급진개혁지향적인 '러시아의 선택', "보수적 민주대안"을 내세운 '러시아의 단결과 화합당', 경제자유당을 계승한 '12월 12일 자유민주동맹', 그리고 급진적인 시장경제적 개혁에 반대하는 온건 민주주의 세력으로 평가되면서 특히 도시 중산층의 일정한 지지를 확보하고 있던 '야블로코' 등이 차지한 비중은 전체 의석의 약 40%를 밑도는 수준이었다. 반(反)옐친적인 반대파 세력, 즉 자유민주당, 농업당, 공산당, 그리고 바부린이 이끄는 '러시아전인민동맹' 등을 합한 비중도 약 40%에 접근하고 있었다. 그리고 대부분이 지방에 일정한 이해관계를 가진 공장지배인, 은행가, 지방행정기구 책임자 출신의 무소속 의원들이 "강한 지방, 강한 중앙, 강한 러시아"라는 구호로 내걸고 결성한 교섭단체로서의 '새로운 지방정치(НПП)',[42] 여성당, 러시아민주당 등 이데올로기적 지향성이 비교적 약했던 중도세력들이 나머지 20% 정도를 차지했다. 따라서 의회로부터 행정권력이 통제될 가능성은 없었지만, 그렇다고 정부가 입법권력의 지지를 확보한 것도 아니었다. 급진개혁정책의 사회경제적 "비용"을 잘 이해하고 있던 옐친의 입장에서 볼 때, "지속적 개혁을 위한" 정치의 안정을 위해서는 의회의 지지가 필수적이었고, 또한 그를 위해서는 국가두마에서 거의 고립되어 있는 '러시아의 선택'에 의지할 것이 아니라 보다 중도적인 세력들과의 제휴가 요구되었다. 물론 정치적 제휴선의 변화는 정책의 변화를 야기했다.

---

42) 이들은 체르노미르진 총리와 일정한 협력관계를 유지하다가 상당수가 나중에 '우리집 - 러시아'에 가담하게 된다.

'10월사태'를 계기로 러시아 자유주의에의 저항 세력들은 거의 진압되었다. 그러나 러시아의 자본주의화를 위한 급진적 개혁정책의 사회경제적 "비용"은 경시될 수 없었으며, 그것은 제5대 국가두마 의원 선거 결과에 그대로 표현되었다. 이는 옐친의 정치적 입장의 변화와 아울러, 온건 자유주의 세력 및 중도개혁적 성향의 체르노믜르진 총리의 정치적 입장 강화로 이어지면서 정책상의 일정한 변화를 강요했다. 1994년 1월, 불과 넉 달 전에 재기용된 가이다르 제1부총리와 표도로프 재무장관이 퇴진한 것은 가이다르식 급진개혁노선에 대한 본격적 수정을 예고하는 징후였으며, 국내정치 분야뿐만이 아니라 국제정치적 영역에 있어서도 정책 변화가 이루어졌다. 이후, 통화주의(-경제), 반공산주의(-정치), 서구주의적 지향(-세계관 및 정신문화적 영역)으로 특징지어졌던 러시아 자유주의는 사회정치적 영역에서의 헤게모니를 상실하게 되었다. 1994년 12월 체첸(=체츠냐)전쟁이 개시되고, 특히 전쟁과 관련하여 전개된 가이다르의 대정부 비판의 결과, 그리고 1995년 5월 이후 체르노믜르진 총리가 주도하여 만든 '우리집 - 러시아'가 여당의 역할을 맡으면서 서구주의적 자유주의를 상징했던 '러시아의 선택'은 정치적으로 소멸되어갔다.

(2) 1994년~1998년: 낭만주의적 자유주의의 퇴조

국가두마에서 확고한 지지기반을 구축함에 실패한 옐친은 우선 의회를 비롯하여 다양한 정치적, 사회적 세력들과 타협을 이루고자 시도하면서 사회경제적 안정과 질서 회복을 위한 정책을 추진했다. 1994년 2월 국가두마는 1991년의 '8월의 쿠데타', 1993년 5월의 노동절 시위사태, 그리고 1993년의 '10월사태' 관련자들 전원에 대해 사면을 의결했고, 검찰은 그들을 즉각 석방했다. 이를 수용함과 동시에 옐친은 정치폭력의 방지를 예상하는 가칭 '시민의 평화와 화합에 관한 협정'의 체결을 제안했고, 결국 루츠코이, 쥬가노프,

바부린, 아만 툴레예프 등이 주도하는 국가두마의 반대파와 옐친 사이에, 1994년 4월 말, 사회정치적 안정의 달성, 사회경제적 위기의 극복, 국가체계로서의 연방체제의 공고화, 민족문제의 원만한 해결 등을 위해 향후 2년간, 즉 차기 국가두마 및 대통령 선거 때까지 헌정질서의 불안정을 야기할 수 있는 각종 비합헌적 정치활동을 자제한다는 합의를 담은 〈시민화합협정〉이 체결되었다.

경제정책과 관련하여 옐친은 1994년 2월 24일 국가두마에서 공표된 연두교서를 통하여 자유주의적 이데올로기에 거리를 두며 정책적 변화를 예고했다. 그에 따르면, 러시아에서 법치주의적 사회국가(социальное государство)를 건설하려는 목적은 자유-자본주의적 이데올로기보다도 사회민주주의적 이데올로기에 부합되었다. 물론 소비에트식 계획경제체제로의 회귀는 전혀 불가하다고 강조하며 개혁노선의 당위성에 대한 신념을 천명했으나, 동시에 통제가 불가능한 충격요법도 수용될 수 없는 것임을 강조했다. 옐친은 다음 단계의 중요과제로서 투자의 활성화, 경제의 구조조정, 경쟁적 환경의 조성 및 진정한 주식시장의 형성 등을 지적했고, 이를 위한 국가의 적극적 역할을 강조하는 가운데 경제개혁의 구현에 있어서 연방주체들의 자율성 확대를 지향하는 새로운 지방정치를 주요 정책과제로 규정했다.

경제정책의 변화는 이른바 개혁실세들의 퇴출로도 확인되었는데, 제1부총리 겸 경제장관인 가이다르와 표도로프 부총리 겸 재무장관이 "개혁과정에 대한 다른 각료들과의 견해 차이"를 이유로 자진 퇴진했으며, 1월에 새로 조직된 내각에는 추바이스(부총리 겸 국유재산관리위원회 위원장), 샤흐라이(부총리 겸 민족장관), 그리고 쇼힌(제1부총리 겸 경제장관) 등의 개혁파 인사들이 잔류했지만, 샤흐라이와 쇼힌은 각각 5월과 11월에 정책결정과정에서의 소외를 이유로 사임했다. 결국 1994년 말에 이르면 이미 개혁적 이미지를 상실한 추바이스만이 내각에 남게 되었다.

1994년 1월 말, 체르노미르진 총리는 그동안 서구식 경제방식을 러시아 땅에 기계적으로 도입함으로써 득보다 실(失)이 더 컸다면서 "앞으로의 경제개혁정책은 러시아의 국내실정을 감안해 특성에 맞게 수립, 추진될 것"임을 강조하며 소위 "시상적 낭만주의"와의 결별을 선언했다. 실제 체르노미르진 행정부는 1994년도 국정목표로서 사회경제적 상황의 안정화 전략을 채택하고, 이를 위해 긴축재정정책의 유연한 집행, 비통화주의적 방법에 의한 물가상승 억제, 경쟁력 있는 국민경제 분야에 대한 선택적 지원 등의 필요성을 강조하는 가운데 1993년도에 약 24%에 이르던 생산감소율을 이제 12% 수준까지 억제하고, 약 20% 수준(1993년)을 유지하던 월평균 물가상승률을 7~9% 수준으로 낮출 것을 경제정책상의 기본 과제로 설정했다.

물론 통화주의적 접근에 기초한 가이다르식 경제개혁 모델의 거부가 곧 소비에트식 계획경제체제로의 회귀를 의미하지는 않았다. 체르노미르진 행정부의 정책은 하이퍼인플레이션과 생산력 감소를 기본 축으로 이루어지는 경제해체의 저지를 위한 실용주의적 경제 접근으로 특징지어졌다. 그러나 안정화를 위한 국가의 경제적, 사회적 역할(개입) 확대는 재정적자를 더욱 강요하였고, 적자 해소와 재정균형을 위해 정부에게는 통화증발을 비롯하여 조세 부과, 민간에의 국영기업 매각, 국내외로부터의 차입 등의 방법을 통한 재정수입 확대가 절실히 요구되었다. 아무튼 인플레이션은 불가피했으며, 고금리의 국채 발행 확대는 결국 1998년 8월의 모라토리엄 선언의 직접적 계기가 되었다.

결국, 1994년 이후 옐친 정권은 반대파와의 정치적 대립을 회피하면서 통화주의적 모델에 입각한 경제정책을 거부하고 경제안정화에 치중하는 정책 노선을 추구했다. 1994년 여름, 새로운 "러시아식 경제모델"의 조성을 가속화하는 일련의 명령들이 공포되었다. 상업적 원칙에 입각한 국영기업들의 과감한 구조조정 및 민간에의 매각에 관한 명령들은 가히 급진적인 것이었다. 옐친이 1994년 7월에 서명한 제2단계 사유화에 관한 정부 결정은 특별한 의미를 가졌다. 사유화 증권을 발행하여 건전한 중간계층을 육성한다는 취지에서 "분배지향적"이었던 첫 번째 사유화와는 달리 두 번째 단계의 사유화는 주식의 과감한 매각, 즉 시장가격에 따른 국영기업의 공개 매각이라는 방법으로 기획되었고,[43] 그럼으로써 국가재정수입의 실질적 증대를 도모하였다. 또한 1994년 7월부터 시행된 모든 재화와 용역에 대한 수출 할당제 및 허가제의 폐지는 대외무역의 완전한 자유화를 의미하는 것이었던 동시에 세계시장에서 경쟁력이 있는 기업들을 자극하기 위함이었다. 조세문제와 관련된 명령은 전체 조세부담액을 경감하고 이윤과 부가가치에 대한 과세율을 대폭 인하하는 것을 내용으로 했으며, 정부는 향후 조세를 더 많이 부과하는 것이 아니라 조세수입원에 대한 엄격한 관리와 통제를 통해서 재정수입 증대를 이룰 방침임을 표명했다. 사회정책과 관련하여, 시민들의 주거문제 안정을 위한 조치들과 병행하여 정부는 최소임금, 연금, 장학금, 보조금 등의 정기적 인상과 직접 누진세제의 강화, 그리고 빈곤과의 투쟁을 기본적인 정책과제로 설정했다.

러시아 정부의 새로운 경제정책 프로그램은 이론적으로 시장경제 발전 및 사회보장체계 강화를 지향하는 것이었으며, 정치적으로는 경제 안정화를 통하여 "개혁정책"에 대한 시민들의 지지 확대를 목표로 했다. 이는 당연히 국가의 경제적, 사회적 역할 증대를 요구했다. 그러나 현실적으로 건전한 국가재정의 확립은 기본적으로 경제성장을 전제로 하는 것이며, 조세수입 확대, 국영기업의 매각, 국내외에서의 국채 발행과 해외자본 도입 등을 통한 차입금 증대, 그리고 화폐 발행 등의 방법을 통한 적자재정의 개선은 단기

43) 이것이 러시아판 정경유착을 더욱 강화하고, 결국 헐값에 국영기업들을 불하받은 경제세력들이 러시아식 과두재벌, 즉 '올리가르히'로 성장하는 데 주요 계기가 되었다.

적인 미봉책에 불과한 것이었다. 따라서 수정된 개혁프로그램은 본질적으로 경제성장을 위한 적극적인 정책이라기보다는 장기적으로 시장을 중심으로 하는 경제성장이 실현되는 시점까지 정치적 위기극복과 사회경제적 안정화 및 질서회복을 위한 현상유지적인, 실용주의적이고 현실적인 정책으로 평가될 수 있다.

권력정치적 측면과 관련하여, 과거에 옐친 정권은 개혁 지체의 주된 원인으로 최고회의에 집결한 "파시스트-공산주의 세력"의 저항을 지적했다. 그러나 1994년 4월 〈시민화합협정〉이 체결된 이후 그러한 원인은 제거되었고, 후에 드러난 것처럼 문제는 최고회의의 저항을 폭력적으로 제압한 후 새로운 의회, 즉 국가두마마저 제도적으로 무력화시키며 급속히 권위주의화되었던 옐친 정권이, 이제 시장경제로의 개혁 방향이 번복될 수 없는 상황에서, 사회의 민주화를 위한 정치적 의지를 결정적으로 상실했다는 데에 있었다. 국가두마의 효과적인 대(對)정부 견제가 거의 배제된 상황에서, 권력의 인격화가 급속히 진행됨과 동시에 옐친 정권에 대한 국민적 지지는 거의 고갈되어갔다. 정치적으로 서구적 의회민주주의를 지향했던 개혁실세들의 퇴출과 더불어 국가권력은 옐친의 "가신(家臣)들" 및 노멘클라투라 출신의 테크노크라트들에 의해 장악되었다. 이들은 비공식적 조직으로서의 "권력당"을 구성하고 인격화된 옐친 정권을 뒷받침했다. '무소명(無召命)의 직업정치인들'로 구성된 "권력당"에 본질적인 것, 즉 사회의 민주화에 대한 정치적 무(無)의지는 옐친의 자유주의적 개혁정책이 표류하고 결국 파산하는데 상당한 원인을 제공했다.

러시아연방의 대외정책은 기본적으로 페레스트로이카 시대에 표방된 신사고외교의 노선을 견지하면서 서방과의 협력을 강화함을 목표로 했다. 서방 중심의 대외정책개념은 자유주의적 시장경제체제로의 전환을 시도하는 개혁정책에 대한 서방의 협력과 지원을 최대로 이끌어냄과 동시에, 나아가 러시아가 서방에 대해 위협세력이 되는 것을 포기하고 '유럽 공동의 집'이라는 집단적 안보 및 협력의 틀을 계속 추구하는 가운데 서구 문명국가들의 공동체에 편입되는 것을 러시아의 국익에 등치시켰다. 그러나 이러한 정책 개념은 "보수 - 공산세력"에 의해 강하게 비판되었고, 옐친 정권의 대외정책은 급진적 경제개혁만큼이나 반대파의 주된 비난대상이 되었다. 물론 그들의 비난은 나름대로의 충분한 근거를 가졌다. 이른바 근외국(近外國)들, 즉 구(舊)소비에트공화국들과 러시아 간 상호관계는 역사적으로, 유기적으로 형성 발전되어온 것이었으며, 소연방이라는 단일체계가 해체됨에 따라 러시아를 비롯한 각 공화국들은 직접적으로 상당한 사회경제적 혼돈을 감수해야만 했다. 그렇지만 정치적으로 가장 예민했던 문제는 소비에트 인민이라고 규정되었던 시민공동체가 국경의 설치에 따라 서로 외국인으로 분할되어야 하는 상황에 있었다. 결국 소연방의 해체 이후, 우크라이나에 1,150만(23%/총인구), 카자흐스탄에 630만 (40%/총인구), 벨로루시 140만, 발트3국 150만, 카프카즈와 중앙아시아 300만, 몰다비아에는 50만여 명 등 모두 합해 약 2,500만 명의 러시아인이 러시아연방 국경 밖의 근외국들에 남아 있었다.

애초에 러시아연방의 근외국들에 대한 외교적 기본 방침은 소극적인 것이었다. 특히 러시아민족주의자들이 보기에, 낙후된 구소비에트공화국들이 그동안 강요했던 정치적, 경제적 부담은 러시아의 발전이 지체되는 데 있어서 중요한 요인으로 작용했다. 이제 러시아는 그런 부담에서 벗어나 근외국들에서 발생, 전개되는 각종 갈등에 개입하지 말고 외교적 역량을 러시아의 개혁에 기여할 수 있는 문명화된 서구 자본주의 국가들과의 관계 강화 및 확대에 집중하면서 오직 러시아연방의 내부 문제들을 해결하기 위해 노력해야만 했다. 하지만, 러시아민족주의와 서구주의적 개념의 어색한 결합에 기초한 러시아 외교정책의 기본 노선은 곧 재검토되기에 이르렀다. 그것은 외교정책에 대한 반대파의 비판 때문만이 아니었다. 안드레이 코지레프에 의해 지도되는 러시아 외무부는 일상적 접촉 속에서 지정학적으로 또 역사적으로 규정된 러시아와 근외국들 간의 특수한 관계들의 현실적 중요성을 각성하기 시작했다. 이미 1992년 밀 최고회의에 의해 승인된 「러시아연방의 대외정책개념(Концепция внешней политики РФ)」이라는 문건은, 물론 서방 중심적 외교원칙을 여전히 강조하면서, 러시아의 안보 문제를 지정학적인 측면에서 고려하는 가운데 근외국들과의 관계 문제와 이들 국가에 거주하는 러시아인들의 인권보장 문제를 러시아의 주요 관심사항으로 규정했으며, 또한 러시아가 가진 고유의 "유라시아적 잠재력"과 아태지역 국가들과의 안보 및 경제협력의 필요성 등에 대해서도 언급하고 있었다.

그럼에도 불구하고, 편향적인 서방 중심적 외교의 토대가 되었던 이른바 대외정치적 낭만주의와의 결별은 1993년의 총선 이후에 와서야 공식적으로 표명되었다. 이러한 변화는 물론 국내정치적 전환과 맥락을 같이 하는 것이었다. 옐친은 1994년도 연두교서에서 "러시아를 배제한 채 다른 유럽 국가들만을 참여시킴으로써 NATO를 확대하려는 움직임에 반대"함을 분명히 밝히고, 지금까지의 외교정책을 비판적 입장에서 평가하는 가운데 "러시아는 유럽의 손님이 아니라 자체 복지에 관심을 갖고 있는 유럽사회의 정식 참여자"라고 역설했다. 또한 그는 러시아가 독자적인 외교정책을 추구해 나갈 것임을 선언하면서, 그러나 국익 수호를 명분으로 서방세계와의 새로운 대결을 촉발시키지는 않을 것이라고 부연했다.

서방 중심의 대외정치적 낭만주의와의 결별 이후, 러시아 외무부는 특히 근외국들과의 관계와 관련하여 가능한대로 모든 적법한 방법과 수단을 통하여 그 지역에서 "사회적으로 지향된 시장경제"와 민주주의적 가치에 토대를 둔 통합된 사회를 조성해나갈 태세를, 즉 러시아의 국익을 수호해나갈 태세를 갖추고 있음을 선언했다. 코지레프 독트린이라는 이름을 얻은 그러한 외교정책적 지향은 특히 우크라이나와 카자흐스탄 등으로부터 팽창주의 내지 신(新)제국주의라는 비난을 초래했지만, 아무튼 근외국들에 대한 그런 도발적인 개념은 곧 '상호의존적 관계의 발전 없이는 독립국가연합 국가들 모두의 발전이 불가능하다'는 표현으로 순화되었으며, 또한 많은 근외국들도 러시아와의 협력 없이, 러시아의 자원 및 공업력의 도움 없이 자신의 경제문제들을 해결하는 것은 어렵거나 거의 불가능하다는 사실을 인식하면서 과거의 분리주의적 열정 대신에 러시아와의 새로운 협력관계의 구축을 모색하기 시작했다. 우선 벨로루시, 카자흐스탄, 타지키스탄 등이 통합을 위한 적극성을 발휘하기 시작했으며, 비록 흑해함대의 관할권을 둘러싼 러시아와 우크라이나 간의 갈등이 오래 지속되기도 했지만, 1994년 4월에 러시아와 벨로루시가 양국의 무역장벽을 없애고 통화체계를 단일화하는 협정에 서명한 것은 독립국가연합 내에서 작용하는 통합적 경향을 표현하는 것이었다.

이른바 원외국(遠外國)들에 대한 정책과 관련하여, 소연방이 초강대국으로서 누렸던 국제정치적 지위와 권리의 상실은 차치하고서라도 아랍 국가들에 대한 영향력 약화, 쿠바와 북한 및 구사회주의 국가들과의 전통적 관계의 해체, 쿠릴열도상의 4개 섬을 둘러싼 일본과의 갈등, 미국의 대이라크 정책에 대한 무조건적 지지, 중동문제 해결에서의 러시아의 소외 등은 옐친의 반대파들이 대외정책을 비판하는 주된 동기가 되었다. 물론 러시아의 국제정치적 영향력 상실은 소연방이 미국과의 냉전에서 패배한 결과 강요된 것이기도 했지만, 특히 쿠바, 북한 및 구사회주의 국가들과의 급속한 관계해체는 오히려 낭만주의적 서구주의에 사로잡힌 러시아 정부에 의해 주도된 측면이 있었다.

1993년 말부터 러시아는 자신을 "고유한 지정학적, 민족적 이해관계를 가진 강대국"으로 규정하기 시작했으며, 또 당시 진행 중이었던 보스니아 내전과, 그리고 팔레스타인의 자치 문제에 관한 이스라엘과 PLO의 협상에 중재자로서의 개입을 적극 시도했다. 특히 NATO의 확대에 대한 적극적인 반대의사의 표명은 서방과의 대립을 강요당한 지역 패권국가로서의 러시아가 서구주의적 환상에서 벗어나, 지정학적으로 중요한 원외국에 대한 자신의 국제정치적 권리를 주장한 것이었다.

1994년 6월 코지레프 외무장관은 NATO와 〈평화를 위한 파트너십〉 협정에 가서명했다. 하지만, 그 해 12월 NATO회원국 외무장관들이 동유럽 국가들에게 문호를 확대하는 결정에 합의함에 따라 러시아는 NATO의 동진(東進)에 반발하며 협정을 거부했다. 이어 1994년 12월 옐친은 부다페스트에서 열린 유럽안보협력회의(CSCE)의 개막식 연설에서 "러시아를 배제한 NATO의 확대는 유럽을 냉전에서 냉평화(cold peace)로 빠뜨릴 것"이라고 경고했다.

1994년 초 공식적으로 표명된 서방 중심적 외교정책개념의 파기 이후, 러시아는 "21세기 동반자관계"의 정립을 중국에 제의(1994년 6월)하고, 이어 북한과의 관계증진 의사를 표명하는 등 새로운 외교정책노선을 전개했다. 1995년 이후 러시아는 특히 아시아 국가들과의 적극적 협력을 지향하는 정책을 구상했으며, 이에 따라 옐친과 코지레프는 중국, 일본, 인도, 한국 등의 국가들에 대한 이른바 방문외교를 통하여 러시아의 국제정치적 역량의 확대를 도모했다. 이러한 시도는 특히 근외국들에 대한 적극화된 외교정책에서 보다 분명하게 드러났는데, 1995년 9월 14일자 대통령 명령 제940호 〈독립국가연합 국가들에 대한 러시아의 전략 노선(Об утверждении Стратегического курса Российской Федерации с государствами-участниками Содружества Независимых Государств)〉은 근외국들에 있어서의 평화유지활동의 강화, 지역적 협력 및 통합을 위한 정책은 구소련 지역을 러시아의 "사활적 이해관계"가 걸린 지역으로 규정하는 가운데 이 지역에서 발생하는 분쟁이나 사태에 러시아가 배타적 우선권을 가지고 적극

개입할 것이라고 천명했다. 그러나 무엇보다도, 옐친 정권의 대외정치적 인식의 전환을 보다 극적으로 보여준 것은 1994년 12월에 시작된 체첸전쟁이었다.

페레스트로이카 시대에 구소련의 정치는 자유주의 세력과 러시아민족주의 세력이 제휴한 결과로서의 "민주-개혁세력"과 보수주의적 "공산세력" 사이의 대립을 축으로 전개되었다. 그러나 소연방의 붕괴 이후, 특히 1992년 1월부터 가이다르 행정부에 의해 급진적으로 추진된 시장경제지향적 경제개혁 이후, 현대 러시아의 정치는 국가체계의 해체와 급속한 자본주의화 정책을 비판하는 반(反)급진개혁세력과 서구주의적 급진개혁세력 사이의 대립을 기본 축으로 했다. 인민대의원대회와 최고회의에 포진한 반(反)급진개혁세력의 이념적 무기는 러시아민족주의와 사회민주주의적 이데올로기였으며, 결국 자유주의, 러시아민족주의, 그리고 사회민주주의는 현대 러시아의 정치를 규정하는 주도적 이념들이었다. 물론 1990년대 전반 러시아 사회에서 지배적이었던 것은 자유주의적 이데올로기였으며, 러시아민족주의는 다민족사회로서의 러시아가 가하는 굴레로 인하여,[44] 또 사회민주주의적 이념은 반(反)공산주의적 에토스로 인하여 제약되었다. 그러나 우선 이른바 자본주의 혁명을 위한 급진적 경제개혁의 결과 인민들이 치러야만 했던 엄청난 "비용"과, 그리고 특히 1993년 10월 이후 최고회의의 저항을 폭력적으로 제압한 후 새로운 의회, 즉 국가두마를 제도적으로 무력화시키면서 급속

44) 러시아인을 표현하는 말은 '루스키(Русский)'와 '로시야닌(Россиянин)'의 두 종류가 있다. 전자는 러시아민족 구성원을 지칭하며, 후자는 러시아 국민의 일원을 말한다. 2002년 기준 러시아연방 총인구 중 '루스키'들이 차지하는 비율은 80.64%였다. 소련 시절에 '루스키'들의 민족주의, 즉 러시아민족주의는 맑스-레닌주의에 대립하는 주요 이념적 사조로 기능했지만, 소련 해체 후 러시아연방 내에서 러시아민족주의는 총인구의 약 20%를 구성하는 비러시아인들을 배제 내지 위협하는 이데올로기로서의 의미를 획득한다. 결국 러시아민족주의는 러시아연방의 국가통합을 위해 국가주의의 외피를 두를 수밖에 없었다.

히 권위주의화 되었던 옐친 정권이 이제 시장경제에로의 발전방향이 번복될 수 없는 상황에서 사회의 민주화를 위한 정치적 의지를 상실한 것은 사회 내에서 자유주의적 이념이 쇠퇴하고, 상대적으로 사회민주주의적 이념에 대한 사회적 지지가 확대되는 중요한 계기가 되었다.

이미 서술한 것처럼, 권력으로부터의 소외 및 분열과 반목에도 불구하고 전체적으로 자유주의적 개혁세력은, 국가두마 전체의석의 약 17%를 차지한 원내 제1당으로서의 '러시아의 선택'을 지도했던 가이다르가 맡았던 역할에서도 알 수 있듯이, 옐친 정권을 정치적으로 뒷받침하고 있었다. 그러나 체첸전쟁은 정권과 자유주의 세력이 결별하고 인격화된 옐친 정권에 대한 국민의 지지가 완전히 철회되는 동기였으며, 그럼으로써 자유주의적 이념의 퇴조를 재촉하는 중요한 계기이기도 했다.

이미 1991년 11월에 체츠냐, 즉 체첸자치공화국이 러시아공화국으로부터 독립을 선포했던 것은 연방정부에 대항하는 옐친에 의해 고무된 자유주의적, 분리주의적 의지의 결과이기도 했다. 현상유지정책을 지속하던 옐친은 1994년 12월 10일 체츠냐에 대한 무력개입을 승인하는 명령에 서명함으로써 그곳에 대한 "결정적 공격"이 시작되었고, 이에 대응하여 수만 명의 체첸인들은 조하르 두다예프의 호소에 부응하여 인간사슬을 만들며 러시아의 "침공"을 비난하는 시위를 전개하기도 했다. 가이다르는 체첸사태를 러시아 민주주의의 위기라고 규정하며 정부에 대해 비판을 가하기 시작했으며, 인권운동가 옐레나 본네르도 "국민의 80%가 대(對)체츠냐정책에 반대한다"며 정부의 무력개입을 비난하고 나섰다. 비판은 자유주의적 지식인들의 몫만은 아니었다. 여론도 소위 "명분 없는 전쟁"에 비판적이었으며, 이는 자유주의적 환상들이 아직 러시아 사회에서 작용하고 있었기 때문만이 아니라 전쟁이 야기하는 경제에 대한 부담, 전쟁을 무단으로 결정한 "권력당" 인사들에 대한 반감, 인도주의적 고려 등도 비판의 동기가 되었다.

체첸전쟁이 거의 종결된 것처럼 보였던 1995년 6월, 샤밀 바사예프가 지휘하는 체첸게릴라부대가 부됴놉스크(Будённовск)의 한 병원을 점거하여 약 1,500명의 인질을 잡고 체츠냐에 대한 공격을 중단하라고 요구하는 사건이 발생했다. "폭도들"을 진압하기 위한 시도는 대규모 인명피해만을 초래하며 실패했고, 결국 분리주의자들의 요구에 러시아 정부가 굴복함으로써 체첸전쟁은 새로운 국면으로 진입하게 되었다. 책임을 요구받은 옐친은 당시 "권력당"의 주요 인사들이었던 니콜라이 예고로프 부총리 겸 지역정책장관, 빅토르 예린 내무장관, 세르게이 스테파신 연방보안국장 등을 해임했으며, 샤밀 바사예프와 직접 협상하여 사태를 종결시킨 체르노믜르진 총리의 정치적 위상이 체첸전쟁에 대한 비판적 여론에 힘입어 제고되었다.

소위 "개혁비용", 정권의 권위주의화 및 인격화, 체첸전쟁 등으로 옐친 정권에 대한 국민적 비판이 고조되었던 1995년 12월에 치러진 총선은 사전에 그 결과가 예측될 수 있었다. 공산당이 국가두마 전체의석의 약 35%를 차지하여 원내 제1당이 되었으며, '우리집 - 러시아'가 약 12%, 자유민주당이 약 11%, '야블로코'가 약 10%를 차지했다. 결국 제6대 국가두마에서는 공산당을 기준으로 하는 4당 체제가 성립되었는데, 농업당이 정당명부제의 5%조항의 한계를 넘지 못하고 지역구에서만 20명의 당선자를 내어 군소정당으로 전락한 것은 농민들의 표가 공산당으로 집중된 사실을 고려하면 쉽게 이해될 수 있었다. 결국 제6대 국가두마에서는 사회민주주의적 세력이 약진하였으며, 자유주의적 급진개혁세력의 집결장이었던 '러시아의 선택'은 군소정당으로 전락하여 와해된 가운데 체르노믜르진 총리가 주도하는 '우리집 - 러시아', 즉 실용주의적 중도우파세력이 여당으로서의 기능을 담당하게 되었다. 러시아민족주의 세력들의 원내 진출은 사회민주주의 세력과 제휴하거나(-세르게이 바부린), 저급한 민족주의적 - 국가주의적 선동을 통하여 주로 사회적 주변계층들의 지지에 의존하여(-블라디미르 지리놉스키) 이루어졌다. 알렉산드르 레베지와 유리 스코코프에 의해 총선 전에 조직된 러시아민족주의적 지향의 '러시아공동체회의'가 예상외로 5%조항을 극복하지 못하고 원내 진입에 실패한 일은 당시 러시아민족주의가 처했던 정치적 한계를 표현하는 것이었다. 특유의 저급한 냉소주의로써 주변적 계층의 지지를 얻었던 자유민주당을 예외로 한다면, 그 한계는 다민족사회에서 러시아민족주의에 부과될 수밖에 없는 제약보다는, 좌우파 간에 비교적 선명한 이념적 · 정책적 대결이 이루어지는 상황에서 구체적 프로그램이 결여된 "강한 러시아"라는 구호만으로는 중간계층의 지지를 유도하기 어려웠다는 사실에 기인했다.

결국 제6대 국가두마 의원 선거의 결과, 서구적 민주주의를 지향했던 이른바 개혁실세들이 정치적으로 퇴출되었고, 국가권력은 옐친의 "가신(家臣)들" 및 노멘클라투라 출신의 테크노크라트들로 구성된 "권력당"이라는 피라미드에 의해 완전 장악되었다. 이에 따라 러시아의 정치는 민주화에 대한 의지를 결여한 '무소명의 직업정치인'들로서 구성된 "권력당"과 국가두마 내 반대파 사이의 대립을 축으로 하여 전개되었다. 문제는 공산당과 농업당을 비롯한 반대파가 국가두마 전체의석의 약 45% 이상을 차지했지만, 국가두마 내에서 재적의원 2/3이상을 확보하지 않고서는 정부에 대한 견제가 실질적으로 불가능한 헌법구조로 말미암아 반대파는 정치적으로 무기력한 상태에 있었다는 것이다. 따라서 공산당의 부활은 현실적으로 아무런 정치적, 정책적 변화를 강제할 수 없었다. 다만 자유주의적 논리들이 급속히 퇴조한데 반하여, 국가두마 내에서 "공산주의적 선전과 선동"이 강화되었을 뿐이었다. 이념의 시대는 그런대로 지속되고 있었다.

1996년 2월 대통령 선거를 향한 경주가 시작되었을 때, 옐친에 대한 지지율은 10%을 훨씬 밑돌고 있었다. 그러나 그가 체불임금의 지급과 체첸사태의 해결을 약속하면서, 그리고 결정적으로는 선거전이 '민주주의 대 공산주의'의 구도로 전개되면서 그의 지지율은 급속히 상승하기 시작했다. 결국 6월에 실시된 선거 결과는 옐친 35.20%, 쥬가노프 31.95%, 레베지 14.73%, 이블린스키 7.41%, 지리놉스키 5.84% 등의 득표순으로 나타났으며, 투표자 과반 이상의 득표자가 없어서 7월에 실시된 결선투표 결과 옐친이 54.55%, 쥬가노프가 39.44%의 지지를 얻어 옐친이 대통령에 재선되었다. 결국 러시아 자유주의에 부과된 근본적인 문제는, 자유주의가 그 세력의 다양함에도 불구하고 옐친의 정치적 "포로"상태에 있었으며, 결국 옐친과 정치적 운명을 함께 할 수밖에 없었다는 사실이었다. 즉, 옐친은 자유주의로부터 이미 자유로웠음에도 불구하고 그의 정치적 실패는 곧 러시아 자유주의의 실패로 환원된다는 사실이었다.

옐친의 재선은 서방의 노골적 지원이나 결선투표 때 이루어진 레베지와의 제휴 때문만은 아니었다. 그것은 옐친과 "공산주의자들"과의 대결이 이루어질 때 모든 자유주의적 세력들뿐만 아니라 대부분의 민족주의 세력들까지 옐친을 지지할 수밖에 없었던 '장(場)의 규정성' 때문이었다. 민주주의의 구현 여부에 관계없이, 러시아에서 자본주의 혁명을 실현시킨 옐친은 자신을 반공산주의 진영의 중심에 세울 수 있었다. 1차 투표 때 가이다르를 위시한 과거의 급진개혁세력은 이미 옐친을 지지하고 있었고, 결선투표 이전에 이블린스키는 옐친 지지의사를 공개적으로 표명했으며, 지리놉스키조차 공산당을 지지하지 말라고 촉구하고 나섰다. 이미 결선투표 전에 국가안보회의 비서로 임명된 레베지는 경호실장 알렉산드르 코르좌코프, 국방장관 파벨 그라초프, 연방보안국장 미하일 바르수코프, 제1부총리 올렉 소스코베츠 등 "권력당" 내의 주역들을 제압하며 새로운 실세로 부상했다. 8월 말에 그는 5년간 독립 논의를 유보하는 것을 전제로 했지만 사실상 체츠냐의 독립요구를 승인하는 협정에 서명하며 전쟁을 종결지음으로써 자신의 정치적 입지를 강화할 수 있었다.

1996년 여름 이후 권좌 주변에서 나타난 가장 중요한 변화는 시장경제적 급진개혁의 산물로서 등장한 신흥 금융산업재벌 세력이 정치에 본격적으로 개입하기 시작한 것이었다. 급진적 경제개혁과 더불어 시작된 사유화 혹은 민영화 과정은 소위 "금융재벌 - 관료 마피아"에 의한 국유재산의 강탈과정이나 진배없었다. 주로 구소련 시절의 지하경제에서 형성된 밑천을 토대로 성장한 상업자본가들(대개 유대인들)은 개혁과정에서 부패한 관료집단과 결탁하여 갖은 이권과 특혜를 누리며 내실 있는 국영기업들을 헐값에 인수했다. 이런 과정을 통해 국가 주요 기간산업을 거의 장악한 로고바즈그룹(-보리스 베레좁스키), 알파그룹(-미하일 프리드만), 오넥심은행그룹(-블라디미르 포타닌), 모스트그룹(-블라디미르 구신스키) 등의 러시아 재벌그룹들, 즉 '올리가르히'가 형성되었으며, 나아가 언론까지 장악한 그들은 대선과정에서 옐친에게 수억 달러의 정치자금을 제공한 후 정치의 장(場)에 본격적으로 등장했다. 이들의 좌장 격으로, 1990년대 후반, 로고바즈 외에 전국적 TV방송 OPT, 유력 일간지 ≪네자비시마야 가제타≫, 아에로플로트 항공사, 시브네프치 석유회사 등을 소유하고 있었던 베레좁스키는 1996년 12월 ≪Financial Times≫와의 회견에서 "우리는 추바이스를 택하여 옐친의 재선을 도왔으며, 이제 그 대가를 돌려받을 때가 됐다"고 하면서 사업의 성공을 위해 정치권력이 이용되고 있음을 감추지 않았다. 1996년 여름 베레좁스키는 국가안보회의 부(副)비서에 임명되었으며, 포타닌은 경제부총리로 기용되었다.

아무튼 1996년의 대선 직후 "권력당" 내에서는 우선 레베지, 체르노믜르진 총리, 그리고 옐친의 선거운동을 지휘한 후 대통령 행정실장에 임명된 추바이스, 대통령 제1보좌관 빅토르 일류신을 위시한 "가신들" 사이의 경쟁이 치열했다. 더 많은 권력을 요구하며 갈등을 유발하던 레베지가 국가안보회의 비서에서 해임됨으로써, 10월 중순 이후에, 결국 "권력당"은 베레좁스키 등의 '올리가르히' 세력과 제휴하고 있던 추바이스, 일류신 등 넓은 의미의 "가신그룹"과 총리인 체르노믜르진을 중심으로 하는 세력으로 크게 양분되었다.

경제에 대한 비관적, 낙관적 전망이 모두 가능했던 1997년 3월, 옐친은 이른바 구(舊)정치의 상징이 되어버린 일류신과 이른바 구(舊)경제로 표현되는 군산복합체의 이익을 대변하던 알렉세이 볼샤코프 제1부총리 등을 퇴진시키고, 추바이스 행정실장을 경제담당 제1부총리에 임명하는 동시에 당시 국민들에 신망이 높던 개혁파 인사인 보리스 넴초프를 사회분야 및 자원담당 제1부총리에 전격 기용했다. 이어 1998년 3월에는 체르노미르진 총리를 위시하여 추바이스 등 모든 각료를 해임하고 넴초프의 측근인 세르게이 키리옌코 연료에너지장관을 총리서리로 임명함으로써 "젊은 피"의 수혈로 정부의 개혁 이미지를 강화하는 가운데 그는 임금 및 연금 체불 등의 사회문제 해결과 지지부진하던 경제개혁의 가속화라는 목표를 정면 돌파하겠다는 강력한 의지를 표명했다. 체르노미르진 계열의 인사들이 배제된 새 내각에는 넴초프(부총리), 빅토르 흐리스텐코(부총리), 미하일 자도르노프(재무장관) 등 자유주의적 지향성이 강한 젊은 인사들이 주축을 이루었고, 비록 예브게니 프리마코프 외무장관 등이 유임되었지만 내각의 개혁적 이미지는 부인될 수 없었다.

물론 키리옌코 내각의 등장은 당시 유력한 차기 대통령 감으로 간주되고 있던 체르노미르진을 제압하고 3선을 노리려는 옐친의 포석으로 해석되기도 했다. 아무튼 주로 무명의 젊은 인사들로 내각을 구성함으로써 옐친은 개혁 이미지를 제고하며 자신의 정치적 위상을 강화할 수 있었지만, 문제는 체르노미르진을 제거하며 "권력당" 내에서 독점적 실세로 떠오른 베레좁스키와 발렌틴 유마세프 대통령 행정실장 등의 "가신 4인방"의 의도와는 달리, 소위 "청년개혁파"는 금융산업재벌, 즉 '올리가르히'와 관료집단의 저항을 민주적 경제개혁의 걸림돌로 인식하는 가운데 이들을 개혁대상으로 삼았으며, 이는 권력정치적 측면에서 또 다른 갈등을 예고하는 것이었다.

러시아 경제는 자본주의 혁명이 시작된 이후 1997년에 접어들면서 처음으로 플러스 성장을 기록했다. GDP성장률이 1월에 0.1%, 2월에는 0.2%를 기록했으며, 매년 엄청나게 치솟기만 했던 물가도 10%선대로 안정되었다. 러시아가 1996년 11월 프랑크푸르트 국제금융시장에서 연이자율 8.5%, 7년 기한의 조건으로 10억 달러의 유로본드를 발행한데 이어, 1997년 3월 중순에 또다시 12억 달러의 유로본드를 발행할 수 있었던 것은 러시아 경제의 회생을 서방에서 인정한 결과이기도 했다. 이러한 변화에 힘입어 옐친은 1997년 3월에 발표한 연두교서에서 1997년도 경제성장률을 2%로, 2000년도의 성장률을 8~10%로 예상하는 등 낙관적 견해를 피력했다. 그러나 경제성장의 유지를 위해서는 중화학공업 분야의 과감한 구조조정, 왜곡된 조세제도의 개혁, 2차 및 서비스 산업에 대한 투자증대, 국가재정의 개선 등의 선결과제가 존재했었다. 특히 국가재정 문제와 관련하여, 1997년 초 개최된 다보스세계경제포럼에 참석한 예브게니 야신 경제장관은 2000년도에 5~6%의 경제성장이 가능할 것이라고 전망하고는 "러시아가 작년[=1996년]에 국내총생산의 39%를 정부지출로 썼으나" 앞으로는 "정부지출이 GDP의 25~30%선에서 묶여야 한다"고 말하면서 러시아 정부의 재정지출이 경제규모에 비추어 적정 수준을 초과하고 있음을 시인했다.

1997년 9월 말 연방회의에서 행한 연설을 통하여 옐친은 순수 시장경제를 확립하고 일부 자본가들의 국가권위에 대한 도전행위를 근절하기 위해 국가의 역할을 더욱 강화하겠다고 밝히면서 "내년 초부터는 현재 일부 민영은행들에 맡겨진 연방예산관리권을 국영은행들로 이관하겠으며, 민영은행들이 편법으로 부당한 이득을 취할 경우 철저한 대가를 치르도록 하겠다"고 경고했다. 옐친은 또 공정한 경쟁원리의 정착과 정경유착의 비리 척결을 위해 국가발주사업의 투명성과 공정한 계약체결을 보장하고, 정부 내 범죄조직의 침투를 근절하고, 불법유출외화(外貨)를 재반입할 경우 조세 감면 등을 실시하겠다고 밝혔다. 결국 이는 금융산업재벌의 정치적 영향력과 정경유착으로 상징되는 총체적 부패구조, 그리고 외화자금의 해외밀반출 등이 심각한 수준에 도달해 있음을 반증하는 것이었다.[45] 이어 1997년 12월 말, 옐친은 대국민담화를 통해 "물질만능풍조에서 탈피해 윤리적 가치로 복귀할 것"을 촉구하면서 "시장경제를 도입하면서 우리는 많은 것을 간과했다"고 자책하며 "기업이 진실된 우리 시대의 영웅이 되지 못한다면 번창한 국가를 기대할 수 없다"고 역설하는 등 새로운 개혁의 필요성을 언급하기도 했다.

가이다르식의 급진적 자본주의화 정책에 따라 결과된 러시아 천민자본주의 체제의 취약성은 1997년 말에 이미 노정되고 있었다. 동년 12월 초, 추바이스 제1부총리는 7개 서방은행들에 긴급차관 제공을 요청하는 동시에 IMF에는 러시아의 경제개발 명목으로 이미 약속한 100억 달러 규모의 차관을 조기 집행해 줄 것을 거듭 요구하고 나섰다. 실제 러시아 경제는 증시가 전체적인 하강 국면 속에서 널뛰기를 계속하고 있었고, 채권시장도 최근 한 달 사이에 금리가 4~5%나 인상되었다. 1997년 말의 1~2개월 사이에 러시아 금융시장에 들어온 외국자본 중 50~80억 달러가 국외로 빠져나가 러시아는 심각한 외환고갈상태에 빠져 있었으며, 경제전문가들이 금융대란을 예고하는 가운데 국가두마는 정부에 대책마련을 촉구하고 있었다.[46]

경제위기의 조짐은 계속 확대되었다. 1998년 3월에는 국제유가 하락으로 인해 러시아 경제가 다시 동요하기 시작했다. 1997년 10월말 229억 달러에

---

45) 서방의 일부 언론은 러시아의 도피자산이 1998년 여름경에 약 1,500억 달러에 달하는 것으로 추정하기도 했다.

46) 이처럼 러시아 금융시장이 심각한 위기상황에 빠져든 것은, 경제적 측면에서 보면, 실물경제의 뒷받침을 받지 못하는 금융시장 자체가 안고 있는 구조적 취약성에 더하여 국내자본보다는 외국자본이 금융시장의 흐름을 좌우하고 있었기 때문이기도 했다. 1997년 당시 러시아 금융시장은 대략 750~900억 달러 규모의 증권시장과 450억 달러 규모의 국채시장으로 형성되어 있었으며, 이중 증시의 경우 200억 달러 이상이 대형 외국기관 및 투자가들의 자본이었고, 국채시장은 최소 50억 달러 이상이 외국자본이었다.

달했던 외환보유고는 1998년 6월에는 150억 달러 이하로 감소했으며, 이 무렵 추바이스는 국제금융담당 대통령특사로 임명되어 해외자본의 조달을 위해 동분서주하고 있었다.

1998년 8월 17일, 러시아 정부는 루블화표시 외채에 대한 90일간의 지불유예(모라토리엄)선언과 동시에 사실상 루블화 가치를 약 33% 평가절하 하는 조치를 단행했다. 그 직접적 원인은 과다한 정부부채에 있었다. 넴초프의 자료에 의하면, 1998년 여름 러시아 정부의 대외부채는 약 2천억 달러 정도였으며, 그중 단기국채(GKO)의 발행규모만 600~700억 달러에 이르고 있었다.[47] 러시아 정부는 매년 GDP의 6%에 이르는 재정적자를 연이자율이 60~150%에 이르는 단기국채의 발행(특히 1996년 가을 이후)이나 차관도입으로 충당하고 있었다. 이 때문에 자본이 실물경제가 아닌 GKO에만 몰려 실물경제는 망가지고 정부의 부채규모는 눈덩이처럼 불어나게 되었는데, 사태의 악화에 따라 1998년에 들어서만 100억 달러 이상의 외국자본이 러시아를 빠져나가며 금융시장은 공황의 늪으로 밀려들어갔다.

또한 재정수지의 악화도 중요한 요인이었는데, 러시아의 재정적자는 지난 2년간 경상GDP 대비 6~7%의 높은 수준을 유지하고 있었다. 그동안 원유, 천연가스 등의 원자재 수출로 무역수지 흑자를 유지해온 러시아는 1998년 초부터 국제유가의 하락으로 수출이 감소함에 따라 무역수지 흑자 폭이 대폭 감소했다.[48] 그리고 국영기업의 매각을 통한 정부수입이 예상보다 아주 적었으며, 여기에 조세체계의 미비와 경제해체적 상황, 그리고 사회의 총체적 부패구조 등으로 야기된 세원 확보의 어려움도 재정수입 문제를 악화시킨

47) 다른 자료에 의하면, 1998년 여름 경, 러시아 정부의 채무는 루블화표시 단기국채 약 420억 달러, 외화표시 외채 1,250억 달러 등 모두 1,700억 달러 수준이었다.

48) 1997년도의 경우, 원유가 러시아의 수출에서 차지하는 비중은 전체 수출액의 약 25% 정도였다.

요인들이었다. 이러한 재정불균형의 상황 속에서 대외원리금 상환을 위한 과도한 재정지출은 GDP의 7%에 달하는 재정적자의 누적을 초래했으며, 높은 이자율의 단기국채를 발행하거나 차관도입을 통해 재정적자를 해소하는 악순환은 결국 파국으로 귀결될 수밖에 없었다.

그렇지만, 사실 러시아 경제의 근본 문제는 더 깊은 곳에 있었다. 충격요법으로 표현된 가이다르식의 급진적 자본주의화 정책은 너무 낙관적이고 무계획적이었다. 살인적인 물가상승과 산업해체의 결과 일반시민들의 삶은 룸펜화되었고, 자본주의를 향한 사유화 과정은 주로 구소련의 중하급 노멘클라투라 출신들로 이루어진 "금융재벌 - 관료 마피아" 세력이 국부를 강탈하는 과정으로 변질되었다. 자본은 산업생산에 투자되지 않고 고수익을 보장하는 단기국채 등의 금융상품들에 집중되었으며, 더욱이 많은 자본이 해외로 유출, 은닉되었다. 러시아식 정경유착으로 상징되는 총체적 부패구조가 러시아 경제의 기본 골격이 되었으며, 이런 상황에서 재정이 고갈되고 국가채무가 누적되는 것은 당연한 결과였다. 결국 러시아가 봉착했던 문제들의 근원은 경제해체보다도 오히려 사회해체적인 상황에 있었다.

20세기 말, 러시아의 문제는 문화해체라는 개념 속에 함축되어 있었다. 소비에트 사회의 지배적 가치로서의 맑스-레닌주의가 허구화된 것은 이미 1960년대부터이며, 그 대안으로 제시된 사회민주주의적 이념은 특히 서구주의적 자유주의에 젖은 급진개혁파에 의해 거부되었다. 1998년 러시아 정부의 모라토리엄 선언은 루블화 가치의 평가절하만을 강요한 것이 아니었다. 그것은 1992년에 시작된 시장경제로의 급진개혁정책이 좌초했음을 의미하는 것이었으며, 동시에 개혁의 이념적 토대가 되었던 서구주의적 자유주의, 나아가 러시아 자유주의 전반의 파산을 확인하는 것이기도 했다. 키리옌코 내각의 주축이 되었던 "청년개혁파"는 러시아 천민자본주의의 구조를 개혁하려 시도했으나, 국제금융위기와 원자재가격 폭락으로 대변되는 국제경제적 조건들은 그들의 개혁 노력을 방해하는 걸림돌로 작용했다. 또한 "청년개혁파"는 국내정치에도 미숙함을 드러내었는데, 공산당이 헤게모니를 장악한 의회와의 대립은 차치하고, 새 정부의 개혁이 자신들의 이해관계에 위협이 되고 있음을 간파한 베레좁스키 등의 '올리가르히' 세력과의 긴장도 해소할 수 없었다. 정치적인 운이 따르지 않았던 "청년개혁파"는 원칙만 갖고 친민자본주의와 맞서다가 모라토리엄을 선언하고 정치의 무대에서 퇴장했다. 국가두마에서의 공산당의 약진에도 불구하고 주로 노년층 및 하류계층의 지지에 기초한 사회민주주의는 러시아 사회의 반공산주의적 에토스를 극복할 수 없었다. 또한 개혁정치의 토대가 되었던 서구주의적 자유주의의 파산이 특히 중간계급들에게서 확인되었다면, 이후 러시아의 정치에서 민족주의적-국가주의적 이데올로기의 영향이 강화된 것은 당연한 귀결이었다.

(3) 1998년 이후: 러시아 국가주의의 부상

모라토리엄 선언 이후, 옐친이 요청한 체르노미르진에 대한 총리인준안을 두 차례나 부결시킨 국가두마는 곧 예브게니 프리마코프를 신임 총리로 승인했다. 프리마코프는 공산당 소속의 유리 마슬류코프 전(前)무역산업장관을 경제 제1부총리로 임명하고, 공산당이 지지하는 빅토르 게라셴코를 다시 중앙은행 총재에 기용하는 등, 신임 총리의 표현에 따르면, "좌파 내각"이 아닌 "민족정부(национальное правительство)"를 구성했다. 프리마코프 내각과 국가두마와의 협력관계가 유지되면서, 당시 퇴진 압력을 받고 있던 옐친은 내각에 대한 통제권을 상실할 수밖에 없었다. 1998년 말에는 공산당의 빅토르 일류힌 의원이 다섯 번째 대통령탄핵안을 제출하면서 "정부에 유대인들이 너무 많아 국가가 위기상황에 몰리게 됐다"며 이블린스키, 넴초프, 추바이스, 키리옌코, 베레좁스키, 구신스키 등 정재계에 포진해 있는 다수의 유대계 인사들에 대한 공세를 폈던 것을 계기로 사회적으로 반(反)유대주의와 함께 러시아 국가주의적 분위기가 고조되었다.

사실상의 채무불이행 상태에 빠진 국가상황에서 당연할 수도 있는 대통령 옐친의 수세적 입장은 "검찰파동"에서도 확인되었다. 1999년 2월, 프리마코프 총리의 지원을 받는 유리 스쿠라토프 검찰총장은 "권력당" 실세 베레좁스키의 사업 비리에 대한 수사에 착수했고, 이에 옐친은 검찰총장 해임에 서명했지만, 3월 중순, 연방회의는 검찰총장해임안을 압도적 표차로 부결시킴으로써 두 명의 검찰총장이 등장하는 촌극이 빚어졌다. 3월에 들어와 옐친은 총리와 대립하는 베레좁스키를 CIS사무총장직에서 해임함으로써 일단 총리에 대한 신임을 표시했다. 그러나 3월 중순에 프리마코프는 공산당 당수 쥬가노프를 만난 자리에서 "현재 부정부패 및 권력남용의 대명사가 된 [옐친의 차녀] 타티야나 디야텐코와 그 주변 인물들에 대한 수사를 개시하여 비리가 드러날 경우 구속 기소하겠다"고 약속을 했으며, 또 [옐친이] "마슬류코프 제1부총리나 겐나지 쿨릭 부총리를 해임하려 할 경우 내 자신이 먼저 사임하겠다"고 공언함으로써 내각이 대통령의 통제를 벗어나 있음을 암시했다.

이와는 다른 맥락에서, 1999년 2월 국가두마 탄핵위원회는 소연방 해체, '10월사태', 체첸전쟁, 국방력 약화, "민족대학살" 등 5가지 사유를 근거로 대통령에 대한 탄핵절차를 논의하기로 결정했고, 이에 옐친은 탄핵안 표결 시 프리마코프 내각과 국가두마를 모두 해산할 것임을 경고하는 등 정국은 경색되어 갔다. 1999년 5월 탄핵안은 부결되었지만 옐친의 정치적 리더십은 이미 고갈된 것으로 평가되었다. 스테파신 제1부총리 겸 내무장관을 총리서리로 임명하며 전면 개각을 단행한 것도 정치적으로 주목받을 수 없었다. 5월에 출범한 스테파신 내각은, 프리마코프 내각과 비교할 때, 특히 경제 분야에서 흐리스텐코, 자도르노프 등 개혁지향적이라 할 수 있는 인사들을 포함했다. 하지만 그것은 민주화 내지 개혁이라는 이념보다 돈과 권력을 지향했던 크렘린 내 "옐친패밀리 정치국"의 작품으로서 이를테면 친위내각의 성격을 갖고 있었다. 디야텐코, 베레좁스키, 유마세프 등 "권력당"의 핵심 실세들이 안고 있던 심각한 문제는 옐친의 임기가 이제 1년 정도밖에 남지 않았다는 데 있었다. 1999년 12월에는 총선이, 2000년 7월에는 대선이 예정되어 있었는데, 국가두마 문제는 차치하고서라도, 옐친은 헌법의 중임제한 규정에 따라 대선에 출마할 수 없었다. 아니 대통령에 출마하더라도 당선가능성이 없었다. 정치적 목표를 상실한 인격화된 정권은 미래를 발견할 수 없었다.

그러한 상황을 배경으로, 1998년 말 1년 후로 다가온 총선에 대비하여 정치세력의 재조직화가 시도되었다. 우파 진영의 움직임으로 두드러졌던 것은 모스크바 시장이자 유력한 대권후보로 떠오른 유리 루쉬코프의 조국당(Отечество) 창당이었다. 1998년 12월에 출범한 조국당에는 볼스키, 쇼힌, 세르게이 야스트르젬브스키 등 여권 인사들이 대거 참여하고 있었다. 그리고, 전혀 자유주의 지향적이지 않은 옐친 정권에 의해 자유주의가 담보되고 있다는 현실적 모순을 타개하기 위하여 옛 개혁주체들도 활발한 움직임을 보이는 가운데 1999년 5월 말 '옳은 일'이라는 이름의 정당이 등장했다. 이 자유주의적 신당에는 넴초프, 표도로프, 가이다르, 추바이스 등이 참여하고 있었으며, 키리옌코는 독자적으로 '새로운 힘'이라는 정당을 조직했다. 그러나 옛 개혁주체들이 1년 후의 총선에서 설정한 목표는 정당명부제의 5%조항의 한계 극복이라는 소박한 것이었다. 또한 타타르공화국 대통령 민티메르 샤이미예프, 상트페테르부르크 시장 블라디미르 야코블레프 등 "지방영주"들이 모여 '전(全)러시아'라는 정치실용주의적 정당을 조직했다. '전러시아'의 창당 준비는 프리마코프 총리를 대통령후보로 추대하자는 논의 속에서 이루어졌지만, 5월에 스테파신 내각이 출범하면서 그 논의는 소멸되었다. 그러나 1999년 8월에 조국당과 '전러시아'가 연합하여 '조국-전러시아(OBP)' 블록이 출현하고, 이 블록에 프리마코프가 참여를 선언함으로써 성립된 "프리마코프-루쉬코프당"은 옐친 정권에 반대하는 범(凡)국가주의적-실용주의적 중도세력의 결집장이 되었다.

1999년 여름, 러시아 정치권의 화두는 애국주의였다. "초강대국에서 2류 국가로 전락한" 러시아는 대내외적으로 위기를 겪고 있었다. 다민족국가인 러시아에서 다소 부정적 어감을 갖는 민족주의라는 말을 대치한 애국주의는 유고슬라비아 문제를 둘러싼 미국과의 갈등을 배경으로 더욱 고조되었다. 'NATO는 러시아의 가상 적(敵)'이라는 주장은 더 이상 새삼스러울 것이 없었으며, 동년 6월에 러시아군 병력이 나토군에 앞서 코소보에 진주한 것에서 많은 시민들은 정치적 쾌감을 느꼈다. 이 무렵 러시아 경제는 완만한 회복세를 보이고 있었는데, 특히 모라토리엄 선언에 따라 수입이 급감하면서 시장에서는 러시아산 대체상품에 대한 수요가 증가되었고, 이를 계기로 국내 소비재산업은 발전의 토대를 마련할 수 있었다. 러시아 국민들의 상처받은 자존심은 소비생활에 있어서의 애국주의를 뒷받침했다. 또한, 8월 초에 샤밀 바사예프가 지휘하는 체츠냐 원리주의 무장세력은 '북(北)카프카스 이슬람공화국'의 수립을 명분으로 다게스탄을 공격하여 그곳을 러시아로부터 해방시키려 했고, 이에 대해 군사적 대응이 가해지면서 다시 전쟁이 핫이슈가 되었다. 이어 9월에는 체츠냐에 대한 러시아군의 대규모 공격이 감행됨으로써 체첸전쟁이 재개되었다. 지식인들 사이에 전쟁반대 여론이 비등했던 과거와는 달리 제2차 체첸전쟁은 시민들의 전폭적인 지지를 얻었으며, 이러한 여론의 반전(反轉)은, 물론 모스크바 등의 도시에서 잇달아 발생한 폭탄테러 사건들로 인해 체첸인에 대한 러시아 국민들의 감정이 악화된 탓도 있겠으나, 근본적으로 정치의식의 변화를 표현하는 것이었다. 자유주의적 환상이 지배적이었던 과거와는 달리 이제 경제가 "침체 속의 안정기"로 접어들고, 특히 중간계급들 사이에서 법치주의, 질서 확립, 사회경제적 안정 등에 대한 요구가 분출하면서 그와 결부된 국가주의적 이데올로기는 아주 중요한 정치적 가치이자 목표가 되었던 것이다.

이러한 변화는 "강한 러시아"의 부활과 사회적 안정을 설파하는 블라디미르 푸틴(В. В. Путин) 총리에 대한 국민적 지지에, 그리고 1999년 12월에 치러진 총선 결과에 그대로 반영되었다. 옐친이 1999년 8월 푸틴 국가안보회의 비서 겸 연방보안국 국장을 자신의 후계자로 지명하며 총리에 임명했을 때, 그는 정치적으로 별로 주목받지 못했다. 그러나 특히 체첸전쟁을 계기로 발휘된 그의 "터미네이터"로서의 면모와 빠른 경제회복이라는 정책적 성과는 연말에 그에 대한 국민의 지지율이 50% 이상으로 치솟게 했다. 그리고 총선 결과 정당명부제 5%조항의 장벽을 넘은 주요 정당은 모두 여섯 개로서, 우선 전체의석의 24.3%를 차지한 러시아공산당이 제1당이 되었으며, '조국 - 전러시아' 블록, 즉 "프리마코프-루쉬코프당"은 예상외로 불과 12% 미만의 지지를 얻는 데 그쳤다. 키리옌코와 추바이스 등 자유주의적 개혁파들이 연합한 '우파동맹'은 전체의석의 약 8.7%를, 그리고 '지리놉스키 블록'과 이블린스키의 '야블로코'는 각각 6% 남짓의 의석을 점유했다. 세 번째 국가두마 의원 선거에서의 이변은 23.5%의 의석을 차지한 통일당(Единство)이 연출했다. 크렘린의 지원을 받는 세르게이 쇼이구 비상대책부 장관이 주도하여 선거 전에 급조된 통일당은 "푸틴당"으로 알려지면서 공산당에 필적하는 원내세력으로 부상했다. 결국 통일당, '조국 - 전러시아', '지리놉스키 블록' 등의 러시아민족주의 - 국가주의 지향적 세력들은 전체의석의 50% 정도를 차지했으며, 여기에 소비에트 국가사회주의의 전통에 익숙하여 아직도 공산당이라는 명칭을 사용하는 사회민주주의적 세력의 정치적 지향성을 고려하는 경우, 러시아 국가주의는 국가두마의 지배적 가치로 작용했음이 확인된다. 물론 자본주의 혁명을 위한 경제개혁을 주도했던 옛 개혁주체들이 주도하는 '우파동맹'의 약진은 시장경제가 확립되면서 시장민주주의에 대한 지지계층이 확대된 결과만은 아니었다. 그것은 유세기간 중 '강한 국가'라는 개념에 대한 지지를 선서하고 체첸전쟁의 정당성에 대한 확신을 피력했던 덕분이기도 했다. 결국 자유주의 세력들이 의회에서 차지하는 비중은 무시될 수 있는 수준이 전혀 아니라고 해도 이들 중 다수가 국가주의적 관념들을 수용하고 있다는 사실과, 그리고 특히 푸틴 정권의 정치적 지향성을 고려하는 경우, 21세기에 들어 러시아의 정치는 권위주의적 중앙권력의 존재를 승인하는 국가주의 이데올로기에 의해 지배적으로 규정되고 있음이 더욱 분명해진다.

5. 결론: 러시아의 보통국가화

10월혁명을 계기로 러시아에서 개막된 '위대한 이데올로기의 시대'는 점진적으로 자연스럽게 소멸되지 않았다. 그것은 맑스-레닌주의에 대한 과격한, 새로운 이데올로기적 반동을 요구했는데, 1990년대 러시아의 정치는 바로 그러한 반동에 의해 규정되었다. 물론 이념적 반동은 소비에트 사회의 탈이데올로기화라는 나름대로의 준비과정을 거쳤으며, 반동의 방향은 1960~70년대에 소련에서 전개된 인권운동의 이론적 동향들 속에서, 즉 서구주의적 자유주의, 러시아민족주의, 그리고 사회민주주의라는 이념들 속에서 시사되었다.

현대 러시아에서 맑스-레닌주의의 대안이 되었던 자유주의는 그 이론적 발전이 서구의 역사적 경험에 토대를 둔 것이었으며, 결국 러시아의 자유주의는 19세기 러시아 역사에 나타났던 서구주의와 결부되었다. 맑스-레닌주의의 허구화, 인권의식의 신장, 서방의 물질적 풍요에 대한 동경 등이 발전의 계기가 되었던 이른바 '부르주아 없는 자유주의'는 러시아의 정치에서 프티부르주아적 급진성으로 특징지어졌으며, 자유주의의 신속한 퇴조는 견실한 사회적 토대를 확보하지 못한 이데올로기의 불가피한 운명이었다. 사회민주주의는 현대 러시아 사회의 독특한 반공산주의적 에토스로 말미암아 일정한 사회적 지지를 확보하기 위해서 스스로 탈이데올로기화 해야 하는 정치직 현실에 구속되었다. 비록 서구적 경험에 기초해 있지만 나름대로 풍부한 이론적 내용을 가진 자유주의 및 사회민주주의 이념들과는 달리, 러시아 국가주의 이데올로기의 내용은 빈약하다. 현실 속에서 '강한 러시아', 애국주의, 중앙집권주의 등의 정치적 지향으로 표출되는 그것은 슬라브주의자들, 특히 솔제니친 등이 개진한 러시아민족 및 정치에 관한 개념들, 러시아 정교회의 설교들, 그리고 이른바 유라시아주의적 관념들 등에 기초하고 있다.[49] 물론 이론적 발전수준이 미약하다는 것이 곧 러시아민족주의 - 국가주의가 현대 러시아에 대해 갖는 역사적 의미를 폄하할 근거가 될 수는 없다. 또한 강조되어야 할 것은 러시아 국가주의 이데올로기가 파시즘 내지 과거 독일의 민족사회주의(나치즘)와 이론적 내용을 전혀 달리한다는 사실이다. 러시아 국가주의는 현실에서 권위주의 체제를 옹호한다. '러시아처럼 영토가 넓은 나라에서 국내에 존재하는 다양한 민족적, 지역적, 계급적 이해관계들 등을 통합하기 위해서는 중앙에 강력한 권력이 존재해야 한다'는 "이론"은 역사적 경험에서 얻은 지혜가 담긴 주장일 수도 있다. 분명한 것은, 현재 러시아의 정치에서 경쟁하는 이데올로기들은, 비록 국가주의가 지배적 지위를 누리고 있다고 해도, 계급적 기반을 갖춘 자유주의와 사회민주주의를 포함한다는 점에서 여느 자본주의 국가들과 본질상 큰 차이를 갖지 않는다. 결국 현대 러시아는 맑스-레닌주의의 지배와 이에 대한 자유주의적 반동이라는 강렬한 이데올로기적 구속을 탈피하고 이른바 보통국가가 되었다.

'한 나라의 정당체계 속에는 그 사회의 계급갈등이 침전되어 있다'는 S. M. 립셋

49) 유라시아주의에 관한 설명은 신범식, 「유라시아주의의 발전전망과 러시아 대외정책의 방향」을 참조. // 한러관계의 재조명(한국슬라브학회, 1999), pp.25~62.

의 테제[50]는 특히 민주적인 정당정치가 구현되고 있는 경우 그 개념적 적실성이 의심될 수 없다. 물론 계층구조체계의 복잡성으로 인하여 계급과 정당 간의 이념형적 관계로부터의 현실적 편향이 존재하지만, 그래도 저소득층은 주로 좌파 정당을 지지하고 고소득층은 보수주의적 우파 정당을 지지하는 현상이, S. M. 립셋의 주장처럼 서방의 보통국가들에서 발견되는 일반적 사실이라면, 현대 러시아의 정치도 그에 예외가 되지 않는다. 현 자본주의적 질서의 유지와 발전을 지지한다는 의미에서 보수주의적인 자유주의 정당들, 그리고 혁명정당으로서의 존재를 포기하고 이미 국민정당화된 좌파 정당의 존재는 보통국가들에서의 정당정치의 모습과 기본적으로 구별될 수 없다. 다만, 러시아의 경우, 특히 옐친적 개혁정치의 "실패" 및 사회적으로 광범히 존재하는 반공산주의적 에토스 등의 정치현실 속에서 자유주의 정당들과 러시아공산당의 사회적 지지기반이 상대적으로 위축되어 있는 가운데 좌우파 각 정당들 사이의 정책적 대립성이 서방국가들의 그것에 비해 높지 않다는 점, 그리고 사회적으로 러시아민족주의-국가주의적 이념의 헤게모니가 유지되는 가운데 현재 정치과정 속에서 중앙행정권력의 권위주의화가 목격되고 있다는 점이 지적될 수 있다. 근본적으로 중간계급의 이데올로기로서 특히 국가공동체의 위기적 상황 속에서 발전되는 국가주의는 흔히 권위주의적 권력과 결부되어 나타나는데, 이런 뜻에서 S. M. 립셋이 파시즘을 보수주의적 정당이라는 의미에서의 우파에 관련시키지 않고 오히려 "위로부터의 억압과 아래로부터의 압력"에 반대하는 "중간계급의 극단주의(extremism of the middle)"라고 규정한 것은 기본적으로 정당하다.

정치학은 민주주의에 관한 학문이며 동시에 민주주의를 위한 학문이다. 따라서 정권의 권위주의화 경향이 노정되고 있는 현대 러시아의 정치와 관

50) Seymour M. Lipset, Political Man: The Social Bases of Politics(Garden City, N.Y.: Double Day, 1960)

련해서도 정치학은 더 많은 민주주의의 가능성을 묻는다. 러시아에서 중앙집권적 권위주의 체제의 정당성은 특수한 지정학적인 조건들 내지 역사적으로 형성된 독특한 정치문화를 근거로 강조되기도 하지만, 현재의 정치현상은 구체적으로 국가주의적 이념에 의해 합리화되고 있으며 따라서 러시아의 더 많은 민주주의는 국가주의에 대항하는 이념으로서의 자유주의의 발전에 의존한다. 이를 위해 정당정치적 차원에서 '우파동맹'과 '야블로코' 등 분열된 자유주의 세력들의 연대가 강조되기도 하겠지만, 본질적으로 러시아 자유주의의 원천이 '올리가르히'로 대표되는 신흥 자본가계급이라면 이들이 표방하는 가치와 논리가 중간계급의 광범한 지지를 확보하지 못하는 한 자유주의의 발전은 제약될 수밖에 없다. 시장경제부문의 꾸준한 확산에도 불구하고 결과된 천민자본주의적 발전은 바로 중간계급이 자유주의로부터 "도피"함에 있어서 중요한 계기가 되었으며, 결국 경제적 민주화 내지 합리화는 자유주의 발전의 전제가 된다. "강한 러시아의 부활"을 구호로 내건 "국민의 정부"로서의 푸틴 정권은 중앙권력의 강화, 사회적 통합의 강화, 그리고 반(反)부패 - 사회개혁 등을 위한 정책적 지향 및 "대(大)현실주의"적 대외정책을 표방하고 있다. 경제와 관련해서는, 당연하게도, 어떤 원리가 아니라 이른바 국익의 신장을 위한 현실주의적 접근이 정책적 기조가 되고 있다. 중요한 것은, "범죄 및 부정부패와의 전쟁"의 맥락에서, 경제상의 "불공정 경쟁의 근절" 및 "공정한 룰의 확립"이 경제개혁의 기본 내용을 이루고 있다는 사실이며, 바로 여기에 자유주의의 희망이 있다. "마피아경제"를 교정하려는 푸틴 정부의 개혁정책이 나름대로의 성과를 거두게 된다면, 중간계급의 시장경제적 자유주의에 대한 지지는 확대될 것이며, 러시아 국가주의 이데올로기의 낮은 이론적 발전수준은 그러한 예상을 지지해 준다.

'현대사회가 당면하고 있는 위기는 경제적인 것이라기보다는 도덕적인 것이며, 따라서, 사회주의자들의 주장과는 달리, 계급혁명을 기초로 하는 경제적 재편만으로는 위기를 해결하기보다는 오히려 악화시킬 것'이라는 E. 뒤르켐의 테제는 20세기 후반에 현대 러시아에서 발생한 문제들을 이해하는 데 있어서 시사하는 바가 크다. 소비에트 사회주의 체제에서의 문제는 자본주의 혁명을 통하여 전적으로 해결될 수 없었다. 러시아에서 경제적 역할뿐만이 아니라 도덕적 역할도 수행하는 강력한 국가 또는 권력에의 의지가 강화되면서 국가주의 이데올로기가 확산된 것은 새로운 위기에 따른 사회적 불안의 한 표현이었다. 그러나 러시아에서 "국민의 정부"임을 표방한 국가권력이 개혁정책을 통해 지향하는 경제사회적 민주화가 곧 보다 공정한 계급관계의 형성을 통한 사회공동체의 발전을 의미하는 것이라면, 정책의 성공 가능성은 속단하기 어렵다. 그것은 천민자본주의적 계급관계가 이미 구조화되어 있는 러시아적 현실은 차치하고서라도, "올리가르키가 권력으로부터 멀어져야 한다는 것은 옳으나, 다만 실현이 불가능할 뿐"이라는 베레좁스키의 냉소적인 말에서도 표현되고 있듯이, 권력정치적 측면에서도 푸틴 정권의 개혁정치가 구속되고 있기 때문에 그러하다. 이러한 사실은 러시아에서, 현실적으로, 당장은 자유주의의 발전이 기대되기 어렵다는 판단의 근거가 되기도 한다.

참고문헌

1. 공간(公刊) 자료

1) 당대회 의사록

Восьмой съезд РКП(б): протоколы, М., 1959.

Десятый съезд РКП(б). Стенографический отчёт, М., 1963.

Семнадцатый съезд ВКП(б). Стенографический отчёт, М., 1934.

Восемнадцатый съезд ВКП(б). Стенографический отчёт, М., 1939.

Седьмая Всероссийская конференция РСДРП(б): протоколы, М., 1958.

XX съезда КПСС. Стенографический отчёт, М., 1956.

Материалы 27-ого съезда КПСС, М., 1987.

Хрущёв Н.С. Отчётный доклад ЦК КПСС 20-ому съезд партии, М., 1959.

2) 문서 및 자료집

Декреты Советской власти, М., т.1~3.

Информиционное совещание представителей некоторых компартий в Польше в конце сентября 1947 года, М., 1948.

КПСС в резолюциях и решениях съездов, конференций и пленумов ЦК, М., т.1~5.

Программы и уставы КПСС, М., 1969.

Реабилитация. Политические процессы 30~50-х годов (Сбор. материалов), М., 1991.

Сталинские депортации 1928~1953, М., 2005.

3) 공식 문헌

Документы внсшшей политики СССР, М., т.2~3.
История внешной политики СССР, М., т.1~2, 1986.
История КПСС, М., 1968.

2. 신문, 잡지 등 정기간행물

1) 신문

Известия, 1917~1920 гг.; 1993~1997 гг.
Комсомольская правда, 1993~1997 гг.
Правда, 1917~1939 гг.

2) 잡지

Вестник труда, 1922, №2(17).
Вопросы истории, 1993, №3; 1995, №2; 1995, №11-12.
Известия ЦК КПСС, 1989, №6; 1990, №9.
Исторический архив, 1994, №2; 1992, №1; 1994, №2.
Источник, 1993, №4; 1995, №1.
Кентавр, 1993, №4.
Нева, 1988, №7-8.
Отечественнная история, 1995, №1.

3. 문헌 자료 및 연구물

1) 전집

Ленин В.И. Полное собрание сочинений. (Издание пятое)

Ленинский сборник IV, М., 1925.

Ленинский сброник XI, М., 1929.

Маркс К. и Энгельс Ф. Сочинения. (Издание второе)

Сталин И.В. Сочинения.

2) 1차문헌

Богданов А.А. Вопросы социализма, М., 1918.

__________. О пролетарской культуре 1904~1924 гг. (Сбор. ста-тей) М., 1924.

Бухарин Н.И. Мирное хозяйство и империализм (Эконом. очерк), М., 1923.

__________. Экономика переходного периода, М., 1920.

Бухарин Н.И. и Преображенский Е.А. Азбука коммунизма: популярное объяснение программы РКП(б), М., 1919.

Сахаров А.Д. Тревога и надежда, М., 1991.

Горбачёв М.С. Перестройка и новое мышление, М., 1988.

Ельцин Б.Н. Записки президиента, М., 1994.

Манхейм Карл, Идеология и Утопия, М., 1994.

Преображенский Е.А. "Новая экономика" - опыт теоретического анализа советского хозяйства, М., 1926.

Троцкий Л.Д. Дневники и письма, М., 1994.

__________. К истории русской революции, М., 1990.

__________. О Ленине, М., 1924.

Троцкий Л.Д. Сталинская школа фальсификаций, М., 1990.

3) 2차 문헌(논문집 및 연구서)

Актуальные проблемы новейшей истории, М., 1991.

Восточноевропейский социализм: становление режима, попытки его модификации, причины краха (Сбор.), М., 1992.

Советская внешная политика в годы "холодной войны" (Сбор. статей), М., 1995.

Л.И. Брежнев: материалы к биографии (Сбор. статей), М., 1991.

Н.И. Бухарин. Избранные произведения, М., 1988.

Никита Сергеевич Хрущёв: материалы к биографии (Сбор.), М., 1989.

Политические кризисы и конфлиты 50~60-ых годов в Восточной Европе (Сбор. статей), М., 1993.

Россия сегодня — политический портрет в документах 1991~992, М., 1993.

Россия и СССР в войнах XX века: Потери вооруженных сил (Под ред. Г. Ф. Кривошеева), М., 2001.

Александров-Агентов А.М. От Коллонтай до Горбачёва, М., 1994.

Алексеева Л.М. История инакомыслия, М., 1992.

Бережков В.М. Страницы дипломатической истории, М., 1987.

Боффа Дж. История Советского Союза, М., 1990.

Волкогонов Д.А. Ленин. Политическийпортрет, М., 1994.

______________. Семь вождей, М., 1996.

Симонов К.М. Глазами человека моего поколения. Размышление о И.В. Сталине, М., 1989.

Гимпельсон Е.Г. Формирование советской политической системы, М., 1995.

Гиренко Ю.С. Сталин-Тито, М., 1991.

Гринвил Дж. К. Советские военные интервенции в Венгрии, Чехословакии и Авганистане: сравнительный анализ процесса принятия решения, М., 1993.

Громыко А.А. Памятное, М., кн.1~2. 1990.

Ждилас М. Лицо тоталитаризма, М., 1992.

Загладин Н.В. История успехов и неудачи советской дипломатии, М., 1990.

Замулин В. Н. Курский излом. Решающая битва отечественной войны, М., 2007.

Исаев А. В. Сталинград. За Волгой для нас земли нет, М., 2008.

Корниенко Г.М. Холодная война, М., 1994.

Кристофер Эндрю и Олег Гордиевский, КГБ: история внешнеполитических операций от Ленина до Горбачёва, М., 1992.

Левченко М. А. Индустриальная свирель: Поэзия Пролеткульта 1917~1921 гг., СПб., 2007.

Медведев Р. Книга о социалистической демократии, Амстердам-Париж, 1972.

Роговин В.З. Сталинский неонэп, М., 1994.

Согрин В.В. Поилитческая история современной Россиии, М., 1994.

Филатов А.М. “Холодная война”. Историографические дискуссии на Западе, М., 1991.

Хрущёв С.Н. Никита Хрущёв: кризисы и ракеты, М., 1994.

Чичерин Г.В. Статьи и речи по вопросам международной политики, М., 1961.

Чуев Ф.И. Сто сорок бесед с Молотовым, М., 1991.

임지현 · 김용우(편), 『대중독재 I. 강제와 동의 사이에서』 (서울: 책세상, 2004).
임지현 · 김용우(편), 『대중독재 2. 정치종교와 헤게모니』 (서울: 책세상, 2005).
정성진, 『마르크스와 트로츠키』 (한울, 2006).

Bell D., *The End of Ideology: On the exhaustion of Political Ideas in the Fifties* (N.Y.: The Free Press, 1962).
Brown Archie(ed.), *The Demise of Marxism-Leninism in Russia* (N.Y.: Palgrave Macmillan, 2004).
Cohen Stephen, *Bukharin and the Bolshevik Revolution: A Political Biography, 1988~1938* (N.Y.: Alfred A. Knopf, 1973).
D'Encausse H.K., *The End of the Soviet Empire: The Triumph of the Nations,* trans. by Franklin Philip (N.Y.: BasicBooks, 1993).
Edelman Murray, *The Symbolic Uses of Politics* (Chicago: University of Illinois Press, 1974).
Lipset Seymour M., *Political Man: The Social Bases of Politics* (Garden City, N.Y.: Double Day, 1960).
Martin Shaw(ed.), *Marxist Sociology revisited* (London: The Macmillan Press, 1985).
Montefiore Simon S., *Stalin: The Court of the Red Tsar* (N.Y.: Knopf, 2004).
Murphy David E., *What Stalin Knew: The Enigma of Barbarossa* (New Haven: Yale Univ. Press, 2005).
Pipes Richard, *The Russian Revolution* (N.Y.: Alfred A. Knop, 1990).
Priestland David, *Stalinism and the Politics of Mobilization* (N.Y.: Oxford University Press, 2007).
Radzinsky Edvard, *Stalin: The First In-depth Biography Based on Explosive New Documents from Russia's Secret Archives* (N.Y.: Anchor, 1997).
Service Robert, *Stalin. A Biography* (London: Macmillan, 2005).
Smith Jeremy, *The Fall of Soviet Communism* (N.Y.: Palgrave Macmillan, 2005).

Vaughan James C., *Soviet Socialist Realism: Origins and Theory* (N.Y.: St. Martin's Press, 1973).

Bernstein Eduard, 『사회주의의 전제와 사민당의 과제』, 강신준 역 (서울: 한길사, 1999).

D'Encausse H.K., 『소련제국의 붕괴』, 신승권 역 (서울: 육법사, 1985).

Glantz David M., 『독소전쟁사』, 권도승 외 역 (열린 책들, 2007).

Gromyko A.A. 『그로미코 회고록』, 박형규 역 (서울: 문학사상사, 1990).

Healy Mark, 『쿠르스크 1943』, 이동훈 역 (플래닛미디어, 2007).

Marx K., 『자본론 I』, 김수행 역 (서울: 비봉출판사, 2005).

Marx K. & Engels F. 『저작선집 1』, 김세균 감수 (서울: 박종철출판사, 2005).

__________. 『저작선집 2』, 김세균 감수 (서울: 박종철출판사, 2005).

__________. 『저작선집 3』, 김세균 감수 (서울: 박종철출판사, 2004).

Megargee Geoffrey, 『히틀러최고사령부』, 김홍래 역 (플래닛미디어, 2009).

Overy Richard, 『스탈린과 히틀러의 전쟁』, 류한수 역 (지식의 풍경, 2003).

Reed John, 『세계를 뒤흔든 열흘』, 서찬석 역 (서울: 책갈피, 2005).

Service Robert, 『레닌』, 정승현.홍민표 역 (서울: 시학사, 2001).

Soljenitsyne Alexandre, 『이 잔혹한 시대의 내 마지막 대화』, 한남수 역 (서울: 디자인하우스, 1998).

찾아보기

ㄱ

ㅁ

ㅂ

ㅇ

ㅈ

ㅊ

기타